臺灣政經史系列第二輯03 陳天授主編

秀華文創

大陸邊緣的
徒然掙扎

冷戰時代滯港及流亡海外的第三勢力滄桑錄

The Vicissitudes of the Third Force Stranded in Hong Kong and Exiled Overseas during the Cold War Era

本書為：探討五〇年代香港第三勢力運動最全面的著作

本書係：研究五〇年代香港第三勢力運動最權威的論著

本書是：論述五〇年代香港第三勢力運動最深入的專書

欲瞭解五〇年代香港第三勢力運動的經緯始末，盡在此書。

陳正茂——著

自序：十年辛苦不尋常——我的香港第三勢力運動史研究

近二、三十年來，台灣的選舉，不管是中央或地方，國、民兩黨捉對廝殺，都競爭的非常激烈而日趨白熱化，然在兩大黨的夾擊下，亦屢有第三黨扮演關鍵第三勢力的角色而異軍突起，早期有宋楚瑜成立的「親民黨」和尊李登輝為精神領袖的「台聯」；以及同為藍軍的「新黨」，經過一、二十年台灣選民的考驗，上述政黨已趨泡沫化，在台灣政壇已無影響力。但是台灣的政治環境，國、民兩黨外仍有第三股力量成長發展的空間，觀乎近幾年來的「時代力量」和柯文哲的「民眾黨」就是最顯著的例子。所以，當今國人對「第三勢力」一詞並不感到陌生，這應該是受傳媒影響所致，但對第三勢力的認知，可能僅限於國、民兩大黨外的其他較具實力之黨派，如親民黨、台聯、時代力量、民眾黨等等，而對於過去所謂的第三勢力之瞭解，恐怕知之甚少，甚且毫無所悉了。其實，過去第三勢力運動，不論在中國或其後在香港，都曾風光一時，雖不敢言舉足輕重，但最起碼是有若干影響力的，因此，國、共兩黨都曾積極拉攏之。

基本上，中國的第三勢力運動，可分為前後兩個階段，前一階段為大陸時期的在野黨派與「民盟」第三方面之政治勢力；後一階段則為五〇年代以香港為大本營的第三勢力運動。前一階段的第三勢力運動，時間可追溯至上世紀二〇年代末期，彼時國民黨北伐統一中國，開始實施「黨外無黨」的一黨專政，為反對國民黨的一黨專政，一些主張民主自由的有志之士，乃紛紛成立政黨與之抗衡。先有民國 12 年，曾琦、李璜、何魯之等人在法國巴黎成立的中國青年黨，繼有民國 19 年，鄧演達的第三黨；和 23 年張君勱的國家社會黨；其後又有所謂的三派：即梁漱溟的鄉村建設派、黃炎培的職業教育社與沈鈞儒的救國會，此即大陸學者所說的「民主黨派」。

上述諸政黨均標榜為國、共之外的第三股政治勢力，這些中間黨派都有其政治主張與理想，然實力薄弱，尚不足以對國民黨構成威脅。所以雖然言為第三勢力，其實僅略具雛型而已。在抗戰方酣的四〇年代初期，國民黨專制獨裁又逐漸趨強之際，終於使得這些原本各自為政，甚至政治立場相去甚遠的小黨派，捐棄成見，共組「中國民主政團同盟」，此即日後之「民主同盟」。「民盟」成員來自於「三黨三派」，內部有左右派之分，有親共如救國會者，也有堅決擁護國府，政治立場極右之青年黨者，其雖較缺乏群眾基礎，但因網羅一批學者名流，擁有清望和高知名度，故實力仍不容小覷。戰後國、共劍拔弩張的時代，「民盟」即以「第三方面」調和者身分，穿梭於國、共兩黨間，最終雖調解失敗，但卻引起國際間對中國這股標榜自由民主為理想之政治團體的注意，其中尤以美國為最。當時負責調停國、共衝突的美國特使馬歇爾（George C. Marshall），即曾有寄望中國前途於這批自由主義知識份子之論，馬帥此語隱然已為五〇年代，美國以香港為大本營，積極扶持中國第三勢力運動留下伏筆。

四〇年代在中國的第三勢力運動，終因「民盟」分裂及親共，遭國府取締宣布為非法政治團體而瓦解。然民國 38 年，在國、共內戰劇變，大陸淪陷，國府遷台的風雨飄搖之際，又使得第三勢力有了生存發展的希望，此即五〇年代香港的第三勢力運動。當時這股力量，在美國和桂系李宗仁的支持下，雲集香江一隅，首揭反國、共兩黨大旗，標榜反共、反蔣，堅持民主自由的第三勢力主張，在香港曾盛極一時，喧騰不已。基本上，五〇年代的第三勢力運動，是美、蘇冷戰結構下的一環，它背後有美國援助、反蔣勢力「代總統」李宗仁等之奧援，故有其錯綜複雜的國內外背景因素存在。當時在港從事第三勢力要角有：張發奎、顧孟餘、左舜生、李璜、張君勱、張國燾、許崇智、伍憲子、李微塵、童冠賢、邱昌渭、謝澄平、羅夢冊、董時進、許冠三、王厚生、孫寶剛、孫寶毅等。這些人分屬民、青兩黨，部分為國民黨及桂系政治人物。它們在美國金錢支助下，先後成立了「自由民主大同盟」、「中國自由民主戰鬥同盟」等組織，並透過報章雜誌宣傳其理念。其後因「韓戰」爆發，國際局勢丕變，國府當局所在的台灣，成為美國在西太平洋圍堵共產主義不可或缺的一環。台灣的重要戰略地理位置，使得美國不得不改善與國府的關係，蔣介石政權重獲美國的支持，而先前美國暗中支持的第三勢力運動，也因美蔣關係之轉好而趨黯淡，最終風流雲散矣！

過去大陸時期的第三勢力組織之研究，兩岸三地研究者已甚多，但是五〇年代香港的第三勢力運動，目前學界研究者殊少，知之者亦鮮。坦白說，其實五〇年代香港的第三勢力運動，仍有諸多可供研究之價值，尤其可藉此運動之失敗，來深刻探討何以在中國特殊政治文化格局下，第三勢力政治運動，幾乎沒有發展空間之因素何在？此對當今海峽兩岸之政治生態，當有可供深思反省之處。筆者過去數年對此議題一直懷有高度興趣，也蒐集不少相關資料，先前曾將關鍵珍稀史料，委由秀威覆刻出版《聯合評論》5 冊及《自由人》20 巨冊；個人也編著有《五〇年代香港第三勢力運動史料蒐秘》和撰寫《文化資產、第三勢力及政治人物——陳正茂教授杏壇筆耕集》一書，聊充自己 60 虛度與杏壇執鞭 30 載的印記。雖有這些基本素材的整理和若干研究成果的發表，但心裡念茲在茲的還是，如何早日將《五〇年代香港第三勢力運動史論》一書完稿出版，江湖夜雨十年燈，十年磨一劍，擺在讀者眼前的這本《大陸邊緣的徒然掙扎——冷戰時代滯港及流亡海外的第三勢力滄桑錄》，就是作者十年辛苦不尋常的心血結晶，如今付梓殺青，如卸重負，內心倍感欣慰。

本書最大特色為以史料為經，以人物為緯，全面而周延的敘述整個五〇年代香港第三勢力運動之史實，書中的史料篇，即以第三勢力最具代表性的《自由陣線》與《聯合評論》為分析之場域，深入探討此二刊物對第三勢力運動理念之論述；兼亦論及其盟友《自由人》三日刊的經緯始末。在人物方面，當時在港第三勢力之領導者如：許崇智、張發奎、張君勱、顧孟餘、左舜生、謝澄平等要角，書中也個別以專章的方式，詳論彼等從事第三勢力運動的經過。另外，值得一提的是，本書還特別談到「代總統」李宗仁與第三勢力的關係和蔡文治的「自由中國運動」；當然，代表第三勢力運動最重要團體「中國自由民主戰鬥同盟」（即「戰盟」）和幕後積極支持第三勢力的國際力量——美國，更是不能錯過務必要探討的對象。個人認為，從這幾個面向來建構五〇年代香港第三勢力運動的背景、源起、發展及興衰與瓦解，不僅關照全面且脈絡清楚。

今年，筆者從執教 30 餘年的大學講壇退休，回想在大學任教的最後這幾年，因台灣高教的生態丕變及畸形發展，在少子化及招生壓力下，大學老師已非傳道授業的神聖教育工作者，而更像的是如補教業的教育服務業者，如此的教育環境氛圍，當然大大違背個人當年從事教育的初衷，因而興起「不如歸去」而提前退休。平心而論，個人對台灣的高教生態是持批判態度的，尤其對於所謂的每年大專老師教師評鑑更是不敢恭維，SCI、SSCI 登錄的記點分數，對文史老師的評量，簡直是胡搞亂搞。所幸個人是「研究型」的老師，對著這荒腔走板的大專教師評鑑制度，反而更激發筆者的研究能量。

因著對第三勢力的研究熱情，在過去的 10 餘年間，筆者不論是在編纂或論文撰述方面，對第三勢力研究都有些許豐碩的成果。在編著部分，有《左舜生先生晚期言論集》（3 冊）（台北：中央研究院近代史研究所，民國 85 年 5 月），其中有相當多篇幅，集錄了左舜生有關第三勢力的言論及文章。而《五〇年代香港第三勢力運動史料蒐秘》（台北：秀威版，2011 年 5 月），更是兩岸三地首本以五〇年代香港第三勢力運動珍稀史料編著成書者，內容主要蒐錄焦大耶（本名朱淵明）的〈「第三勢力」全本演義：第三百六十一行買賣〉和郭士〈「自由出版社」滄桑史〉及筆者早期研究第三勢力的幾篇文章，欲了解五〇年代香港第三勢力運動經緯始末，焦文提供了最權威的記載，而想要知曉謝澄平《自由陣線》集團的興衰起落，郭文則披露最多的內幕訊息。此外，為便於研究起見，筆者與秀威出版公司合作，覆刻影印了第三勢力最具代表性的刊物《聯合評論》（5 輯）（台北：秀威版，民國 98 年 7 月）；及與其有關的《自由人》三日刊（20 輯）（台北：秀威版，2012 年 12 月）。

至於專書和論文研究，筆者有《逝去的虹影——現代人物述評》（台北：秀威版，2011 年 12 月）、《文化資產、第三勢力及政治人物——陳正茂教授杏壇筆耕集》（台北：秀威版，2019 年 1 月）二書問世，書中亦收入多篇近年來探討香港第三勢力之論文，按發表時間先後有：〈五〇年代香港第三勢力運動史料之介紹與略評〉《傳記文學》第 92 卷第 6 期（民國 97 年 6 月）、〈第三勢力壓卷刊物——《聯合評論》週刊介紹：兼敘中國第三勢力運動簡史〉《全國新書資訊月刊》第 129 期（民國 98 年 9 月號）、〈五〇年代香港第三勢力的主要團體——「中國自由民主戰鬥同盟」始末（1952－1955）〉《傳記文學》第 98 卷第 3 期（民國 100 年 3 月）；又刊載於《北台灣學報》第 34 期（民國 100 年 6 月）、〈從擁汪到投蔣的顧孟餘〉《傳記文學》第 100 卷第 5 期（民國 101 年 5 月）、〈堅持民主憲政——青年黨與雷震〉《台北城市大學學報》

第36期（民國102年5月）、〈童冠賢：從大學教授到第三勢力主將〉《南方都市報》（大陸廣州）（2013年7月31日）、〈第三勢力運動：《自由陣線》集團的興衰〉《南方都市報》（大陸廣州）（2013年9月4日）、〈第三種聲音——《自由人》三日刊始末〉《台北城市科技大學通識學報》第3期（民國103年4月）、〈另一條道路——左舜生與香港第三勢力運動之研究〉《台北城市科技大學通識學報》第5期（民國105年4月）、〈最後的訴求與迴聲——以五〇年代香港第三勢力運動《聯合評論》為場域之分析〉《台北城市科技大學通識學報》第7期（民國107年3月）、〈初試啼聲：謝澄平《自由陣線》集團的緣起緣滅〉《台北城市大學學報》第42期（民國108年3月）、《最後一搏：張君勱與五〇年代香港第三勢力運動》《台北城市科技大學通識學報》第9期（民國109年3月）與《最後希望的破滅：李宗仁與第三勢力運動》《台北城市科技大學通識學報》第10期（民國110年3月）等，上述諸篇論文，即為此書《大陸邊緣的徒然掙扎——冷戰時代滯港及流亡海外的第三勢力滄桑錄》形塑了基本架構，也為本書能付梓問世奠定基礎。

總的來說，第三勢力運動史料是十分零散且不易搜集的，而研究成果也非常有限。據筆者所知，有關五〇年代香港的第三勢力運動，在過去僅有政治大學歷史研究所萬麗鵑博士以〈一九五〇年代的中國第三勢力運動〉做過研究並為其博士論文；近期則有林孝庭、黃克武等學者，亦投入顧孟餘及第三勢力研究之行列。當然，於此領域，香港的胡志偉先生著力甚深且成果豐碩。個人也僅是在前人的基礎上，不揣謭陋，將研究成果出版問世，猶望各方專家不吝指正。最後，感謝好友江燦騰教授的鼓勵及時時關心本書的出版進度，也感謝陳添壽教授的幫忙出版，更感謝元華文創的專業團隊，為本書的問世所付出的努力。本書是退休後的第一本書，希望以後還有更多的書問世，更重要的是，在退休後的日子，期許自己，做想做的事，寫想寫的東西，過想過的生活，清心舒坦，悠閒樂活，是為序。

陳正茂 序於士林

2021年10月16日

目　次

自序：十年辛苦不尋常——我的香港第三勢力運動史研究 …………………… i

第一章　第三勢力運動史料述評：以《自由陣線》週刊為例 …………………1

一、《自由陣線》週刊簡介……………………………………………………… 2

二、第三勢力理論述評……………………………………………………………… 5

（一）第三勢力之定義 ………………………………………………………… 5

（二）第三勢力之源起 ………………………………………………………… 8

（三）第三勢力的組織 ………………………………………………………10

（四）第三勢力的使命（目標及任務）……………………………………12

（五）第三勢力與中間勢力 …………………………………………………15

三、第三勢力之挫敗………………………………………………………………17

第二章　第三種聲音：附議第三勢力理念的《自由人》三日刊 ………… 23

一、《自由人》三日刊創刊之背景…………………………………………………23

二、《自由人》三日刊誕生之經過…………………………………………………24

三、《自由人》之命名與經費及發刊宗旨 ………………………………………29

四、《自由人》的艱苦經營…………………………………………………………32

五、從《自由人》到《自由報》 ……………………………………………………40

第三章　最後的訴求與迴聲：以五〇年代香港第三勢力運動
《聯合評論》為場域之分析………………………………………………… 43

一、《聯合評論》創刊之背景………………………………………………………43

二、「第三勢力」一詞的重新定調：自由民主運動 ……………………………47

三、《聯合評論》論述之內容……52
（一）中國何以沒有民主？……52
（二）「反對黨」問題之探討……54
（三）關於蔣連任問題……56
（四）「自由中國事件」的聲援和批判……60
（五）「雷案」後的嚴辭批蔣……63
（六）「第三勢力」運動成敗的澈底檢視……65
四、第三勢力的落日餘暉——《聯合評論》的風流雲散……69
（一）國民黨的滲透分化……70
（二）經費的捉襟見肘……71
（三）《聯評》高層間之內鬨……72
（四）左舜生與國府關係的改善……73

第四章　最後希望的破滅：李宗仁與第三勢力運動……77
一、再起——李宗仁的第三勢力佈局……77
二、取代蔣介石——美國與第三勢力運動的推展……78
三、第三勢力運動之先聲——「自由民主大同盟」……82
四、東山再起的嘗試——李宗仁與第三勢力運動……88
五、枉拋心力——第三勢力運動與李宗仁之失敗……95

第五章　書生從政的悲劇：顧孟餘政治活動之探討……103
一、佐蔡元培治理北大……104
二、擁汪成立「改組派」……108
三、在香港從事「第三勢力」運動……118
四、晚年投蔣返台定居……123

第六章　「自由中國運動」：蔡文治與五〇年代的第三勢力運動……125
一、夢想做中國的戴高樂——蔡文治其人其事……125
二、美國的馬前卒——蔡文治的自由中國運動……127

三、鬩牆之爭——蔡文治與張發奎 …… 135
四、不可能的任務——空投大陸 …… 138
五、風流雲散——自由中國運動的收場 …… 141

第七章 初試啼聲：謝澄平與《自由陣線》集團的緣起緣滅 …… 145
一、香港第三勢力之源起 …… 145
二、《自由陣線》集團的擴張與發展 …… 147
三、謝澄平與許崇智的「中國民主反共同盟」 …… 153
四、《戰盟》成立後與謝澄平的恩怨 …… 157
五、《自由陣線》集團的內鬨和失敗 …… 163
六、《自由陣線》集團的風流雲散——兼論第三勢力悲劇之宿命 …… 166

第八章 曇花一現：許崇智與五〇年代香港第三勢力運動 …… 169
一、美國的備胎——香港第三勢力的風起雲湧 …… 169
二、曾為蔣上司——許崇智的生平與事功 …… 171
三、我將再起——許崇智與香港第三勢力運動 …… 173
四、拉攏分化——國民黨對許崇智第三勢力運動的回應 …… 180
五、乍起旋滅——許崇智及其第三勢力運動之失敗 …… 184
六、迴光返照——許崇智一生述評 …… 187

第九章 變局下的選擇：張發奎與五〇年代香港第三勢力運動 …… 191
一、第三勢力風起雲湧於香江 …… 191
二、變局下的選擇——張發奎與第三勢力運動 …… 193
三、張發奎與許崇智之恩怨及其和蔡文治的「自由中國運動」 …… 198
四、「三張一顧」——張發奎與「中國自由民主戰鬥同盟」 …… 207
五、餘波——張發奎與後期第三勢力運動及檢討美國與其之關係 …… 215
六、風流雲散——第三勢力運動之失敗 …… 219

第十章　最後一搏：張君勱與五〇年代香港的第三勢力運動……………223
一、五〇年代第三勢力在香港……………223
二、張君勱第三勢力理念之發軔……………225
三、張君勱參與香港第三勢力運動與「戰盟」之瓦解……………227
四、畢竟一書生——張君勱推動香港第三勢力運動之失敗……………238
五、再評價——張君勱第三勢力運動思想之述評……………246

第十一章　另一條道路：左舜生與香港第三勢力運動……………251
一、中國第三勢力運動發展史略……………251
二、左舜生參與第三勢力運動之經緯……………254
（一）從「自由陣線」集團到「中國民主反共同盟」……………255
（二）第三勢力大聯合——「戰盟」之成立……………261
三、恨鐵不成鋼——左對台灣當局的逆耳忠言……………263
（一）軍隊「黨化」之抨擊……………264
（二）「反共救國會議」之質疑……………265
（三）堅持民主憲政遵守憲法……………266
（四）政黨政治的闡述與支持籌組反對黨……………268
四、再出發——「中國民主反共聯盟」……………270
（一）《聯合評論》之創刊與宗旨……………271
（二）憲政體制設計的逆耳諍言……………272
（三）反蔣違憲連任第三屆總統……………273
（四）「雷案」後的嚴辭批蔣……………275
五、第三勢力運動的終歸沉寂……………277

第十二章　五〇年代香港第三勢力運動的主要團體：
「中國自由民主戰鬥同盟」始末……………281
一、曾經輝煌的香港第三勢力……………281
二、「戰盟」前的第三勢力組織……………282
三、「中國自由民主戰鬥同盟」的成立……………285

四、「戰盟」內部的紛擾 …… 291
五、「戰盟」失敗之因述評 …… 294
（一）美國援助的斷絕 …… 294
（二）內部之內鬨 …… 296
（三）缺乏群眾基礎 …… 297
（四）香港英國政府的取締 …… 298
（五）國、共雙方之夾擊 …… 298

第十三章　代理戰爭：美國與五〇年代中國的第三勢力運動 …… 301
一、亡羊補牢——誰丟了中國 …… 301
二、第三勢力的三腳架——軍事、政治、文化三構面 …… 303
三、第三勢力團體——多頭馬車互相競逐 …… 306
（一）老驥伏櫪的許崇智 …… 307
（二）妄想做中國戴高樂的蔡文治 …… 310
（三）首擎《自由陣線》的謝澄平 …… 314
（四）「二張雙人組合」——張發奎與張君勱 …… 317
四、代理戰爭的失敗——枉拋心力盡成空 …… 322

第十四章　結論：由第三勢力失敗之因檢討知識分子的政治參與 …… 329

第一章　第三勢力運動史料述評：以《自由陣線》週刊為例

民國 38 年前後，正值國府於大陸挫敗，國命如絲，國家在危如纍卵、風雨飄搖之際，有一部份堅持民主自由的人士，在美國和李宗仁的支持下，雲集於南天一隅，首揭反國、共兩黨大旗，標榜反蔣且反共不作左右袒的一股勢力正在滋長著，這一股力量曾經在五〇年代的香港盛極一時，甚囂塵上，喧騰不已，它就是一般人所通稱的「第三勢力」運動。[1]第三勢力運動在當時以張發奎、顧孟餘、張國燾、許崇智、伍憲子、李微塵、童冠賢、邱昌渭等人為首，也曾組織了「自由民主大同盟」和「自由民主戰鬥同盟」兩個主要機構。[2]其後，以青年黨的謝澄平和程思遠、羅夢冊、董時進等人為主的「民主中國座談會」亦加入第三勢力的行列。[3]一時間在香港的第三勢力運動搞的好不熱鬧，而各種以第三勢力為政治訴求的團體也如雨後春筍般的出現，最多時曾達百餘個。[4]

然未幾，隨著韓戰的爆發、國際情勢的丕變，美國基於防共策略的需要，重拾與台灣的國府修好，在國府的抗議反對及第三勢力自身之內鬨下，美國終究放棄扶植第三勢力的努力。這股在五〇年代初期曾想躍躍欲試，大幹一場的第三勢力運動，卒在頓失所倚的情況下，不得不日趨窮途末路而終歸風流雲

---

1 陳正茂，〈宣揚第三勢力的自由陣線〉，《全民半月刊》第 12 卷第 10 期（民國 80 年 11 月 25 日），頁 4。

2 程思遠，《政海秘辛》（香港：南粵出版社，1988 年 1 月 1 版），頁 231-236。

3 周淑真，《一九四九飄搖港島》（北京：時事出版社，1996 年 1 月 1 版），頁 305。

4 陳運周，〈從香港看「第三勢力」〉，《新聞天地週刊》第 6 年第 40 號（民國 39 年 10 月 7 日），頁 4。

散。[5]第三勢力運動雖有如曇花一現的乍起旋滅，在政治上可說是以淒涼悲劇收場，但在宣揚民主反共的言論上，則有一定的貢獻。原因是當時的張發奎、顧孟餘等人，尚能利用美援，糾集了一批文化學術界人士，以言論從事民主反共，闡述第三勢力運動，出版了若干相當不錯的書籍刊物。[6]

專書有民社黨人孫寶毅：《第三勢力必興論》、王厚生：《中國之路》一名《第三勢力與中國前途》、司馬璐：《平民政治》、李微塵：《中國局勢的必然發展》、于平凡（按：即許冠三）：《中國民主自由運動史話》等。[7]刊物較著者如《大道》、《獨立論壇》、《中國之聲》、《再生》、《中聲日報》、《中聲晚報》、《民主與自由》、《主流月刊》、《前途》、《今日半月刊》及《自由陣線》等。[8]其中尤以《自由陣線》最為重要。《自由陣線》是第三勢力運動刊物中，發行最久、立場最堅定、內容最明確、旗幟最鮮明的喉舌先鋒。是以本文即以《自由陣線》週刊為代表素材，述評第三勢力之理論，兼亦評論第三勢力在中國當代政治挫敗之因素所在。

一、《自由陣線》週刊簡介

《自由陣線》週刊，創刊於民國38年12月3日，負責人先是左舜生，後為謝澄平。[9]創刊時初為週刊，中間一度改為半月刊，後又恢復週刊形式。[10]該刊由民國38年12月問世到民國48年6月停刊止，共發行了40卷6期，時間將屆滿十年，在所有第三勢力刊物中，可說是一支獨秀且絕無僅有的。至於該刊緣起之由來，據熟稔內情的郭士提及：「遠在民國38年李宗仁代總統時代，當時國民政府大勢已去，李宗仁在離國以前，紛紛對有關的政治人物和政治團

5 程思遠，《我的回憶》（北京：華藝出版社，1994年12月1版），頁234。

6 李璜，《學鈍室回憶錄》(下)（香港：明報出版社，1982年元月初版），頁723-724。

7 同註4，頁6。

8 虞初行，〈試論「第三勢力」〉(上)，《自由陣線》第8卷第4、5期合刊（民國40年12月14日），頁32。

9 陳正茂，〈左舜生傳〉，《國史擬傳》第六輯（台北：國史館編印，民國85年6月初版），頁13。

10 同註1，頁5。

體，大放交情，拚命拉攏，有的送錢，有的送官，有的送護照，自己則希望去美國取得美援後東山再起。青年黨也就透過總統府邱昌渭的關係（邱早年為青年黨黨員），分到了四萬銀元券，這一筆錢即由謝澄平經手，以團體名義領到，分了一部份給台灣青年黨總部，其餘的便在九龍牛池灣的一個村落，租了一塊地皮，修了一些房屋，作為香港青年黨人的落腳地，也就成為後來『自由出版社』的大本營所在。一方面由於錢的數目太少，粥少僧多，無法分配；一方面也由於青年黨人參政的時間較短，鬥爭意志尚未完全淘汰腐朽，所以便將這一筆錢創辦了『自由陣線』週刊。」[11]

刊物取名為《自由陣線》之因，由其封面的「沒有自由絕無生路；聯合起來才有力量」的標語可知，它是含有深沉的時代意義。[12]至於該刊立論宗旨，在〈我們要向新生的大道邁進〉一文中提到，該刊之企圖，「在鼓吹正確的思想，推動第三勢力的力量，抱著戰鬥的人生觀，努力復國運動，摧毀專暴的、反動的、黑暗的、賣國的統治，以建立國家獨立、政治民主、經濟平等、生活自由的新中國，進一步，促進實現和平繁榮康樂的新世界。」[13]而這一新中國的營建；新世界的未來，依《自由陣線》而言，只有積極鼓吹第三勢力運動，才是唯一的希望及力量。因此，基於順應時代潮流，負起歷史使命，推動第三勢力運動，《自由陣線》義無反顧提供了闡述、討論的空間。在〈本刊的動向〉文中，《自由陣線》自陳：「檢討過去言論，第一卷提出『第三勢力』這一名辭，肯定中國第三勢力的存在，而展望其前途的發展，這一階段可以說是醞釀時期。第二卷，各方人士響應第三勢力運動，熱烈討論第三勢力的使命、任務乃至組織與領導等等問題，這一階段可以說是廣泛討論時期。今後，第三勢力運動必然進展到理論建立時期和組織表現時期。」[14]

---

[11] 郭士，〈「自由出版社」滄桑史〉，《醒獅月刊》第1卷第1期（民國52年1月1日），頁8。

[12] 刊物取名《自由陣線》的由來，據盛超言：「作為個人言論自由的一種刊物，它是在中共氣燄最高的時候，中國大陸上人民全失了自由而逃亡到香港的人們敢怒也不敢多言的時候，一群愛自由生活而認定『不自由，毋寧死』的朋友，大家來作自由的呼聲，自由的呼聲雖然薄弱，總叫中國人民自由的生路之一線不致完全斷絕。」見盛超，〈自由陣線在爭鬥中〉，《自由陣線》第3卷第6期（民國39年12月1日），頁24。

[13] 〈我們要向新生的大道邁進〉，《自由陣線》第2卷第1期（民國39年4月16日），頁2。

[14] 〈本刊的動向〉，《自由陣線》第3卷第1期（民國39年9月16日），頁2。

換言之，身為第三勢力之代表性刊物，《自由陣線》有必要隨著不同階段之第三勢力運動需求而調整其言論立場。既使到了民國四十年，第三勢力運動已逐漸沒落式微之際，《自由陣線》仍一本初衷，聲嘶力竭的為第三勢力搖旗吶喊，且在外界攻擊第三勢力缺乏理論系統之批判聲中，明確的提出第三勢力的歷史使命，其言：「『自由陣線』是倡導第三勢力的革命運動，這種運動的基本目標，在于『政治民主』、『經濟公平』、『文化自由』，根據此三種目標，為樹立『理論的體系』，及訂定『政治的綱領』、『經濟的政策』之準繩，而作建設新中國的藍圖。」[15]然形勢比人強，在第三勢力運動已偃旗息鼓後，《自由陣線》仍堅持到底，直到民國48年6月，才走完它的歷史任務。

平情而言，在五〇年代香港複雜惡劣的環境下，《自由陣線》的表現可謂相當了不起的。它呼籲自由人大聯合，結成廣大的自由陣線，並樹起第三勢力的大纛，以期建立民主自由的新生力量，對新舊極權勢力，做殊死的鬥爭。[16]尤其在第三勢力的醞釀、溝通、推廣以及在反共建國的立論和報導等等作用上，實有其不可數量的功績。[17]其價值誠如郭士所言：「當時大大小小的官僚逃來香港後，都忙著開飯館開舞廳，效法白俄路線，他們（按：指《自由陣線》）在這樣的氣氛中，能首先燃起自由反共的火炬，這不能不說是非常難能可貴的事情。」[18]

---

[15] 午潮，〈讀「試評自由陣線」後的我見〉，《自由陣線》第6卷第8期（民國40年8月10日），頁16。

[16] 〈卷頭語〉，《自由陣線》第7卷第1期（民國40年9月14日），頁3。

[17] 虞初行，〈試評「自由陣線」〉，《自由陣線》第6卷第4期（民國40年7月13日），頁15。

[18] 同註11，頁8。另張葆恩亦言：「自由陣線，樹立了反奴役、反暴政、反極權的大纛。正值紅朝新貴們彈冠相慶，自由陣線在東方之珠，帶頭發出了：『沒有自由絕無生路，結成陣線才有力量』的反共怒吼。其時，避居港、九的人多如恒河之沙，號稱反共的民主人士，亦大有人在。可是他們對沐猴而冠的新仕版，卻都噤若寒蟬，沒有半點斥責與批判。他們有的做寓公，閉門謝客；有的做生意，專探商情。而自由陣線能從事於一般謂為『不識時務』的民主自由運動，這不能不說是異數、是壯舉。」見張葆恩，〈大時代的悲劇人物(上)——悼念謝澄平老哥〉，《全民半月刊》第14卷第7期（民國81年10月15日），頁27-28。

二、第三勢力理論述評

五〇年代於香港的第三勢力運動，《自由陣線》無疑是其宣傳的主要刊物。第三勢力運動日後被譏評之最大缺點，乃為缺乏理論體系的建立，而事實上亦如此。然吾人仍可由《自由陣線》上有關介紹第三勢力之文章，分別就定義、源起、組織、領導、目標與任務；及其和第三方面的分野等面向，來描述勾繪第三勢力之理論架構。

（一）第三勢力之定義

何謂「第三勢力」，此為最基本之正名，然由《自由陣線》上宣揚第三勢力的文章看來，對於第三勢力一詞，在定義上是有各種不同的解讀。有言第三勢力並不是黨，一定要以黨名之，則可謂「沒有黨的黨」。[19]或謂第三勢力是中國人民爭生存、爭自由的新生力量。[20]通俗的說，第三勢力是真正信仰自由與民主的勢力。[21]眾說紛紜中，較具體的歸納有四：

一、為代表民主自由的勢力，史農父於〈中國第三勢力究竟在那裡？〉言：「第三勢力名詞的又一由來。在極右的政治法西斯作風之下，人民沒有民主自由。在極左的布爾希維克政治之下，人民也沒有民主自由。然而爭民主爭自由是人民的共同要求，爭民主爭自由的勢力便是第三勢力。」[22]但由於國、共兩黨亦標揭民主自由的招牌，為免魚目混珠，王厚生以為「區別國共的民主自由和社會上民眾所要求的民主自由有所不同，我們要把民眾所要求的民主自由勢力稱呼為『第三勢力』。」

所以確實地言，第三勢力就是民主自由勢力，第三勢力是民主自由勢力的代名詞，不過必須弄清楚，這個以「第三勢力」之名為代表的民主自由勢力是由民眾的民主自由要求所匯合而成的力量，而不是掛羊頭賣狗肉的少數勢力。

---

[19] 洪明，〈第三勢力與中國前途〉，《自由陣線》第1卷第8期（民國39年3月1日），頁13。

[20] 盧一寬，〈第三勢力與勞工〉，《自由陣線》第2卷第2期（民國39年5月1日），頁6。

[21] 孫誼，〈第三勢力與工商界〉，《自由陣線》第2卷第2期，頁13。又虞初行亦言：「今日的所謂第三勢力，只是中國民主自由運動的俗稱而已。」見虞初行，〈試論「第三勢力」〉(上)，同註8。

[22] 農父，〈中國第三勢力究竟在那裡？〉，《自由陣線》第1卷第10期（民國39年4月1日），頁1。

[23]民主自由的勢力既然是真正的第三勢力，那麼其信念為何呢？盛超說：「第三勢力運動既以真正的民主自由的新中國之創建做它的最高信念，我們運動的方向當然是以中國人民最大多數的最大幸福為指歸。第三勢力不僅在國共兩黨之外尋求出路，它也在資本主義和社會主義之間另闢新道，更在自由世界對極權帝國主義的戰鬥勝利之中創建新中國，以拯救中華民族於水深火熱之中。」[24]

由上述言論分析，可知《自由陣線》相當堅持只有第三勢力才是自由民主理念的正統，國共兩黨的民主自由只是虛有其表，以民主自由為名，行專制獨裁之實的幌子而已。也因如此，在國共兩黨缺乏民主自由的信念下，能給中國人民真正幸福，挽救中國人民於水火中，只有第三勢力一途了。

二、為象徵中國人民的自覺運動。胡雪情說：「第三勢力運動是中國人民的自覺自救運動。這是中國人民對腐敗自私的國民黨政權已經絕望，對專制賣國的共產黨有了深切體驗與認識之後，迸發出來的自救運動。」[25]而這種人民的自覺自救運動表現於軍事上，為大陸上各地農民武裝抗暴運動；在政治上，則為自由民主人士的聯合運動；在文化上，即係否定舊勢力、反抗共產黨、開拓新生道路的言論及反馬列主義的運動。

《自由陣線》言：「這些自發自覺的運動，雖然在國共兩黨不斷的打擊與壓制之下，仍能繼續滋長發展，足以表示潛在力量之強大。」[26]是以肯定認為第三勢力運動，即中國人民廣泛普遍的自發自覺的更生運動。它是所有反專制、反極權、反暴力、爭民主、爭自由、爭生存的諸種力量之總和。[27]不是外界力量可以輕易摧毀的。

三、為民主中國運動。《自由陣線》負責人謝澄平曾提：「『自由陣線』創立之初，我們就明確指出中華民族面臨有史以來的空前危機，我們立願推進

---

[23] 王厚生，〈什麼是第三勢力？〉，《自由陣線》第2卷第3期（民國39年5月16日），頁10。

[24] 盛超，〈我們應有的信念和動向——創造中的第三勢力運動〉，《自由陣線》第2卷第8期（民國39年8月1日），頁5。

[25] 胡雪情，〈現階段第三勢力運動的檢討〉，《自由陣線》第2卷第8期，頁5。

[26] 同上註。

[27] 〈樹立堅強的文化陣線〉，《自由陣線》第2卷第4期（民國39年6月1日），頁2。

民主中國運動（先名第三勢力運動，後稱新勢力運動），以期搶救中華民國。」[28]而此民主中國運動，就其基礎和動力來說，可以說是中國人民自救運動，就它必須經歷的過程和階段而言，可謂為聯合反共運動，但終極目標仍是民主中國運動的實現。[29]

四、為綜合性的運動。勞乃人在〈第三勢力與知識份子〉文中說到：「第三勢力運動應該是一個全中國被奴役被壓榨的同胞的自覺運動。它不僅是一個政治運動，而且是一個社會運動、文化運動。第三勢力，不只要否定政治上的第一第二勢力；同時要否定社會，文化方面的第一第二勢力。」[30]黃新民則云：「第三勢力運動，消極方面是反專政、反侵略、反飢餓、反殘暴、反貪污的運動，積極方面是爭獨立、爭民主、爭自由的運動。前者的目的是在推翻專制王朝，是革命性的行動；後者的目的是在創設一個人人安樂的國家，是積極性的行為。所以第三勢力運動，統括說來，是革命建設的運動。」[31]總而言之，第三勢力是一個非常的政治運動，是一個革命運動，同時也是一個新的思想鬥爭運動。這個運動在中國是創舉，是一個偉大的歷史性的創舉。[32]

綜觀《自由陣線》上有關第三勢力之定義，可知第三勢力基本上應該只是革命過程中一個暫定的名詞。[33]至於此一名詞沿用時間之久暫，端視客觀形勢的推移而定。由於第三勢力一詞之定義，並無明確的界定，所以此一名詞甫提出，即頗具爭議性，也遭至各方不少批判。李璜說；「第三勢力」四字不通，在今日用之，尤其不通，因第三之上，必須有第一、第二；如果假定中共是第二，則三者之間已有是非善惡之分，何況反共與共，勢難兩立，如何能相提並論，故爾不通！[34]《民主評論》社論亦言，「第三勢力的所謂『第三』，假如

[28] 謝澄平，〈為中華民族獨立自由民主而加強奮鬥〉，《自由陣線》第25卷第5、6期合刊（民國44年12月5日），頁22。

[29] 胡雪情，〈論民主中國運動〉，《自由陣線》第4卷第1期（民國40年1月1日），頁4。

[30] 勞乃人，〈第三勢力與知識份子〉，《自由陣線》第2卷第2期，頁10。

[31] 黃新民，〈華僑——第三勢力的支柱〉，《自由陣線》第2卷第2期，頁16。

[32] 竺以，〈展望第三勢力運動〉，《自由陣線》第6卷第8期（民國40年8月10日），頁7。

[33] 〈對第三勢力的熱望〉，《自由陣線》第2卷第8期（民國39年8月1日），頁2。

[34] 李璜，〈談第三勢力〉，《聯合評論》第49號（民國48年7月24日）。

是一個單純的數目字的涵義，則近乎不通；因為一個國家，出現幾個政治勢力，是一種自然的演進，並非可以人力預先用數目字來加以限定的。」[35]陳啟天則評論：

我們以為第三勢力這個名詞，含意過於含糊，不足標明一種運動的特徵。我們以為現在世界的大勢，只有兩大勢力的對抗：一方面是共產勢力，又一方面是自由勢力。除此兩大勢力外，並無所謂第三勢力存在的可能。……所謂第三勢力既以反共抗俄為號召，則一切反共抗俄的力量，無論在大陸、在台灣、在海外，也無論是國民黨、非國民黨，均應聯合起來一致反共抗俄。所謂第三勢力這個名詞易於使人誤會；不但反共產黨，而且反國民黨，不但反大陸，而且反台灣。其實中國自由勢力的基地在台灣。沒有台灣，自由中國便無立腳的基地。……我們以為在台灣以外，在國民黨以外，從事反共抗俄的自由運動，是必要的，但不必標名為第三勢力，致分散了自由勢力。[36]語云：「名正言順」，陳氏之論，可說為這個在邏輯上陷入不可存在矛盾中的「第三勢力」一詞，下了最佳之註腳。

（二）第三勢力之源起

凡是一種政治勢力的崛起，必須具備客觀環境，本身條件和外在機緣等因素。五〇年代初期國內及國際間的特殊時代背景，為第三勢力提供了一個相當好的成長空間。日本政治學家古島一雄曾言：「當政治發展到某一階段，再加上國際環境的演變和需要，一個力量自然而然就要產生的。」[37]五〇年代初期的國際和國內環境有何演變呢？其對第三勢力的興起有何影響呢？

辛念渠在〈第三勢力的領導問題〉一文中，提出了清楚的說明，他說：「今日中國客觀環境促使第三勢力成長的基本因素有三：一為極權統治者與被壓榨的人民之間所存在著的對立形勢。二為國際情勢的急劇轉變，已使反侵略反極權的民主自由陣線日益顯明而堅強。三為覺悟份子正期待一個真正民主的新生

---

[35] 〈變態心理下的第三勢力問題〉，《民主評論》第2卷第9期（民國39年11月5日），頁2。

[36] 陳啟天，〈評第三勢力〉，《新中國評論》第2卷第4期（民國40年9月），頁2。

[37] 〈古島一雄談中國第三勢力〉，《自由陣線》第5卷第10期（民國40年6月1日），頁12。

力量的成長。」[38]關於上述所言的第一點，同為第三勢力刊物的《再生》曾有很好的補充，《再生》在〈論我國的第三勢力〉文中提到：

國民黨統治大陸時代，只有人民與政府之間的矛盾，亦即官僚、豪門與人民之間的矛盾，今日共產黨統治大陸，情形亦復如此，也只有人民與政府之間的矛盾。人民要自由，共產黨不給；人民要民主，共產黨不准；人民要和平，共產黨要戰爭；人民要國家獨立於國際社會之林，共產黨要一面倒；人民要與一切以友好善意待我之國家合作，共產黨偏聽命於莫斯科，排斥西方民主國家。這是中國社會當前面臨的另一個特殊形勢——人民之間沒有矛盾，人民與政府之間卻存在著尖銳的衝突。[39]

這種人民與政府間的尖銳衝突，有朝一日終將爆發，在中國人民了解只有從共產黨鐵蹄之下再解放出來，才有生路；而台灣的獨裁政權與其特務統治和腐敗政治，又不能當此大任，於是一個新勢力的產生就是理所當然而勢所必至的了。[40]至於第二點，《自由陣線》以為，要構成一個世界自由民主陣線的整體，便不能缺少中國人民爭生存、爭自由的新生力量。世界自由民主陣線正急切的期待著中國新生力量的成長，好把東西兩方面的自由陣線連接起來；如此對冷戰有個全面的安置，對熱戰也才有一個善後的準備。[41]

所以說，第三勢力的源起並不是一件偶然的事，它是有其內在生長的社會條件和外在大時代的要求所致。是以《自由陣線》樂觀的認定：「歷史經驗告訴我們：二十世紀的後半期，極端的個人資本主義固應成為過去，但反資本主義的極端反動的極權共產主義，經過一度狂瀾之後，也開始走向下坡路去；代之而起的應該是這個既不代表資本主義也不代表共產主義的新興的第三勢力運動的時代了。中國第三勢力運動便是這新時代的產物，亦即是這個世界性運動的一支生力軍。」[42]

最後在第三點方面，當整個大陸同胞陷於水深火熱的時候，人民在對國民

---

[38] 辛念渠，〈第三勢力的領導問題〉，《自由陣線》第2卷第6期（民國39年7月1日），頁7。

[39] 〈論我國的第三勢力〉，《再生》香港版第2卷第24期（民國40年9月16日），頁2。

[40] 石貫一，〈六年來的台灣〉，《自由陣線》第25卷第5、6期合刊（民國44年12月5日），頁33。

[41] 同註38。

[42] 同註32，頁6。

黨已厭惡失望，對共產黨更加痛恨絕望的同時，自然都渴望有一股力量，能引導中國走向新生大道，因之第三勢力就應運而生。[43]易言之，《自由陣線》以為：第三勢力的興起與展開，是由於全國普遍的要求與企盼，而這股要求與企盼的心聲，是隨著國共的不得人心所產生。

誠如魏沐塵所言：「人民對第一勢力已感絕望，所以才盼望第二勢力為他們的救星，怎奈第二勢力倒向新帝國主義，行動乖謬更甚，致無數的良民被迫上梁山，這些被迫上梁山的善良百姓，他們既領略夠了往昔的壓榨，復遭受如今的奴役，事實的教訓使他們瞿然憬悟，自救的責任應當及時負起，只有把自己武裝起來才是自衛的不二法門，這個為了自衛的團體，就是第三勢力。」[44]

綜上所言，可知《自由陣線》亟力強調第三勢力運動，是中國近代政治發展的一個必然之勢，它並不是一個已經成熟的力量，它只是一種基於客觀條件所催逼所造成的結果，它是一種不期而然，不約而同，直接產生於中國近代政治發展的中心原則，它是一種時代的脈動。[45]也因此，在當時眾多懷疑第三勢力背後有不單純因素存在的批判聲中，《自由陣線》以第三勢力的興起乃是國內時勢演變之必然，現實環境演變之結果，人心自發自覺之歸向，給與外界抨擊者有力的回應。

（三）第三勢力的組織

第三勢力在確立了意識型態，有了行動的靈魂後，接下來的步驟，就要談到行動的基本形式。換言之，也就是組織形態的問題。針對外界批評第三勢力缺乏組織，《自由陣線》原先不以為意，還說：「所謂組織不必就是形式上的機構，第三勢力在目前也不需要形式化地設立總部分部支部一套機構。」[46]第三勢力是基於民主自由的信念所凝成，凡是民主信徒、自由鬥士，都是同一陣線的成員，凡是反共的機構，都是同一陣線的組織。[47]

---

[43] 午潮，〈試論第三勢力的前途〉，《自由陣線》第6卷第11期（民國40年8月31日），頁4。

[44] 魏沐塵，〈第三勢力的基礎〉，《自由陣線》第2卷第1期，頁13。

[45] 張丕介，〈論第三勢力〉，《民主評論》第1卷第17期（民國39年2月16日），頁17。

[46] 岳中石，〈我對第三勢力的希望〉，《自由陣線》第2卷第3期，頁12。

[47] 同註22。

其後由於客觀環境的日益迫切需要，第三勢力分頭努力各不相謀的散漫情形也亟需改進，《自由陣線》不得不調整態度，開始重視檢討組織的重要性。最早提出此問題者為辛念渠，他說：「中國被壓迫的人民唯有在民主的原則下，自動的組織起來，並且產生一個真正代表民意的領導重心，然後才能有計劃、有步驟、有效果的展開反抗極權統治者的鬥爭。」[48]而歷史上任何一個運動，必須有了組織和領導，才能發揮它巨大的力量。因此如何來組織和領導呢？

辛念渠提出了四點主張：「1.集結獨立自覺份子商訂共同行動綱領。2.實踐共同行動綱領，深入廣大群眾。3.透過廣大群眾的意見，配合國內外的情勢，舉行全國代表性的會議。4.成立常設機構，指導自由民主運動的全面開展。」[49]上述意見雖嫌空泛，但終歸已是第三勢力運動想要步入組織化的開始。至於領導人物問題，辛念渠說的也很明確：「真正的領導者，必需是在廣大的運動開展中長成的。它並不是某個人，或者某少數的人……我們解決第三勢力的領導問題，不是去覓求某些權威，或者去發現某些英雄；而是要在第三勢力的平面上，從集結和組織的過程中建立一個民主的重心。」[50]

故第三勢力運動理想的領導者，應該從根本上忘記自己是一個領導者，否定領導者傳統的優越感與自我意識，全心全意的確立一新的領導方針，回到人民中間，把自己當做一個真正的平民。所以第三勢力運動，就領導人言，應該是一個下級運動，或者叫做還原運動。來自民間的領導者，仍然回到民間去。唯有站在人民中間，才能懂得什麼是民主自由；才能堅持自己的立場，為民主自由奮鬥到底。[51]

既然第三勢力運動的領導者不能有英雄氣質，也不可有「超人」偏向，要徹頭徹尾是個平民化的領導者，此領導者的任務是艱巨的，責任是重大的，故他必需具備有恢宏的襟度、壯闊的意志，律己從嚴，責人從寬，眼光遠大，負責而不居功，果敢而不僨事，體格強壯，神志清明，刻苦任勞任怨，知人容人

---

[48] 辛念渠，〈第三勢力的領導問題〉，同註 38。

[49] 同上註。

[50] 同上註。

[51] 同註 30，頁 11。

用人，打破名利生死關。[52]能符合上述所舉之各項條件，才配成為第三勢力運動的領袖。

繼辛氏之後，對第三勢力運動組織發表最具代表性文章者，當屬冷生的〈第三勢力組織問題的關鍵〉一文了，該文對第三勢力由誰來組織說到：「要組織的人便來組織。我可以組織，你可以組織，他也可以組織。集合許多『我』、『你』、『他』，自不難走上組織的道路。」[53]而且第三勢力的組織結構形態，應該要採取單一式的組織，不是混合式的組織。也就是說，每一第三勢力的成員，均以個人的身分，參加組織，從事組織。不是以任何黨派任何團體的全部或一部來參加的。第三勢力的結構實質，應該有可以共同信守的某種限度的約束性與相當嚴格的紀律，應該有原則上可以共同遵行的基本信念和主張，以作行動的標的。這是有鮮明個性的革命組織，不是個性不鮮明甚至沒有個性的普通政團。[54]

上述之言，簡單的說，即第三勢力的組織結構，不想再重蹈當年「民主政團同盟」或「民盟」的悲劇。由冷生之文可看出，《自由陣線》對第三勢力組織結構之基調乃是：第三勢力的組織形態必須是一個革命政黨的組織，而不是一盤散漫的政治團體、或派系集團。組織必須走群眾路線，而不能關門自守的與群眾隔離、架空。另外，基於組織是群眾政治理念相結合的最高形式，為要正常的行動和有計劃的領導群眾，必須要有統一的綱領和嚴明的紀律，唯此紀律的規範是可以透過自覺的、民主的原則來形成。[55]最後，則為組織的性能，不應該只是一個黨的性能，或政治性同盟的性能；第三勢力以為它應該是要具有全面改造社會的機能。[56]

（四）第三勢力的使命（目標及任務）

任何一種革命運動，均有其奮鬥的目標、努力的使命和最終的任務。第三

[52] 冷生，〈第三勢力組織問題的關鍵〉，《自由陣線》第2卷第10期（民國39年9月1日），頁5。

[53] 同上註，頁4。

[54] 同上註。

[55] 張炬人，〈論第三勢力〉，《自由陣線》第4卷第3期（民國40年1月19日），頁3～4。

[56] 〈第三勢力運動的現階段〉，《自由陣線》第5卷第1期（民國40年3月30日），頁5。

勢力運動亦不例外。冷生說：「第三勢力的使命，就國內言：應該在國共兩黨之外，以絕對超然的地位，別樹一幟。打破暴君統治的鐵牢，開闢國家民族新生的大路。就國際言：應該在民主國家集團與極權國家集團的對立之下，在資本主義與社會主義的矛盾之中，另闢蹊徑，尋求世界和平的坦途，導引人類歷史趨於合理正常的發展，謀取人類生活的繁榮康樂，長治久安。這是人類歷史的遠景，中國第三勢力者應當勇敢的負起加速此種遠景實現的責任。」[57]

冷生之言，或許陳義過高，然基本上，它只是第三勢力運動一個長程的使命與希望，至於近程的奮鬥目標，《自由陣線》言：「第三勢力努力的指標，不僅在摧毀舊的，黑暗的，更著重於新的光明的建設。我們的努力不是衝動的，盲目的，而是有明顯的目標和確實的途徑。我們的基本信念，就是新中國建設的遠景。」[58]而此一遠景之藍圖，即求中國與世界之臻於「政治民主」、「經濟公平」、「文化自由」的理想社會。[59]故具體言之，吾人可歸納第三勢力運動的使命有三：近程：摧毀中共政權，恢復祖國獨立。中程：確立民主制度，還我人民自由。長程：打倒極權主義，永建世界和平。[60]

客觀說來，僅就上面三點而言，第三勢力之訴求，其實與國民黨的反共主張大同小異，但對於國民黨當局極力封殺第三勢力運動，《自由陣線》頗為不解的提出〈國民黨不必怕第三勢力〉，原因為第三勢力不但不危害國民黨，且對國民黨有許多利益。理由如下：

第一：現在大陸上的人民，被共產黨殘害得生存無路，憤激反抗的情緒日漸高漲，但是他們想到國民黨過去的腐化無能，又覺無所寄託。如果有一個不危害國民黨的新生勢力出現，這些反共而不滿意國民黨的人們，就會集中起來，成為最堅決的反共力量，這就有助於國民黨的反共戰爭。

第二：共產黨由於奴事蘇俄，出賣國家，實行專制，殘害民主，在共產黨內部業已存在著深刻的不滿情緒，但是對國民黨又感到絕望的，因此他們在理想和組織上又無路可走。如果有一個新理想新形態的第三勢力，就會使這些愛

---

[57] 冷生，〈第三勢力的幾個基本問題〉，《自由陣線》第2卷第8期，頁7。

[58] 倪惟一，〈地方政權的重建〉，《自由陣線》第6卷第2期（民國40年6月29日），頁6。

[59] 午潮，〈試論第三勢力的前途〉，同註43，頁4。

[60] 張一之，〈第三勢力的歷史使命〉，《自由陣線》第2卷第2期，頁5。

祖國愛民主的份子，脫離共產黨，投入反共陣營。這樣便能分化瓦解共產黨的組織。這個力量是國民黨所絕無的，而是第三勢力所能有的。

第三：如果國民黨能真誠與第三勢力合作，承認其平等地位與民主權利，這樣一來，「自由中國」才能名符其實。才與「鐵幕中國」成為善惡是非的鮮明對照。才使有良知的人，勇於抉擇。因為自由中國不止於民族獨立的意義，而是在內部真正能實行自由民主制度。國民黨如果能這樣做，也唯有這樣做，才能挽回人民的信心與國際的同情。[61]這段話，坦白說，平實中肯，頗具意義。第三勢力運動之使命，既與國民黨努力目標大致相契，何以反共力量無法團結，左舜生說：

> 散居在中國大陸和台灣以外的中國人，其數目在一千萬以上，大多數都是反共的。台灣沒有方法運用這股力量以加強反共的陣容，這股力量的自身，也無法加強團結以發揮更大的作用。為許多人所相驚伯有的所謂「第三勢力」，僅僅只有這麼一個傾向，說真有人可以提挈這股力量，而加以像樣子的組織，截至現在為止，這樣一個或者若干個理想的人物，確實還沒有為世人所發現。把這種零星的力量分別附益於台灣，對台灣未必有益；把這種零星力量組織起來以與台灣相呼應，也許反而可以相得益彰。可是留在台灣的人們，具有這種認識的人也不太多，或許這也就是這種力量難於形成的原因之一。[62]

陳啟天亦云：「我們以為政府當局對於所謂第三勢力的態度，宜用自由勢力的聯合陣線，融化許多各自為謀的所謂第三勢力份子，不必因其曾經從事所謂第三勢力便過度疑忌。我們深信：如果自由勢力的聯合陣線能早日建立起來，便可融化一切反共勢力，並團結一切反共勢力，而不必以第三勢力自詡了。」[63]可是台灣當局，計不及此，仍使雙方分道揚鑣，殊途而無法同歸。

---

[61] 秦秋帆，〈國民黨不必怕第三勢力〉，《自由陣線》第2卷第2期，頁19。

[62] 左舜生，〈反共形勢在延宕中〉，《自由人三日刊》第17期（民國40年5月2日）

[63] 同註36。

（五）第三勢力與中間勢力

第三勢力最令外界置疑的，即為第三勢力乃是「中間勢力」、或謂「第三方面」、「第三黨」等稱呼。而在《自由陣線》上，關於第三勢力與中間勢力的區別，也是人言言殊，各不相同的。有贊成第三勢力即中間勢力者。[64]有承認「中間路線」存在者。[65]然更多的文章是反對將第三勢力與第三方面或中間路線劃上等號。魏沐塵即說：「第三勢力既為隨著國共的沒落而產生，所以他在先天性上負有艱鉅的使命，其歷史任務在承擔起國共所不能解決的問題，並剷除國共兩大之間的一切惡勢力，因此第三勢力決不是徘徊於國共兩大之間的騎牆份子，更不是倚靠於兩大之間的中間路線。」[66]

易言之，第三勢力，它不是跨於國共兩黨之間，而是超出國共兩黨之外，它不是調和折衷於國共兩黨之間，而是對國共兩黨有所否認與批判。[67]因此，第三勢力絕對不是國、共兩黨左右兩家之分店。持此論者，在當時不僅存在於《自由陣線》，張丕介在《民主評論》亦發出相同的論調，他說：「所謂第三勢力者，決不是國民黨加上共產黨的混合體，也不是寄生于國共之間的中間路線，更不會是某些野心政客軍閥的封建力量。它是以全民族全社會為基礎的，超越於今天國共之上的新勢力。」[68]

其後，同為宣揚第三勢力刊物之《再生》亦言：「你們走中間路線？不，我們拒走中間路線，也反對走中間路線。在民主與獨裁、自由與奴役、理性與瘋狂之間沒有中間路線可走。想走中間路線的人，一定是掛羊頭賣狗肉，不是

---

[64] 如農父言：「第三勢力是基於民主自由的共同要求而漸漸凝成的，並不藉國際背景的提攜，或者實力分子的拉攏雜湊-拉是拉不來，湊是湊不攏的。對國共而言，它是第三勢力（以前國是第一勢力，共是第二勢力。目前共是第一勢力，國是第二勢力）猶之國共談判時候之有第三方面。這是第三勢力名詞的由來。再，國代表右的勢力，共代表左的勢力，其代表中間不左不右的勢力就是第三勢力。所以第三勢力也可以叫做中間勢力。這是第三勢力名詞的又一由來。」見農父，〈中國第三勢力究竟在那裡？〉，同註 22。

[65] 如洪明言：「我們承認『中間路線』的存在，相信第三勢力即將成長。」見洪明，〈第三勢力與中國前途〉，同註 19。

[66] 同註 44，頁 12。

[67] 〈展望第三勢力〉，《自由陣線》第 3 卷第 6 期（民國 39 年 12 月 1 日），頁 38。

[68] 同註 45。

投機、取巧份子，定是騙子。」[69]語鋒犀利，以示第三勢力絕不同於中間路線者。由上觀知，彷彿第三勢力之「第三」，除了是出諸暫時的權宜之計外，它不僅不是標榜中間的「第三」，甚至還含蓄著代表排斥左右兩極端之意義。[70]

是故王厚生說：「第三勢力，它與極左極右都勢不兩立，所以，第三勢力具有一個特徵，即它不是一種消極的被動的因素；相反的，它是一種積極的主動因素，它不與極左極右的勢力妥協，也不為極左極右的勢力拉攏，起調和作用，是故第三勢力又可視為辯證法中的『合』的勢力，辯證法中的『合』，不是調和『正』、『反』而成，乃是摧毀『正』、『反』以後奠立的新的『合』。」[71]

除了和中間路線有所不同外，第三勢力和「第三方面」也有明顯的歧異。冷生對此有簡要的說明：「第三勢力既不同於共產黨人所說的『中間路線』，亦不同於國共和談期間人所慣稱的『第三方面』。中間路線易流於政治上的機會主義者，而成為騎牆派。第三方面原是兩者之間的『和事佬』，上焉者左右逢源，沒有主張，也不能表現主張。下焉者變形易質，竟完全一邊倒了。兩者充其量只是沒有個性的政治團體，自不能與具有革命特質的第三勢力等量齊觀。」[72]

呼應冷生之文，而能真正對第三勢力與第三方面提出更具體區分的為王厚生，王氏在〈什麼是第三勢力？〉文中明白描述到二者的分別，他說：第三勢力與第三方面是不同的，就組織內容言，「第三方面」是除開國共兩黨之外，各黨各派和和一部分社會人士形成的，所以它的範圍局限在一些政團和民主人士，比較上是社會的少數力量。而第三勢力在組織內容上則完全與「第三方面」不同，因為它本身就是全國四億民眾的組織，它的範圍遍及全國，不分老少男女農工商學，都是「第三勢力」的組成分子，所以，它是社會上的絕大多數力量。

職係之故，第三方面只能建築基礎於「第三勢力」上面，沒有「第三勢力」，

---

[69] 〈論我國的第三勢力〉，同註 39。

[70] 王厚生，〈回首年話〉，《再生》香港版第 24 期（民國 39 年 9 月 16 日），頁 4。

[71] 王厚生，〈第三勢力與憲政〉，《再生》香港版第 13 期（民國 39 年 4 月 1 日），頁 4。

[72] 冷生，〈第三勢力組織問題的關鍵〉，同註 52，頁 4。

那裡來「第三方面」？沒有第三勢力即無第三方面，有了起來了的第三勢力，然後才會產生堅強有力的「第三方面」。[73]至於「第三黨」與第三勢力之分野，亦是如此。王厚生言：「今日國內，倘果有第三黨之組織，亦決不能以民眾的第三勢力自居，因為第三勢力為民眾的勢力，果有合乎民主精神與標準之第三黨組織，並只能認為第三黨在民眾要求民主的環境中，基礎上，適合時代的需要而成立，但絕不能讓第三黨『獨占代表第三勢力』的資格。」[74]

整體觀之，五〇年代的第三勢力運動者，大多數的人顯然在態度上是不承認第三勢力與第三方面有任何關連的，除了極力撇清二者之間的不同外，也不願意外界對其與「政協」時代之第三方面產生聯想，甚至亦怕重蹈戰後國共對峙期間第三方面走中間路線之悲劇。

三、第三勢力之挫敗

大凡一種革命運動的成功，需要多方面因素來配合，五〇年代的第三勢力運動之所以只能造成一股狂熱，但形成不了氣候，基本上是由多種原因所致。就客觀情勢而言，第三勢力運動，在遭受國共兩黨的左右開攻打擊，其環境之惡劣，可想而知。[75]但就運動本身的條件論之，其所具備的條件不夠充分，亦是一大關鍵。如缺乏正確的思想領導，光有空洞的政治理想，是不能成為事實的；領導人物的不足，不能領袖群倫，人心無法昂揚；組織的鬆弛，未能將散漫的意志與力量集中起來，運動自然無法達到預期的凝聚作用。[76]

此外，理論體系的闕如，無完整周詳嚴密的實踐計劃，亦為第三勢力運動的一大敗筆，從事運動者認識含糊，觀念上缺乏進取精神，舊式的政治觀念，沒有與時俱進，信心不夠，對第三勢力運動欠缺真正的認識與瞭解。也是第三勢力一分子的孫寶毅批評的很好，他說：第三勢力迄今何以還沒有成為一具體

[73] 王厚生，〈什麼是第三勢力？〉，同註 23，頁 10-11。

[74] 同註 71。

[75] 伯平，〈何以不能造成狂熱？〉，《自由陣線》第 25 卷第 5、6 期合刊（民國 44 年 12 月 5 日），頁 30-31。

[76] 同上註。

的強大政治力量之因為若干人太重視美援，認為美援不來，一切都無辦法。且大家太重視於現成領袖與現成力量，而決心赤手空拳，自己站起來幹的，簡直鳳毛麟角。

又在思想上，雖反共抗俄的前提是一致的，但在內容上，則五花八門，無法統一；在方法上，有的主張從百年大計的文化與教育入手，有的則迫不及待最好在五分鐘內即開始軍事行動。[77]檢視五〇年代的第三勢力運動，孫氏所指出的缺失，無可諱言，是確實存在於第三勢力陣營中的。不僅孫氏批評，第三勢力運動大將之一的左舜生指責更是露骨，左氏說：

> 「在今天要構成一個『第三勢力』之所以難於有成，其原因也不複雜：一、領導無人，不得已而思其次，以為可以藉組織來作集體領導，此即無異表示並無任何人確有自信並確有把握，敢於挺身出來多負責任。
>
> 二、今天的青年也確實不容易領導，許多的老年人和中年人在多數青年的眼中，不是已經人格破產，便是思想落伍，要他們輕於接受這樣一種人物的領導而效命於國家，實在是難之又難。
>
> 三、今天這個局面確實是太艱難也太複雜，要提出一個釐然有當於人心，而又切合於事實需要足以解決當前難題的良好辦法，有什麼個人或集團真正可以提出？
>
> 四、這個運動的起來既雜得有國際因素，甚至可以說大部是由於國際因素，而今天的國際情勢又確實是微妙難知，變化莫測，假定『第三勢力』因今天國際的情勢如此而起來，萬一明天國際的情勢如彼，又如何求得一足以自存之道？古今中外原有不少借助外力的政治運動，但如果完全依靠外力，這豈不是過於危險？
>
> 五、此外還有一個更基本的難題，便是由於一般精神的墮落，與新生機的梏亡，因之使人處處感到新人才的缺乏，在這一點上『第三勢力』之不容易形成，也正猶之台灣之不能作有力的表現一樣。一言以蔽之，

---

[77] 孫寶毅，〈第三勢力如何團結起來？〉，《再生》香港版第 19 期（民國 39 年 7 月 1 日），頁 7-12。

實由於問題太大太難，而人才太少太不夠標準而已。[78]

總之，五〇年代的第三勢力運動，吾人可以很客觀的說，其「勢」是有的，但「力」則談不上。《工商日報》曾評「力」之主觀內容有七個基本條件，分別是 1.要有足以號召群倫的領導人物。2.要有堅強刻苦的幹部。3.要有廣大支持的群眾。4.要有切合此時需要的綱領主張。5.要有嚴密的組織。6.要有深入廣泛的行動。7.要有國際的同情與援助。[79]準此七點而言，第三勢力運動顯然是夠不上標準的，故其失敗之因亦就不言而喻了。

五〇年代的第三勢力運動雖告失敗收場，然其起落在中國現代政治史上，仍有其參考取向的價值。何以在中國政治史上，以知識份子為主體的第三勢力常扮演一政治核心的邊緣角色，很難取得主流的地位，其故何在？吾人以為除了外在因素外，第三勢力在先天上也有其侷限性，以致於其能發揮的影響力有限，第三勢力的侷限性有四：

第一：角色的模糊，第三勢力雖然標榜有別於國、共兩黨，甚至亦強調其非「中間路線」。那到底其飾演何種角色呢？以民主自由勢力自詡，基本上，民主自由只是很空洞的口號，如何能因此口號而定位其屬性，且以「第三」自居，本身意涵已頗堪玩味，誠如《民主評論》批評甚是：「『第三勢力』並不是一個政黨的名稱，而是一種第三人的稱謂。一個人可以自稱為是甚麼政黨，或甚麼主義，但無法稱自己是第幾勢力。」[80]

孫抱貞亦說：「第三勢力何以不能形成為我國一個具體的政治力量，並且何以會前後變質，這不能不歸根於這個名稱很不妥當。所謂第三勢力的怪現象，如含糊、不堅定，易於引起一般國人的錯覺，和便於引起政治野心家的幻想與混水摸魚或偷天換日的勾當，都是由此而來。」[81]試想，所謂第三勢力，顧名思義，應該是在第一勢力和第二勢力之外，另行建立一支勢力。換句話說，即在極權與反極權之外，再來一個也極權也反極權的集團，這在邏輯上如何能

---

[78] 左舜生，〈對復國建國的一個期待〉，《香港時報》（民國 40 年 8 月 4 日）。

[79] 〈評所謂「第三勢力」〉，《工商日報》香港版（民國 39 年 6 月 8 日）。

[80] 〈變態心理下的第三勢力問題〉，同註 35。

[81] 孫抱貞，〈「第三勢力」的思想背景〉，《再生》香港版第 13 期（民國 39 年 4 月 1 日），頁 7。

說的通呢？所以，角色的模糊可以說是第三勢力運動之最大致命傷。

第二：政治資源缺乏，第三勢力運動可謂完全靠美援起家，打通國際路線，有美國奧援，運動就搞的頗像個樣子，生龍活虎，一旦國際情勢有變，美援不來，士氣就土崩瓦解，無以為繼。針對這種完全倚賴外力的情況，也是當時海外第三勢力運動之精神領袖張君勱，曾專函在香港的謝澄平（按：謝即《自由陣線》負責人，是搞第三勢力運動最有成績者），提到「不依傍實力」的精神條件，張說：「第三勢力倘稍存依傍瞻顧之心，自己動機不正，勇氣為之減少，此為第三勢力所不可不大大覺悟者也。」[82]然言者諄諄，聽者藐藐，第三勢力的政治資源可謂完全建立在美援之上，其後美援不來，第三勢力運動也旋即拆台。

第三：結構的脆弱，第三勢力的結構型態是以派系聯盟式的組織為主，衡諸五〇年代的第三勢力運動，這種聯盟式的組合方式，先天上有其脆弱性，因為容易造成分離主義或山頭主義。雖說在《自由陣線》上，從事第三勢力諸君亦提出第三勢力的結構型態，應以單一式的組織為佳，而不是混合式的組織。[83]然形勢比人強，最後第三勢力的組織仍是以派系聯盟的方式為之，這種多派系的聯盟組合，內部統合不易，凝聚共識困難，對於其特定的內容與所代表的事實則尚未範型，所以其角色較模糊不清。這種模糊不清的角色，使第三勢力在拓展社會基礎上遭遇很大的困難，因為它缺乏公共政策，目標不明確，缺乏決定政策之一貫性及統一性。

美國密西根大學政治系教授 Samuel T. Eldersveld 說：「政黨最重要的功能是決定政策，隨著民主化的發展，民意的塑造對政黨選舉時獲得選票有著密切的關係。政黨政治即是民意政治的意涵，而表現在民意政治上最具代表的指標即為公共政策的制定。」[84]

以此而言，第三勢力顯然尚未符合政黨的條件，也因如此，第三勢力要由

---

[82] 張君勱，〈致謝澄平書論第三勢力之精神條件〉，《再生》香港版第 17 期（民國 39 年 6 月 1 日），頁 9。

[83] 冷生，〈第三勢力組織問題的關鍵〉，同註 52，頁 4。

[84] 轉引自陳正茂，〈第三勢力在兩岸交流之角色分析〉，《第二屆海峽兩岸關係研討會》（香港：1992 年 7 月 8 日-11 日），頁 16。

一個菁英式的結盟轉化成平民性的政黨，在社會基礎上似嫌薄弱。其結果亦肇下第三勢力在參與政治和社會事務上影響力的不足，而這種不足，有一大部份的原因，與第三勢力在先天上組織結構的脆弱性有關，此亦第三勢力侷限性之所在。

第四：屬性的限制，第三勢力基本上是以知識份子為主體的，知識份子在中國常扮演一個「關心他個人身處的社會及時代的批評者與代言人」的角色。[85]此角色尤以表現在政治的批評上最明顯。如果知識份子在社會上有立足之資，他就有較大的批判自由；如果在政治之外，尚有抗衡政治的憑藉，則其批判的自由將更大。[86]

此種政治批判自由的權力，外緣因素來自社會對知識份子超然性、客觀性、中立性之角色期待；內緣因素則來自當一群知識份子所秉持的思想觀念遙遙領先社會的發展進度時，他們即很容易成為傳統文化和社會現象乃至於政治現實的批判者，甚至革命者。[87]職是之故，就政治立場言，知識份子在傳統政治中常以「第三勢力」或「中間勢力」的角色出現。但在中國現代政治舞台上，知識份子卻常遭到「同化」的命運，何故？

那是因為知識份子在政治上雖然獲得了參與的機會，在政治與社會事務上扮演某種角色，但是，並不意味政治權利的分配，或者，雖然獲得政治權利的分配，也不意味參與理想的實現。在這種情況上，知識份子的參與成了分沾一些政治權力而遷就於現實。這有兩種形態，一是成了政治現實結構的一份子，一是成了對政治現實的妥協。這兩種形態，都是知識份子參與的被政治現實同化。

當然，這種同化並不是毫無積極意義的，可慮的是，知識份子在被同化的過程中嚐到了權力、權利與名譽的滋味，而放棄了對於參與理想的追求，當知識份子在現實政治社會中，因此而享受到權力、分配到權利，進入統治階層或成為現實政治與社會的利益既得者後，知識份子便會查覺到，這些收穫，事實

---

[85] See Crane Brinton, *The Anatomy of Revolution*（N.Y.: Vintage Book, Revised & Expanded, 1965）, p.42.

[86] 金耀基，《中國現代化與知識分子》（台北：時報文化出版事業有限公司出版，民國70年11月初版），頁62。

[87] 陳國祥，《青年呼聲》（台北：四季出版公司出版，民國68年9月1版），頁172。

上是一種妥協的代價，是一種交易；有所得必有所付出，有所妥協。否則，這些獲得的便會立即喪失。

因而，所謂「權力常使人腐化」的現象與後果產生了。知識份子不只耽於權力、權利與名望而放棄了參與理想，甚至為了保持所獲得的，進一步擴大與升高所獲得的，而成了「新階級」，既寄附於現實政治權力，復成為辯護與維護者，知識份子的參政理想性至此早已蕩然無存了。其實，中國的知識份子一直強調某種參與而保持獨立人格與理想的信念。但是，除非排斥的反應特別強烈而無可妥協，否則，知識份子被同化倒成了常態。[88]由過去的「民盟」及五〇年代的第三勢力運動，可以清楚的檢驗出第三勢力在中國當代現實政治挫敗之因素所在。

[88] 楊選堂，〈知識份子的政治參與〉，《中國論壇》第15卷第1期（民國71年10月10日），頁4。

第二章　第三種聲音：附議第三勢力理念的《自由人》三日刊

一、《自由人》三日刊創刊之背景

民國38年是中國歷史上驚天動地的一年，隨著戡亂戰局的逆轉，中共取得大陸政權，國民政府則敗退台灣，此際真是國命如絲風雨飄搖，人心惶惶危急存亡之秋。在此動盪時代，大批軍民同胞除了隨政府播遷來台外；尚有一部分人選擇避難香江，南下港九一隅，這些人其中不少是知識份子。平情言之，當年選擇避秦來港的知識份子，其心態上，一則對國共兩黨均失望不滿；再則也是看上香港為自由民主之地，較能有揮灑發展的空間。此情況考量，誠如雷嘯岑所言：「在一九四九——五〇年之間，因大陸淪陷，香港乃成了反共非共的中國人士望門投止的逋逃之藪。」

這些投奔港九的政治難民，以高級知識份子居多；兼以香港時為英屬自由之地，所以只要不違背港府法令，一般而言從事任何活動是百無禁忌，相當自由的。不僅可以高談政治問題，甚至於從事政治活動亦不加以限制。於是，「從大陸流亡到港九的高級知識份子群，乃相率呼朋引類，常舉行座談會，交換對國事意見，而美國國務院的巡迴大使吉塞普，斯時亦在香港鼓勵中國人組織『第三勢力』運動，目的以反共為主。」在此背景下，港九地區的自由民主人士，在美國幕後撐腰下，「各種座談會風起雲湧，熱鬧非凡；而諸多以反共為職志的大小刊物，更是應運而興，琳瑯滿目了。」[1]基本上，《自由人》三

---

[1] 馬五，〈「自由人」之產生與夭折〉，見馬五（雷嘯岑）著，《政海人物面面觀》（香港：風屋書店出版，1986年12月初版），頁212。又此種座談會多在週末舉行，也有人稱之為「週末座談會」或「星期六座談會」。見馬五先生著，《我的生活史》（台北：自由太平洋文化事業公司出版，民國54年3月1日初版），頁161。

日刊，就是在此大時代氛圍下孕育而生的。

二、《自由人》三日刊誕生之經過

《自由人》三日刊醞釀誕生之經過，最早鼓吹者，一般而言，說法有二，一為由王雲五號召發起。據其《岫廬八十自述》書中提及：「自民國三十九年開始以來，由於中共匪幫建立偽政權，並先後獲得蘇俄、緬甸、印度、巴基斯坦及英國的承認，於是匪幫的勢力在香港突然大振，不少反共分子漸呈動搖態度。旅港有識之士深感囂風日長，漸使全港華人隨而動搖，乃相與集議挽救之道。我因在港主辦一個小規模出版事業（按：即華國出版社），尤以一貫堅持反共方針，遂由多數參加集議人士推任領導。由臨時的集會，變為固定的坐談；其地點經常利用國民黨在銅鑼灣某街所租賃之四樓房屋一層。每次參加坐談者，多至三十餘人，少亦一二十人，皆為文化界人士，或為舊日與政治有關係者，各政黨及無黨派人士皆有之。後來我以香港政府最忌政治性的集會，凡參加人數較多，尤易引起猜疑，動輒干涉。加以如此散漫的坐談，亦未必能持久，因於某次坐談中提議創辦一小型之定期刊物，每週或半週出版一次，既可藉此刊物益鞏固反共人士之維繫，且刊物一經向港政府註冊，則在刊物辦公處所舉行的坐談，皆可諉稱編輯會議，可免港政府之干涉。此議一出，諸人咸表贊同，遂計劃如何組織與籌款。結果決辦三日刊，定名為自由人，其資金由參加坐談人士各自量力提供。我首先代表華國出版社提供港幣一千五百元，此外各發起人分別擔任，或一千，或五百不等；並經決定撰文者一律用真姓名，以明責任。其後，又決定委託香港時報代為印刷發行。因是，籌備進行益力，發起人等每星期至少集會一次，間或二次，一切進行甚為順利。」[2]

二為眾人集議，早有志於此，雷嘯岑即主此說。雷言：「這時候，即有原在大陸上服務新聞界的報人成舍我、陶百川、程滄波，協同青年黨人左舜生、民社黨人金侯成，以及國民黨人阮毅成、無黨無派的王雲五，外加香港時報社長許孝炎、新聞天地雜誌社社長卜少夫一干人等，於每週末午後在香港高士威

---

[2] 王雲五，《岫廬八十自述》（台北：商務版，民國56年7月1日初版），頁104-105。

道某號住宅中，舉行文化座談會。大家談來談去，得到一項結論，要辦一份刊物，以闡揚民主自由思想，在文化上進行反共鬥爭。……適韓戰爆發，預料東亞局勢將有變化，刊物必須及時問世，刊物取名『自由人』，由程滄波書寫報頭兼撰〈發刊詞〉，標題是〈我們要做自由人〉。」[3]然由當事人之一的阮毅成事後追記，似乎《自由人》三日刊能草創成功，仍是由王雲五一手主導的。阮說：「民國三十九年十二月二十日，雲五先生在香港高士威道約大家茶敘，其中特別提及「今日我約諸位來，是想創辦一份反共的刊物，以正海外的視聽。間接幫助台灣，說幾句公道話。我們讀書人，今日所能為國家效力的，也只有此途。」[4]

由阮之記載，合理推論，《自由人》三日刊能順利催生問世，王氏為登高呼籲之首倡者，可能性是很高的！但就在王氏積極創辦《自由人》三日刊之際，突發一件暗殺事件，則頗值得一述；且對後來《自由人》三日刊的發展不無影響。事緣於民國 39 年 12 月下旬，王氏在《自由人》三日刊諸人集會散會後，在香港寓所遭遇暗殺，幸子彈未命中，逃過一劫，這突如其來之舉，使王氏決定立即離港赴台定居。此事來台後，王氏曾將真相告訴繼我而來的成舍我。王氏謂：「到台以後，除將此次提前來台的秘密暗中告知兒女外，他人皆不使知。後來事過境遷，才漸漸透露給若干至好的朋友，首先是對於不久繼我而來的成舍我君；因為他覺得我向來很少患病，在約定聯合宴客之日，我竟稱病缺席，舍我不免將信將疑。其後到我家探病，見我毫無病容，更不免懷疑。及我不別而赴台，他懷疑益甚，所以在他來台後，偶爾和我詳談及此，我也就不好意思

---

[3] 王雲五，《岫廬八十自述》（台北：商務版，民國 56 年 7 月 1 日初版），頁 104-105。馬五，〈「自由人」之產生與夭折〉，同註 1，頁 212-213。又見馬之驌，《雷震與蔣介石》（台北：自立晚報社文化出版部出版，1993 年 11 月 1 版），頁 81。

[4] 阮毅成，〈王雲五先生與自由人三日刊〉，見蔣復璁等著，《王雲五先生與近代中國》（台北：商務版，民國 76 年 6 月初版），頁 30-31。有關《自由人》之發起，另有一說為萬麗鵑博士論文所言：「《自由人》為『自由中國協會』成員所辦之三日刊。」見萬麗鵑，〈一九五○年代的中國第三勢力運動〉（台北：國立政治大學歷史研究所博士論文，民國 90 年 7 月），頁 164。但根據「自由人」社發起人之一的雷嘯岑之回憶說：「自由中國協會」為當時在美國的胡適、蔣廷黻、曾琦等人所發起，胡、蔣、曾諸氏希望以『自由人』全體發起人為主幹，先在香港成立總會，台灣暨歐美各省都設立分會。嗣經提出座談會詳細研討，大家認為總會以設在台灣為妥，香港亦只設分會，庶合體制。結果不知如何，這個會沒有成立，終於流產了。」馬五，〈「自由人」之產生與夭折〉，同註 1，頁 214-216。故萬氏此說，恐不確。

對朋友有所隱瞞了。」[5]

上述言及之12月下旬，實際上是39年12月31日，除夕。阮氏說：是日「王雲五先生約在高士威道午餐，我應約前往，王臨時以腹瀉未到，由成舍我兄代作主人，謂『自由人』籌備事，大致已妥。」而40年的元月3日，阮氏也說到是日，「應卜少夫、程滄波二兄之約，到高士威道二十二號四樓午膳。據滄波兄言，是日原應由王雲五先生作東，而王於當天上午，離港飛台，臨行前以電話托其代為主人。」[6]王氏的不告而別倉促離港赴台，也使得後續有不少參與「自由人」社同仁跟進，紛紛來台，這對於原本人力吃緊資金短絀的《自由人》三日刊之發展，當然有不小的影響。

至於《自由人》三日刊籌組的經過梗概，雖在王氏離港來台後，仍按部就班的進行。40年元月10日下午，阮毅成與程滄波及左舜生又約至高士威道聚談。關於創辦刊物事，左舜生主張宜立即出版，卜少夫則以須現款收有相當數目，方能創刊。是月31日，雷震自台灣來，亦參加「自由人」社活動。會中大家一致決定《自由人》三日刊，於農曆年後出版。並在職務安排上初步有了規劃，即推程滄波撰〈發刊詞〉，以辦報經驗豐富的成舍我任總編輯，陶百川為副總編輯。又另推編輯委員14人，分別是劉百閔、雷嘯岑、陶百川、彭昭賢、程滄波、陳石孚、許孝炎、張丕介、吳俊升、金侯城、成舍我、左舜生、王雲五、卜少夫。[7]

民國40年2月9日，內定為總編輯的成舍我自香港致函王雲五，說到：「自由人半週刊已將登記手續辦妥，『館主』係由少夫出名，因渠後來未再提出不能兼任之困難，……編輯人經由弟以本名登記。股款雖交者仍不太多，但讀者則頗踴躍。……據弟觀察，維持六個月，在經濟上當可辦到。惟編輯方面，則危機太大，因主力軍如我兄及秋原兄均不在此，其他如滄波兄等不久亦將赴台，（即弟本身亦恐將於三月間來台）稿件來源，異常枯涸，然既已決定辦，

---

[5] 王壽南編，《王雲五先生年譜初稿》第二冊（台北：商務版，民國76年6月初版），頁743。

[6] 阮毅成，〈「自由人」參加記〉，《傳記文學》第43卷第6期（民國72年12月），頁14-15。

[7] 見《自由人》創刊號（民國40年3月7日）第一版的編輯委員會名單。《自由報二十年合集》（1）（香港：自由報社出版，民國60年10月10日）。阮毅成說為16人，疑有誤。見阮毅成，〈「自由人」參加記〉，同上註。

弟亦只有勉力一試。」[8]尚未正式創刊，但資金人才捉襟見肘的窘境，已被成氏料中，這對好事多磨的《自由人》三日刊日後之發展，已埋下艱困之伏筆。

2 月 14 日，成舍我向雷震、洪蘭友等人報告，《自由人》三日刊已得港府核准登記，一俟台灣方面准予內銷，即行出版。28 日，成舍我向「自由人」社同仁報告，台灣內銷事已辦好，《自由人》三日刊即將出版，並出示創刊號大樣。因與會者多係辦報老手，提供不少意見，而成舍我也很有風度，博採眾議，為慎重起見，同意改遲數日出版，以便從容改正，並呼籲社員踴躍撰稿以光篇幅。[9]可見在王氏離港後，《自由人》三日刊真正之台柱角色，已責無旁貸的落到成舍我肩上。

3 月 7 日，《自由人》三日刊正式創刊，社址位於香港德輔道中 149 號 4 樓。目前所知參與的發起人有王雲五、王新衡、王聿修、端木愷、程滄波、胡秋原、吳俊升、黃雪村、閻奉璋、樓桐孫、陳石孚、陳訓悆、陶百川、雷震、阮毅成、劉百閔、左舜生、雷嘯岑、徐道鄰、徐佛觀、陳克文、成舍我、金侯城、張丕界、彭昭賢、許孝炎、卜少夫、卜青茂、范爭波、陳方、張純鷗、張萬里、丁文淵等三十餘人。[10]發刊後，一紙風行，各方咸予重視，發行之初，每期印八千份。為打開台灣銷路市場，內容安排方面，特別增加一些軟性文字，勿使論文過多，淪為說教。

雷嘯岑即言：「《自由人》的作者確實很自由，各人所寫的文字題材雖相同，而見解不必一致，祇要不違背民主憲政與反共抗俄的大前提，儘可各抒己見，言人人殊，真有百家爭鳴，百花齊放的景象，……首任的《自由人》主編是成舍我兄，他包辦大陸通訊版，把大陸上的共報消息，參以陸續從國內逃到香港的難民所述情形，寫成有系統的通訊稿，可謂費苦心。」[11]誠然如是，由於文章精彩，見解深入，內容多元，析論入理，所以出版後不久，南洋各地僑報即紛紛轉載《自由人》文章。故在香港一隅辦一刊物，無形中等於在數地辦

---

[8] 〈成舍我致王雲五函〉，同註 5，頁 746。

[9] 阮毅成，〈「自由人」參加記〉，同註 6，頁 15。

[10] 「自由人」社成員，據筆者統計為此 30 餘人，且各會員加入時間先後不一，有關會員名單散見於雷嘯岑、阮毅成等人之回憶文章及《雷震日記》中。

[11] 馬五先生著，《我的生活史》，同註 1，頁 161。

了幾個刊物，影響所及，至為廣大。

不僅如此，有關《自由人》所發揮的影響力，可以曾任該刊主編雷嘯岑之回憶為證，雷說：「《自由人》半週刊，頗受台灣以及海外；尤其是美國一般華僑的注意，原有的每週座談會照常舉行，參加的人亦陸續增多了，風聲所播，國際人士來到香港的，亦來參加我們的座談會，交換政治意見，如美聯社遠東特派員竇定，南韓內閣總理李範，日本工商與新聞界人士前來訪談者尤多，.....唯有駐在香港鼓勵華人組織『第三勢力』的美國巡迴大使吉塞普，始終沒有接觸過，大概是他認為《自由人》半週刊這些人，多數係國民黨員，氣味不相投，我們亦以對『第三勢力』之說，不感興趣，因而絕交息游，毫無來往。」[12]雷氏這段記載很重要，它不只說明了《自由人》發刊後之影響力；也道出了《自由人》與「第三勢力」毫無瓜葛，這對坊間有不少人一直以為《自由人》是「第三勢力」刊物有澄清作用。

《自由人》三日刊甫發行，負責盡職之成舍我隨即寫信給王雲五提到：「連日為《自由人》半週刊事，頭昏腦暈，尊函稽答，至為罪歉。現半週刊已於今日出版，附奉一份，即希鑒察。大著分兩期刊佈，並盼源源見賜。今後應如何改進之處，統希指示為荷。」[13]另針對其後外界對《自由人》諸多揣測，如與「自由中國協會」之關係等等，「自由人」社也在 3 月 21 日的高士威道聚會中也做出決議，大家皆一致表示，「自由人」應獨立組織，以別於其他團體，乃推定董事九人，以左舜生為董事長。監事三人，為金侯城、王雲五、雷震。成舍我為社長兼總編輯，卜少夫為總經理。[14]

為了稿源，3 月 22 日總編輯成舍我又致函王雲五拉稿，其中說到：「自由人在香港銷路尚好，一般觀感亦不錯。惟共匪刊物正以全力抨擊，弟等亦一

---

[12] 馬五，〈「自由人」之產生與夭折〉，見其著，《政海人物面面觀》，同註 1，頁 213-214。另萬麗鵑博士論文也提到，為打擊「第三勢力」運動，「國民黨亦透過黨報如《香港時報》、新加坡《中興日報》、美國《美洲日報》，及其所資助的報刊如《自由人》報、《民主評論》等，展開對第三勢力的文宣戰，此即是《香港時報》社長許孝炎所說的以『輿論對輿論』的鬥爭。」萬麗鵑，〈一九五○年代的中國第三勢力運動〉，同註 4，頁 164-165。又見〈許孝炎意見〉，《總裁批簽》，台（41）央秘字第 0085 號（1952 年 2 月 22 日），黨史會藏。

[13] 〈成舍我致王雲五函〉，同註 5，頁 747。

[14] 阮毅成，〈「自由人」參加記〉，同註 6，頁 15。至於《自由人》與「自由中國協會」之關係，馬五在〈「自由人」之產生與夭折〉已言之甚詳，同註 4。

反過去自由派刊物置之不理的辦法，強烈反攻。台灣發行未辦好，少夫兄不日來台，或能有所改進。同人撰稿，此間仍不太踴躍，盼公能以日撰五千字之精神，多寫數篇，並乞即賜惠寄，無任感幸。又此間稿酬，公議千字港幣十元，前稿之款，已送託香港書局轉交。此數雖微細不足道，然吾輩合力創業，知識勞動之所獲，在道德標準上說，固遠勝於以吃人為業之共匪萬萬矣。盼尊稿如望歲，望即賜寄，以慰饑渴。」[15]除簡略報告社務外，重點仍是稿源問題，而此問題也是《自由人》三日刊以後長期揮之不去的夢魘。

三、《自由人》之命名與經費及發刊宗旨

篳路藍縷，創業維艱，有關《自由人》之命名，似乎是由阮毅成所起。原本成舍我欲名為《自由中國》，因與台灣雷震負責的《自由中國》半月刊同名而不獲採納。故阮毅成認為可參考台灣趙君豪所辦之《自由談》，而稍改其為《自由人》，卒獲大家一致同意，名稱問題因此而敲定。[16]其實若從五〇年代的背景去觀察，刊物取名為《自由人》並不足為奇。蓋彼時海外正刮起一陣「自由中國反共運動」浪潮，其中尤以香港地區為最。為壯大「自由中國反共運動」，於是乎，海內外的一些知識份子刻意以「自由」二字為雜誌刊物名稱，以凸顯有別於大陸的獨裁極權。職係之故，各種以自由為名之刊物如《自由中國》、《自由陣線》、《自由談》、《自由世界》等雜誌，如雨後春筍般紛紛出籠，《自由人》三日刊之命名，應該是在此時代背景下而正名的，且的確有其時空的特殊意義存在。[17]至於現實的經費來源問題，早在 39 年 12 月 20 日的聚會中，王雲五即定調說：「我要先與諸位約定，這是一份自由的刊物，所以，一

---

15 〈成舍我致王雲五函〉，同註 5，頁 747-748。為稿源及素質起見，成舍我亦曾寫信向阮毅成拉稿，信上提到：「在台同人寫稿，原約每期供給八千字。希望以兄之熱忱毅力，催請同人，公誼私交，達此標準。」又說：「自由人聲譽，雖日有增進。惟經濟及稿件，均危機太大。現此間已只賸左（舜生）、許（孝炎）、雷（嘯岑），及弟共四人，稿荒萬分。如濫用一般投稿，則水準即無法維持。」阮毅成，〈「自由人」參加記〉，同註 6，頁 16。可見身為主編的成舍我，為稿源及《自由人》之內容水準，真是心力交瘁，煞費苦心。

16 同註 6，頁 14。

17 馬之驌，《雷震與蔣介石》，同註 3。

不能接受外國的幫助，二不能接受政府的支援。同仁不但要寫稿，還要負擔經費。」[18]

王氏之所以要如此約法三章，是要避免外界將《自由人》視為拿美國人錢所辦的「第三勢力」之刊物的疑慮或揣測；另外，不接受政府支援，也是想以獨立身分之姿，能在言論上暢所欲言，而不受政府掣肘，更不想貼上政府刊物之標籤。揆之《自由人》草創之初，因其經費來源係由各會員出資，確實能夠如此。例如在籌備階段，王雲五首捐港幣三千元，各會員至少認捐港幣一千元，「大家分途進行，未到一個月，即籌募到港幣一萬七千元了。」[19]創刊經費有著落，但接下來長期的經費支出，恐怕就不是由會員認捐可解決。到最後仍不得不仰賴台灣國府的金錢支助，在《雷震日記》中即披露不少箇中內幕，茲舉日記一則為證。民國 40 年 5 月 25 日，雷日記言：「雪公（按：指王世杰（字雪艇），時任總統府秘書長）來電話，可助《自由人》三千港幣，但不可明言，因《新聞天地》一再要求援助而未允許也。……《自由人》因經費困難，而負責又無專人，致有停頓之可能，由予（雷震）約集雲五、滄波、孝炎、毅成、端木愷、少夫諸君會商，由予等籌款接濟，每月假定虧二千五百元，至年底約為一萬七千五百港元，改組組織，推定成舍我為社長，左舜生代理董事長，予負台北催稿及催款之責，總統府之三千元，由予負責，予另外再籌五百元。」[20]

由《雷震日記》可知，創刊才二月餘之《自由人》，經費已拮据如此，而不得不靠政府補貼，在此情況下，其日後之文章言論，就頗受台灣國府當局之制約影響了。另有關《自由人》之創刊宗旨，其實早在刊物出版以前，對於未來言論與編輯方針，「自由人」社同仁即做了幾點規約：1.發揚民主自由主義；2.發起人按期撰寫頭條論文，且須署出真姓名；3.文責各人自負，但須不違背民主自由思想暨反共救國的大原則；同時將全體發起人的姓名亦在報頭下面，

---

[18] 同註 6，頁 14。

[19] 同註 12，頁 213。

[20] 《雷震日記》（民國 40 年 5 月 25 日），見傅正主編，《雷震全集》（33）（台北：桂冠版，1989 年 8 月初版），頁 100-101。

表示集體責任。[21]創刊後，首由程滄波撰發刊詞，題為〈我們要做自由人〉，擲地有聲的強調：

> 「我們今天大膽向全世界人類提出一個問題：便是世界人類，現在與將來，要不要做人？如果想做人，從什麼地方去著手奮鬥？……今天世界人類只有兩個壁壘，一個是『人的社會』之壁壘，一個是『非人社會』之壁壘。這兩個社會的磨擦，今天已到了白熱化的程度。，……『人的社會』中每一個人，是有人性，有人格，根據人性與人格，發揮其個性，以增加社會之幸福與個人之生活水準，從而增進世界的和平與人類的文明。反觀『一個非人社會』中，人除了具備人的形態外，沒有思想與靈魂。『非人社會』中，人只是一群動物，既不許其有人性，亦不讓其有人格，他們是奴隸、是機器。」

接著滄波又言：「很不幸的，今天的中國大陸，全大陸數萬萬同胞一年來，即陷入共匪的非人社會中。因此我們和全世界愛好和平民主的人們，要發動正義的呼聲，救自己，救同胞，救人類。我們要揭著自由的大纛，叫著『做人』的口號，開始『自由人』的運動。爭自由，爭人性，發動全人類自由人性的力量，去打倒與剷除共產帝國主義反人性的非人社會。不殘殺，不掠奪，在不流血革命的原則下，使人人有飯吃。本此目的，以建立新中國新世界。所以，從今天起，根據以上主張，我們謹以此小小刊物《自由人》，貢獻於全世界凡是不願做奴隸的人們，也就是我們這一群人，決心獻身於這一運動的開始。全世界和平民主的人士：我們要做人，我們要做自由人。每個人爭取了自由，世界才有民主和平，人類才有幸福與光明。」[22]我們要做人，我們要做自由人，起來，不願做奴隸的人們！程滄波這篇發刊詞，簡直是一篇慷慨激昂的宣示詞，代表全世界不願在「非人社會」生活下的自由人，向共產專制極權政權，發出

---

[21] 同註 12，頁 213。吳相湘，〈成舍我為新聞自由奮鬥〉，見其著，《民國百人傳》第四冊（台北：傳記文學出版社印行，民國 60 年元月初版），頁 275。

[22] 程滄波，〈「自由人」發刊詞〉，見其著，《滄波文存》（台北：傳記文學出版社印行，民國 72 年 3 月 15 日初版），頁 157-160。

堅決的怒吼。[23]

四、《自由人》的艱苦經營

平情言，《自由人》三日刊從民國 40 年 3 月 7 日發行，到民國 48 年 9 月 13 日停刊，維持八年餘。這八年多的歲月，可謂艱辛撐持，多災多難。首先為組織渙散不健全，於是才有民國 40 年下半年的重組之舉，此中最大原因為「自由人」社大多數同仁均已離港赴台，計有王雲五、王新衡、端木愷、程滄波、胡秋原、吳俊升、黃雪村、閻奉樟、樓桐孫、陳石孚、陶百川、陳訓悆、雷震，及阮毅成等，幾乎佔了一半以上；而在港的僅有左舜生、金侯城、許孝炎、成舍我、劉百閔、卜少夫、雷嘯岑等人。其後在台參加的，又增加徐道鄰，共 22 人。為連絡方便起見，在台同仁乃公推王雲五為董事長，但又因刊物在港出版，故推左舜生為在港之代理董事長，就近處理刊物，成舍我則為社長。[24]

其次是「自由人」社未有組織章程，也沒有在台辦理社團登記。民國 41 年 1 月 10 日，在台同仁乃在王新衡家商議，適端木愷甫自港返台，報告港方同仁最近決定取消社長制，亦推左舜生代董事長，成舍我為總經理，劉百閔為總編輯。此事，在台「自由人」社同仁又有不同意見，在 3 月 7 日及 15 日的兩次餐敘討論中，決定仍採社長制，並推成舍我任社長。只是一個三十餘人的「自由人」社，就為了區區的刊物人事組織問題，港、台同仁即不同調，其他之事就可想而知了。所幸意見儘管有異，但同仁感情尚佳，阮毅成即言：「自由人在香港創辦之初，同仁常有餐會，交換意見。在台同仁，於民國四十年七月十二日起，舉行聚餐或茶會，由同仁輪流作東，平均每兩週一次。除談自由人社各事外，亦泛論時局，交換見聞。」[25]

41 年 2 月 9 日，「自由人」社在台同仁餐敘，有鑒於《自由人》三日刊

---

[23] 阮毅成也說到，這是一篇代表知識份子愛國反共心聲的大文章，義正辭嚴，擲地有聲。同註 6，頁 15。

[24] 同上註，頁 16。

[25] 同上註，頁 17

創刊已近一年，但組織與人事及編輯立論之困擾問題仍在，因此大家覺得有必要提出意見交換，以尋求解決之道。席間程滄波首次提出編輯態度問題，但遭雷震反對。程又謂：「劉百閔不宜任總編輯，上次，此間同仁推成舍我任社長，何以改變？此間皆未知悉。」雷震與陶百川又認為，台方不宜干涉港方人事，雙方爭論甚久。最後由阮毅成提出折衷解決方案為：1.自由人本係超黨派立場，只知民主、自由、反共，不知其他，此後仍須守定此項立場。2.港方報刊如對台灣中華民國政府，有惡意攻訐，或無理批評，自由人不可自守中立，須起而加以駁斥。3.人事問題，另函在港之許孝炎查詢，不作決議。

眾皆贊成阮毅成之方法，並請其起草一函，致在香港之左舜生、許孝炎、成舍我、劉百閔、雷嘯岑諸人。阮函送各人簽名後發出，信中報告：「弟等今午聚餐，談及自由人編輯態度。回溯創辦之初，原屬超於黨派之外。……兄等在港主持，辛勞至佩，自亦必贊同弟等態度也。邇後港方報刊如對於台灣中華民國政府惡意攻訐，或無理批評，自由人似不便自居中立，宜即加以駁斥。如有中國之聲作者來稿，希勿予以刊登，以嚴立場。再則，此間對第三方面各事，多持私人消息。語多片斷，難窺全貌。斯後尚懇時將各方動態，擇要見示。既可為撰稿時之參考，亦為知彼知己之一道。自由人素以民主反共為宗旨。署名：王雲五、程滄波、黃雪村、王新衡、樓桐孫、吳俊升、陳石孚、陶百川、雷震、阮毅成。」[26]

同年 3 月 15 日，《自由人》創刊已屆滿一年，留台「自由人」社舉行全體會議。會議主席推王雲五擔任，其中報告事項為（1）經費小組許孝炎報告——擬募集港幣三萬元（其中成舍我、許孝炎、洪蘭友，被分配擬向各紗廠募台幣一萬元）。（2）編輯小組成舍我報告，1.組織擬仍採現制，並請加推一人為必要時接替編務工作之用。2.發行擬請先行籌集基金以期達到日後之自給自足。3.編輯方針方面，積極在倡導民主自由，消極在反共抗俄，至對於台灣態度應仍許有批評，但不可損及自由中國之根本。4.在台同人集體意見推定專人執筆寄港，決登載第一版，並不易一字，如係個人稿件，在編輯方面擬請仍保有斟酌之權。5.每期需要稿件兩萬四千字，在港同人無多未能盡任，在台同

---

[26] 〈阮毅成致左舜生諸氏函〉，見王壽南編，《王雲五先生年譜初稿》第二冊，同註 5，頁 768。

人時惠稿件。

接下來的討論事項有：1.自由人三日刊社是否仍採社長制案，決議是仍採社長制，由成舍我擔任社長。2.自由人三日刊社費應如何加募案，決議由經費小組再進行籌募港幣三萬元，於兩個月內籌足，作為基金，備日後擴充發行之用；另由經費小組加募港幣一萬元，作為最近數月經常費不足之需，在未募起前由許孝炎、成舍我負責維持現狀。3.加推樓桐孫、程滄波參加經費小組，並以王雲五兼經費小組召集人。而至關重要的《自由人》立論態度應如何確定案，經一番熱烈討論，眾人決議有三：1.除積極主張民主自由，消極的反共抗俄外，並須維護現行憲法倡導議會政治。2.凡外界對台灣有惡意攻擊影響國本時，應予駁斥，立場務須堅定，態度務須明確。3.除專門問題研究外，宜多載通訊及趣味性文字，理論文字及新聞性宜各佔三分之一。[27]基本上，此次會議非常重要，它為已紛擾年餘的《自由人》定調，但此為台方同仁之共識，港方同仁只是被動告知，並不見得完全同意，所以日後港、台雙方仍存有歧見。

最後是更為嚴重棘手的經費問題，因經費短絀入不敷出，《自由人》從創辦始，即常有因支撐不下去而停刊之議，此問題從創刊起即已浮現，只是苦撐待變，能維持多久算多久，唯情況並無改善且持續惡化中。是年 6 月 14 日，王雲五、阮毅成與程滄波等聚會，商議如何應付《自由人》三日刊之困難。王雲五說，得左舜生與成舍我信，信上成舍我堅辭社長，因每月不足港幣兩千元，實難以撐下去，如無法解決，建議自本月 18 日起停刊。劉百閔則說香港紙價日跌，印刷係由《香港時報》代辦，印費可以欠付，以往亦每月虧空，並不自今日始。對此，王雲五建議是否能改為月刊，移台出版，但眾意覺得移台出版，則《自由人》功用全失，仍宜繼續在港發行。最後決定由王雲五函復，請成舍我維持至 7 月底止。[28]該年 12 月 2 日，「自由人」社同仁又再行會商，由王

---

[27] 〈阮毅成致左舜生諸氏函〉，見王壽南編，《王雲五先生年譜初稿》第二冊，同註 5，頁 768。

[28] 同註 5，頁 774。《自由人》經費之窘困，自創刊伊始至結束均如此，阮毅成即言：「我只記得在創刊第一年中，就賠去了港幣參萬參仟元。時歷八年半，為數甚為可觀。這尚是距今三十多年前的幣值，如以現在幣值計算，則更為巨大。」阮毅成，〈王雲五先生與自由人三日刊〉，同註 4，頁 34。到《自由人》停刊止，其經費仍入不敷出，茲舉結束前致王雲五等人之二信函為證。1959 年 9 月 11 日許孝炎自港來信王雲五，報告「自由人」結束時經費情況。「雲五先生並轉鑄秋舍我儆寰滄波新衡秋原佩蘭少夫諸兄惠鑒：關於自由人停刊事，前經兄等決定函達克文。兄弟回港後，復經

雲五主持，會中卜少夫表示願意接辦，至少可免招致停刊命運。然未幾（12月6日），卜少夫以有人表示異議，謂其「新聞天地社」同仁不贊成再兼辦另一刊物，故不得不打消原意。王雲五即席宣布仍在港出版，並推成舍我回港主持，改為有給職。[29]成謙辭不准，旋即表示接受。後當場推定王雲五、程滄波、樓桐孫、胡秋原、陶百川、黃雪村為在台撰述委員，程為召集人；另推成舍我、程滄波、胡秋原三人起草言論方針。王雲五、端木愷、王新衡為財務委員。香港方面的撰稿委員，則由成到港後約定人員擔任。當事者之一的阮毅成，對是晚之會的結果表示很滿意，還稱為是《自由人》中興之會，同仁莫不興奮。但其後，主要的重點之一，《自由人》未來的言論方針並未草成。[30]

民國42年3月14日下午，「自由人」社同仁聚集在成舍我處參加茶會。會中，成舍我出示香港許孝炎來信，謂《自由人》又不能維持，因已積欠《香港時報》印刷費達港幣六千元，稿費11期。且人力亦明顯不足，雷嘯岑將來台灣，左舜生又將赴日本旅行，主持無人，不如停刊。經同仁交換意見，仍認為不能停辦，並催成舍我速赴香港負責。因茲事體大，3月21日，「自由人」社另一要角阮毅成，也在家中約集在台同仁茶敘。會上，成舍我表示其有困難不願赴港，而港方近日來函，支持為難。眾意乾脆移台編印，仍推成舍我主持。[31]25日下午，阮親訪成舍我，成表示三點立場：1.決不去香港。2.《自由人》如移台出版，願意主持。3.未移台前，可先在台編輯，寄港印行。同月28日

再三磋商，始於前日由在港各有關友人舉行特別會議議決定停刊，並於本月十三日起實行。茲將會議紀錄抄奉敬祈鑒察。」「預計自由人可能收入之款（連登記費在內）約為乙萬四千餘元，支出除舊欠稿費約乙萬三千元；及克文兄之欠薪近九千三百元暫不計入外，此外薪工紙張印刷房租，今年稿費應退報費及空運費等，共計約為二萬乙千餘元，不敷之數約為七千餘元。倘預計可能收入之款有一部分不能收入時則虧欠之數將必更多，如何籌還以資結束頗費周章。而有把握之登記費乙萬元則尚待少夫兄回港簽字後始能提出備用。」

[29] 同上註，頁779。《自由人》主編是不支薪的，可見其艱困於一般。同為主編的雷嘯岑曾說：「首任主編人成舍我兄苦幹了一年之後，因為準備移家台灣，不能繼續盡義務了——主編人不支薪——大家公推下走承其乏，因係義務職，唯有接受而已。」馬五，〈「自由人」之產生與夭折〉，同註1，頁216。

[30] 同註5，頁779。

[31] 雷震日記當天即記載：「下午三時半至《自由人》座談會，阮毅成提議《自由人》表面在港，實際遷台，無一人反對。我內心不贊成，但不願表示，因《自由人》遷台完全失去效用。今日雲五未到，他們囑我報告。」《雷震日記》（民國42年3月21日），見傅正主編，《雷震全集》（35）（台北：桂冠版，1990年7月20日初版），頁48。

下午，以《自由人》問題緊迫，急待解決。「自由人」社同仁復在端木愷家中餐敘。對《自由人》前途，共有四種主張：（1）停刊。（2）移台出版。（3）在台編輯，寄港印行。（4）推成舍我赴港主持。討論結果，決定用第四法，成亦首肯，然成謂：《自由人》除發行收入外，每月須虧四千元，此問題亟需解決。[32]

4 月 18 日，因港方同仁頻頻催促速做決定，眾議又思移台編印，王雲五亦同意移台出版，但謂須改為半月刊或月刊。30 日下午，成舍我與端木愷、阮毅成、王新衡、程滄波等人，應王雲五邀約茶敘。時端木愷甫自港返台，謂港方「自由人」社已無現款，勢不能繼續。因以由今日到會者商定：1.香港方面自 5 月 10 日起停刊。2.在台登記改為月刊，推王雲五為發行人，成舍我為總編輯。[33]然未幾，港方同仁又變掛，5 月 11 日，阮毅成訪成舍我，成謂卜少夫前日到台，攜有左舜生致王雲五函，主張《自由人》仍在港出版。此事經緯，雷震在其日記亦提到：「見到雷嘯岑來函，對我們囑香港停刊，決議移台辦月刊則大不以為然，來信措詞甚劣，決定去電並去函說明，以免誤會。」[34]

雷嘯岑甚至為此來函欲辭去社長職務，《雷震日記》記載：「今日午間約來台之《自由人》報有關各位來鄉午膳，除端木鑄秋、阮毅成、吳俊升、胡秋原外，到有十五人，即王新衡、樓桐孫、陶百川、張純鷗、陳訓悆、卜少夫、卜青茂、程滄波、范爭波、王雲五、成舍我、黃雪村、閻奉璋等及另約陳方。飯後討論雷嘯岑來函辭去社長職務一事，經決議慰留。」為此事，雷震感慨的說：「《自由人》發起人在台者，不過十餘人，港方不過數人，兩方意見不合，終會扯垮。民主自由人士之不易合作，於此可見一班。」[35]由於雷嘯岑堅決辭

---

[32] 雷震日記載：「下午四時，在端木愷處討論《自由人》移台問題，王雲五、徐佛觀、端木愷及我均不贊成，程滄波、阮毅成、成舍我願移台，最後決定請成舍我至港辦至六月再說，因行政院之款發至六月底止，如停刊或移台亦須至六月底再說。」《雷震日記》（民國 42 年 3 月 28 日），見傅正主編，《雷震全集》（35），同上註，頁 52。

[33] 這問題一直延伸至四十三年依舊如此。雷震日記：「《自由人》在港不易維持，決遷台辦週刊，由成舍我任社長，王雲五任發行人。」《雷震日記》（民國 43 年 8 月 7 日），見傅正主編，《雷震全集》（35），同上註，頁 314。

[34] 《雷震日記》（民國 42 年 5 月 9 日），見傅正主編，《雷震全集》（35），同上註，頁 74。

[35] 《雷震日記》（民國 42 年 6 月 2 日），見傅正主編，《雷震全集》（35），同上註，頁 85。

社長職務，8月1日，「自由人」社在台同仁藉茶敘機會，聽取甫自香港來台之劉百閔報告，劉謂在港同仁意見為：1.必須在港繼續出版。2.改推陳克文任社長。3.每月不足港幣八百元，在港有辦法可以籌得。王雲五說：「左舜生有信來，克文係其物色，本人絕對贊同」，眾亦皆表示贊成。但成舍我認為每月八百元之說，計算必有錯誤，至少每月亦需賠兩千五百元，所以決定請王雲五再去函新社長，請重為估計。其實《自由人》經費之短絀，可由總其事的總編輯不支薪一事看出，43年7月10日，左舜生致函王雲五即說到：「弟意，自由人編輯者，原規定每月可支三百元，以舍我、百閔兩兄任編輯時，未支此款，後任編輯一年，亦即未支。」[36]如此窘境，要不是有台灣國府當局在幕後經費贊助，《自由人》三日刊能支撐八年餘，根本是不可能的。[37]

最後為文章尺度問題，《自由人》三日刊從創刊始，即面臨稿源不濟的困難，更麻煩的是，自從接受政府補助後，基本上，《自由人》的言論立場，在相當程度上已受政府箝制，以至於在很多議題上，不僅不能秉公立論暢所欲言；且須為政府妝抹門面極力辯解，稍一不慎即惹禍遭致抗議。如41年6月1日，「自由人」社王新衡即訪阮毅成，說到《自由人》最近兩期，刊載左舜生〈論中國未來的政黨〉一文，有人表示不滿。[38]為避免誤會，乃一起同訪王雲五，請其以董事長身份，致函香港總編輯成舍我，請其勿再刊出此類文字。[39]雖係如此，但言論自由乃是知識份子的普世價值觀，用強制力約束是沒用的。果然民國44年，又發生一件更嚴重的文字賈禍事件，差一點讓《自由人》無法在台銷售。事緣於是年3月23日，王雲五接到司法行政部部長谷鳳翔來函，表示《自由人》三日刊，登載雷嘯岑文章，影響政府信譽，要求王雲五代向該社方面解釋。全函內容為：「頃閱本月二十三日自由人刊載『自由談』及

---

[36] 〈左舜生致王雲五函〉，同註5，頁824。

[37] 雷震日記：「王雲五約『自由人』社在台同仁晚餐，以《自由人》在港經濟困難，重申移台出版，由成舍我任編輯之議。」《雷震日記》（民國43年7月11日），見傅正主編，《雷震全集》（35），同註35，頁302。有關國民黨高層提供《自由人》之經費支援，尚可參閱〈對港澳政治活動之指示〉，見中國國民黨中央改造委員會第165次會議紀錄（1951年7月4日——附件），黨史會藏。

[38] 左舜生〈中國未來的政黨〉（上）、〈中國未來的政黨〉（下）二文分別發表在《自由人》第129期（民國41年5月28日）、《自由人》第130期（民國41年5月31日）。

[39] 同註5，頁773。

『半週展望』雷嘯岑先生文內謂，揚子公司貪污案牽涉本部，曷勝駭異，此種無稽之詞，殊足影響政府信譽，茲特寄上函稿二份，送請　察閱，並祈賜檢一份轉致雷君查明更正，仍乞代向該報社方面照拂解釋為幸。」[40]

由於《自由人》所刊文章得罪當道，引起國民黨中央黨部對《自由人》言論的不滿。3 月 26 日，時任《中央日報》社長，亦是「自由人」社同仁的阮毅成，至中央黨部參加宣傳政策指導小組會議時，即受到中央黨部秘書長張厲生的警告：「香港《自由人》三日刊，近日言論記載，愈益離奇，須採取停止進口處分。」幸阮毅成趕快緩頰，除報告《自由人》艱難創辦經過外，並謂：「現在台北各同仁，久未與聞港事。王雲老曾去函港方，請以後勿再刊載不妥文字。又以所載台省情形，與事實相距甚遠，曾通知港方，以後遇有記載台省情形稿件，先行寄台複閱。認為可用者，方予刊布，亦未承照辦。惟自由人參加者，多為各方知名之人。如忽予停止進口，恐反而使海外人士，對政府有所批評。不如一面先採取警告程序，依照出版法，由內政部為之。一面通知在台之董事長王雲五氏，促其改組。如再有違反政府法令之事發生，則採取停止進口處分。」[41]

為此，是晚 10 時，阮氏先訪成舍我，說明會議經過；再與成同訪王雲五報告此事。王雲五似乎對此頗為不悅，乃決定於 3 月 30 日下午 5 時，在端木愷家中，約集「自由人」社在台全體同仁會商。在 3 月 30 日的決議中，提到《自由人》的現實問題，「本刊如不能銷台，勢必停刊。為避免使政府蒙受摧殘言論之嫌，希望政府妥慎處理，使其能繼續出版。在台同仁，願意退出。惟在港同仁意見如何，亦盼政府逕與洽商。」並推阮毅成與許孝炎二人將此項決議，轉達黃少谷，另函告在港同仁。[42]換言之，針對當局對《自由人》的不滿，「自由人」社在台同仁採取了委曲求全的態度，一方面願意退出，此舉可能有兩層深意，一為逼香港「自由人」社同仁，小心謹慎，莫在刊登批評政府之文

---

[40] 雷嘯岑，〈半週展望〉，《自由人》第 423 期（民國 44 年 3 月 23 日）。雷文所寫之論揚子公司案，因涉及上海時期之揚子公司，對孔祥熙有所批評，遂奉命查辦。又〈谷鳳翔致王雲五函〉，同註 5，頁 847。

[41] 同註 5，頁 847-848。

[42] 同上註，頁 849。

章，否則與渠無關；二為多少有向政府交心之意，明哲保身，不想惹禍上身，再方面亦有請政府介入之意，希望儘量保留能讓《自由人》繼續在台銷售。[43]果然如此，4 月 7 日，王雲五即致函總統府秘書長張群，說明《自由人》之情形，並建議將「自由人」社改組，由政府指定負責主持言論之人實行接辦。信的內容為：「惟是該刊經費本奇絀，全恃內銷而維持，一旦停止內銷，勢必停止刊行，外間不察，或不免對政府妄加揣測，弟愛護政府，耿耿此心，竊認為消極制裁，不如積極輔導，將該刊改組，由政府指定負責主持言論之人實行接辦，可變無用為有用，弟當力勸原發起各人，本擁護政府之初衷，竭誠合作。」[44]

後以國民黨並無接手之意，在恐不能銷台的情況下，成舍我與王雲五、陶百川、徐道鄰、陳訓悆、程滄波、胡秋原、吳俊升、端木愷、黃雪村、阮毅成等決議：「茲因環境困難，經濟無法支持，決議停刊，由主席（王雲五）根據本決議徵求在港同人意見。」其後，在台同仁復在成舍我宅聚餐，決定在台同仁既已必須退出，而中央黨部又規定不得再與《香港時報》發生關聯，則無地可以印刷，亦無處可再欠印刷費。外界聞知中央處分，亦必不願再行認指，環境困難如此，只可宣布停刊。並請王雲五函詢港方同仁意見，如港方同仁堅持續辦，在台同仁自不能再行參加。[45]由於文章得罪當局，以至於有禁止銷台之聲，在港負責《自由人》編輯工作的陳克文，旋即致函阮毅成、王雲五等人，表示「咎衍實無可辭」，「《自由人》停止出版，唯覺可惜，形勢如此，亦復無可如何，文與左劉兩公對此均無成見，惟此間尚有其他股東，又年來出錢出力者，頗不乏人，此事似不宜由文等三人遽作決定，即為港方同人之全體意見，

---

[43] 《自由人》三日刊，國民黨中央嘗指示「扶助」之，以批判中共，擁護政府並同情國民黨為原則。故該刊早期立場為中間偏右，後來對國民黨的批評言論日益激烈，台灣當局乃禁止其輸入，並停止所有經費資助。故《自由人》能否銷台，對該刊影響至鉅。萬麗鵑，〈一九五○年代的中國第三勢力運動〉，同註 4，頁 164。

[44] 〈王雲五致總統府秘書長張群函〉，同註 42。

[45] 同註 5，頁 850。有關王雲五在此問題之角色，阮毅成有相當持平之看法，阮說：「雲五先生名為董事長，出錢出力，卻不便範圍各黨及無黨人士，一定均作統一的宣傳，致反而完全成為俗套，失去向海外為政府說話的影響力。於是在發刊期中，常常發生選稿欠當的問題。每次有問題發生，雲五先生首當其衝，常為他人所不諒解，致生煩惱。台港兩地同仁，為此書信往返，謀求各種補救辦法，效果均不甚彰。」阮毅成，〈王雲五先生與自由人三日刊〉，同註 4，頁 36。

擬於最近邀集會議，提出報告，徵求多數意見，再作正式答覆。」[46]

唯不久，事情又起了變化，4月29日，一向敢言的左舜生，自港來函，明確表示反對《自由人》停刊，並謂在港「自由人」社同人決暫予維持。信中言：

> 「雲老賜鑒：四月七日阮毅成兄來信，並附有留台同人退出決議一紙，十八日奉公手書，知同人復有集議，以經濟環境關係，主張停刊；均已誦悉。此間於當地環境，已洞悉無遺；對公等所採態度，並無不能諒解之處。惟念同本刊宗旨，一面在『堅決反共』，一面在『爭取民主』，四年以來，奉此週旋，雖不無一、二開罪他人之處，但大體上並未逾越範圍。今赤燄正復高張，而民主亦勢非實現不可；大約在二、三月內或有變化，前途殊未可知！故此間同人，經過再三考慮，仍決定暫予維持，並囑舜代為奉復，即乞轉達諸友為荷。公等即不得已而必須退出，仍望不遺在遠，隨時予以指導，除宗旨不能犧牲以外，同人無不樂於接受。海天遙望，曷勝悲憤憂念之至！」[47]

從此以後，《自由人》三日刊似乎終於渡過了這段風風雨雨的歲月，儘管港、台大多數「自由人」社同仁情誼依舊，但經費、稿源、立論尺度等問題仍在。《自由人》三日刊即帶此痼疾，跌跌撞撞的支撐八年餘，到民國48年9月13日，才宣布停刊。[48]

五、從《自由人》到《自由報》

無論如何，在五〇年代那段風雨飄搖的歲月，《自由人》能以香江一隅之地，在內外環境相當險惡的情況下，擎起「我們要做自由人」的大旗，反抗共產極權，與中共作誓不兩立的言論鬥爭，其勇氣和決心仍值得刮目相看的。另

---

[46] 〈陳克文致王雲五、阮毅成信〉，同註5，頁851-852。

[47] 〈左舜生致王雲五函〉，同上註。

[48] 雷嘯岑說為48年9月12日停刊，恐有誤。雷嘯岑，《憂患餘生之自述》（台北：傳記文學出版社印行，民國71年10月15日初版），頁182。

一方面，《自由人》雖義無反顧的支持台灣國府當局，但在「恨鐵不成鋼」的期待心理下，對台灣當局若干錯誤的舉措，仍一本忠言逆耳之立場，提出批判或建言，即使在經費斷炊的威脅下，亦不為所動，這份苦心孤詣之意，也令吾人感佩。而此即所以《自由人》在發行的八年餘中，雖屢有遷台之議，但大多數同仁始終以在香港立足為佳之看法，因其言論立場較客觀中立，雖稍偏向國府，但非無原則的一面倒；兼以香港為基地，較少政府、政黨色彩之觀感，且因對國、共雙方均有批評，是以其在香港作用較大之故也。

當然，《自由人》之悲劇，除經費、稿源、言論立場受制約等外緣因素外，尚有其內緣因素存在，此即中國傳統知識份子屬性使然。知識份子屬性強的「書生本色」，誰也不服誰之個性，常落人「秀才造反，三年不成」之譏。因渠主觀意識強，所以容易堅持己見，是其所是，不大能夠為大局著想，且因自視太高，未能屈己就人，所以較乏團隊精神。此情況在「自由人」社這批高級知識份子間亦是如此，雷嘯岑曾舉一事證明，在《自由人》是否遷台之際，「王雲五以董事長資格，致函於我，囑將自由人報遷赴台北發行，且將繳存港府的押金萬元一併匯去。旋由代董事長左舜生召集在港同仁會商，決議仍在香港出版，但在台北的同仁，亦可刊行台灣版，然王雲五很不高興，說我不以他為對象，悻悻然嘖有煩言，殊堪詫異。未幾，許孝炎由台北回港，主張《自由人》停刊，他怕我不贊成，先囑我莫持異議，我表示無所謂，而《自由人》三日刊，即於一九五八年九月十二日宣告停刊了。現代中國高級知識份子之沒有團隊精神，於此又得一實驗的證明，曷勝慨嘆！」[49]是以當年左舜生在《自由人》創辦之初，樂觀的夸談「自由人」社同仁可以組織聯合政府，永遠合作無間之見解，雷嘯岑說，實係幼稚幻想。文人相輕，自古而然，《自由人》三日刊的緣起緣滅，依然落得一個「殺雞聚會，打狗散場」的結局，這也是中國現代高級知識份子的悲劇，想來仍不禁令人浩歎！[50]

---

[49] 同上註。

[50] 馬五，〈「自由人」之產生與夭折〉，同註 1，頁 220。其實雷嘯岑自己亦如是，當《自由人》剛成立時，「大家的情感很融洽，精神上團結無間，對任何事體決無爾詐我虞，或以多數箝制少數的作風。我（雷嘯岑）當時曾聲言：假使憑這種精神組織『聯合政府』，擔當國家政務，國事沒有不振興的。」馬五先生著，《我的生活史》，同註 1，頁 161。

《自由人》雖然走入歷史停刊了，但未及五個月，一份延續《自由人》精神的《自由報》，在民國49年2月17日，另起爐灶又在香港創刊了。《自由報》社址位於香港銅鑼灣高士威道20號4樓，也是採半週刊（三日刊）的形式，於每個星期三、六發行。社長為雷嘯岑，督印人黃行奮，出版第1期有由以本社同人署名撰寫的〈我們的志願和立場〉為發刊詞。該文強調「我們是一群崇尚自由主義的文化工作者。對社會生活篤信『人是生而平等的』這項義理，珍重個人的人格尊嚴；對政治生活認定『政府是為人民而存在的』，要求基本人權之確立與保障。……我們膺受著共產極權主義的荼毒，深感國破家亡之痛苦，流落海隅，於茲十載，內心上大家不期然而然地具有強烈的愛國情操和政治理想，要從文化思想方面，努力培育民主自由精神，發揚其潛能，成為救國救民的偉大力量。職是之故，本報的言論方針是國家至上，民生第一，我們的立場是超黨派的。」[51]

簡言之，民主、自由、愛國、反共乃為《自由報》創刊之四大宗旨，嚴格而言，此宗旨仍是延續《自由人》三日刊的精神而來的。阮毅成曾說：「後來，雷嘯岑兄在香港出版自由報，乃係另一新刊物，與原來的自由人，完全無關。」[52]此話恐有商榷餘地。《自由報》在《自由人》的基礎上，發行至上世紀七〇年代才結束，期間刊布了《香港自由報二十年合集》、《自由報》合訂本、《自由報二十週年年鑑》等，影響力不在《自由人》之下。

[51] 本社同人，〈我們的志願和立場〉，《自由報二十年合集》（19）（香港：自由報社出版，民國60年10月10日）。

[52] 阮毅成，〈「自由人」參加記〉，同註6，頁18。

第三章　最後的訴求與迴聲：以五〇年代香港第三勢力運動《聯合評論》為場域之分析

一、《聯合評論》創刊之背景

當代表五〇年代香港第一階段第三勢力運動的《自由陣線》雜誌已近尾聲之際，民國47年（1958）8月15日，《聯合評論》（以下簡稱《聯評》）週刊創刊了。《聯評》創刊的時代背景是，第一階段的第三勢力運動，如「中國自由民主戰鬥同盟」和「自由中國民主政團同盟」因內部人事糾合而相繼瓦解後，香港的第三勢力運動陷入了空前沉寂低潮期。尤其在民國45年間，大陸推動的「鳴放運動」，積極拉攏知識份子和海外中國人回歸，近在咫尺的香港，更是其統戰的焦點。也因此，一些當初高喊反共、反蔣的第三勢力人士，其實是投機政客，如程思遠、李微塵、羅夢冊等，紛紛響應中共號召而回歸中國大陸。[1]

於此氛圍下，若干仍堅決反共且秉持第三勢力立場的人，如謝澄平、黃宇人等，覺得針對中共的統戰攻勢，有必要予以回擊，而且沉寂已久的第三勢力運動，也有須重整旗鼓的必要，否則反共前途堪虞。在此背景下，謝、黃二氏乃商議於張發奎。初步決定以座談會方式凝聚共識，後來覺得座談會易流於各抒己見，太過空泛，殊無力量可言，不如還是以建立團體為佳。張發奎即言：「過去我們的失敗，乃在於以個人為單位，未被邀請者即表示反對；參加者則

---

[1] 程思遠，《政海秘辛》（香港：南粵出版社，1988年1月1版），頁325-330。〈傳徐傅霖在港不穩〉，《總裁批簽》，台（45）（中秘室登字第45號，1956年2月28日，黨史會藏）。冷靜齋，〈八年反共運動的檢討〉，《自由陣線》第34卷第1-2期（1957年12月5日），頁10-11。

又難免良莠不齊，某一個或某幾個人有了問題，便影響全局。若以團體為單位，我們只選團體，不選個人，倘若某人發生問題，可由他的團體自行解決，與大家無關。」[2]

左舜生、謝澄平等人覺得張所言甚是，接受張的意見，決定將團體擴大，原則上不限於國、民、青三黨人士，舉凡一切民主反共人士均為結盟對象，待成氣候後，再共同建立一個聯盟。[3]正當大家期待有結果時，是年 10 月底，青年黨在台核心幹部夏濤聲專程赴港晤左舜生，告知台灣方面雷震、李萬居、高玉樹等人正積極籌備成立新黨，並極力遊說胡適出面領導；雷震並希望香港的民主人士能有所行動，最好成立一個組織以為呼應。左舜生甚為認同，並引見夏去見張發奎，亦獲得張正面回應。[4]

未幾，張發奎、黃宇人、王同榮、左舜生、李璜、冷靜齋、羅永揚、劉裕略、謝澄平、丁廷標、劉子鵬、胡越、史誠之、蕭輝楷等 14 位代表各黨派的香港民主人士，出面召開「大團結運動座談會」，並決定於民國 46 年春，成立「中國民主反共聯盟」（簡稱「民聯」）為「大團結運動」的領導組織。[5]此外，並議決發行《聯評》週刊為機關刊物，督印人為黃宇人；總編輯為左仲平（按：即左舜生）。[6]其後，「民聯」並未真正宣告成立，只是由張發奎、黃宇人、左舜生、謝澄平、胡越五人為核心小組，以維持聯繫。後來也在內部成立大陸、台灣、華僑、國際四個研究小組，其中左舜生、黃宇人擔任台灣組召集人；大陸組則由周鯨文、史誠之出任。[7]

基本上，「民聯」成立之際，國內外情勢已有很大的改變，尤其「韓戰」

---

[2] 黃宇人，《我的小故事》（下冊）（香港：吳興記書報社，1982 年），頁 155-156。

[3] 黃宇人，《我的小故事》（下冊），同上註，頁 156。

[4] 〈雷震日記〉（1957 年 11 月 26 日），見傅正主編，《雷震全集》（39）（台北：桂冠版，1990 年 7 月初版），頁 191。

[5] 司法行政部調查統計局第六組編，《中國黨派資料輯要》中冊（台北：出版項不詳，1962 年），頁 258。〈聯戰工作檢討總結〉，《總裁批簽》，台（47）（央秘字第 0187 號，1958 年 7 月 25 日，黨史會藏）。

[6] 陳正茂〈左舜生傳〉，《國史擬傳》第六輯（台北：國史館編印，民國 85 年 6 月初版），頁 13。

[7] 〈關於共匪及第三勢力在港活動與我方今後工作部署之建議〉，《總裁批簽》，台（48）（央秘室字第 093 號，1959 年 5 月 5 日，黨史會藏）。

爆發後，冷戰格局已定，在西太平洋防線，美國極重視台灣的戰略地理位置。也因為如此，雖然美國對蔣介石個人仍不喜歡，對國府亦有意見，但卻不得不支持在台灣的國府當局。而蔣也了解其中微妙關係，故極力要求美國不要在暗中支持第三勢力運動。所以「韓戰」停火後，兼以第三勢力自己不爭氣，美國對香港的第三勢力運動，確實不若以往那麼積極奧援。[8]在失掉美國強有力支援後，香港第三勢力人士也體察到自己無力擔負反共復國重任；另闢蹊徑的做法是，寄望於台灣當局的民主化，且考量到與台灣方興未艾的籌組反對黨運動相呼應，因此，「民聯」採取較務實的政策，提出「政治反攻大陸，民主改造台灣」口號，擬發揮輿論監督力量，促使台灣能朝向民主化之路邁進，俾得匯集海內外一切反共力量及早反攻大陸。此即《聯評》創刊號一再強調「民主、民主、民主」為其創刊宗旨之由來。[9]

換言之，「民聯」的改變有二：一是放棄在台灣以外另尋反共途徑的想法，這與其過去獨樹一幟的作法大異其趣；二為務實的了解到，短時間軍事反攻的不易，只有先求台灣的民主化，但民主的基本前提是遵守憲法，所以「憲政與民主」即為《聯評》的兩大基調。[10]苟能做到如此，方足以談到以民主反攻大陸的手段。左舜生於《聯評》〈發刊詞〉即提到：「台灣是今天中華民國所憑藉以反攻復國的惟一基地，環境安全，建設的基礎良好，擁有一千萬的人民，得著盟邦不斷的援助，這是中國歷史上任何一個力圖中興的時代所不能完全具有的。……我們以為國民黨有兩種為中共所絕對不能具有的特殊武器：其一為國民黨的原始精神，其一為一部中華民國憲法。……現行中華民國憲法……實無一字一句不表現民有民治民享的精神，……這是我五億人民的血淚所灌溉培育出來的花朵，只要我們真能本著崇法務實的態度予以尊重，本著擇善固執的精神付諸實行，中國共產黨還值得一打嗎？……本刊今後的言論宗旨，將不逾這部憲法的範圍，我們所追求的目標，第一是民主，第二是民主，第三還是民

[8] 萬麗鵑，〈一九五〇年代的中國第三勢力運動〉（台北：國立政治大學歷史研究所博士論文，民國90年7月），頁173-174。

[9] 〈發刊詞〉，《聯合評論》創刊號（民國47年8月15日）。

[10] 同上註。

主！」[11]

所以綜觀《聯評》發行六年多的言論內容，為「民主而反共」與為「憲政而反蔣」，始終是該刊立論的兩大主要基調。舉例言之，當民國 49 年初，蔣欲違憲連任第三屆總統時，《聯評》即以蔣違憲，對其進行強烈批判，並發表〈我們對毀憲策動者的警告〉的聯合聲明，希望國民黨當權派和國大代表，不要做「毀憲禍國」的歷史罪人，不要做出「親痛仇快」之事。[12]同年 9 月，「雷案」爆發後，《聯評》也迅即出版「援雷專號」，連篇累牘地對台灣國府當局大加撻伐，指出台灣當局濫用「戒嚴法」，迫害人民言論、出版、結社等自由，要求應無條件立即釋放雷震。[13]其言論之犀利，砲火之猛烈，在當時海內外諸刊物中，可說是空前絕後，無任何刊物能及。[14]

總之，平實說來，五〇年代在香港的第三勢力運動，藉由刊物出版，進行文宣闡述理念，一直是他們表達訴求與推展運動的重要方式與管道。因此，無論是顛峰時期的《自由陣線》或走向調整時期的《聯評》，都反映了第三勢力運動，在不同時空環境下，倡導者的理念訴求。作為第三勢力運動殿軍的《聯評》，若從言論分析的內容來看，大體呈現三個面向：一是第三勢力相關理念之闡述；二為對國內、外局勢的評論；三係第三勢力路線之修正，要言之，即有關台灣民主化訴求諸議題。[15]基本上，前二項在《自由陣線》時期，已有相當完整的論述，筆者過去也有文章述及，故本文暫且不談。本文重點是放在《聯評》上，探討該刊對第三勢力重新定調之說法；及針對台灣「雷案」、「違憲連任」等重大議題之批判。

---

[11] 同上註。

[12] 〈我們對毀憲策動者的警告〉，《聯合評論》第 78 號（民國 49 年 2 月 19 日）。

[13] 〈援雷專號〉，《聯合評論》第 108 號（民國 49 年 9 月 16 日）。

[14] 陳正茂，〈堅持民主憲政——青年黨與雷震〉，見陳正茂，《中國青年黨研究論集》（台北：秀威版，2008 年 5 月 1 版），頁 418。

[15] 萬麗鵑，〈一九五〇年代的中國第三勢力運動〉同註 8，頁 170。

二、「第三勢力」一詞的重新定調：自由民主運動

基本上，在第二階段的第三勢力運動，《聯評》為避免之前「第三勢力」一詞，徒惹不少爭議。所以，在第二階段第三勢力運動時，刻意稱其政治訴求為「自由民主運動」。《聯評》言：「與台灣的民主憲政運動與大陸的反共運動相比，海外的自由民主運動有它特殊的便利與困難。就便利來講，它得免現有政權的迫害；就困難來講，它遠離自己的國土，不能直接在同胞之間發生影響。同時，他們寄居在異國統治之下，只有宣傳的自由，沒有行動的自由。而他們所辦的報刊，並不能像當初梁啟超亡命日本時所辦《新民叢報》那樣可以流進大陸發生普遍的影響，甚至連台灣也進不去，這是他們最大的苦悶。」雖然如此，但《聯評》並不氣餒，認為在這種種艱阻之下，八年來第三勢力運動的發展，還是有許多成就。最顯著的是，他們的思想主張，對東南亞華僑社會產生了巨大的影響，阻遏了中共的滲透與擴張。其次由於他們的活動與努力，使得香港變成大陸、台灣以外的一個中國文化和政治重心，這種形勢對大陸和台灣，無疑是有重大的作用，對中國的民主運動也產生了不可缺少的貢獻。

《聯評》提到，最近一兩年來，一部分留居港九及少數遠在國外的自由人士，一方面既對共匪的所行所為深惡痛絕，一方面也深感對台灣的合作無從下手，於是乃有所謂「第三勢力」的提倡。所謂「第三勢力」的涵義，直截了當言之，即欲於大陸與台灣以外，別樹一幟。無論是台灣的民主憲政運動，大陸的反共抗暴運動以及海外的自由民主運動，它們的箭頭都是針對著自由民主的。這三個運動應及早連結起來，使中國民主運動匯成一股洪流，這個洪流將衝決大陸極權主義的堤防，將帶來中國歷史的黎明！[16]細究之，《聯評》之所以將「第三勢力」運動，定調為一股自由民主運動，主要是希望淡化反共、反蔣的政治色彩，而採取較柔性的思想意識形態訴求，以期爭取所有海內外中國人的認同。

但是《聯評》也承認，多年來海外的自由民主運動，其所以失敗之因，不外是由幾個因素造成的，首先是缺乏一個孚眾望的英明果斷領袖，其次為缺乏

---

[16] 胡越指的三個運動是：台灣的民主憲政運動、大陸的反共運動及海外的民主自由運動。胡越，〈把三個運動連結起來〉，見《聯合評論》創刊號（民國47年8月15日）。

一個堅強有力的組織，最後則是缺乏一個正確有力的統一的理論體系。客觀環境的諸多困難；主觀努力不夠，而所謂過去主觀努力的不夠，不外大家意志不能集中，意見不能一致。之所以如此，應歸咎於負有時代使命的一些集團的負責人；及自由民主運動之一部份倡導者，他們各懷成見，褊狹自私，重於私利，輕於公益，意見分歧，步調不一，以致拖延至今，貽誤了神聖的革命使命。另外，八年來自由民主運動之所以沒有成就，除上述三個基本因素外，還有一個主要因素，就是缺乏一個正確有力的號召，自由民主運動口號的提出，可說是極端正確的，但還不夠有力。要知一個革命運動，並不僅是一種文化運動，而應是一種思想和行動的結合體。[17]

總結過去第一階段第三勢力運動之失敗，《聯評》給予深入的探討。在領導人方面，該刊認為：任何一個革命，在初期如果沒有一個具有獨特風格的領導人物，其成功之可能性是非常少的。換言之，不管是張發奎，或是顧孟餘；甚至張君勱，其領導風格與能力，均不足以領導起整個第三勢力運動。[18]而在定義正名上，過去使用「第三勢力」一詞，爭議性大且收效有限，不如改弦易轍，重新定調為「自由民主運動」或許效果更佳。因為若從自由民主運動的質與量看，自由民主運動本來就是一種絕大多數人起來過問國家政治的運動，所以，人民群眾的本身，即每一個自我的起來是很重要的。否則，這便不成為質豐量多的自由民主運動，而只是一種少數先知先覺的民主政治啟蒙運動了。[19]

至於在組織上，《聯評》以為，自由民主運動是一種在主觀上期其有成就的運動，在國家的客觀狀況上，是急切需要推動，急切需要發展的一種運動，所以，如何形成一個力量來推動它，便是一樁至為緊要的事，而且也是一樁極為迫切的事。那末，究竟如何才能形成一種力量來推動它呢？顯然的，這就需要組織。民主反共是必須要組織的，不過這與極權反共的組織卻有不同。極權反共是用極權性的組織，自由民主反共則是用自由民主性的組織來反共。（以蔣介石反共失敗為例，證明極權式的反共是無濟於事的），所以用自由民主反

---

[17] 應宜，〈談八年來海外的民主自由運動〉，《聯合評論》第7號（民國47年9月26日）。

[18] 應宜，〈談民主自由革命運動中領袖組織及理論體系的重要性〉，《聯合評論》第11號（民國47年10月24日）。

[19] 張舉，〈再論民主自由運動的幾個重要問題〉，《聯合評論》第12號（民國47年10月31日）。

共的方式才是最有力量的。[20]

但是說到組織，其方式是很重要的，組織重在健全，凡是一個有力量的組織，必求其自身的健全，因為有健全的組織，運用起來才能靈活，也只有靈活的運用，才可收到統一指揮與分工合作的功效，以之攻堅，何堅不破，像這樣一種得心應手的組織，才可以真正發揮他的妙用。而欲團結組織，先要有精神綱領，根據當前的需要，製訂一個配合國際局勢，並能適合我國需要的精神綱領。因為今天的爭取民主，爭取自由，乃是向一個有組織，有思想，有武力的團體手中奪取，若是我們自己沒有一個足以克服他們的東西，那又憑什麼可以去與頑敵周旋呢？所以無論對外的號召，或者對內精神上的指導，都必須要有一個適合環境需要的思想理論體系。能以此為根據，張本，其在爭取民主自由，反對封建獨裁的進行當中，才能夠發揮宏效。[21]

《聯評》刊布的這篇文章，後面這番話最重要，有鑒於第一階段「第三勢力」一詞的爭議，如何建立第三勢力的思想理論體系是很重要的，《聯評》以為，只有使用「自由民主運動」，才能收攬人心，發揮宏效。另外，當時在香港的青年黨領袖李璜也稱，「第三勢力」這一名稱，乃在抗戰末期，在重慶時代，政府中以及中共中的少數人，對於主張「軍隊國家化，政治民主化」的人們，給予他們這一稱呼。「第三勢力」四字不通，在今日用之，尤其不通，因第三之上，必須有第一第二；如果假定中共是第二，則三者之間已有是非善惡之分，何況反共與共，勢難兩立，如何能相提並論，故爾不通！所以李璜也認為，第三勢力一詞根本不通，民主勢力才是第一勢力。[22]

此外，雷厲在〈悲痛苦悶中的呼聲〉文中也提到：

> 最近一兩年來，一部分留居港九及少數遠在國外的自由人士，一方面既對共匪的所行所為深惡痛絕，一方面也深感對台灣的合作無從下手，於是乃有所謂「第三勢力」的提倡。所謂「第三勢力」的涵義，直截了當言之，即欲於大陸與台灣以外，別樹一幟。……中國的自由民主

[20] 黃聖明，〈論民主自由運動〉，《聯合評論》第 13 號（民國 47 年 11 月 7 日）。

[21] 李翔，〈民主自由運動的當前幾個問題〉，《聯合評論》第 19 號（民國 47 年 12 月 19 日）。

[22] 李璜，〈談第三勢力〉，《聯合評論》第 49 號（民國 48 年 7 月 24 日）。

> 運動，是與趨向自由的世界文化大流一致的；大陸淪陷十年，經中共的殘暴統治，中國人民已澈底覺悟自由民主的價值，這一普遍的意識覺醒，是今後中國自由民主運動不可阻擋的大動力。因此我們堅信，目前中國自由民主運動，雖然一時難望有具體成就，但只要我們能夠堅貞不二的貫徹下去，一俟機運成熟，它就會洶湧澎湃，主宰中國歷史的方向。[23]

國民黨的黃宇人則認為，今日的自由民主運動，應該是一個超黨派的運動，不但要把各黨各派中的民主自由之士團結起來，更要把各黨各派以外——尤其是青年群中之民主自由分子一併聯合起來，才能形成一個偉大的自由民主力量。我認為今日的自由民主運動，已不可能以某一黨派或某些黨派為主力，也不應以推倒某一黨派，而由某一黨派或某些黨派取而代之為目的。[24]

蕭輝楷則從文化的角度，論述第三勢力自由民主運動的樂觀前景，他說：

> 今日海外的自由民主運動者，沒有軍隊，沒有財富，沒有任何從事具體政治努力的具體憑藉，然而卻握有終將為舉世所普遍接受關於社會文化的理想；今日自由民主運動者的努力，也正是環繞這些理想而作的努力——自由民主運動者，自信業已抓住了真正的政治運動的根本。今日唯一可能為中國社會所普遍接受的文化理想，是民主、是自由、是科學精神、是中國傳統文化中的優良質素——這正是今日海外自由民主運動者，所以要大聲疾呼地抨擊中共、批評政府所據的主要文化理念之所在。自由民主運動是今日歷史的必然方向，任何已成的政治力量與軍事力量，對這一方向都必然不能阻遏，因為它們不能把人心真正扭轉。自由民主運動者，具有足能旋乾轉坤的文化理想，憑此即足從事其旋乾轉坤的政治努力，而這些努力亦終必獲致燦爛的、震驚世人的成功。[25]

---

[23] 雷震，〈悲痛苦悶中的呼聲〉，《聯合評論》第49號（民國48年7月24日）。

[24] 黃宇人，〈民主運動的我見〉，《聯合評論》第53號（民國48年8月21日）。

[25] 蕭輝楷，〈民主中國運動是無敵的——文化理想與民主中國運動〉，《聯合評論》第55號（民　國

蕭輝楷提到：

> 今日自由民主運動者的基本目標，在建立自由民主中國；為了建立自由民主中國，因此提倡自由民主，反對任何反民主的暴政，因此反對共產主義，因此反對現在中國的共產政權。……民主中國運動者的目標層次是異常明顯的，民主中國運動者和政府當然可以團結也應該團結，政府的根本是「中華民國憲法」，而這部憲法，至少這部憲法的主要精神，正是民主中國運動者的基本目標所在，因此朝野之間，一直便有其基本共通目標作為團結的基礎。政府如不違反民主憲政，朝野應該早已團結，政府如果一定要違反民主憲政如過去以至今日之所為，則民主中國運動者與政府之間便根本無從談到任何「團結」——自由民主中國運動者之反「朱毛匪幫」，是手段而非目的，最多僅能算是最低層次的目的，要叫自由民主中國運動者為反「朱毛匪幫」，而放棄其對於民主憲政的主張，甚至附和政府破壞民主憲政的作為，這是本末倒置，歸順投靠，無任何「團結」可說。[26]

蕭輝楷的文章，具體展現《聯評》的基本立場，反共固然是第三勢力運動的核心目標，但堅持民主憲政也是第三勢力另一核心價值，此二者是並行不悖的，決不能因反共而犧牲民主憲政，這是不對；也是不可能的。換句話說，雖然第三勢力運動的聲勢已較前為弱，但秉持第三勢力的立場仍是屹立不搖的，即反對共產黨在中國的專制暴政；但也反對國府不遵守中華民國憲法，在台灣實施威權統治。所以，作為第三勢力的自由民主運動，《聯評》語重心長的指出：「今天我們反抗的對象，是一個新興的，有龐大的嚴密組織，有精巧統治技術的中共……以及不但不擴大民主基礎，並且遺棄憲政原則，模仿共黨作風，急起直追要徹行一黨專政，因而造成反共陣容的內紛，而成為民主運動的一個障礙的國民黨。因此今天海外的自由民主運動，不僅被中共閉鎖於大陸之外，同時亦被國民黨排拒於台灣之外。」在這兩大阻壓之下，自由民主運動乃

48年9月4日）。

[26] 蕭輝楷，〈論「團結」〉，《聯合評論》第69號（民國48年12月11日）。

掉轉浪頭，一部分力量被壓縮變為自由亞洲的文化反共運動，流進南洋華僑社會，與中共滲透工作相對抗；一部分力量則在以香港為中心堅持苦鬥，遲緩的艱辛的向大陸、台灣及國際空間擴張。[27]而這也就是，為何第三勢力運動需要改名「自由民主運動」的一大主因，因為在國、共兩黨夾殺下，第三勢力生存不易，為號召更多的人響應第三勢力運動，也許「自由民主運動」的訴求，較能吸引海內外廣大中國人的認同及支持吧！

三、《聯合評論》論述之內容

（一）中國何以沒有民主？

既然自由民主運動，成為五○年代末期《聯評》第三勢力的主要政治訴求，那麼深刻探討中國何以缺乏民主；或何以中國沒有民主之傳統，就成為當時《聯評》論述之重點。在諸多討論的文章中，以外交家張忠紱的〈中國為什麼沒有民主？〉頗具代表性，張文中提到：「我認為在中國古代書籍中，至多只能找到一點『民有』與『民享』的語調，卻絕對找不到『民治』的思想和痕跡。且民有與民享皆必須寄託於民治之上而始得有保障；若以君治或德治為前提，則未必真能辦到民有與民享。在中國古代書籍，古代思想中，我們縱然儘力去發掘，充其量，也只能找著一點民有與民享的思想，絕對找不著絲毫民治的思想與痕跡。」

「何以中國迄無民治的思想與理論？假使我們認定民主政治的組織成份為民有，民享，與民治，則我們不能不承認，民有與民享都必須寄託於民治之上。儒家的哲學，自孟子以後，雖有民有與民享的思想，但以君治與德治達到這種理想，卻不是長期可以辦到的事。」[28]張忠紱的文章，著重於從中國傳統的文化立論，認為中國過去的文化傳統中，就缺乏民主的要素，所以影響了今日的政治，而使民主運動不能順利發展。

謝扶雅的文章〈中國如何才能走向民主？〉則強調：「民主思想是立基於

[27] 胡越，〈海外民主運動的曙光〉，《聯合評論》第74號（民國49年1月15日）。

[28] 張忠紱，〈中國為什麼沒有民主？〉（上），《聯合評論》第159號（民國50年9月15日）。

個人自由之上的，個人本其自由意志而運用在管理大家的公事上，即成民主政體。我國傳統文化雖素承認『人之價值』，卻缺乏個人獨立自主的思想。儒家的倫理學說以父子君臣夫婦兄弟朋友五倫為骨幹；而這種倫常道德的根基則為對待主義的人生觀，與西方傳統的個人本位的人生觀大異其趣。」「至於中國另一主流的道家思想，雖確據個人自由氣味，然其內涵觀念，卻與西方哲學上的自由意志及法理上的人權自由，不但不同，而且恰好相反。」換言之，「自由意志」與「守法精神」是民主的基本核心價值，很遺憾的是，在中國文化中，正恰恰缺少這兩種核心價值。[29]

另外，民社黨的孫寶剛認為，「民主政治是不需要訓練和預備，而是在實踐中用自我教育的方法來完成的。中國能否走上民主，全看幹政治運動的這一群人，能否身體力行，至少有水準以上的品格，對於政治是有認識，把民主政治的理論，以及由理論而研究到政策，再由政策而組織起政黨，以促進這些政策，真正堅苦地去奮鬥，民主政治便不難上軌道。我希望今天在幹政治的人們，尤其是幹民主運動的人們，首先要有這個覺悟」[30]。

至於國民黨的「大砲」黃宇人，則從另一角度看問題，黃依舊強調台灣對民主改革的重要性，黃說：「在現局之下，唯有先促成台灣的民主改革，然後以此為基地，匯集海內外一切反共力量，發動反攻大陸，才是切實可行之道。關於民主改革台灣問題，民主改革，並不一定需要經過一度變亂。相反的，我們就是為了要防止變亂，才主張民主改革。民主改革，也不是一定要某一個黨下台而由某一個或某幾個黨上台。我認為最基本的要求，是取消一人一姓的獨裁和特務統治，而代以民主與法治。」[31]黃宇人文章的意思很清楚，台灣要落實民主改革並不難，但先決條件是蔣氏父子，蔣介石要遵守憲法，推動民主改革；不可委由兒子蔣經國搞特務政治，實施威權統治。問題是，已丟掉大陸的蔣介石，只剩下台灣這個「小朝廷」，希其交出權力，無異是緣木求魚。

---

[29] 謝扶雅，〈中國如何才能走向民主？〉，《聯合評論》第168號（民國50年11月17日）。

[30] 孫寶剛，〈中國如何才能民主？〉，《聯合評論》第169號（民國50年11月24日）。

[31] 黃宇人，〈從「花果飄零」說到民主改革台灣〉，《聯合評論》第171號（民國50年12月8日）。

（二）「反對黨」問題之探討

五〇年代末期，台灣島內以雷震《自由中國》半月刊為中心，在島內掀起一股籌組反對黨的輿論及風潮。[32]為因應此一風潮，在港的《聯評》亦發表多篇文章為之呼應。其中，最具一針見血批判的文章，當屬左舜生的〈中國何以不曾有像樣的反對黨出現？〉，左直言係因執政當局都有所謂的「黨軍」，更澈底一點說「黨軍」與民主制度是無可並的。只要一個國家以內有了所謂「黨軍」存在，政權便只能隨武力為轉移；如果有兩個以上的黨一樣都擁有武力，其勢不造成相互或循環的所謂革命，便惟有招致國家的分裂。所以左對台灣熱心建黨的朋友，不無挖苦執政當局言：「假定你們不能促成『黨軍』制的廢止，即令你們建黨有成，其結果依然要歸於失敗；整個民主制度既決不會在中國實現，而一個有力的反共政治號召，也終於無法形成。」[33]

李金曄的〈反對黨與民主中國運動〉一文則頗具代表性，李言：「現在，反對黨的出現，首先應該促成海內外在野黨派與民主人士的真誠團結，建立了這個廣大的呼應基礎，才能群策群力在台灣發揮監督實際政治的效能，並有效地推行地方自治。因此，反對黨雖因不滿國民黨當權派操縱台灣地方選舉，由檢討地方選舉進而產生，但其最後的目的，自絕不在於滿足於台灣省地方自治之民主化，而是在求中國政治之澈底實現民主。」

李金曄強調：「我們應該了解，該黨（中國民主黨）今天是在台灣與國民黨當權派作正義的鬥爭，其成敗，不僅是一黨的成敗，也關係中國民主政治的能否實現。在海外從事民主運動的人士，即使暫時或長期無法參與該黨的實際工作，也應該從各個不同的方向，予以盡善的支持；正因為該黨所要求的是完完整整地實現一個民主中國，因此；大家必須抱定我雖非該黨的成員之一，但祇要該黨的目標、行動一日不變，必須為共同的理想——民主中國作共同的努力。」最後，李金曄對雷震的「中國民主黨」更抱以無窮希望，認為這個新興的反對黨即將成立了，它的出現是依據中國憲政運動的發展歷史而誕生的，數

---

[32] 薛化元，《「自由中國」與民主憲政——1950年代台灣思想史的一個考察》（台北：稻鄉版，民國85年7月初版），頁345。

[33] 左舜生，〈中國何以不曾有像樣的反對黨出現？〉，《聯合評論》第8號（民國47年10月3日）。

十年來，中國人民一直在一黨專政的淫威下生存，雖然反對黨在現階段絕不能立時結束中國一黨專政的殘局，但至少是表徵中國有希望逐步地走向真正民主政治底坦途。[34]

對於台灣有可能成立真正反對黨的期盼，同為第三勢力運動主將的胡越，則沒有如此樂觀，胡越分析「五十年來，民主政治在中國失敗的癥結，在於中國人民沒有民主政治下，人民所應具備的觀念與習慣，而中國許多舊社會制度和觀念，又不盡適合於民主政治與民主生活方式。民主政治的重心既為『民治』觀念與組織，而中國傳統思想與習慣中，所最缺乏的又是『民治』觀念與組織。」[35]換言之，在中國人還沒有培養起「民治」的概念前，在台灣要成立合法反對黨，實行民主政治，無異是種奢求。

胡越的憂心果然成真，國民黨怎麼可能同意雷震在台灣成立反對黨，最後以「知匪不報」羅織雷震下獄，關閉「自由中國」雜誌社，海內外引頸期盼的「中國民主黨」也胎死腹中，台灣依舊仍籠罩在國府的威權統治之下。[36]「雷案」爆發後，國府蠻幹之做法，讓第三勢力運動人士大失所望，所謂「哀莫大於心死」，是以在「雷案」事件後，《聯評》發表有關民主運動的文章，已明顯減少許多。揆其原因，大至有三點：1.對台灣當局深感失望，希望散佈在美國、歐洲、日本、香港的各階層的志士們，能夠迅速採取連繫，交流經驗，從互相合作與砥礪中，結成一條陣線。2.在各自的崗位上，對反共工作多加努力，我們要以事實證明，在反共復國工作上，比國民黨當權派更堅決，更有效果。3.與台灣的民主憲政的思潮保持呼應；在雷震等沒有恢復自由，國民黨當權派沒有拿事實證明轉向民主憲政之前，我們對台北絕不能再存任何幻想。[37]

針對香港第三勢力對台灣反對黨事件的愛莫能助，胡越深刻反省的說到：「海外的自由民主運動，在基本性格上，接近康梁的維新運動。他們的主張可以簡括為下列：1.堅決反共；2.忠愛中華民國；3.廢棄一黨專政一人獨裁，建立民主政治；4.在民主的基礎上，實現海內外反共力量大團結，決行反攻大陸，

---

[34] 李金暐，〈反對黨與民主中國運動〉，《聯合評論》第98號（民國49年7月8日）。

[35] 胡越，〈中國民主運動的坎坷〉，《聯合評論》第137號（民國50年4月14日）。

[36] 馬之驌，《雷震與蔣介石》（台北：自立版，1993年11月1版），頁64。

[37] 胡越，〈中國民主運動的坎坷〉，同註35。

推翻中共政權。」但近十一年來，改革運動的被壓制，是不是會激成「台灣獨立運動」，是每個真正的中國人所痛恨的，這是不須說的，它並無客觀的必要性也是不待多說的，而且到目前為止，我還看不出它有任何成功的可能。但是如果任由國民黨當權派繼續胡作非為，恣睢專橫下去，會不會官逼民反，迫上梁山呢？那就很難說了。[38]胡越的遠見，事後證明確實如此，從「2・28」事件後，以廖文毅為首的島內外台獨運動，很大一部分，不就是蔣及國民黨的專制獨裁，不民主、反民主，「官逼民反」所逼出來的嗎？[39]

雖說如此，但《聯評》在紀念發行三週年之際，還是苦口婆心寄望於台灣國民黨當局，希望其能恢復早年發動革命時期的原始精神；以有效的步驟，來逐漸推行這部民主憲法，發揚民主，維護憲法。[40]然言者諄諄，聽者藐藐，開啟台灣民主政治的曙光，還要推遲到民國 75 年 9 月，「民主進步黨」成立後，「大江東流擋不住」，民主之根才在台灣開始茁壯成長。

（三）關於蔣連任問題

民國 48 年下半年，圍繞於蔣連任第三屆總統是否違憲問題，在島內及海外，掀起一股「護憲和修憲」的大辯論。在這場論戰中，以左舜生、李璜等為首的《聯評》集團，頻頻在海外砲轟國民黨與蔣，言論之犀利，令國民黨十分頭痛與難堪。[41]早在離第三屆總統選舉還一年多以前，48 年 1 月 30 日，《聯評》即發表〈國家的命運不可依靠一個人〉一文，強調「凡人皆有死，蔣先生又何能例外？如果把國家的命運寄託在蔣先生一個人身上，蔣先生一死，國家豈不也完了。然而我們曉得：任何人都可以死，國家卻是不能死的。人亡政息是封建社會的人治悲劇，我們現在則必須從建立現代民主政治制度來拯治這一切毛病。我們必須把國家的命運寄託在政治制度上，而不是寄託在任何個人身上。然後國家的命運才不會因任何個人的死亡而死亡。這樣來為國家打算，才

---

[38] 胡越，〈從晚清變局看今日國勢〉，《聯合評論》第 154 號（民國 50 年 8 月 11 日）。

[39] 陳正茂，〈廖文毅與「台灣再解放同盟」（上）〉，《傳記文學》第 94 卷第 1 期（民國 98 年 1 月），頁 4-6。

[40] 本報同人，〈紀念本刊的第三週年〉，《聯合評論》第 155 號（民國 50 年 8 月 18 日）。

[41] 黃嘉樹，《國民黨在台灣》（台北：大秦出版社，民國 85 年 6 月再版），頁 382。

是真正愛國。」該文更嚴厲批判，那些謀使現任總統連任的人，並不是為了國家，也不是為了總統本人，其目的只是圖自身的既得利益而已，暗諷拱蔣違憲連任的某些國大代表，根本就是自肥自己。[42]

不久，胡越更激烈的批評蔣氏，說到；「我們絕不相信今天中國非有某人便不可救，如果這個人一旦與世長辭，我們豈不只好坐待滅亡？我們絕不相信今天大陸以外大多數中國人會主張蔣氏連任總統。如果說這是民意，那就是侮辱民意，假造民意。蔣氏一生不應被任何人替代，大眾對蔣氏均具有一種神祕的不可思議的信仰心，這是臭不可聞的個人崇拜思想。」[43]

其後，《聯評》更以社論方式表明，「反對以一部分不足半數的國大代表，不合法，不量力，來摧毀這部由三千名以上代表所一致通過的這部法典，而為中華民國創下這樣一個將來無法補救的惡例。」「中國能否反攻復國，決於世界是否能有更大的變化，但世界的變與不變，卻與蔣是否續任總統無關。」[44]所以最後《聯評》更直截了當的表態，該刊的立場就是反對修憲，不贊成蔣連任第三任總統。針對台灣不斷有國大勸蔣連任之舉，李璜以嘲諷口吻寫下一篇〈「勸進」的歷史還要重演嗎？〉，舉例民初楊度勸袁稱帝之老把戲，其實不單只是楊度想求宦途，根本原因是袁本有此意，楊僅為配合演出罷了。所以李說到重點，毀法與否，乃亦在蔣先生一轉念之間而已。[45]

李文之後，左舜生跟著上場，左直接說明，其何以不贊成蔣連任第三屆總統的原因，「我承認反攻復國依然少不了蔣先生的領導，可是蔣先生站在總統的地位來領導，所領導者只是一小部分顧及既得權位的人；離開總統的地位來領導，則所領導者為一切反共者的全體……這關係蔣先生個人的成敗還小，關係國家的命運者則甚大，故期待蔣先生毅然作下最後的決定」。[46]而對當時台

---

[42] 唐人，〈國家的命運不可依靠一個人〉，《聯合評論》第25號（民國48年1月30日）。

[43] 胡越，〈蔣真要連任第三屆總統嗎？——從美聯社一段電訊說起〉，《聯合評論》第38號（民國48年5月8日）。

[44] 本社同人，〈反對修憲——不贊成蔣連任第三任總統〉，《聯合評論》第39號（民國48年5月15日）。

[45] 李璜，〈「勸進」的歷史還要重演嗎？〉，《聯合評論》第40號（民國48年5月22日）。

[46] 左舜生，〈蔣總統連任問題〉，《自由人半週刊》第856期（民國48年5月20日）。

灣島內甚囂塵上的擁蔣連任第3屆總統，左再度撰文指出：「中國的總統，依據現行憲法是六年一任，而且硬性規定，任何人擔任總統，最多只以兩任為限，換言之，即無論如何不能超過一十二年。過了十二年還要做下去，聽憑你變出何等花樣，不是毀法，便是違法」。[47]

6月3日，民社黨黨魁張君勱也從美國舊金山，公開致函蔣，呼籲蔣不必連任，將國家重擔交給新人。[48]而李達生的文章更加辛辣，他認為蔣氏已經是個理性幾乎完全被封閉的人，已根本失掉正確辨別是非善惡的能力，如此之人，而又如何會不聽一群從龍的宵小之擺佈呢？所以他為蔣氏惜，他曾是民族英雄，如今竟陷溺如此境地，寧不令人萬分地感慨。[49]而為了維護憲法的尊嚴，有讀者投書刊登在《聯評》，提到「顧憲法之為物，若尊之、崇之，更從而信守之；則誠屬神聖不可侵犯，而具有無上之威權；若背之、棄之，更從而玩弄之；則其價值，曾不若一張廢紙。憲法四十七條，明白規定；總統副總統僅得連任一次，今乃必欲毀之棄之，悍然作三次連任之企圖，寧非自毀法統，自棄立場。蔣總統縱不自惜，奈何竟不為國家命脉稍留一線生機耶！」[50]另外，讀者馬新谷也投書為蔣歷史地位可惜，「我為珍重蔣總統個人的歷史計，願他立即痛下決心，當機立斷，順從各方面輿論讜言，鄭重宣示，不再連任，以在野之身，促進政府進入民主自由的途徑。最後我再進一言，權力是暫時的，令德是永久的，這兩句話，願蔣總統三思之！」[51]

對蔣執意三連任總統，破壞憲政體制，左在是年10月23日，再以〈對蔣總統連任問題一個最後的陳述〉言及：「我之所以不贊成蔣總統連任，決不是我否定蔣總統個人的威望確實高出今天台灣的任何個人之上，乃是希望蔣總統退居國民黨總裁的地位，趕快找出一個替人，加以提挈與扶持，使其人的威望也逐漸可以養成，凡此都是為了如何拖的一種打算。如果對內靠蔣總統一人的

---

[47] 左舜生，〈再談蔣連任問題〉，《聯合評論》第41號（民國48年5月29日）。

[48] 張君勱，〈張君勱勸蔣總統不必連任〉，《聯合評論》第47號（民國48年7月10日）。

[49] 〈對蔣總統連任問題一個最後的陳述〉李達生，〈借箸為蔣總統一籌（一）——兼論國人所以阻他再度連任的主要原因〉，《聯合評論》第50號（民國48年7月31日）。

[50] 康越，〈勸退書〉，《聯合評論》第53號（民國48年8月21日）。

[51] 馬新谷，〈為蔣總統著想〉，《聯合評論》第61號（民國48年10月16日）。

威望以資鎮撫，對外也靠蔣總統一人的威望以資維繫，一旦到了蔣總統終於不能不倦勤的一天，那個時候急切求一替人而不可得，台灣在內外形勢交逼之下，便難免不發生空前的危險，乃至無法可以渡過這一難關，這是我個人四五年來所抱的一種隱憂，到了今天，我不能不坦率的說出。……如蔣總統終於非再度連任不可，則無論用任何方法，都是對憲政的一莫大打擊。」。[52]

12 月中，國民黨派胡健中至港，主要任務在勸此間國大代表能返台投票，為蔣連任勸說，左不為所動，並私下對胡健中表示：「如蔣先生完全不顧一切，後果實極嚴重，中華民國傾覆，大家同歸於盡」。[53]49 年 2 月 19 日，《聯評》上刊載，由左舜生、李璜、張君勱、張發奎、黃宇人、勞思光、伍藻池、謝扶雅、許冠三、李金曄、王厚生、趙聰等數十人連署的〈我們對毀憲策動者的警告〉一文，堅決反對蔣毀憲競選第三屆總統。文中提到：「我們在這裡警告國民黨當權派，及在台灣的國大代表：我們要認清，這一毀憲連任的事件，在歷史上將成為分別邪正和決定成敗的大關鍵；它考驗中國人的智慧，也考驗中國人的良心。我們切盼國民黨當權派能夠懸崖勒馬，也深望各位國大代表能夠自愛自重，不要做毀憲禍國的歷史罪人，不要讓敵人稱心快意而坐收其利」。[54]其後，《聯評》對蔣違憲連任第三屆總統，乾脆以「非法總統」或「偽總統」字眼出現於報端。[55]

總之，對蔣的第三任總統，《聯評》始終認為，其屬非法的道理很簡單，即「中華民國的總統，必須依據憲法始能產生，憲法既不修改，即不能有任何人於其做過兩任以後，再做第三任，做第三任即完全於法無據。」[56]話雖如此，但在蔣鑾幹已就任第 3 屆總統後，一切已成定局，曾經窮追猛打的批蔣文章，

---

[52] 左舜生，〈時局諍言——對蔣總統連任問題一個最後的陳述〉，《聯合評論》第 62 號（民國 48 年 10 月 23 日）。

[53] 〈王厚生致雷震——胡健中到港為蔣中正三任遊說國大代表赴台〉，傅正主編，《雷震秘藏書信選》（台北：桂冠版，1990 年 9 月初版），頁 419-420。

[54] 〈我們對毀憲策動者的警告〉，《聯合評論》第 78 號（民國 49 年 2 月 19 日）。

[55] 如直夫，〈非法總統即將產生〉，《聯合評論》第 83 號（民國 49 年 3 月 25 日）。本社同人，〈我們決不承認非法總統〉，《聯合評論》第 90 號（民國 49 年 5 月 13 日）。達時，〈蔣「總統」談光復大陸〉，《聯合評論》第 100 號（民國 49 年 7 月 22 日）。

[56] 本社同人，〈我們決不承認非法總統〉，《聯合評論》第 90 號（民國 49 年 5 月 13 日）。

也就慢慢的淡化了。

（四）「自由中國事件」的聲援和批判

有關《自由中國》半月刊之創刊，原本是在大陸淪陷前夕，一群渴望民主自由的知識份子，在雷震主導下，推胡適為精神領袖，以實行民主政治，支持蔣介石反共國策為前提，於民國 38 年 11 月 20 日發行問世的。該刊創辦之始，曾獲蔣之首肯，甚至還得到教育部等官方機構的贊助。[57]而晚期的《自由中國》卻不但頻受圍剿，甚至隱隱成為台灣民間對抗國民黨政府的精神象徵，其起伏跌宕，可說見證了五〇年代，台灣人渴望民主自由的一部辛酸史。

民國 45 年 11、12 月間，大抵是官方圍剿《自由中國》的第一次，由於《自由中國》在第 4 卷第 11 期刊登〈政府不可誘民入罪〉社論，引起時為台灣省保安司令部副司令彭孟緝的不滿，釀成風波，國民黨要求《自由中國》於次期另發社論修改登出，引起在美胡適的憤怒。胡適為此寫信給雷震，要求辭去發行人一職，以表達對軍事機關干涉言論自由的抗議。胡適信披露於《自由中國》第 5 卷第 5 期，此舉更令國民黨高層震怒，學者薛化元即認為這是《自由中國》與國民黨正式爆發衝突之始。[58]而當年亦為《自由中國》雜誌撰稿人的夏道平也說：當年的「自由中國社，保護傘是聲望高的名義發行人胡適，火車頭是衝勁大的實際主持人雷震，假如沒有他們兩位，這個刊物很可能在不滿兩歲的時候，就因〈政府不可誘民入罪〉那篇社論而被捉人停刊。」[59]

假如說，國民黨因〈政府不可誘民入罪〉一文而開始攻擊《自由中國》算是和風細雨，那麼民國 45 年 10 月 31 日，《自由中國》第 15 卷第 9 期推出的「祝壽專號」，收胡適等 15 位知名言論、政治領袖的建言，結果惹怒國民黨高層引來的撻伐，那就是狂風暴雨了。就在「祝壽專號」刊出的隔月 12 月，由蔣經國控制的國防部總政治作戰部，即以「周國光」名義，發出極機密之特種指示，展開名為「向毒素思想總攻擊！」的輿論圍剿行動，而此毒素思想指

---

[57] 〈雷震日記——第一個十年（一）〉（1949 年 10 月 26 日）。傅正主編，《雷震全集》（31）（台北：桂冠版，1989 年 3 月初版），頁 349。

[58] 薛化元，《「自由中國」與民主憲政——1950 年代台灣思想史的一個考察》，同註 32，頁 93。

[59] 馬之驌，《雷震與蔣介石》，同註 36，頁 132-133。

的就是刊登在《自由中國》上面的文字；甚至還涉及到胡適所主張的自由主義思潮。[60]

「祝壽專號」雖引起國民黨高層的不悅，但因《自由中國》尚可為台灣國府對外宣傳、妝點些許民主自由之門面；且發刊已久，在海內外擁有廣大的閱讀群，有其輿論的重大影響力。所以，國民黨雖曾發動清剿，但還是因為投鼠忌器，最後暫且隱忍下來了。豈料，民國46年8月1日，《自由中國》第17卷第3期社論，在檢討國民黨的反攻大陸政策時，提出中肯的〈今日的問題之（二）：反攻大陸〉，卻觸動了國民黨的最敏感神經，國民黨認為該刊是在鼓吹悲觀的「反攻無望論」，所以，《自由中國》與國民黨的緊張關係，已到了無可挽回的地步。[61]其後，因該刊批判國民黨的力道越來越強，所提訴求愈來愈高，如攻擊國民黨的「一黨專政」、要求成立反對黨等等，令國民黨再也無法隱忍。於是，一場由陳懷琪署名投書的所謂「陳懷琪事件」，拉開了圍剿《自由中國》的大幕。[62]

就在台灣島內國民黨的御用媒體，連篇累牘的批判《自由中國》之際，冷眼觀察的《聯評》在香港發文跨海聲援了。胡越在〈為「自由中國」說幾句話〉文中，將《自由中國》在言論上之影響力，拉高到與《新民叢報》、《新青年》、《大公報》並駕齊驅，並認為因該刊長期鼓吹民主憲政，當然引起國府之嫉視。胡越更直接指出，《自由中國》之所以遭國民黨仇視，在於雙方彼此的理念南轅北轍有關。例如：「《自由中國》主張民主政治，而他們則妄想保持家天下的獨裁權力與一黨專政的體制；《自由中國》主張軍隊國家化，而他們則固執黨軍制度；《自由中國》主張自由教育，而他們則厲行黨化教育；《自由中國》主張言論自由，而他們則想統制言論；《自由中國》要求司法獨力保障人權，而他們則破壞司法縱容特務濫行捕人押人；《自由中國》主張以自由民主的方式反共，而他們則妄行以共黨方法反共。由於這些根本衝突，以致《自由中國》的每一言一字都使國民黨當權派感到針心刺目，因而誤會主辦《自由中國》的一群人有意與他們處處為難，存心仇對。因此他們之渴欲消滅《自由中國》由

---

[60] 雷震著、林淇瀁校註，《新黨運動黑皮書》（台北：遠流版，2003年9月初版），頁25。

[61] 〈今日的問題之（二）：反攻大陸〉，《自由中國》第17卷第3期（社論）（民國46年8月1日）。

[62] 范泓，《民主的銅像——雷震先生傳》（台北：秀威版，2008年4月1版），頁203-208。

來已久了。」

胡越在文章的結尾，更感慨係之的說到：「我常想，這十年來如果沒有《自由中國》雜誌，該多麼黑暗與寂寞！《自由中國》是反共中國的一盞燈，並且應是不熄的長明燈！有了這份能批評敢批評政府的雜誌，所稱自由中國才有自由的味道，在國際友人及海外僑胞的心目中，台灣較大陸才的確有不同！」[63]

而左舜生在評論「陳懷琪事件」時，更直言此事件，根本就是國民黨對《自由中國》的第二次圍剿。[64]香港《祖國周刊》則認為，陳懷琪控告《自由中國》一事，「顯然不是單純的司法案件」，而是國民黨有意藉此封閉《自由中國》、並使雷震入獄，若果真如此發展，無異宣告言論自由死亡、希望幻滅，必將引致反共陣容澈底決裂。[65]另外，萍士在〈由雷震想到洪亮吉的故事〉文中，也聲援雷震，提到雷震如同清朝的洪亮吉，因上書批評朝廷剿匪苗亂之失，激烈敢言，獲罪於嘉慶皇帝。初時雖被貶戍伊犁，但以其見義勇為，言人所不敢言，精誠所至，最後嘉慶皇帝不僅赦免他，且將其建言列為座右銘。古代專制皇帝尚有此胸襟雅量，反觀國民黨，其排除異己，羅織罪名欲加害雷震及關閉《自由中國》雜誌，兩相比較，實今不如古矣！[66]

國民黨不僅對《自由中國》發動圍剿，連原本較傾向國府的香港《自由人》三日刊，也因時有刊載若干批評國府之論的文章，遭國府禁止進入台灣，導致經費困難而停刊。[67]所以當胡適在《自由中國》創刊十周年紀念會上，發表「容忍與自由」演講後，《聯評》意有所指的又刊載胡越的另一篇聲援文章〈胡適之的苦心孤詣〉，文中提到：「今天自由中國還有一點自由的光亮，一點復興的生機，多少就靠著還有《自由中國》這類表達自由意見的刊物。假使這類刊物也一律不許存在，那真是不堪設想！」[68]問題是，在國民黨威權統治鞏固後，

---

[63] 胡越，〈為「自由中國」說幾句話〉，《聯合評論》第30號（民國48年3月13日）。

[64] 左舜生，〈略論最近台北爆發的陳懷琪事件〉，《聯合評論》第29號（民國48年3月6日）。

[65] 社論，〈論陳懷琪投書事件〉，《祖國周刊》第25卷第11期（1959年3月16日），頁4-5。

[66] 萍士，〈東溪雜談——由雷震想到洪亮吉的故事〉，《聯合評論》第46號（民國48年7月3日）。

[67] 有關《自由人》三日刊始末，可參考陳正茂，〈動盪時代的印記——「自由人」三日刊始末〉，《傳記文學》第87卷第4期（民國94年10月），頁18-35。

[68] 胡越，〈胡適之的苦心孤詣〉，《聯合評論》第68號（民國48年12月4日）。

最後一點的遮羞布也視為不必要了，繼《自由人》停刊，《祖國周刊》遭打壓，《自由中國》的最終下場，也就可想而知了。

（五）「雷案」後的嚴辭批蔣

民國 49 年 9 月 9 日，就在蔣違憲當選第三任總統後不久，台灣島內又爆發了震驚中外的《自由中國》半月刊發行人雷震被拘捕事件，史稱「雷震案」或「雷案」。在「雷案」發生不到一週內，《聯評》旋即發表總編輯左舜生的文章，認為「雷案」根本就是國民黨當局一個預定的陰謀，其目的不僅在使《自由中國》不能繼續出版，同時也再使籌組中的「中國民主黨」無法成立。[69]左言：「這不一定是雷震等個人的不幸，實在是中華民國民主憲政前途，以及人民一切基本自由與人權保障一種空前的威脅！……這一民國政治史上空前的重大事件，將繼續發展，其給予海內外一般人心刺激的深刻，以及可能發生的惡果，目前尚難預測。」[70]因此，左代表《聯合評論》立場，希望政府立即釋放雷震。

9 月 16 日，《聯評》特別以「援雷專號」表達〈我們對雷案的認識和主張〉的立場，強調 1.先捕人後派罪名，是蹂躪人權的暴行。2.以戒嚴法為壓制人民的工具。3.我們對雷案的主張，我們並非對於《自由中國》的言論全不同意，而乃認為當權者如此不問有無犯罪事實，也不依循法定程序，而任意捕人，然後再派罪名，甚至以戒嚴法為壓制人民的工具，是一種不可容忍的暴政。……因此《聯評》嚴正提出三點要求，即：1.立即釋放雷震；2.懲辦此次先捕人後派罪名的負責人員；3.向全國人民保證此後不再有同樣事件發生。[71]同期，該刊復以「雷震被捕香港民間輿論特輯」發表一系列香港民間自發性的援雷文章。另外，也刊佈李璜、左舜生、孫寶剛、李金曄、孟戈、徐亮之、胡越等人的聲援雷震及批判國府的評論。[72]

旅美知名人士謝扶雅的投書更為激烈，謝不僅呼籲釋放雷震，更提出立即

---

[69] 陳正茂編著，《左舜生年譜》（台北：國史館印行，民國 87 年 12 月初版），頁 253。

[70] 左舜生，〈主張立即釋放雷震〉，《聯合評論》第 107 號（民國 49 年 9 月 9 日）。

[71] 本社同人，〈我們對雷案的認識和主張〉，《聯合評論》第 108 號（民國 49 年 9 月 16 日）。

[72] 同上註。

黜逐蔣經國出台灣（實在應當把他處死，以平海內外人士之公憤）、鼓勵今正組織中的反對黨使早日成立、召集海內外自由中國人民所選出之代表至台開國民會議，訂定反共復國綱領，及革新現政府計劃等三點訴求。謝說，倘不照如此做，則自由中國必將與大陸同其劫運，而翻身之日更渺茫了。[73]為積極聲援雷震，左舜生和李璜更與香港民主人士，在香港格蘭酒店召開記者會，參加者有新亞書院教授及新聞文化界人士。左等認為雷震是愛國的、反共的，也是為民主政治運動的奮鬥者。台灣當局此舉，香港方面的民主人士，將依據聯合國「人權宣言」，向聯合國控訴，請求人權保障。[74]

10 月 5 日，見國民黨當局毫無釋放雷的跡象，左與李璜、李達生、岑盛軒、梁友衡、徐亮之、許子由、許冠三、黃宇人、陳芝礎、孫寶剛、勞思光、劉子鵬、劉裕略、羅鴻等多人，聯名致函聯合國人權委員會，呼籲聯合國有關組織及時聲援雷震。電文中言：「國民黨當局以《自由中國》半月刊的言論『構成叛亂的罪證，其為斷章取義，故入人罪，已昭然若揭。中華民國政府當局此等迫害言論出版自由及蹂躪人權的不法行為，實為對聯合國人權宣言第三、第九、第十一及第十九條款的公然蔑視。倘不及時予以制止，則人權宣言必將失去其存在的意義』」。[75]

10 月 14 日，「雷案」判決後，左更沈痛指出：「總而言之，統而言之，台北當局要消滅《自由中國》這本雜誌，要消滅雷震這個人，要消滅一個將要出現的新黨，這是他們早已確定的決心，無論上訴也罷，不上訴也罷，他們一定要蠻幹到底，其他一切的『手式』，一切的『表情』，一切的『穿插』，不過只是加重這一事件戲劇化的氣氛，大抵無關宏旨。所可惜的，他們編戲的技術過於拙劣，因之漏洞百出，讀者如果真要了解台灣這十年究竟是什麼人在幕後胡鬧，我便奉勸先看看我那篇〈由『吳案』『孫案』到『雷案』〉的長文，才比較的能得要領。我們繼此要說的話還很多，這件事決不會如此了結，這是可請大家放心的」。[76]

---

[73] 謝扶雅，〈「自由中國」終於被扼殺了！〉，《聯合評論》第 110 號（民國 49 年 9 月 30 日）。

[74] 傅正主編，《雷案震驚海內外》（台北：桂冠版，1990 年 9 月初版），頁 112。

[75] 雷震，《雷震回憶錄》（香港：七十年代雜誌社出版，1978 年 11 月初版），頁 180-181。

[76] 左舜生，〈雷案判決感言〉，《聯合評論》第 112 號（民國 49 年 10 月 14 日）。

12 月 2 日，左再度發表對「雷案」覆判後的感想，對於蔣之不能特赦雷震，嚴辭譴責其表現了一種軍人蠻幹到底的特質，不失為東方一個碩果僅存的標準獨裁者；同時也通明透亮表示了他對民主絲毫不能理解，絲毫不感興趣，不惜以走極端的態度，甘冒天下之大不韙，向國內外一切主持公道與正直的人士挑戰。[77]直到民國 53、4 年，蔣為團結反共力量，決定舉行「陽明山會談」和召開「反共建國聯盟會議」，廣邀在野黨領袖回台參加會議。但是左及李璜和民社黨領導人張君勱等表示，渠回台的條件是當局必須立即釋放雷震，在雷震尚屬「階下囚」時，他們無法來台作「座上客」。由於國民黨當局不肯接受其要求，最後他們拒絕赴台。[78]

綜觀《聯評》發行六年餘，從言論內容來看，「為民主而反共」與「為憲政而反蔣」，始終是該刊立論的主要核心理念。舉例而言，民國 49 年初，當蔣欲違憲連任第三屆總統時，《聯評》即對蔣的違憲之舉，連篇累牘的進行強烈嚴厲的批判。該刊曾發表〈我們對毀憲策動者的警告〉的聯合聲明，希望國民黨當權派和國大代表，不要做毀憲禍國的歷史罪人，不要做出「親痛仇快」之事。同年 9 月，「雷案」爆發，《聯評》也出版「援雷專號」，撰述數十篇文章，對台灣國府當局大加撻伐，指出台灣當局濫用「戒嚴法」，迫害人民言論、出版、結社等自由，要求應無條件立即釋放雷震，否則將向聯合國提出控訴。總之，在「援雷」議題上，該刊言論之犀利，砲火之猛烈，在當時海內外刊物中，可說是空前絕後。

（六）「第三勢力」運動成敗的澈底檢視

就在香港第三勢力運動進入尾聲之際，《聯評》內部也出現一股檢討之聲，朱涓夫首先拋出議題，提及有些人認為，以文化工作為基調的自由民主運動不夠勁，因不能採取革命行動，故空虛無用。也有些人認為，自由民主運動不組黨，太不具體，且當前的自由民主運動，客觀困難太大，路途太遙遠，而且影

[77] 左舜生，〈雷案與團結〉，《聯合評論》第 119 號（民國 49 年 12 月 2 日）。

[78] 周淑真，《中國青年黨在大陸和台灣》（北京：中國人民大學出版社出版，1993 年 11 月初版），頁 292-293。

響有限，得不到社會鼓勵。[79]

在一片質疑的聲浪中，讀者嚴端正投書，他認為還是回歸第三勢力運動名稱較恰當。嚴說：「只有第三勢力才最適合未來中國。未來中國決不是舊政權復辟，也不會是共黨政權的任何變相延伸，未來大陸也不是抗戰勝利後去接收那樣簡單，而中共又根本不可救藥，所以大陸上大多數人民的傾向是由第三勢力統治未來的中國。大陸人民們意識的第三勢力與未來中國，當然不是第三勢力中的任何個人的繼蔣毛而統治。大陸人民所意識的第三勢力乃泛指一切反共而又並不擁蔣的民主力量而言。將來從共產黨中反叛出來的力量也是第三勢力，其它一切反共愛國的民主人士及民主黨派或團體當然也都是第三勢力。」[80]

嚴文所稱的第三勢力運動，其實仍未脫第一階段論述的基調，仍是以「反蔣非共」為代表第三勢力的主軸，敘述籠統缺乏新意，所以要爭取廣大華人的支持與認同並不易。五〇年代末，雖說第三勢力運動已呈強弩之末，但堅信者仍審慎樂觀地認為：「本著適應於中國的一套理想，獨立地奮鬥，以團結同志，才是救國和反共力量的真正路線。易言之，第三勢力，確是中國命運之所繫。」[81]孫寶剛以為，「第三勢力是在不同的環境下，二元發展的，主力是在大陸上，一部在海外，兩部力量配合起來，才成了真正救中國的一個力量。海外的中國人要多做一些思想的功夫，為大陸人民準備一條思想的出路。假如我們為他們預備了這套思想體系的話，便是增加了大陸上的不滿毛政權的人民以一個很大的力量，力量就是勢力。」[82]基本上，孫的說法並沒錯，第三勢力確實急需要建構一套理論體系，以為行動的綱領，問題是，延續第一階段的毛病，只有高亢的口號，而乏具體的行動，又無縝密的理論，第三勢力運動到最後焉能不敗。[83]

---

[79] 朱狷夫，〈關於中國民主運動的幾個問題〉，《聯合評論》第176號（民國51年1月12日）。

[80] 嚴端正，〈我從大陸逃出來找第三勢力——讀者投書〉，《聯合評論》第198號（民國51年6月22日）。

[81] 孫寶剛，〈第三勢力何在？〉，《聯合評論》第199號（民國51年6月29日）。

[82] 孫寶剛，〈論第三勢力〉，《聯合評論》第201號（民國51年7月13日）。

[83] 陳正茂，〈第三勢力運動史料述評：以《自由陣線》週刊為例〉，見陳正茂編著，《五○年代香港

孫寶剛義正辭嚴的表示，第三勢力是一個革命的組織，它站在人民的立場，使為害人民與國家利益的現政權顛覆，或加以澈底的改革，使其所作所為能符合人民和國家的利益。我們絕對是一個為了達成這個理想而組織的組織，絕對不是糾合了一批親朋故舊，以形成一個力量，想把現政權征服，並取而代之。我們和現政權是正義和不正義，自由和不自由，平等和不平等的鬥爭，絕不是權力的鬥爭。[84]

相對於孫寶剛對第三勢力運動「正當性」之大義凜然，宗教思想家謝扶雅則更樂觀的提及：「近月以來，自中國大陸逃出香港的一些有心人士，宣稱他們並不是為逃亡而逃亡，卻是來到海外找尋『第三勢力』。他們認為大陸人民已都厭憎中共，但亦不再望蔣介石自台灣回去統治中國，所以只有新興的第三勢力才能把新中國建立起來。果使他們這番話代表今日中國大多數人民的公意，毛共與蔣家雙方皆已對中國人喪盡信用，而自再無『勢力』可言。然則所謂『第三勢力』，情勢演進到了今天，實成為中國人民所共企嚮的『唯一』勢力，不必說什麼『第三』不第三了。今日大陸和台灣，實質上兩皆不是什麼勢力。」

謝扶雅更說到彼時在港及大陸的反共、反蔣組織：「近兩年來，大陸抗暴義士，風起雲從，內外暗相結合，組成了革命性的『中華自由軍』，以急起解救顛連於水深火熱中的六億同胞為職責。同時，超黨派及全球華人聯合性的自由中國大同盟，行將組織就緒，標榜（1）政治民主，（2）經濟眾有，（3）學術獨立三大原理，以建立真正民主憲政之中國自期。在這一全民革命運動中，實已包含著無數的無名孫中山黃興，而大陸上亦潛伏著不少如黎元洪之輩，所以它的成功，直是指顧間事。」[85]當然，謝的盲目樂觀，終抵不過潮流局勢的發展，最終仍是落得空歡喜一場。

對比謝的盲目樂觀，有豐富政治經驗的黃宇人，在檢討十餘年來第三勢力運動之挫敗，說的比較平實中肯。黃宇人說：「自大陸變色後，流亡在外的許多知識份子，首倡反共產，反極權的自由民主運動。這可說是『順乎天理，應

第三勢力運動史料蒐秘》（台北：秀威版，2011 年 5 月 1 版），頁 38-44。

[84] 孫寶剛，〈武力，財力和勇氣〉，《聯合評論》第 208 號（民國 51 年 8 月 31 日）。

[85] 謝扶雅，〈「一個勢力」·「一個」中國〉，《聯合評論》第 208 號（民國 51 年 8 月 31 日）。

乎人心，適乎世界潮流，合乎人群需要』的一種運動。」然而十餘年來，為何一無所成呢？「有人歸咎於台灣方面的破壞，但根據我（按：指黃宇人）的身歷目睹，我認為最大的原因，乃是由於標榜自由民主的若干領導人物，對於自由民主的真諦，並無深切的認識和了解。由於認識不夠，他們雖然滿口自由民主，而卻沒有信心。既無信心，自更不能耐窮。……總之，不能固窮，似乎是中國知識份子的通病；並不限於自由民主陣營才有此現象。但在自由民主陣營中的知識份子，尤其是所謂領導階層人物，假如不能自己首先除去這個致命的痼疾，則影響所及，更將增加自由民主運動進程中的困難，而延長國家民族的災難。」[86]

黃宇人在《聯評》的這篇文章，可謂擲地有聲，其重點為他堅信象徵第三勢力的「自由民主運動」並未不合時宜，反而是順天應人深得民心的一股運動；其之所以失敗一事無成，乃在於高層的領導人，尤其是知識份子「坐而言，不能起而行」的毛病所致，兼以不能固窮，缺乏信心的結果。所以，黃宇人對第三勢力領袖之領導風格，不僅有「恨鐵不成鋼」的批評，其心情更是憂心忡忡的。

而楊用行與黃宇人之看法，也是英雄所見略同，楊提到：「自大陸淪陷，民主反共愛國人士到香港創辦刊物，發為民主自由言論，隱隱中被人目為第三勢力，或自稱為第三勢力。海外民主人士言得太多，而行得太少。（如：沖繩練兵、滇緬邊區建基地）十三年以來，民主人士的行動在那裡呢？不說趕不上孫黃等人之拋頭顱洒鮮血，甚至也比不上維新諸君子的行動吧！於是，這就使人覺得貴刊和民主人士的言論，在主觀意願上，雖然是高明的，客觀內容上，雖然是充實的，但若察其言觀其行的話，就不免有秀才造反之感了。」[87]好一句秀才造反，徒有理想，空喊口號，而乏行動力，其最後結果不是三年不成，而是偃旗息鼓風流雲散矣！

在《聯評》一片真誠澈底的檢討聲中，作者、讀者大家脣槍舌劍，各抒己見，眾聲喧嘩，好不熱鬧。其中有附和者，亦有反對者，例如同屬民社黨的劉

---

[86] 黃宇人，〈知識分子與國運〉，《聯合評論》第211號（民國51年9月21日）。

[87] 楊用行，〈讀者投書：書生造反，何以三年不成？〉，《聯合評論》第214號（民國51年10月12日）。

裕略，對孫寶剛的看法就南轅北轍，孫認為第三勢力不是要奪取政權，取代國、共兩黨，劉則不以為然的認為，「究竟什麼才是一個完整而健全的第三勢力呢？我以為它本身至少應該在力量上是自立獨立的才行。因此，所謂第三勢力，它本身也一定應該有它自己的基本戰鬥組織和基本的政略戰略乃至運用才是；既曰第三，勢必就與第一第二有異，既曰第三，勢必就為第一第二所不容，既曰第三，其本身就勢必要有壯志雄圖，取第一第二而代之，最後成為國家民族的主宰，因此，所謂第三，便只是它在與第一第二勢力同時存在的一種過程。」

「第三勢力它的最終目的，當然應該在代表第一第二勢力而統治中國，並不只是在形勢上多一個第三，更不只是僅僅在第一第二勢力之外，另掛一個旗號而已。嚴格說來，第三勢力只是它的創建和發展過程中的一個階段。它是隨時可以而且也是隨時應該由第三變第二，再由第二變第一的。正因為第三勢力的第三，並不是它的永遠形勢，而第一第二與第三之間，又必然充滿鬥爭與運用，所以，要維持第三，固然要有它的單位性，固然要有它的基本組織和基本立場，而要進而克服第一第二勢力，它也是更需要政略戰略的運用的。何況，今日之共黨，乃靠『武裝革命』起家，國民黨也一直以革命作號召，若第三勢力本身不能先自成為與第一第二勢力鼎足而三的一個戰鬥單位，試問，又何有第三勢力之可言？」[88]

最後，劉裕略以三國時代諸葛亮助劉備為中國歷史上一個最具典型的第三勢力的例子，不承認抗戰時期的「民盟」為第三勢力。當然他也承認，今日之第三勢力與中國歷史上的第三勢力誠有不同，但需要組織，需要號召，需要政略戰略，需要真正的戰鬥則一。

四、第三勢力的落日餘暉——《聯合評論》的風流雲散

自「戰盟」結束後，香港的第三勢力運動陷入低潮期，直到民國47年初，為回擊中共的統戰攻勢，及與台灣雷震等人的組黨運動相呼應，部分在港的第三勢力人士乃重整旗鼓，組織「民聯」，以《聯評》為喉舌，掀起了後期第三

---

[88] 劉裕略，〈論中國歷史上的第三勢力與現代的第三勢力〉，《聯合評論》第218號（民國51年11月9日）。

勢力運動的新高潮。唯此時之第三勢力運動與前期已有不同，他們體察到國內外情勢的轉變，香港第三勢力已難成氣候。因此，放棄了在台灣以外另尋反共途徑的構想，改採比較務實的做法，提出「政治反攻大陸，民主改造台灣」的口號，擬憑藉輿論的力量，促使台灣民主改革，增強反共實力。[89]

在此前提下，《聯評》對台灣當局的批判，其實是為大局著想，頗能切中時弊、唯國府當局，始終認為其與島內雷震的《自由中國》相唱和，目的不單純，且其言論亦對國府統治的合法性，帶來質疑與威脅。因此，不僅三番兩次禁止入口，且發動雷震的《自由中國》事件作反擊，其對抗意味是十分明顯的。而隨著蔣的蠻幹，及其後「雷案」的爆發與《自由中國》雜誌的被迫停刊。這些紛至沓來的事件，在在顯示，欲求輿論監督政府，改變現況，時機實未成熟。故上述事件發生時，《聯評》雖連篇累牘的對國府提出嚴厲批判，然已是最後一抹殘陽，迴光返照而已。

基本上，《聯合評論》集團的失敗，肇因於下列幾項因素：

（一）國民黨的滲透分化

其實早在五〇年代初，針對在香港的第三勢力運動，國民黨的因應之道，就是透過私人關係拉攏，當年雷震即銜命負責至港遊說爭取，然似乎成效不彰。[90]其後，國民黨改弦易轍，乃採取分化、滲透、甚至打壓之多重管道為之。當時國民黨「中央改造委員會」，即特別討論〈聯合陣線實施有關問題〉議題，提出上述對第三勢力因應之策略。在討論中明確指示：「對在港作黨派活動之人士，應作進一步調查分析，由第六組（特務）指導南方執行部負責進行，並斟酌情形，予以爭取或分化」。[91]

伴隨著國民黨的分化，使得曾經喧騰一時的「中國自由民主戰鬥同盟」為之瓦解，彼時亦為第三勢力主要人物之一的程思遠即不諱言談到：「此時，台

---

[89] 萬麗鵑，〈一九五〇年代的中國第三勢力運動〉同註 8，頁 56。

[90] 民國 39 年 10 月 6-22 日，雷震銜命赴港遊說第三勢力人士，唯成果欠佳。〈雷震日記——第一個十年（二）〉。傅正主編，《雷震全集》（32）（台北：桂冠版，1989 年 5 月初版），頁 199-210。

[91] 〈聯合陣線實施有關問題〉，見中國國民黨中央改造委員會第 123 次會議紀錄（1951 年 4 月 30 日），黨史會藏。

灣方面在港的工作人員已經滲入，選舉結果，當選者，不是台灣的特務，便是與他們有關的人。」[92]而「戰盟」另一主將張君勱也提及：「一二年來，台灣專以毀戰盟為事。」[93]有分化「戰盟」成功之先例，國民黨對《聯評》集團的做法亦如出一轍，如成舍我赴港時，即親口告訴左舜生和黃宇人，王同榮是國民黨調查局安插在《聯評》內部的特務，要彼等小心。[94]國民黨在八屆三中全會時，通過「促進海內外反共復國人士團結合作案」，並以此為基礎，於民國50年7、8月間，連續舉辦了兩階段的「陽明山會談」[95]。過程中，國府百般拉攏海外第三勢力人士參與，如王厚生、周鯨文等人的回台參加，雖然國民黨因事先未與民、青兩黨達成共識，導致張君勱、左舜生、李璜的聯合抵制，但國民黨的收編仍有若干效果，反倒是海外第三勢力更無力再牽制國民黨。[96]

（二）經費的捉襟見肘

平情言，整個五〇年代香港第三勢力運動之瓦解，經費問題始終是最終決定的關鍵。不論是早期的《自由陣線》時期，還是後期的《聯評》時期，都為經費短絀所苦。《自由陣線》的收攤，主要因為金主美援的提供不濟而結束。[97]《聯評》則是最後籌款不易而關門，據對整個《聯評》內情知之甚詳的黃宇人，在其回憶錄《我的小故事》一書談到，當時《聯評》的經費來源主要是：張發奎和自由出版社、友聯出版社三方，各出三分之一，以每週出一小張，約需兩千元；而由張發奎先墊一萬元登記費匆忙發刊的。

然發行不久，因自由出版社答應贊助的錢有所短缺，又常拖欠，最後由主事的左舜生、李璜，羅永揚、劉裕略和黃宇人，大家集資才補足缺口。雖是如

---

[92] 程思遠，《政海秘辛》，同註1，頁240。

[93] 楊天石，〈五○年代在香港和北美的第三種力量——讀張發奎檔案之一〉，楊天石，《抗戰與戰後中國》（北京：中國人民大學出版社，2007年7月1版），頁633。

[94] 黃宇人，《我的小故事》（下冊）（香港：吳興記書報社經銷，1982年2月出版），頁161-163。

[95] 秦孝儀主編，《中國現代史辭典——史事部分（二）》（台北：近代中國出版社，1987年），頁160-161。

[96] 萬麗鵑，〈一九五〇年代的中國第三勢力運動〉同註8，頁167-168。

[97] 陳正茂，〈宣揚第三勢力的《自由陣線》〉，《全民半月刊》第12卷第10期（民國80年11月25日），頁4-7。

此，但每期出刊，經費仍是捉襟見肘，幸不久得到紐約《聯合報》社長吳敬敷的同意，由他主持的中美出版社，讓《聯評》出紐約航空版，賺錢歸《聯評》，虧錢他承擔，於是在民國47年11月2日，《聯評》紐約航空版終於問世。然在49年時，因《聯評》的強烈反蔣競選第三屆總統；其後《聯評》又與吳敬敷有所誤會，使得吳敬敷後來不再經援《聯評》，至此《聯評》對收取紐約航空版的報費和廣告費就更加無望了。[98]

在此稍後，《聯評》的另一金主「自由出版社」忽然結束營業，使得經費惡化程度更是雪上加霜，最後僅剩張發奎力撐。張在回憶錄提到：「因為缺乏經費，聯合評論在一九六四年十月停刊。刊物只依靠我每月提供的一千元，以及吳敬敷經營紐約版所賺的些少利潤——從那兒我們總共收到三千五百美元，當這些錢花完之後，我們無法再繼續下去了。」[99]說到底，「錢」真的是壓垮「聯評」的最後一根稻草。

（三）《聯評》高層間之內鬨

曾參與第一階段第三勢力運動的雷嘯岑在其《憂患餘生之自述》書中，對從事第三勢力運動的高層間，有一段很深刻的嘲諷與見解，雷說：「據我的體驗所及，中國高級知識份子祗要有三個人在一道搞政治活動，內部必然發生爭奪領導權的醜劇，雖把團體弄垮，亦所弗惜。主要原因是大家皆基於『為貧而仕』的下意識，靠政治活動以求生存，所以必須爭取領導地位，纔可望在政治上獲致顯貴職位，博得豪華的生活享受。」[100]雷此語雖有過激之嫌，但也有幾分事實。觀乎第一時期「戰盟」之瓦解，張國燾、伍憲子、李微塵；甚至高層領導者的顧孟餘、張君勱、張發奎等之間的誰也不服誰，不就是導致「戰盟」解體的主因嗎？[101]

---

[98] 黃宇人，《我的小故事》（下冊），同註94，頁158-181。

[99] 張發奎口述、鄭義翻譯/校註，《蔣介石與我——張發奎上將回憶錄》（香港：文化藝術出版社出版，2008年5月1版），頁510。

[100] 雷嘯岑，〈香港的第三勢力運動〉，《憂患餘生之自述》（台北：傳記文學出版社出版，民國71年10月出版），頁172-173。

[101] 陳正茂，〈五○年代香港第三勢力的主要團體——「中國自由民主戰鬥同盟」始末〉，見陳正茂編著，《五○年代香港第三勢力運動史料蒐秘》，同註83，頁65-66。

有關《聯評》內部高層的不和，黃宇人說到和自己有關的一件事，黃說：民國53年，蔣勻田奉台灣當局做說客，來港遊說張君勱、左舜生、李璜等去台灣參加「反共救國聯盟」，張、左，李等人邀張發奎、羅永揚、劉裕略等人商量，最後商定由蔣勻田寫信給張群，說《聯評》可以參加「反共救國聯盟」，但張君勱、張發奎、左舜生、李璜、黃宇人、劉裕略、羅永揚7人要一併邀請。因黃宇人事前完全被蒙在鼓裡，所以被告知時相當氣憤，未幾即在社務會議中提議，要結束《聯評》。黃說：「由於局勢的變化，我們創立本刊的原旨，顯已不能適應大家的需要、本刊的經費又如此困難，我們也無法挽救，不如早日停刊，還可得個好始好終，免得將來使人引為笑談。」[102]而《聯評》最後的停刊，就在這次社務會議後不久，劃下了休止符。

（四）左舜生與國府關係的改善

基本上，真正一肩挑起《聯評》大樑的是總編輯左舜生，左個人與蔣和國民黨，有著錯綜複雜密切的關係。[103]從《雷震秘藏書信選》中我們知道，左長期以來一直接受國民黨的金錢資助，左自己亦不諱言。[104]但左一手拿國民黨的錢，另一手卻拿筆對國民黨不時提出尖銳的批判，而國民黨大體採取容忍的態度。[105]直到民國46年春，台灣發生《自由中國》遭圍剿時，左在香港《祖國周刊》雜誌，發表聲援文章，名為〈對台北壓迫自由的一個抗議〉，內容提到：他認為「祝壽專號」的各篇文章，對蔣並無不敬之處，縱使有人認為某篇文章有以慈禧太后影射蔣之嫌疑，就算如此，也不是什麼不可原宥的大罪，因為慈禧太后能使曾國藩等保全爵位，以終一生，實比胡漢民、楊永泰等的結局為佳。[106]（按：胡遭蔣軟禁湯山；楊為蔣遭暗殺而死）該文刊出後，觸怒了國民黨當

---

[102] 黃宇人，《我的小故事》（下冊），同註94，頁179-181。

[103] 左舜生，〈壽　介公總統八十：述我與　蔣先生之間的幾件小事〉《中央日報》（民國55年10月31日）。

[104] 傅正主編，《雷案秘藏書信選》（台北：桂冠版，1990年9月初版），頁36、44、45。

[105] 阮毅成，〈追念左舜生先生〉，《左舜生先生紀念集》（台北：中國青年黨中央執行委員會編印，民國59年6月出版），頁61-65。

[106] 左舜生，〈對台北壓迫自由的一個抗議〉，《祖國周刊》第17卷第8期（1957年2月18日），頁6-7。

局，斷絕了對他長期的餽贈，而左與國民黨關係亦漸行漸遠，後來遂加入《聯評》集團，積極參與後期的第三勢力運動。[107]且在「反蔣連任」、「雷案」、《自由中國》雜誌被迫停刊等事件上，對蔣及國府當局，採取相當嚴厲之批判。

但在上述事件後，左與國府當局的關係逐漸緩和中，民國 51 年秋，左應邀赴美講述中國近代史，為期四個月，左寫信給夏濤聲，託夏代向蔣請求補助。夏往訪張群，蔣應允補助美金兩千元。左此事，不久由《新聞天地》週刊，以顯著篇幅報導出來，結果在《聯評》內部掀起巨大波瀾，羅永揚主張開除左，黃宇人主張由李璜取代左總編輯位子，最後還是張發奎說項，左才勉強續留《聯評》內。[108]在左與國府關係迅速改善的情況下，《聯評》欲維持第三勢力「反共批蔣」的立場已不可得，最後不得不於民國 53 年 10 月 23 日宣佈停刊。

《聯評》發行最後一期，左有始有終的以〈我為什麼贊成本報停刊？〉提到：「我們這六年間的言論宗旨，大抵不出『反攻復國』與『民主憲政』八個大字。逐漸實現民主，推行憲政，這不僅是我們反攻復國的目標，同時也是我們反攻復國的方法。我們覺得無民主即無所謂團結，不團結則反攻必然落空；不抱定這部憲法作為逐漸推行民主的總原則，即復國也無多大意義。」[109]然輿論監督有其侷限性，該刊核心內容，所謂「民主改造台灣」，終究是一句空話，並無法真正落實。

《聯評》悲壯的停刊了，該刊之結束，對第三勢力運動而言，有其象徵的歷史意義在。香港《正午報》即道：「九月十八日出版的聯合評論刊出一則重要啟事，聲明該刊將於本年十月底前停刊，這是碩果僅存的第三方面的旗幟最後撤除的訊號」。[110]而大陸研究台灣政情的學者黃嘉樹，在《國民黨在台灣》一書中，也總結說：《聯評》的停刊；及其後張君勱、左舜生的先後辭世，標誌著以《聯評》為主的，所謂海外「第三勢力」的批蔣活動已告完結。[111]

[107] 萬麗鵑，〈一九五〇年代的中國第三勢力運動〉同註 8，頁 164。

[108] 黃宇人，《我的小故事》（下冊），同註 94，頁 179。

[109] 左舜生，〈我為什麼贊成本報停刊？〉，《聯合評論》第 316 號（民國 53 年 10 月 23 日）。

[110] 〈第三方面的幻滅〉，《正午報》（香港）（民國 53 年 10 月 14 日）。

[111] 黃嘉樹言：「民社黨的黨魁張君勱和青年黨的黨魁左舜生、李璜都未隨蔣介石逃往台灣，他們在香港，美國等地搞所謂『新第三勢力活動』，即一方面反共，另一方面也批蔣。左舜生在香港創辦的《聯合評論》，是這些人設在台灣島外的總論壇。」黃嘉樹，《國民黨在台灣》，同註 41，頁 419。

總之，《聯評》確實是五〇年代末，香港第三勢力運動最具代表性與影響力的刊物，它與早先的《自由陣線》仍有若干差異。《自由陣線》是清楚明白的主張自己是第三勢力的刊物，唯言論內容稍嫌於口號宣傳，深度與廣度都不夠；《聯評》則將第三勢力名詞轉換成「自由民主運動」或「民主中國運動」，且在此理論上有較深入合理的論述。然而在「形勢比人強」的情況；及上述諸多不利條件的因素下，雖力撐六年餘，最後仍不得不走入歷史。

第四章　最後希望的破滅：李宗仁與第三勢力運動

一、再起——李宗仁的第三勢力佈局

民國 38 年，是中國政治史上驚天動地的一年，鏖戰多年的國、共內戰，終告塵埃落定，共產黨席捲大陸，國府則倉皇遷台。處此風雨飄搖之際，一部分對國、共兩黨均不滿的失意政治人物、知識份子，在美國和李宗仁的支持下，雲集香江一隅，首揭反國、共兩黨大旗，標榜反共、反蔣，堅持民主自由的第三勢力主張，此即五〇年代在香港曾盛極一時，喧騰不已的第三勢力運動。[1]基本上，五〇年代的第三勢力運動，是美蘇冷戰結構下的一環，它背後有美國援助；以及反蔣勢力李宗仁等之奧援，故有其錯綜複雜的國內外背景因素存在。當時第三勢力之要角有張發奎、顧孟餘、張君勱、左舜生、李璜、張國燾、許崇智、伍憲子、李微塵、童冠賢、邱昌渭、謝澄平、羅夢冊、董時進、許冠三、王厚生、司馬璐、孫寶剛、孫寶毅等，這些人分屬民、青兩黨，部分為國民黨及桂系政治人物。[2]

1　林博文言：「反蔣親共的『民主人士』於一九四八、四九年紛紛自港北上變為紅朝新貴，形成了第一波的政治運動。『民主人士』北歸後，一批反蔣反共的國民黨政客、將領、自由派、學者和文化人，組成了『第三勢力』，試圖在國共之間另起爐灶，以延續中國政治傳統中最脆弱的一環——反對力量。第二波的政治運動於焉在香港興起，而在五、六○年代蔚然成風。」見林博文，〈五○年代香港『第三勢力』運動興亡始末〉，《歷史的暗流——近代中美關係祕辛》（台北：元尊文化出版，1999 年 1 月初版），頁 107。

2　李璜將當時南下香港的流亡人士分為四類，即平民與學生、工商界熟手、文化界人士、軍政界人物。李璜，《學鈍室回憶錄》下卷（香港：明報月刊社出版，1982 年元月初版），頁 721-723。胡志偉則分的更細，胡將其分為七類：（1）失意政客：如張君勱、彭昭賢、王正廷、李璜、左舜生、謝澄平等。（2）落魄軍人：如張發奎、許崇智、劉震寰、上官雲相、陳濟棠、金典戎等。（3）桂系要員：如黃旭初、童冠賢、張任民、韋贄唐等。（4）中共叛徒：如張國燾、龔楚等。（5）漢奸：陳中孚、招桂章、趙正平等。（6）知識份子：如顧孟餘、丁文淵、黃如今、張純明、李微塵、易

它們在美國金錢支助下，先後成立了「自由民主大同盟」、「中國民主反共同盟」、「中華自治同盟委員會」、「大中國建國會」、「中國民主大同盟」、「中國自由民主戰鬥同盟」等名稱大同小異的第三勢力團體，並透過報章雜誌宣傳其理念。曾辦過有《自由陣線》、《獨立論壇》、《祖國》、《大道》、《中國之聲》、《中聲日報》、《中聲晚報》、《主流月刊》、《再生》、《民主與自由》、《今日半月刊》、《聯合評論》等十餘種刊物。高擎反共、反蔣旗幟，主張反國、共兩黨，揭櫫要走自由民主之路的第三勢力之政治主張。[3]在這麼多眼花撩亂的第三勢力團體中，最早吹起第三勢力號角者，當屬民國 38 年，由李宗仁贊助支持，顧孟餘出面領導的「自由民主大同盟」首開先聲，是以本文即以該組織為探討對象，談談當年在美國暗中支援下，李宗仁與「自由民主大同盟」從事第三勢力運動的經緯始末。

二、取代蔣介石——美國與第三勢力運動的推展

民國36年1月7日，美國總統杜魯門（Harry S. Truman）特使馬歇爾（George Marshall）在調處國、共兩黨爭端失敗後，離華返美時，曾發表一聲明，除將調處失敗的責任歸咎於國、共兩黨「雙方之極端分子」外，並認為要挽救中國局勢，「唯有使政府中與小黨派中之自由分子居於領導者的地位」，才有可能根本改變這種情況。[4]馬歇爾的這個觀點，一般咸認為是中國「第三勢力」一詞之濫觴，也是開啟美國與五〇年代第三勢力關係之源始。[5]至於美國真正推動第三勢力運動，正式提出實施是在 38 年，對象則為李宗仁。此為本論文探

君左、趙滋蕃等。（7）知識青年：如胡越、徐東濱、陳濯生、許冠三等。胡志偉：〈「自由中國抵抗運動」的開場與收場〉，《傳記文學》第 93 卷第 6 期（民國 97 年 12 月），頁 48-49。

[3] 陳正茂，〈五○年代香港第三勢力的主要團體：「中國自由民主戰鬥同盟」始末（1952-1955）〉，《北台灣學報》第 34 期（民國 100 年 6 月），頁 443。

[4] 中國社會科學院近代史研究所翻譯室譯，《馬歇爾使華——美國特使馬歇爾出使中國報告書》（北京：中華書局出版，1981 年 7 月 1 版），頁 13。

[5] 第三勢力運動始於民國 38 年，39 年後第三勢力運動何以會廣泛興起，一時間風起雲湧，主要是由於美國政府的積極扶植。民國 37 年以後，國民黨政權日益崩潰，美國人對蔣介石的失望和厭惡也達到頂點。急於在國共之外扶植「第三勢力」，從而取代蔣介石的地位，為「光復大陸」做準備。李村，《民國學人從政記》（香港：中和出版，2014 年 1 月 1 版），頁 62。

討之主題，於下個章節再做討論。本小節旨在探究五〇年代為何美國要在國、共之外，欲扶持第三種力量的想法與動機。此構想尤其在 39 年 6 月「韓戰」爆發後，更形積極乃致成為中情局的政策之一。當時在華府，為因應中共參加韓戰所帶給美國新的軍事壓力，美國政府也體認到，在蔣介石與國民黨之外，另外扶植政治上的第三勢力，作為牽制北京、領導中國大陸境內的殘存反共游擊勢力、乃至未來於中國大陸情勢轉變時，取代蔣介石或毛澤東的另一個可能選項。[6]

而美國當時屬意的對象，經過情報回報分析後，西北馬家（馬鴻逵）難當大任，雲南盧漢情況未明且舉棋不定，最後評估最有可能且具能力聲望者，只有桂系的李宗仁及白崇禧能擔此重任。李時為「代總統」，在全國負有時望，有其一定之影響力，而「小諸葛」的白崇禧，反共意志堅強又手握重兵，與廣東的張發奎、薛岳立場一致，他日可形成華南一道最後的反共堡壘線。[7]民國 38 年 1 月底，白崇禧曾告訴美國駐華大使司徒雷登（John Leighton Stuart），他要藉由與西北地區的反共回族領袖及華南、西南各省領導人結盟的方式，來打造一個堅實的反共勢力。這位桂系將領並告訴美國大使，他和李宗仁均篤定認為，國共和談在即，這些非共地區的地方領導人，可望組成一個新的政治集團，並設法甩掉與蔣過去的從屬關係。[8]白對司徒的談話，充分說明李、白已有另起爐灶的打算，且要跟蔣澈底劃清界線，唯一希望的是能得到美國的支援。當然，白崇禧低估共產黨的軍事實力，是年底，白自己的部隊也遭到解放軍武力的全部殲滅。

39 年 6 月「韓戰」發生後，美國軍事情報單位除了在亞洲的香港、日本、沖繩與塞班島等地積極扶持第三勢力之外，華府地區亦有不少於 38 年前後移居美國的前國民政府時期黨、政、軍人物，往來穿梭於白宮、國務院、五角大廈等地，主動請纓，積極遊說，以博取美方關愛與支持的眼神，來出面領導第

6　林孝庭，《台海・冷戰・蔣介石：解密檔案中消失的台灣史 1949-1988》（台北：聯經版，2015 年 7 月初版），頁 76。

7　黃旭初，《黃旭初回憶錄——李宗仁、白崇禧與蔣介石的離合》（台北：秀威版，2015 年 1 月 1 版），頁 341。

8　Stuart to Acheson, January20, 1949, NARA, RG59, 893.00/1-2049. 林孝庭著・審訂，《意外的國度——蔣介石、美國、與近代台灣的形塑》（新北市：遠足文化，2017 年 3 月出版），頁 124。

三勢力政治運動。這些人物期盼在美方經費資源的挹注下，能夠與亞洲的蔡文治或張發奎一較長短，爭取中國大陸敵後任務的主導權，民國38年秋天以治病名義前往美國的李宗仁，即是一例。[9]民國40年1月，李宗仁在其私人秘書甘介侯的陪同下，與美國國務院負責東亞事務官員見面，李宗仁告訴美方，他在香港的眾多粵、桂系舊部門生，對於美國支持發展中國第三勢力，皆表示高度期待，只待美方點頭支持，就可立即推動。李宗仁宣稱只有他有足夠的聲望與能耐，可以影響台灣以外的反共力量，統籌掌控中國大陸的龐大地下游擊組織；李還表示，只要他在華府登高一呼，香港的第三勢力即可在最短期內發展成一股新的政治力量。[10]然而美方似乎並不相信李宗仁真有此能耐，因而在扶植香港「戰盟」的過程中，並未把李的角色認真納入，未獲美方青睞的李宗仁，轉而開始詆毀「戰盟」。李的心腹甘介侯與國務院中國司長柯樂伯（O.EdmundClubb）晤談時，一再強調「戰盟」已成分崩離析之勢，張發奎已和蔣介石達成秘密合作協議，「戰盟」內部25人所組成的委員會中，蔣的人馬就有八位。但當柯樂伯問甘介侯，究竟第三勢力成員中有幾人支持李宗仁時，甘不得不坦承一個也沒有，但他仍強調李宗仁亟盼美國支持他是真正的第三勢力，而非遭台北滲透操控的「假第三勢力」。[11]

台北當局對於美國暗中支持反蔣「第三勢力」，感到忐忑不安，蔣認為，這些由美國軍事情報單位幕後支持，充滿著政治意涵，且以中國大陸敵後情報工作為宗旨的秘密計畫，必然危及國民黨政府代表「自由中國」的正當性。蔣透過其情報系統還進一步得知，華府對於協助「第三勢力」充滿興趣的另一個重要原因，乃是根本不信任他所領導的國民黨政府，美方因而體認到必須培植一股有別於蔣介石的新勢力，以備未來中共政權垮台時，成為美方日後合作的對象之一。[12]蔣相當清楚美國正欲扶持有別於國民黨的第三勢力，因此特別派

---

[9] 林孝庭，《台海・冷戰・蔣介石：解密檔案中消失的台灣史1949-1988》，同註6，頁93。

[10] Memorandum of Conversation, Subject：Political Thinking of General Li Tsung-jen, top secret, January26, 1951, inROCA, reel22. 林孝庭，《台海・冷戰・蔣介石：解密檔案中消失的台灣史1949-1988》，同上註，頁93。

[11] Memorandum of Conversation, Subject：Position of Third Force Element, top secret, May21, 1951, ROCA, reel22. 林孝庭，《台海・冷戰・蔣介石：解密檔案中消失的台灣史1949-1988》，同上註，頁94。

[12] 蕭吉珊呈蔣介石觀察報告（1951年2月8日），國史館，「特交檔案/一般資料/民國40年」，第1

遣其親信杭立武，於40年春到華府與美方溝通，杭稱第三勢力缺乏武器、經費與政治資本，根本無法領導中國大陸境內的反共運動，因此美方應當全力支持台灣的蔣介石。對此，美方代表副助理國務卿莫成德（Livingston T. Merchant）坦白告訴杭立武，杜魯門總統已不再信任蔣介石的國府，因此擴大海內外反共權力基礎，並以更開明之訴求來吸引中國大陸民心，誠屬必要。[13]

然而因為第三勢力運動的不濟事，讓華府對第三勢力運動能否成功，慢慢失去信心。民國41年初，國務院官員開始私下抱怨，美國境內已經充斥著太多的第三勢力分子，這些人物持臨時簽證進入美國，想在美國境內重新打造一個他們心目中理想的新中國，根本不切實際。時任國務院中國司司長的柏金斯（Troy L. Perkins）即言，華府若已決定重新接納台北的蔣介石，則不能夠再對第三勢力給予強有力的支持。而國務院負責遠東事務的官員也開始認為，海外的第三勢力分子應當在體制內積極參與台灣的國民黨政府，而非在體制外另起爐灶。[14]因為李宗仁這批人的不足有為外，台灣國府的抗議，也讓美國重新思考合作的對象。茲以美國華府檔案為例證明之，「民國四十二年六月，雷德福準備卸下太平洋美軍總司令的職務，回華府出任參謀首長聯席會主席。六月二日至六日，他和雷德福夫人訪問台北，住在蔣介石官邸，與蔣介石有三次「國務院感興趣的會談」。雷德福與蔣介石關係不尋常，因此，他可以坦白的以逆耳之言，與蔣介石討論一些敏感的內政問題。蔣介石的興趣是韓戰停火後的美國政策動向、英國對美國政策的影響和他不滿美國支持「第三勢力」，給予第三勢力訓練、補助及其他鼓勵，實不合美國所稱要加強中華民國政府的意向。雷德福承諾盡他所能制止這類活動，並預期可以成功。[15]而沈錡也提到：「民

卷，編號38969；中央改造委員會呈蔣介石，關於第三勢力的報告（1951年6月19日）「特交檔案/一般資料/民國40年」，第3卷，編號39073。林孝庭著‧審訂，《意外的國度——蔣介石、美國、與近代台灣的形塑》，同註8，頁268。

[13] Memorandum of Conversation, April20, 1951, in ROCA, reel22. 林孝庭，《台海‧冷戰‧蔣介石：解密檔案中消失的台灣史1949-1988》，同註6，頁98-99。

[14] 同上註，頁100。

[15] 王景弘，〈虛幻與務實：中美高層會談春秋〉，《採訪歷史——從華府檔案看台灣》（台北：遠流出版公司，2000年1月20日初版），頁227。

國四十二年十一月十三日，蔣公曾抽空接見了中央情報局駐遠東代表奧佛萊希，奧氏說，今後美國政府只支持台灣，不再妄想製造第三勢力，要求原在搞第三勢力的蔡文治等四百人及家屬五十人，能自沖繩島遷來台灣，望我政府予以收容，加以利用，蔣公答應不會虧待他們，可以原階敘用，但單位必須取消。」[16]誠如國務卿艾奇遜對駐台北大使館的一份指令內容所言，不論美國人喜歡蔣介石與否，華府都不得不承認，蔣仍極具政治影響力，且是「自由中國」的最高領導人。[17]

總之，「韓戰」的發生，戲劇性的扭轉了台灣國府及蔣介石的命運，美國因「韓戰」了解到台灣在西太平洋圍堵共產勢力擴張的重要戰略地位，因而不得不重新支持台灣的國府當局與蔣介石。[18]而在蔣一再抗議下，美國即便在暗中仍支援第三勢力運動，但已不若之前熱心；兼以從事第三勢力運動的諸領導人不爭氣，在在使美國對第三勢力失去信心，是以，迄於五〇年代中晚期後，美國基本上已斷了支持第三勢力取代蔣介石的念頭，最終使得第三勢力風流雲散，而台灣及蔣介石反而在艾森豪（Dwight D. Eisenhower）主政年代，迎來美台關係最密切合作的美好時代。

三、第三勢力運動之先聲——「自由民主大同盟」

「自由民主大同盟」原稱「自由民主同盟」，該組織醞釀於民國38年，是年5月7日，李赴粵時，立法委員中的進步民主份子曾有對時局的意見向他提出，內容有六項：1.保持法統地位；2.鮮明政治號召；3.積極創立組織；4.重建和戰觀念；5.加強地方聯繫；6.儲備全國人才。他們所謂政治號召，是：經濟平等；政治民主；思想自由三個口號。[19]根據以上方針再分析之，必須有新的號召，無論今後為戰為和，應指示出將來政治遠景。今日全國人心對國民

[16] 沈錡，〈我做總統侍從秘書〉（2），《傳記文學》第75卷第6期（民國88年12月），頁76。

[17] Acheson-to-Rankin, Chase, and Moyer, October17, 1951, no.794A.5-MAP/10-1751, Formosa1950-1954, reel4. 林孝庭著・審訂，《意外的國度——蔣介石、美國、與近代台灣的形塑》，同註8，頁278。

[18] 江燦騰、陳正茂，《新台灣史讀本》（台北：東大版，2008年2月初版），頁199。

[19] 黃旭初原著、蔡登山主編，《黃旭初回憶錄——李宗仁、白崇禧與蔣介石的離合》，同註7，頁347。

黨為惡、為絕望，對共產黨為恐懼、為懷疑；在舉國徬徨徘徊之歧途上，李應負起第三種力量，開拓第三條道路的責任。而在此新的號召下，必須重建組織，面對組織嚴密的共產黨，絕非散漫腐敗的國民黨可資應付。今就重建組織必須為 1.國民黨之名不可再用，其因為不能號召下一代之青年，黨內牽制太多而改組又困難重重且不易一新國際觀感。2.以新的號召為建黨理論，採取真正的革命的三民主義之精神，取法英國工黨進步社會政策之方法，網羅國內有理論研究之專家，積極研究，盡力闡揚。3.確立以農、工、城市小民、進步知識份子及青年為新組織之社會基礎。4.加強對後方各省中層幹部之聯繫，傳播此一新組織與新號召之理想。[20]這些親李桂系立委的建言，深獲李心，而顧孟餘等人亦認為國民黨已衰老不堪，非重新組織政團，不能起衰振廢，同時主張扼守黔桂滇三省，作為反共的最後根據地。[21]

既然要走第三條屬於自己的路，「自由民主同盟」的成立，自是李從事第三勢力的啼聲之作，該同盟成立於廣州，後遷至香港繼續活動，可說是在大陸時期唯一成立的第一個第三勢力團體，也是五〇年代在香港從事第三勢力的先聲。該組織是由美國催生的，贊助者是「代總統」李宗仁，出面領導者則為當時頗富清譽的顧孟餘。[22]有關「自由民主大同盟」的成立經緯，當時曾參與其事的程思遠知之最詳，也留下最多相關資料。程時為李宗仁秘書，專門為李打點外面交涉事宜，據程在其回憶錄《政海秘辛》書中言：「1949 年 8 月 4 日，美國國務院發表了《中美關係白皮書》，對國民黨政府採取袖手靜觀政策。一時組織『第三勢力』的呼聲，甚囂塵上。頗負時望的顧孟餘忽於 8 月 15 日應李宗仁邀，從香港來廣州，就組織第三勢力事，與美使館顧問何義均、立法院長童冠賢、總統府秘書長邱昌渭等交換意見，並將可能採取的方案提供給李宗仁參考。結果李主張由顧出面領導，而由他從旁予以支持，且指定程思遠負責

---

[20] 梁升俊，《蔣李鬥爭內幕》（台北：新新聞周刊出版，1992 年 10 月初版），頁 158-160。

[21] 此即民國 38 年 12 月 5 日，李啟程赴美前，有信交程思遠轉白崇禧，要「集中部隊，脫離接觸，盡速將主力集中海南，靜候形勢發展」；並謂「一俟胃病手述告癒，即當力疾歸來，共商一是。」李另有三函分致時駐海口的陳濟棠、薛岳、余漢謀，表示只要守住海南，他將努力與美交涉，爭取美國對海南島進行保護的初衷。申曉雲、李靜之，《李宗仁的一生》（出版時日不詳），頁 370-371。

[22] 陳正茂，〈書生從政的悲劇——顧孟餘政治活動之探討〉，《台北城市大學學報》第 37 期（民國 103 年 3 月），頁 259。

居中聯繫，為此，程僕僕風塵於廣州、香港間，為這個所謂的『第三勢力』組織，籌措經費佈置人事。」[23]

其實，「自由民主同盟」成立之淵源，可追溯至38年初，李宗仁當時主導與中共的和平談判，終因中共所提條件過苛而失敗。4月下旬，共軍渡江，國府宣布遷都廣州。時蔣已思必要時放棄大陸，退守台灣繼續與中共周旋。而李則坐鎮廣州，面對日益惡化的局勢，除謀兩廣西南保衛戰外，亦思擺脫蔣之羈絆，聯合粵桂實力派另建勢力的可能；甚至考慮到最壞時的自處之道。[24]面對38年國共內戰中國民黨的敗局，大約從是年6月中旬起，國民黨高層政治人物即在廣州開始討論組織政團及未來政治上之作法。根據《陳克文日記》記載，是年6月11日，立法院長童冠賢等人「推顧孟餘先生做領導，已經得她的同意」。7月24日，陳克文赴港，處理新政團之經費與租屋問題，「並且和顧先生對於目前的幾個問題交換意見，決定了未來組織與宣傳之方針。」[25]

當時立法院內支持李宗仁的「民主自由社」、「桂系」、「三青團」及與朱家驊有關的一批立委，決定發起組織「自由民主同盟」為李之奧援。[26]該組織由顧孟餘出面領導，顧曾為北大教授，後加入汪精衛之「改組派」，為汪系反蔣要角之一。抗戰期間，顧並未隨汪下海組織偽政權，留在重慶擔任中央大學校長，頗負清譽為知識份子所推崇。[27]顧曾和桂系聯合倒蔣過，因此與李頗有舊誼，而熱心推動該組織的童冠賢、何義均等人，都係出中大，與顧更有同事之情，此即何以李要找顧出面主持該盟之因。[28]顧為人謹慎，當其應李宗仁

---

[23] 程思遠，《政海秘辛》（香港：南粵出版社出版，1988年1月1版），頁222。

[24] 黃克武，〈顧孟餘的政治生涯：從挺汪、擁蔣到支持第三勢力〉，《國史館館刊》第46期（2015年12月），頁152。

[25] 陳克文著·陳方正編輯校訂，《陳克文日記》（下冊）（台北：中央研究院近代史研究所出版，民國101年11月初版），頁1234-1243。

[26] 萬麗鵑，〈一九五○年代的中國第三勢力運動〉，（台北：國立政治大學歷史學系研究部博士論文，民國90年7月），頁25。

[27] 陳正茂，〈書生從政的悲劇——顧孟餘政治活動之探討〉，同註22，頁249-263。

[28] 當國府南遷，立法院在廣州開會的時候，就有邱昌渭等，秉承李宗仁之命，出面聯絡，想另外形成一個新的組織。那時接觸的方面，自以立法院的份子為最多，形勢所趨，當時的院長童冠賢表示：「當今之世，反共有理論而又有辦法的，只有兩人，武為閻百川，文為顧孟餘，若要有新組織，似非請顧先生出來領導不可」。）陳正茂，〈從立法院長到第三勢力要角——童冠賢〉，見陳正茂，

之邀由香港赴廣州後，旋即拜訪克拉克（Lewis Clark），探詢美國對彼等擬結合國民黨內及黨外反蔣自由主義份子組織第三勢力的態度，克拉克回答美國應會樂見到任何有效反共團體的出現，並且提供可能的幫助。[29]克拉克還向顧提到，他已向美國國務院報告：「立法院李宗仁支持者現正籌組一反共組織，以便在中共完全控制大陸後，繼續從事反共運動。」並謂：「李宗仁知道全部計畫，且予以贊同。」[30]在得到克拉克的保證後，顧隨即展開籌組第三勢力團體的工作，在密集的與美使館顧問何義均、立法院長童冠賢、總統府秘書長邱昌渭等交換意見後，將可能採取的方案提供李宗仁參考。當時此舉，也得到陸軍總司令張發奎及廣東省政府主席薛岳的支持。[31]「自由民主大同盟」於 9 月初，在廣州秘密舉行了第一次會議，選舉顧孟餘為主席，童冠賢、程思遠、邱昌渭、黃宇人、甘家馨、李永懋、尹述賢為幹事，由童冠賢任書記，程思遠為副書記，尹為組織組長，周為副組長、涂公遂為宣傳組長，何義均為政治組長(未到職)，陳克文為財務組長。李宗仁撥款 20 萬港幣為開辦費，另外還支付顧孟餘港幣 3 萬，幹事、組長每人各五千，這些錢都是由中央銀行總裁劉攻芸於離職時，撥給李的一筆專款項內支付的。[32]

「自由民主大同盟」在廣州發起時，參加的人都是國民黨員，組織初期規模很大，參加人員逾百，十分之九都是立法委員，有許多人甚至將原有職務辭掉，決心從新幹起，童冠賢還因此犧牲了立法院長的寶座。[33]「自由民主大同盟」創立之目的，據其言旨在集合黨內對現狀不滿，主張民主改革的同志，建

《逝去的虹影——現代人物述評》（台北：秀威版，2011 年 12 月 1 版），頁 198。

[29] FRUS, 1949, Vol.VIII, pp.482-482.

[30] Department of State, Foreign Relations of the United States, 1949(Washington：United States Government Printing Office, 1978）, Vol.VIII, p315.

[31] 張發奎口述、鄭義翻譯/校註，《蔣介石與我——張發奎上將回憶錄》（香港：文化藝術出版社出版，2008 年 5 月 1 版），頁 463-464。

[32] 黃宇人，《我的小故事》下冊（香港：吳興記書報社，1982 年），頁 118-119。程思遠，《政海秘辛》，頁 284-285，300。兩位當事人對李撥開辦費說法略有出入，黃說李撥 10 萬港幣，程則謂是 20 萬港幣。

[33] 是年 10 月，「自由民主大同盟」遷港後，童冠賢於是月 7 日辭去立法院長職，並赴港擁護顧孟餘，儼然是顧的頭號大將。陳正茂，〈從立法院長到第三勢力要角——童冠賢〉，陳正茂，《逝去的虹影——現代人物述評》，同註 28，頁 198。

立一個新的組織，促進黨的改造和政治的革新，並無意在黨外組織一個政團，也無意要形成一個所謂第三勢力。[34]黃宇人雖如此緩頰，但實際上，它還是希望在國共兩黨外，另樹一個以李宗仁為主的政治團體，雖未標榜第三勢力，然係屬第三勢力性質實乃不爭之事實。「自由民主大同盟」遷至香港後，辦事處既未成立，顧孟餘在首次會議後，也行動飄忽不定，童冠賢時而澳門，時而香港，很少在廣州。同盟既沒有固定的辦事處，又無定期的會議，盟員想找負責人，很難一見；甚至各幹事要找童冠賢也不易見到。因此，這個組織即陷於若有若無之狀。[35]

而為了吸納更多不同階層人員入會，黃宇人力主「自由民主大同盟」必須和桂系分手，否則將無所作為。同盟後來在九龍福佬村道租一層樓作辦事處，決定每星期開會一次，並決議：1.設財務委員會，經管李宗仁所撥付的款項和其他收入，推程思遠、李永懋和陳克文三人為委員，以後一切動支，均須先經財委會核定；2.設事業委員會，推童冠賢、甘家馨等人為委員，負責計劃舉辦文化事業，並擬接辦一間中等學校；3.出版一個期刊，推涂公遂籌備，顧孟餘主張命名為《大道》，以半月刊或月刊為原則。黃宇人說此後這個組織即可命名為「大道社」，但未被大家所接受。另外，黃氏還建議利用李宗仁所補助的經費在香港辦一所中學和一份雜誌，一方面培育下一代的人，一方面潛心研究重建國家的各種基本問題。[36]

38 年 10 月初，「自由民主大同盟」從廣州遷至香港後，這時組織又新增若干知名人物加入，如前清華大學教授張純明、前東北大學校長黃如今、原屬 CC 派「革新俱樂部」立法委員王孟鄰、邵鏡人及前北平市教育局長王季高等人。[37]該盟幹事會每週開會一次，經幹事會決定，籌辦一機關刊物，取名為《大道》，由顧孟餘任總編輯。《大道》刊物頁數雖不多，但內容博雅深遂，水準極高。自民國 39 年 4 月起至 40 年 5 月止，在一年零兩個月的時間中，前後一

---

[34] 黃宇人，《我的小故事》下冊，同註 32，頁 128。

[35] 黃宇人，《我的小故事》下冊，同上註，頁 119。

[36] 黃宇人，《我的小故事》下冊，同上註，頁 120。

[37] 程思遠，《政海秘辛》，同註 23，頁 234。

共發行四期，後因經費不繼而停刊。[38]基本上，《大道》所闡述的理念為根據歷史發展與中國現狀，當前中國所亟需者為：1.自由民主；2.法治國家；3.經濟民主；4.國家獨立；5.國家武力。[39]《大道》強調，中國目前客觀形勢，唯有實行獨立自主的外交，使中國免於在兩個世界火拼中做砲灰，並反對出賣國家民族利益的「一邊倒」外交。其次，《大道》也要求建立真正的民主制度，實行多黨政治。再次，為社會安定繁榮，建立現代化國家基礎，要儘速推行民生經濟計劃，行土地改革與中國工業化。最後且最基本的，是解除精神威脅、思想枷鎖，恢復學術思想自由。[40]

民國 39 年 1 月 5 日，美國總統杜魯門發表聲明言：「美國無意在台灣謀求特權優惠或建立軍事基地，也無意利用其軍事力量干預現狀。美國政府不採取導致捲入中國內戰的方針。同樣，美國政府不對台灣的中國軍隊提供軍事援助或意見。」[41]於此情形下，當時流亡香港的張發奎及桂系人士，都希望李辭「代總統」一職，以在野身分全力來領導和推展第三勢力運動。1 月 13 日，桂系「大管家」黃旭初即致函李宗仁謂：「此間同志以桂軍及廣西喪失後，縱有美援，倘蔣不出國，公回台灣，仍難展佈。新政治號朝重於殘餘武力。公辭職組黨，方為遠圖，乞詳審裁之。」[42]豈料李於 16 日覆黃電云：「組黨尚非其時」。[43]換言之，在美國對華政策尚未塵埃落定之前，李仍不願明確表態，這也使他錯失可能主導海外第三勢力運動的機會。[44]

至於「自由民主大同盟」，則仍舊在香港維持運作一段時間，該盟可說是香港第三勢力運動之濫觴。重點是，少了李宗仁之積極作為，顧孟餘等之態度亦日趨消極，以言論喉舌《大道》為例，該刊物於民國 39 年 4 月 20 出刊，前

[38] 萬麗鵑，〈一九五○年代的中國第三勢力運動〉，同註 26，頁 27-28。

[39] 存齋，〈中國現在所迫切需要的是什麼？〉，《大道》創刊號（1950 年 4 月 20 日），頁 3。

[40] 顏采蓬，〈中國往何處去〉，《大道》第 4 期（1951 年 5 月 15 日），頁 7-10。

[41] 顧維鈞著，中國社會科學院近代史研究所譯，《顧維鈞回憶錄》，第七冊（北京：中華書局，1988 年），頁 560。

[42] 黃旭初，《黃旭初回憶錄——李宗仁、白崇禧與蔣介石的離合》，同註 7，頁 376。

[43] 同上註。

[44] 萬麗鵑，〈一九五○年代的中國第三勢力運動〉，同註 26，頁 27。

後只發行四期，且每期問世的間隔相當長又不固定，最後終告無疾而終。[45]「韓戰」爆發後，國際情勢丕變，顧孟餘等「自由民主大同盟」領袖審時觀望，發現美方有在港另組第三勢力新政團的打算，因此紛紛與該盟脫離，致使該盟名存實亡形同解體。該盟的部分成員如黃宇人、程思遠、甘家馨和涂公遂等，後來又另辦《獨立論壇》刊物，繼續鼓吹民主自由之政治理念。[46]對於李宗仁與顧孟餘搞所謂的「自由民主大同盟」事，在台灣的蔣介石自然十分惱火，民國40年5月3日，國民黨中央改造委員會開會，蔣力主開除顧孟餘、張發奎黨籍。《蔣介石日記》載：「到中央黨部會議商討中央委員到期未登記者開除黨籍問題，有人以張發奎、顧孟餘二人暫不開除，免其加入第三勢力。余力持反對，以若輩叛黨不只二次、三次也。」[47]其後，蔣一直密切注意香港第三勢力之發展，40年6月29日，蔣在日記寫下「召集情報會談，可知香港所謂第三勢力政客與軍閥欺詐美國，與破壞中央之如何卑劣可笑矣。」[48]

四、東山再起的嘗試——李宗仁與第三勢力運動

民國38年的大變局，使得李宗仁與蔣介石澈底的分道揚鑣，李宗仁決定走自己的路，不再受制於蔣介石，除積極經營廣西與海南島為未來抗共基地外，其赴美就醫前，還致函白崇禧，要他「集中部隊，脫離接觸，儘速將主力集中海南，靜候形勢發展。」[49]豈料，「小諸葛」白崇禧部隊，於廣西邊境悉數為共軍所剿滅，使李之計劃胎死腹中。旋未幾，當香港第三勢力運動正風起雲湧之際，李宗仁在紐約，因與國務院有所往還，事先知道美國正準備金援支

[45] 《大道》4期出刊時間分別為：1950年4月20日、6月28日、12月5日及1951年5月15日。萬麗鵑，〈一九五○年代的中國第三勢力運動〉，同上註，頁28。

[46] 《獨立論壇》發刊於1951年4月1日，1952年8月10日停刊。據黃宇人謂，在「戰盟」成立後，該刊大部分成員均加入，甘家馨遂提議停刊，並將該刊交與「戰盟」，藉以取得「戰盟」的信任，黃宇人雖不同意，但也莫可奈何。黃宇人，《我的小故事》（下冊），同註32，頁126-127、144。

[47] 《蔣介石日記》（1951年5月3日）轉引自黃克武，〈顧孟餘的政治生涯：從挺汪、擁蔣到支持第三勢力〉，同註24，頁153。

[48] 《蔣介石日記》（1951年6月29日）轉引自黃克武，〈顧孟餘的政治生涯：從挺汪、擁蔣到支持第三勢力〉，同上註，頁153-154。

[49] 程思遠，《政海秘辛》，同註23，頁289。

持第三勢力運動，為延續政治生命及反蔣，乃當仁不讓準備把握這個機會，由自己出面，揭起第三勢力運動的大纛，正式領導起來，大幹一番。當「自由民主大同盟」在香港已近尾聲時，張發奎、顧孟餘正在香港另組一個更具實力的第三勢力團體──「中國自由民主戰鬥同盟」（以下簡稱「戰盟」），為凸顯李才是第三勢力真正的領袖，（李一向把張發奎、顧孟餘視為其主要幹部，不但對一般人是這樣說，對美國國務院更是如此強調。）乃向張、顧建議一組20 人名單，為第三勢力主要人物之參考。且李得到內幕消息，了解此一運動的中心將移往日本，他本人將準備親赴東京，以免「大權」旁落。[50]

李宗仁所開的20人名單，其實並非全是他夾袋中的人物，如張、顧、許（崇智）等通通開列在內，可見他對張、顧集團是一視同仁的。問題是，張、顧對他，卻是另一個看法，當39年3月1日，蔣介石在台宣布復職後，李在美發表談話，說他在華南還有游擊隊數十萬，交與張發奎統率，隨時可以反攻，奪回政權，希望美國支持。張聞之，大為不滿，對人說道：「幸虧香港對我素來了解，否則必立刻被驅逐出境。似這種損人而不利己的空炮，放它做罷」？「雖然我對德公素來服從敬重」，「但這樣大事，事前一點也不商量，未免太欠考慮」。結果在報上發表談話，予以否認。[51]但李對此等事，與張之看法不同，認為極為平常，毫不在乎，仍與張經常通訊密切聯繫，且時常勸張、顧合作，並促他們加入「自由民主大同盟」。

但張認為該組織的份子多係立法委員，又多屬文人，他說：「我既非立委，又是軍人，如何能合在一起」？[52]隨後李又勸張與顧會同另搞一個新的團體，並說：「大同盟原係在廣州那一時期的產物，目前形勢已變，舊的組織業已不能適應需要，當前美國希望中國產生第三勢力，實宜邀集所有脫離大陸、不到

[50] 焦大耶（朱淵明），〈「第三勢力」全本演義：第三百六十一行買賣〉，見陳正茂編著，《五○年代香港第三勢力運動史料蒐秘》（台北：秀威版，2011年5月初版），頁132-133。

[51] 焦大耶（朱淵明），〈「第三勢力」全本演義：第三百六十一行買賣〉，見陳正茂編著，《五○年代香港第三勢力運動史料蒐秘》，同上註，頁134。

[52] 我沒有加入該組織，我在政府中擔任陸軍總司令，顧孟餘認為我與薛岳是政府成員，最好不要加入。我沒有加入這個組織，因為我考慮到它太狹隘了，內部情形欠佳，我的朋友們似乎也不想加入這個組織。張發奎口述、鄭義翻譯/校註，《蔣介石與我──張發奎上將回憶錄》，同註31，頁463-464、479。

台灣的民主人士，造成一個新的運動，以迎潮流。」[53]李一向以為手中有兩張王牌，武的就是張發奎，文的就是顧孟餘，文武合力，其勢力可就大了。後來張與顧成立「戰盟」，固緣於「改組派」舊日的淵源，但受李督促與拉攏的影響顯然也是有的。

張對顧一直無多大信心，但對顧仍是禮敬有加，張、顧合作的局面既已形成，集團已擴大為 25 人，在李宗仁說來，該是由他出來領導新局面的時候了，誰知張、顧根本不買帳，且對外宣稱其組織與李無關。[54]李看苗頭不對，不但他的名字沒有放在集團之首，連桂系大將夏威，心腹幹部程思遠兩人也不在 25 人之列，頓時函電紛馳，嚴辭譴責張、顧之不是。唯張、顧以李身為「副總統」、「代總統」，身分特殊，怎好參加第三？若冒昧將其大名列入，李本身將如何自解？我們擁護他只能放在心裡，時機成熟，自然請他領導，假如李執意要幹，那就請他辭掉「副總統」，乾脆把副座丟掉，腳踏兩頭船是不行的。[55]

然李對這些都避開不談，只是要把名字列入，以便恢復他在美國的榮光。所以，乃接二連三的函促程思遠交涉，程向張力陳李要參加第三勢力運動，請張無論如何務必邀請李參加，但張因對程印象惡劣不為所動，最後還是婉謝李參加「戰盟」，更無從推舉其為第三勢力之領袖矣！[56]此外，「戰盟」的另一領袖張君勱對李也是避之唯恐不及，張至紐約，李想同他見面談談，張竟設詞拒絕，說是：「此次初到，路過紐約，行色匆匆，無暇晤教，等到過華盛頓後，下次再來耑誠拜訪」。然李正是要趁張未到華府之前，共商第三勢力大計，以便協同進行，碰此釘子自是大出意外，不久稱病進入醫院，事後有人傳說，李

[53] 焦大耶（朱淵明），〈「第三勢力」全本演義：第三百六十一行買賣〉，見陳正茂編著，《五○年代香港第三勢力運動史料蒐秘》，同註 50，頁 134。

[54] 我們知道李宗仁有他自己的組織，但內情不詳。我們沒有要求李宗仁加入我們的組織。張發奎口述、鄭義翻譯/校註，《蔣介石與我——張發奎上將回憶錄》，同註 31，頁 486。

[55] 據說毛澤東曾評論李和蔣介石的不同，毛說：「李的腳踏在兩條船上，這就是他和蔣介石不同的地方。」由此可見中共雖然拉攏李返回大陸，但對他的基本定位仍然是牆頭草）。葉志雲，〈李宗仁：「一朝天子」腳踏兩條船〉，鄭貞銘總策劃兼總編輯，《百年風雲》（二之一）（台北：遠流總經銷，民國 106 年 12 月初版），頁 263-264。

[56] 焦大耶（朱淵明），〈「第三勢力」全本演義：第三百六十一行買賣〉，見陳正茂編著，《五○年代香港第三勢力運動史料蒐秘》，同註 50，頁 138。

是氣病了的。[57]

雖然在美從事第三勢力並不順利，但李仍不氣餒，此時，他將目光轉向了日本東京，「中國民主大同盟」是在日本東京活動的一個第三勢力團體，該組織成立於民國 40 年底，由李派員前往策動並給予資助，領導人為陳中孚，陳曾任汪偽政權「華北政務委員會」外交委員會委員，戰後流亡日本，在麥克阿瑟的（Douglas MacArthur）「盟總」任事件諮詢工作。[58]該組織核心人物尚包括韓雲階、趙毓松、楊仲華、曹若山、鄒平凡等，除曹若山屬梁漱溟的「鄉村建設派」外，餘皆為過去汪偽政權成員，與日本軍政界亦關係密切。此外，日人和知鷹二（前日軍華南特務機關長）、山田純三郎、古閑仁夫等亦參與組織。[59]該盟嘗為李宗仁向日本政界及「盟總」活動，尋求支持與同情：其他第三勢力人物赴日活動，也往往由該盟安排引介，然均無顯著成果，此乃緣於當時在日僑民人數並不多，兼以成員背景特殊（泰半為「漢（奸）字輩」）為人所不齒，所以成效有限，並未能引起僑界支持，也難在日本生根發展。[60]雖是如此，李仍函請程思遠、黃旭初至日部署，黃原本就與在日之陳中孚等來往密切，曾以李宗仁名義在東京發行《民主勢力》月刊，宣揚第三勢力理念，嘗批評國民黨是家天下，共產黨是黨天下，此二黨皆不可能實行真正的民主政治。[61]

有鑒於第三勢力的各自為政，李宗仁也不斷的公開呼籲海外民主勢力大團結，頗有拉攏各派勢力，置其領導之下的意圖。唯時機已過，張發奎等人亦不願屈居其下，故無任何結果。民國 43 年，第一屆第二次國民大會通過選舉蔣介石為第二任總統及對李宗仁的「彈劾案」，激起李的強烈不滿，曾公開質疑

---

[57] 陳正茂，〈最後一搏：張君勱與五○年代香港第三勢力運動〉，《台北城市科技大學通識學報》第 9 期（民國 109 年 3 月），頁 160。

[58] 〈第三方面在日活動〉，見《總裁批簽》，台（40）改密室字第 0471 號，1951 年 10 月 13 日，黨史會藏；〈第三方面活動〉，見《總裁批簽》，台（40）改密室字第 0509 號，1951 年 11 月 2 日，黨史會藏。

[59] 〈黃旭初在日活動〉，見《總裁批簽》，台（40）改密室字第 0597 號，1951 年 12 月 14 日，黨史會藏。

[60] 萬麗鵑，〈一九五○年代的中國第三勢力運動〉，同註 46，頁 39。

[61] 〈黃旭初在日發行月刊〉，見《總裁批簽》，台（40）改秘室字第 0580 號，1951 年 12 月 4 日，黨史會藏。

國大的違憲選舉總統。[62]其後，「吳國楨事件」的爆發及吳在美的嚴辭批判蔣氏父子和國府當局，讓李認為這可能影響到美國的對台觀感與支持，有利於其在美展開政治活動。尤其是「日內瓦會議」後，台灣國府當局的國際地位危殆，更讓李以為，當務之急在搶救中華民國，而蔣介石的國府政權既然無能為力，則海外的第三勢力自然責無旁貸。[63]

於此背景下，李宗仁乃欲另立國民黨法統，與蔣對抗。他希望吳國楨與其共同出面領導，吳雖表支持，但未實際參加，僅在幕後協助策劃推動。[64]另外，張君勱對此一構想，亦頗表支持，他建議李先行整合海外國民黨力量，再進而完成第三勢力的大結合。[65]得此鼓勵後，李遂與其左右李漢魂、甘介侯等商量，初步決定先成立「中國國民黨復興委員會」，委由吳尚鷹、甘介侯等擬就〈宣言〉及〈組織綱領〉草案等，並決定第一步為爭取港、日兩地國民黨第三勢力領導人張發奎、顧孟餘、許崇智等之合作，具體做法除分函港、日桂系要角程思遠、黃旭初等，加緊對各方之遊說工作外，亦將〈宣言〉和〈組織綱領〉草案分寄給張、顧等人，要求他們在宣言上列名聯署，作為該會的原始發起人。李還於函電中吹噓，在美國已有三十餘位重量級國民黨員列名發起，吳國楨也同意與美方交涉溝通，事後必能得到美國的援助。[66]

當時在香港的第三勢力，基本上同意李成立之團體，但主張將名稱改為「中國國民黨復興同志會」，並認為應以反共為重，不宜對台採取太過強烈批判態度，而李亦從善如流接受並著手進行，唯響應簽名者仍少。[67]李知道拉攏港、日第三勢力入其組織一時無望，然在美國已聯繫就緒，且他也急欲與「民憲黨」李大明等採取聯合行動，乃於民國 43 年 8 月 17 日發表〈中國國民黨復興同志

---

[62] 〈李宗仁對於蔣中正非法選舉之聲明〉，《世界日報》，1954 年 3 月 25 日，第 4 版。

[63] 萬麗鵑，〈一九五○年代的中國第三勢力運動〉，同註 26，頁 52。

[64] 司法行政部調查統計局第六組編，《中國黨派資料輯要》（中冊）（台北：出版項不詳，1962 年），頁 288。

[65] 同上註。

[66] 〈徐晴嵐報告在港見聞〉，見《總裁批簽》，台（43）中秘室字第 297 號，1954 年 8 月 7 日，黨史會藏；〈中國自由民主同盟及李宗仁近況〉，《總裁批簽》，台（43）中秘室字第 387 號，1954 年 10 月 29 日，黨史會藏。

[67] 萬麗鵑，〈一九五○年代的中國第三勢力運動〉，同註 26，頁 54。

會宣言〉及〈李宗仁為組織中國國民黨復興同志會事答客問〉二項文件，宣告組織成立並說明其發起動機為：「打倒蔣介石假冒民主的國民黨，實行三民主義，並會同海內外其他的愛國民主黨派以及各階層人士，為緊急救國計，共同組織政團同盟。」[68]8月20日，「中國國民黨復興同志會」與李大明的「民憲黨」、譚護的「致公堂」、謝澄平之《自由陣線》集團及陳中孚的「中國民主大同盟」合組成「自由中國民主政團同盟」，簡稱「中國政盟」，眾推李宗仁為主席，李大明為秘書長，吳尚鷹為駐華府代表。[69]「中國政盟」的主要綱領有四：1.打倒中共，驅除俄虜，解除虐政，建立自由民主之中華民國。2.聯合民眾，捍衛台灣，促蔣覺悟，退避賢路，免其蹈奉送大陸之前轍，澈底改造台灣政府，實行民主政治。3.籌開救國會議，集海外華僑與全國各黨各派及無黨無派之仁人志士，共同籌劃，通力合作，以負起革命之神聖使命。4.聯合自由世界朝野人士站在同一陣線，致力於反共運動，遏止赤禍，保衛亞洲，實現世界永久和平。[70]

「中國政盟」成立後，以搶救中華民國及號召大陸革命為宣傳主軸，該盟曾致函聯合國主席奇理芬，讚許聯合國延擱中共入會要求，並請聯合國繼續堅持此一原則；另外復促請聯合國警告中共，任何侵略台灣之舉都是不可容忍之事，希望聯合國能協助搶救台灣。[71]同時，基於共產黨是國際性組織，故該盟亦倡導籌組全亞洲及泛太平洋國家的人民反共聯盟，集全體人民的力量，為反共各國政府的後盾，藉以鞏固反共人民戰線。[72]民國 44 年初以來，因大陳島撤退及國際間「兩個中國」與「台灣託管」說甚囂塵上，海內外人心頗受影響。李宗仁、張君勱和李大明等遂計劃在舊金山召開發起「超黨派救國會議」，表示萬一台灣遭國際處置，該救國會議將代表中華民國擔負起國際間的發言與交

---

68 〈中國國民黨復興同志會宣言全文〉及〈李宗仁為組織中國國民黨復興同志會事答客問〉，見《世界日報》（1954 年 8 月 18 日）第 3、5 版。

69 〈自由中國黨派團結成功〉，《世界日報》（1954 年 8 月 21 日）第 1 版。

70 同上註。

71 〈政盟搶救台灣之主張〉，《世界日報》（1954 年 10 月 9 日）第 5 版。

72 〈自由中國民主政團同盟第二屆會議宣言〉，《世界日報》（1954 年 12 月 11 日）第 1 版。〈民主政團發表新年文告〉，《世界日報》（1955 年 1 月 1 日）第 1 版。

涉責任。[73]並由張君勱致函在香港的最大第三勢力團體「戰盟」主要領袖張發奎、童冠賢、李微塵、王厚生等，尋求同意聯署發表〈宣言〉。[74]但張發奎等反應冷淡，兼以經費無著而作罷。未幾，6 月 11 日，李宗仁在接受芝加哥《論壇報》與舊金山《合眾社》記者訪問時，忽然拋出恢復國、共和談之敏感話題，李更宣稱彼已向美、英、印度等國政府建議，解除台灣軍備，由四強保證台灣地位之安全，然後開始進行國、共談判，如談判破裂，則由台灣人民在國際監督下進行公民投票，決定台灣是否實行自治或歸附共產中國。[75]李的談話，由於事先並未徵詢盟員意見，又與當初「中國政盟」的救國綱領相違背，「民憲黨」和致公堂遂以政治主張不合為由，宣布退出「中國政盟」。[76]兩黨退出後，「中國政盟」失去最重要組織，形同解體，且該盟因未得到香港方面有力人士的支持，僅曇花一現，即告終結。

李宗仁在美組織「中國國民黨復興同志會」和「中國政盟」新政團，國民黨立即發表聲討宣言，劃清界線並展開批判。宣言中謂：「渠所謂『復興同志會』，實為李濟琛『中國國民黨革命委員會』的翻版，跡其用心，無非欲與共匪相呼應，藉以快其私慾，逞其奸謀而已。」[77]而王聿修亦發表〈反共要同時反政府嗎？〉一文，強烈質疑李宗仁的動機，王說：李氏在美國侈言推翻台灣的國府，即使這不是串通的策略，僅是巧合，我們也不得不指出，「在普通中國人眼中，李氏的行動，至少有助於中共的宣傳，而危害了全中國人民。」「在今天的情形下，如果尚有人反共而又反政府，就好比騎在樹枝上，用鋸往下鋸這樹枝，是自取滅亡。」[78]

在所有批判李宗仁搞第三勢力的文章中，就屬徐復觀的文章最犀利也最一

---

[73] 〈李宗仁等在美活動〉，《總裁批簽》，台（44）中秘室字第 102 號，1955 年 4 月 14 日，黨史會藏。

[74] 同上註。

[75] 〈民憲洪門宣佈退出政盟〉，《世界日報》（1955 年 6 月 18 日）第 1 版。〈民憲洪門聯合聲明全文〉，《世界日報》（1955 年 6 月 20 日）第 3 版。

[76] 同上註。

[77] 中國國民黨駐美國總支部，〈聲討李宗仁叛國叛黨宣言〉，《美洲日報》（1954 年 8 月 20 日）。

[78] 王聿修，〈反共要同時反政府嗎？——評李宗仁的「自由中國運動」〉，《華僑日報》（香港版）（1954 年 8 月 26 日）。

針見血，徐說：「美國艾奇遜為了阻擋反對黨在議會中對華政策的攻勢，除先提出一個『中國的狄托』，更繼之以一個『中國的第三勢力』，以證明他在無何有之鄉，還保持著積極性的對華政策。之後，據報載李先生眼明手快的便看中了這一著，想向艾奇遜報到說，『我正是第三勢力。』」接著，徐復觀痛批細數李宗仁過去種種對黨國的過失與危害外，更不齒李從競選副總統以來，一直到他沖天赴美的現在，徐不無挖苦地說：「李總像他是才高八斗，學富五車，若非旁人擋在路上，早經扭轉乾坤，民安國泰。」徐說：「他不僅沒有絲毫愧怍，更不斷的想入非非，隨時想在投機市場上來一賭注。」最後，徐不客氣的諷刺李「世界上更有失敗沖昏了腦筋的人。失敗之所以也能沖昏腦筋，乃因為有一種英雄豪傑，他會把失敗當作勝利。阿 Q 的悲劇，便是這樣造成的。而李德鄰先生，正是現實許多實例中之一例。」[79]

五、枉拋心力——第三勢力運動與李宗仁之失敗

基本上，第三勢力的源起是國府在大陸節節敗退，共產黨迅速奪取全國勝利的情況下，美國首先提出來的。如前文，早在民國 36 年 1 月 7 日，馬歇爾離華前的聲明，中國唯有使政府中與小黨派中之自由分子居於領導者的地位，才有可能根本改變的言論，成為美國扶植和發展第三勢力的理論根據。[80]而這種政策正式提出實施是在民國 38 年，是以李宗仁為對象的。李的形象當時頗為既反蔣又不願意接受中共的許多中國人寄於厚望，美國政府同樣對李亦有好感。38 年夏，美國使館駐廣州代辦魯易士・克拉克（Lewis Clark），由使館顧問何義均陪同，在廣州訪問李宗仁。克拉克說：中國只有共產黨的勢力和蔣介石的勢力，卻沒有介乎兩大勢力之間的第三勢力，難道地大人多的中國沒有主張民主自由的中堅分子嗎？[81]

克拉克的用意很明顯，美國大有贊助第三勢力的味道，在美國的支持下，

---

[79] 徐復觀，〈李德鄰先生是第三勢力嗎？〉，《民主評論》（香港版）1 卷 16 期（民國 39 年 1 月）。見徐復觀，《論戰與譯述》（台北：志文版，民國 71 年 6 月初版），頁 50-54。

[80] 《馬歇爾使華》，同註 4。

[81] 程思遠，《政海秘辛》，同註 23，頁 222。

代總統李宗仁當然心領神會。因此，組織第三勢力的呼聲，開始甚囂塵上，而李宗仁也躍躍欲試，想在美國的支持下，保住華南、西南半壁山河，與共產黨周旋。於是，李邀當時頗負時望的顧孟餘到廣州商議。38 年 8 月 15 日，顧孟餘應李宗仁之邀，由香港來廣州，住在沙面陳伯莊家，期間，就組織第三勢力事與美國使館顧問何義均、立法院長童冠賢、總統府秘書長邱昌渭等反覆交換意見，並將可能採取的方案提供李宗仁參考。最後李主張在香港組織第三勢力，名稱就叫「自由民主同盟」，由顧孟餘出面領導，他從旁支持，程思遠負責居中聯繫。[82]「自由民主大同盟」原是由立法院內的「自由民主社」（一說「民主自由社」）脫胎而來，李宗仁為「代總統」時，該社是強力支持李並主張和談的。立法院第 2 次會期閉會後，由於克拉克的鼓動與何義均的居中拉攏，童冠賢又積極起來，他們主張把「自由民主社」改為「自由民主同盟」，請顧孟餘出來領導。[83]該同盟標榜反共、反蔣主張，實已略具「第三勢力」雛型，其核心成員為立法院長童冠賢，黃宇人及一些桂系立委。而「鐵軍」名將張發奎和廣東省主席薛岳亦頗熱中，並建議把組織易名為「自由民主大同盟」。[84]

當時給李宗仁「壯膽」搞第三勢力的主要靠山是美國，美國因對蔣介石已全然失去信心，即將重訂對華政策，只要李「代總統」確實是一個堅強有力的領導者，蔣介石確實不再干預政治，才能逐漸轉換美國人的視聽，得到美國的援助。[85]美國的此番言論，令李宗仁躍躍欲試，頗有另起爐灶的雄心壯志。豈料，大局變化太快，38 年底，解放軍已兵鋒華南，國府大勢已去，李無力撐持遠走美國，白崇禧亦兵敗廣西，老本全失倉皇赴台，曾在民國政壇呼風喚雨一時的「桂系」終於灰飛煙滅，徒留歷史遺憾。其後，李在美國標榜第三勢力，力圖東山再起，李曾在自己的回憶錄裡說：杜魯門總統如果真正是中國的友

---

[82] 周淑真，《1949 飄搖港島》（北京：時事出版社，1996 年 1 月 1 版），頁 293。

[83] 周淑真，《1949 飄搖港島》，同上註，頁 290-294。

[84] 林博文，《關鍵民國——聆聽民國史的馬蹄聲》（台北：大塊文化出版，2013 年 6 月初版），頁 64。

[85] 楊天石，〈李宗仁的索權逐蔣計劃〉，《抗戰與戰後中國》（北京：中國人民大學出版社出版，2007 年 7 月 1 版），頁 610。

人，關心民主政治在中國今後的推行，他一定會拿出政治家的眼光來，在經濟方面全力支持我，讓我團結海內外中國民主人士，回台灣去著手改革，使蔣氏投鼠忌器，不敢過分阻撓。由此可見，李宗仁對杜魯門，對美國是寄予希望的。[86]

李宗仁在美治病，出院後，美國國務卿艾奇遜曾兩度派員持函前來慰問，並邀李於病後訪問華府。時正值美國民主、共和兩黨議員在國會為「誰丟了中國」爭論不休之際，李不欲為人利用，故遲遲其行。後李宗仁外交顧問甘介侯與國務院商定在民國 39 年 2 月 21 日，杜魯門總統在白宮設宴招待李宗仁，此事為台北國府所聞，除電顧維鈞設法轉圜外，另一方面亦快馬加鞭行動，鋪陳蔣於杜、李會晤前宣布復職。[87]2 月 23 日，國民黨中央常務委員會決議，一致敦請蔣總裁早日恢復行使總統職權。24 日，立法院亦通過全體委員電請蔣恢復視事。25 日，監察委員提出彈劾李代總統案。[88]3 月 1 日，蔣在台宣布復職，當天下午，李在紐約公開指責蔣復職為違憲之舉。杜、李之會，因顧維鈞從中阻撓而延後至 3 月 2 日，當天中午李到白宮參加杜之午宴，由顧維鈞、甘介侯陪同，蔣雖已於前一天宣布復職，但杜氏仍以元首之禮對待李，彼此晤談甚歡。有意思的是，杜以顧維鈞忠於蔣，因此在與李會談時，始終由甘介侯任翻譯。飯後，杜邀李到另一客廳談話，也只同意甘介侯前往，而置國府駐美大使顧維鈞於門外。[89]

39 年初，在蔣還沒在台宣布復職前，李宗仁斷然決定頂著「代總統」的頭銜，暫且留美，趁蔣介石在未能充分掌握美援之前，爭取美國對自己的支持，一可以使蔣介石對他存有投鼠忌器的戒心，二可以讓蔣介石不能輕而易舉地復登總統大位。[90]迄於是年 3 月 1 日，蔣在台宣布復行視事後，隔日（美國時間

---

[86] 李宗仁口述、唐德剛撰寫，《李宗仁回憶錄》（下冊）（香港：南粵出版社出版，1986 年 3 月 1 版），頁 671。

[87] 黃旭初原著、蔡登山主編，《黃旭初回憶錄——李宗仁、白崇禧與蔣介石的離合》，同註 7，頁 378。

[88] 黃旭初原著、蔡登山主編，《黃旭初回憶錄——李宗仁、白崇禧與蔣介石的離合》，同上註，頁 378。

[89] 《蔣介石與李宗仁》（吉林：吉林文史出版社出版，1994 年 3 月 1 版），頁 258。

[90] 張秋實、王梅枝著，《金陵懸夢：李宗仁在 1949》（北京：團結出版社出版，2007 年 1 月 1 版），頁 314-315、326。

3 月 1 日），蔣收到李宗仁自美國的來電，表示要回國推翻蔣政府，並要求美國不承認蔣政府。[91]從此，李在美即傾其全力以從事第三勢力為職志，其反蔣之力道更遠甚於反共，這其中挾蔣、李之個人恩怨不言可喻。然因個人條件及外在大環境的劇變，枉拋心力，最後仍以失敗收場。[92]

民國 52 年 11 月，中共基於統戰和宣傳的目的，透過程思遠百般拉攏遊說，認為歡迎李宗仁回歸的時機已經成熟，周恩來經由程向李提出「四不」要求：即擺脫美國關係、不插手台灣問題、不和第三勢力攪在一起、不介入中美關係，李都一一答應。[93]於是，民國 54 年 7 月 20 日，李偕夫人郭德潔回到中國，毛澤東於 7 月 26 日在中南海會見李氏伉儷，李最後定居於北京。56 年，大陸公安步追查「梅花黨」事件，指李宗仁元配郭德潔（郭此時已病逝）是美國中情局組織的「梅花黨」負責人，派來中國做特務工作，以梅花型胸針為聯絡標誌。時文革正熱火朝天的展開，國家主席劉少奇遭到嚴厲打擊，其夫人王光美也被指稱是「梅花黨」成員，李宗仁立即陷於危險，後來還是周恩來出面保護，李才逃過紅衛兵的追殺倖免於難。57 年，在文革洪流中的李宗仁，如驚弓之鳥惶惶過活，身體狀況急速惡化，民國 58 年 1 月 30 日病逝於北京，結束這位民國「代總統」腳踏兩條船的一生。[94]替李宗仁撰寫回憶錄的唐德剛，對李的軍事將兵之才予與肯定，但也評論李只受有限的現代知識訓練，身「在其位」，而識見不能「謀其政」，註定他一生事業以悲劇收場。[95]

---

[91] 《蔣介石日記》（1950 年 3 月 2 日）。

[92] 五○年代北美和香港地區的第三種力量還有以李宗仁為首的中國國民黨復興同志會，以李大明為首的中國民主立憲黨，以譚護為首的洪門致公總堂，以謝澄平為代表的自由陣線，以陳中孚為代表的中國民主大同盟。他們在 1954 年曾聯合組織自由中國民主政團同盟，但影響和作用都很小。楊天石，〈50 年代在香港和北美的第三種力量——讀張發奎檔案之一〉，《抗戰與戰後中國》，同註 85，頁 634。

[93] 1949 年我未能接受和談協議，至今猶感愧疚。此後一度在海外參加推動所謂「第三勢力」運動，一誤再誤。經此教訓，自念作為中國人，目前只有兩條路可循：一就是與中國廣大人民站在一起，參加社會主義革命和建設；一就是與反動派沆瀣一氣，同為時代所背棄，另外沒有別的出路。〈李宗仁聲明〉（1965 年 7 月 20 日於北京），李宗仁口述、唐德剛撰寫，《李宗仁回憶錄》（下冊），同註 86，頁 688。

[94] 葉志雲，〈李宗仁：「一朝天子」腳踏兩條船〉，鄭貞銘總策劃兼總編輯，《百年風雲》（二之一），同註 55，頁 263-264。

[95] 李宗仁口述、唐德剛撰寫，《李宗仁回憶錄——序》（上冊），同註 86，頁 7。

對應到毛對李的評價，學者張玉法的看法頗為中肯，張說：「李宗仁作為代總統，未見其任何有氣魄、有計劃的保國、建國藍圖，把大部精力與情緒用在與蔣爭權上。……在李宗仁出走美國前夕，蔣的幕僚，甚至李的左右手，幾乎都希望李與蔣合作，李礙於顏面，不肯屈尊，蔣最後不得不復任總統，收拾殘局。蔣的復任，在憲法上可能有爭議之處，但如李辭職，重選總統，蔣還是可以當選的。李看到這一點，不辭職，也不回國主政，坐視蔣亡國。以私人意氣，置國家興亡於不顧，莫此為甚！衡諸 1950 年初的中華民國，除了蔣以外，如要維持中華民國的獨立地位，不成為美國附庸，誰能有此抱負與能力？」[96]

當然，「韓戰」後國際大環境的轉趨對國府有利，也是李宗仁在美搞第三勢力運動弄不起來的主因之一。胡適很早就對第三勢力之前景看得很清楚，據顧維鈞說，有一次他同胡適談起「第三勢力」話題，他告訴胡適，美國政府「最近還在試圖發動某種運動」，「尋求以第三勢力為核心，建立一個非共產主義的、民主的、對西方友好的新政權」，胡適聽了以後，「對此似乎不甚關心，說美國盡可以這樣做，但不會成功」。胡認為蔣介石是「我們能找到的唯一足以團結大陸和台灣的非共產黨人，領導光復大陸運動的領袖。」[97]民國 42 年，艾森豪當選美國總統，共和黨同國府有著傳統的友誼，新政府的遠東政策宣示只援助在台灣的中華民國政府，不援助其他反共勢力，所以援外特別計畫刪除了自由中國運動這一項目，李宗仁的第三勢力當然也屬於自由中國運動的一環。[98]

且當年美國人援助其他政治勢力，往往抹煞了受援者的政治理想，降低其民族意識，而以抵抗運動之名，站在美國人的立場上為所欲為，將抵抗運動貶低為美國的第 5 縱隊。這般只有軀殼而沒有靈魂的實體，當然發揮不了抵抗運動本應起到的作用。這也是美國在古巴、越南、寮國、柬浦寨等國搞抵抗運動

[96] 張玉法，〈黨總裁治國：李宗仁赴美後蔣介石對黨國事務的經營〉，見《「蔣介石與現代中國再評價」國際學術研討會論文集》（上冊）（台北：中央研究院近代史研究所主辦，2011 年 6 月 27-29 日），頁 140。

[97] 顧維鈞，《顧維鈞回憶錄》第 11 冊（北京：中華書局，1990 年 8 月 1 版），頁 255。

[98] 陳復中，〈熱血男兒淚灑塞班島　反共志士魂斷長白山——「自由中國抵抗運動」的風流雲散〉，《歷史月刊》第 181 期（民國 92 年 2 月 5 日），頁 58。

失敗的主因。[99]總之，蓋因第三勢力是美國中央情報局在國、共之外另行扶植的一股政治力量，參與者奉洋人之命，拿洋人的錢搞政、軍組織，其宗旨是反共反蘇，故中共視之為不共戴天之死敵；然而它在港澳與海外又同國民黨的敵後工作爭奪資源、爭奪人才，自然也遭到中華民國政府的抵制，結果是兩面出擊，腹背受敵，失敗自在預料之中。[100]曾為李奔走穿梭於第三勢力的程思遠，親眼目睹了李從事第三勢力的日暮途窮，程說：「1954 年，李宗仁在前孫科內閣地政部長吳尚鷹的推動下，以『中國國民黨復興委員會』名義發起組織『中國民主政團同盟』，李為此由吳陪同去舊金山與民憲黨負責人、前張群內閣政務委員李大明洽商。不久，李就發現，在海外搞什麼政治運動，既無活動基地，也沒有群眾基礎，不能望其有成。」[101]

除上述所論之外，檢視第三勢力運動之所以失敗，筆者比較認同雷嘯岑的評論：「第三勢力之所以成為『勢力』，是基於本國的文化傳統與社會結構，以及經濟發展諸條件而然。尤其是經濟條件最重要，中國社會上尚無中產階級的力量存在，搞民主運動十分困難。專靠外力支援，難以獲得本國群眾的同情響應，有如大海中的浮萍然，終歸要失散而無踪影可尋。」[102]另雷在評論〈香港的第三勢力運動〉時，亦不無嘲諷的說：「據我的體驗所及，中國高級知識份子衹要有三個人在一道搞政治活動，內部必然發生爭奪領導權的醜劇，雖把團體弄垮，亦所弗惜。主要原因是大家皆基於『為貧而仕』的下意識，靠政治活動以求生存，所以必須爭取領導地位，纔可望在政治上獲致顯貴職位，博得豪華的生活享受。」[103]觀乎李與張發奎、顧孟餘、張君勱諸第三勢力領袖的情義與隙末，不正是坐實了雷之評論嗎？[104]

---

[99] 胡志偉，〈「自由中國抵抗運動」的開場與收場〉，同註 2，頁 56-57。

[100] 陳復中，〈熱血男兒淚灑塞班島　反共志士魂斷長白山——「自由中國抵抗運動」的風流雲散〉，同註 98，頁 55。

[101] 程思遠，《李宗仁先生晚年》（出版時日不詳），頁 163。

[102] 雷嘯岑，《憂患餘生之自述》（台北：傳記文學出版社出版，民國 71 年 10 月初版），頁 169。

[103] 雷嘯岑，《憂患餘生之自述》，同上註，頁 172-173。

[104] 在美國，張君勱同李宗仁合作並不愉快，他對李宗仁印象欠佳。李宗仁有些什麼美國官方聯繫呢？李宗仁同共和黨有何接觸呢？張君勱發現，李宗仁耽於空談。張發奎口述、鄭義翻譯/校註，《蔣介石與我——張發奎上將回憶錄》，同註 31，頁 501。

總的說來，李宗仁有政治野心，但缺乏膽識與手腕，在爾虞我詐的中國政治圈裡，他註定要成為時代的殉葬者。[105]時代創造了李宗仁，李宗仁卻無法創造時代。李宗仁對每一項重大問題，都是遷就現實，過於持重，不敢開罪蔣介石，因循猶豫，患得患失，沒有旺盛的戰鬥精神，結果自貽伊戚，誤己誤國，這是他一生最大的毛病，也是他鎩羽政壇的致命傷。[106]

[105] 梁升俊，《蔣李鬥爭內幕》，同註 20，頁 176。

[106] 張發奎即言：「李宗仁太懦弱了，他不敢付諸行動。他仍緊緊抱著代總統這個寶座，表現得優柔寡斷，還寄望於蔣先生支持他，既不敢得罪蔣，又不敢對蔣發火，還常常向蔣討教。李宗仁欠缺毅力，……李宗仁本應擇善固執不顧成敗的。」張發奎口述、鄭義翻譯/校註，《蔣介石與我——張發奎上將回憶錄》，同註 31，頁 467-468。

第五章　書生從政的悲劇：顧孟餘政治活動之探討

五〇年代於香港喧騰一時的第三勢力運動中，「中國自由民主戰鬥同盟」（簡稱「戰盟」）是其中一股較大、且最具代表性的政治團體。[1]當年「戰盟」的領導群，有所謂「三張一顧」四大巨頭的稱呼，此三張乃張發奎、張君勱、張國燾是也，背景正屬國民黨、民社黨、共產黨；而一顧即顧孟餘，似可代表國民黨內昔日汪精衛之「改組派」系統，這樣的組合其實還蠻有意思的。[2]張發奎時戲稱「張大王」，北伐時「鐵軍」之統帥，戰功彪炳名聞遐邇。[3]張君勱被尊為「中華民國憲法之父」，更是中外皆知。[4]張國燾在共產黨內的輩份不輸給毛澤東，於中共黨內其實力曾一度遠勝於毛，他所領導的紅四軍，更是

---

[1] 陳正茂，〈五〇年代香港第三勢力的主要團體——「中國自由民主戰鬥同盟」始末（1952-1955）〉，《北台灣學報》第 34 期（民國 100 年 6 月），頁 441。

[2] 李璜將當時南下香港的流亡人士分為四類，即平民與學生、工商界熟手、文化界人士、軍政界人物。李璜，《學鈍室回憶錄》下卷（香港：明報月刊社出版，1982 年元月初版），頁 721-723。胡志偉則分的更細，胡將其分為七類：（1）失意政客：如張君勱、彭昭賢、王正廷、李璜、左舜生、謝澄平等。（2）落魄軍人：如張發奎、許崇智、劉震寰、上官雲相、陳濟棠、金典戎等。（3）桂系要員：如黃旭初、童冠賢、張任民、韋贄唐等。（4）中共叛徒：如張國燾、龔楚等。（5）漢奸：陳中孚、招桂章、趙正平等。（6）知識份子：如顧孟餘、丁文淵、黃如今、張純明、李微塵、易君左、趙滋蕃等。（7）知識青年：如胡越、徐東濱、陳濯生、許冠三等。胡志偉：〈「自由中國抵抗運動」的開場與收場〉，《傳記文學》第 93 卷第 6 期（民國 97 年 12 月），頁 48-49。

[3] 丁身尊，〈鐵軍喪敵膽名將震倭頑——張發奎將軍北伐、抗戰事略〉，廣東省政協、韶關市政協、始興縣政協等文史資料研究委員會合編，《揮戈躍馬滿征塵》（廣東：廣東人民出版社發行，1990 年 2 月 1 版），頁 13-24。

[4] 鄭大華，《張君勱傳》（北京：中華書局，1997 年 1 版），頁 2。黃波，〈一個沒有失敗的「失敗者」——「民國憲法之父」張君勱〉，見其著，《真實與幻影——近世文人縱橫談》（台北：秀威版，2008 年 11 月 1 版），頁 83。

朱毛紅一軍所比不上的，民國27年的脫離共產黨，曾經轟動一時。[5]

三張皆有聲於時，顧孟餘呢？顯然其知名度不若三張，但稍微了解民國史者，其實也知道，顧也不是省油的燈，此公來頭也不小。顧一生幾乎都在反蔣，早期追隨汪迭次反蔣，大陸淪陷後，又在香港搞「第三勢力」運動，反蔣亦反共，生命的最後幾年，則在蔣的禮遇下回台定居，這不能不說是某種程度的向蔣表態。[6]顧一生學經歷傲人，唯「棄學從政」且未跟對主子，導致一生沉浮宦海，並無顯赫政績，終遭世人遺忘，此亦頗為無奈之事。

一、佐蔡元培治理北大

顧孟餘（1888－1972）：原名兆熊，字夢漁、夢餘，後改孟餘，以字行，筆名公孫愈之，祖籍浙江上虞縣，寄籍河北宛平，清光緒14年（1888）9月24日生於北京，自幼聰穎，光緒31年（1905）入北京譯學館就讀，翌年出洋留學，入德國萊比錫大學習電機工程，因興趣不合，復轉學柏林大學攻讀政治經濟學，因係譯學館出身，除中文外，英、法、德文俱佳。[7]留歐期間，因認同孫中山之革命理念，遂加入中國革命同盟會。宣統3年（1911），辛亥革命成功，孫中山在南京就任臨時大總統，委蔡元培為民國首任教育總長，蔡力邀孟餘為司長，未就。袁氏當政後，蔡以反袁辭教育總長職，旋再度赴德，孟餘隨行。[8]

民國2年，國民黨討袁，二次革命爆發，孟餘與蔡氏立即回國參加討袁大業，失敗後，蔡赴巴黎，孟餘居滬。3年，德國西門子公司聘其為工程師，乃遷北京。5年，袁氏敗亡後，是年12月，蔡被任命為國立北京大學校長，聘

---

5 〈張國燾〉，劉紹唐主編，《民國人物小傳》第四冊（台北：傳記文學出版社印行，民國78年12月再版），頁252-256。

6 張研田，〈迎接顧先生回國定居的經過〉，《傳記文學》第29卷第1期（民國65年7月），頁23-24。

7 〈顧孟餘〉，劉紹唐主編，《民國人物小傳》第十一冊（台北：傳記文學出版社印行，民國78年11月初版），頁389。

8 〈顧孟餘先生事略〉，《國史館現藏民國人物傳記史料彙編》第十七輯（台北：國史館出版，民國87年6月初版），頁564。

孟餘為北大教務長，其後並兼任文科德文系主任及法科經濟系主任等職。[9]「五四運動」後，校長蔡元培憤而離開北大，校務幾乎均由顧與蔣夢麟撐持。[10]當時最棘手問題是，北洋政府教育部竟無錢可發，積欠教職員薪水多月，為此顧傷透腦筋，除想方設法四處張羅外，並拜託胡適在上海辦理招考之事。[11]有鑒於政府老是失信於學校，孟餘與胡適等北大教授一直在苦思對策，研擬「自處」之道。民國 10 年 8 月 23 日的胡適日記即載：「今天夜寄（寫）了兩信託任光帶去給夢漁，一信說招考事；一信說我們『自處』的時期到了，我以為『自處』之法不但是要邀二三十個同志出來編譯書籍，如夢漁前函說的，還應該辦一個自修大學，不可拋了教育事業。」[12]對照顧後來的棄學從政，此際的顧孟餘，還真是個教育的理想主義者。

是年底，蔡元培到京，為維持北大事，顧與蔡元培和胡適商定：（1）圖書募捐事，（2）主任改選事，（3）教務長改選事，（4）減政事，（5）組織教育維持會事等五項辦法，繼續為北大正常運作盡心盡力。[13]時北大正值多事之秋，各項興革待舉，尤以教授間亦彼此黨同伐異，從胡適此年日記看到其與顧之頻繁交換意見，可知身處其中的顧孟餘，是如何不易的維持局面，再舉胡適日記為證。是年 10 月 28 日，胡日記言：「孟餘要我代理教務長，我此時自顧尚不暇，如何能代他人？孟餘實在太忙，我若不怕病，或可代他。此時實在對不起他了。」[14]有關孟餘對北大的奉獻心力鞠躬盡瘁，北大畢業的李壽雍曾有如下的回憶：「我在民國九年進入北大，一直讀到民國十五年畢業，其中兩年是預科。在我入校之時，顧先生在北大任教務長兼德文系主任，在我進本科

9　符滌泉，〈顧孟餘傳〉，《國史擬傳》第三輯（台北：國史館出版，民國 81 年 6 月出版），頁 295。

10　陶希聖，〈記顧孟餘先生〉，《傳記文學》第 21 卷第 2 期（民國 61 年 8 月），頁 29。

11　如蔡元培致胡適函曾提到：「現在北京全在奉魯軍勢力範圍，直軍亦有權索餉，財部筋疲力盡，自然無顧及教育之餘暇。中秋於俄款中借得二十萬，每校只分到月費之七成，此外一無憑藉。以俄款發行之公債，聞杳無希望。」〈蔡元培致胡適〉，梁錫華選註，《胡適秘藏書信選》（續篇）（台北：遠景出版社出版，民國 71 年 12 月初版），頁 432。

12　〈胡適日記〉（1921 年 8 月 23 日），《胡適日記全集》第三冊（台北：聯經版，2004 年 5 月初版），頁 291。

13　〈胡適日記〉（1921 年 9 月 19 日），同上註，頁 317。

14　〈胡適日記〉（1921 年 10 月 28 日），同上註，頁 384。

經濟系時，顧先生任教務長兼經濟系主任，這都在蔡元培先生長北大的期中。蔡先生長北大時的制度，各系系主任，由各系教授選任，教務長則由各系主任選任。在教學方面，蔡先生採兼容並包政策，從極新到極舊，從極激進到極保守的學人，祇要在學術方面有專精，他都聘其任教。因此，在這樣一個學園裏被選為全校的教務長，實非易事。可是顧先生卻一再連任，直到他離開北京到廣州時為止。」[15]

另一學生梅恕曾也同樣提到：「民八我入北大時，北大正由科改為系，是時蔣夢麟先生為總務長，顧先生為教務長，大力興革北大，極力延聘人才，煥然成新氣象。是時北大人才濟濟，不問思想派別，只問有無實學，於是有保皇黨之辜鴻銘，也有革新派的陳獨秀和胡適。那時北大校長是蔡孑民先生，在顧先生協助之下，兼容並蓄，延攬了當時國內許多第一流的學術人才都到北大來教書。而民八，五四運動發生，其後是讀書運動，以後又鬧北五省旱災，北大校內又出了些事情，有所謂五大臣出洋，和講義風潮，這時夢麟先生要辭職不幹，完全由顧先生出來收拾。當時北洋政府財政極端困難，顧先生乃協助蔡校長來處理這些艱困的局面。」[16]確實如此，當時北大名師濟濟共聚一堂，舊學名士與新博士教授間，各立山頭，互相較勁，誰也不服誰。蔡元培德高望重，聲譽崇隆，領袖群倫，只要掌握辦校的大政方針即可。但其手下的教務長，可就不是如此好幹，既要管學務，又要煩教授薪水，有時還要安撫學生，各項校務纏身，真不是一般人所能為，觀胡適日記及學生追憶即可印證。總之，孟餘於北大教務長任內，專心致志於院系課程之規劃，風氣之革新，與教職員師生權益之爭取。期間之殫精竭慮，任勞任怨與調和協商，對維持北大校務之正常運作，可謂貢獻極大居功至偉。

民國 11 年 5 月 12 日，孟餘原本參與胡適等所發起的《努力週報》事，旋退出，此亦見其多慮之一面。[17]又如關於「好人內閣」事，當討論到王寵惠內閣時，胡適、顧維鈞諸人爭辯甚烈，唯獨只有孟餘、李石曾、王星拱等人作壁

---

[15] 李壽雍，〈顧先生早年在北大的一些回憶〉，《傳記文學》第 29 卷第 1 期（民國 65 年 7 月），頁 13。

[16] 梅恕曾，〈孟餘先生的生平與往事〉，《傳記文學》第 29 卷第 1 期（民國 65 年 7 月），頁 6。

[17] 〈胡適日記〉（1922 年 5 月 12 日），同註 12，頁 569。

上觀，似乎還笑胡適等人多事。[18]是年 10 月，為北大風潮事，蔡堅辭校長職，孟餘亦萌生辭意。13 年，國民黨在廣州召開第一次全國代表大會，其後，吳敬恆、李石曾、丁惟汾等國民黨元老，為將革命思想帶進北方，集結同志，致力青年黨員之吸收，乃成立國民黨北京執行部，孟餘響應該行動，參加了北京執行部。[19]據李璜的《學鈍室回憶錄》提到，當時「在學校外面，知識份子對政治的運動已相當極極的展開了。一方面是國民黨的左右兩派與尚不為普通人所注意的青年黨人合起來以對付北洋軍閥，而目標指向段祺瑞的執政政府。」

李璜舉例說到，如民國 14 年 10 月 27 日，北大學生針對段祺瑞政府召集的關稅特別會議，發起「要求關稅自主」的遊行示威，北大教授中的朱家驊、徐炳昶與教務長顧孟餘均參加，教授率領學生幾大隊，行至北大第三院附近北河沿地方，即為軍警所阻，起了衝突。帶頭之一的孟餘，自然得罪軍閥，而為段政府所忌恨。[20]李璜所言不虛，雷嘯岑（筆名馬五）於《政海人物面面觀》書中，亦提到當年國民黨的左右兩派以及顧孟餘，他說：「時北京國民黨市黨部分裂為二大集團，一為翠花胡同派，由顧與徐謙主持之，號稱左派，言行皆與廣州中央黨部常委汪兆銘一致，主張聯俄親共；一為南花園派，以朱家驊、張璧等為中心，積極反共，時人之為右派；李石曾則以先進同志立場，超然於兩大集團之外。……嗣後孟餘之成為所謂改組派大將，在長期間的黨政糾紛中，始終與汪兆銘共同進退，即種因於北京市黨部翠花胡同派之反對西山會議，擁戴汪而排斥胡漢民、張繼等元老的左傾作風。」[21]顧之棄學從政和其後之擁汪，由李璜、雷嘯岑等親歷者之回憶，可見其端倪矣！

民國 15 年元月，國民黨召開「二全大會」，孟餘當選為中央執行委員。3 月 18 日，孟餘又因抨擊段政府在「3・18」慘案的槍殺學生之舉，兼以先前的反政府遊行之舉，終遭北洋政府通緝，乃繞道庫倫，循海道南下廣州，先任廣東大學校長，後辭廣東大學校長職，10 月，改就中山大學副委員長。[22]

---

[18] 〈胡適日記〉（1922 年 9 月 22 日），同上註，頁 809。

[19] 〈顧孟餘先生事略〉，同註 8，頁 565。

[20] 李璜，《學鈍室回憶錄》（上卷）（香港：明報月刊社出版，1979 年 10 月初版），頁 194。

[21] 馬五，《政海人物面面觀》（香港：風屋書店，1986 年 12 月初版），頁 26。

[22] 符滌泉，〈顧孟餘傳〉，《國史擬傳》第三輯，同註 9，頁 296。

二、擁汪成立「改組派」

15 年，北伐進展順利，兩湖吳佩孚已被擊敗，11 月 26 日，國民黨中央政治委員會作出國民政府遷往武漢之決定，蔣介石恐遷至武漢的國民政府，有被共產黨把持的顧慮，對遷漢之舉並非十分配合。有鑒於蔣的權力日益膨脹，為制其「以軍馭黨、以軍干政」的獨裁野心，首批遷漢的國民黨高層，組織了國民黨中央和國民政府臨時聯席會議，決定發起提高黨權運動。[23]16 年 2 月 9 日，它們決定由徐謙、吳玉章、鄧演達、孫科和顧孟餘五人，組成行動委員會，領導提高黨權運動，並發起「迎汪復職運動」以制蔣。[24]3 月 10 日，國民黨二屆三中全會舉行於漢口，改組中央黨政及軍事機構，孟餘被推選為中央常務委員、中央宣傳部長、中央政治委員會委員及主席團主席之一、軍事委員會委員、國民政府委員等職。[25]4 月，汪回國後，迅即與蔣和共產黨陳獨秀展開密談後，於 10 日抵達武漢，並將與蔣密談初步協議，私下告知孟餘等人，且動員孟餘等準備至南京開會。[26]唯 4 月 12 日，蔣斷然於南京「清黨」18 日，在南京成立國民政府，推舉胡漢民為主席，國民政府正式「寧漢分裂」。[27]

面對寧漢對峙局面，汪為鞏固武漢政權與自己地位，只有加強與共產黨合作一途。4 月 16 日，他重新成立國共兩黨聯席會議，由譚延闓、孫科、徐謙、顧孟餘和他自己代表國民黨，與共產黨的陳獨秀、譚平山、張國燾等共同組成。通過聯席會議，討論和決定重大問題，解決武漢內部糾紛，鞏固兩黨團結，穩定反蔣聯合陣線。[28]唯此際，武漢政權正積極推動極左的土地政策，各地紛紛組織「農民協會」，對地主展開鬥爭。4 月 2 日，武漢中央成立一個「中央土地委員會」，並推孟餘與徐謙、譚平山、毛澤東、鄧演達為委員。該會成立後，

---

[23] 郭緒印主編，《國民黨派系鬥爭史》（上海：人民出版社出版，1992 年 9 月 1 版），頁 42-43。

[24] 蔡德金，《汪精衛評傳》（四川：人民出版社出版，1988 年 4 月 1 版），頁 112-113。

[25] 〈武漢三中全會紀錄〉（民國 16 年 5 月）（武漢中央執行委員會鉛印本），轉引自蔣永敬，《鮑羅廷與武漢政權》（台北：傳記文學出版社印行，民國 61 年 3 月初版），頁 46-48。

[26] 蔡德金，《汪精衛評傳》，同註 24，頁 124。

[27] 高蔭祖主編，《中華民國大事記》（台北：世界書局出版，民國 46 年 10 月初版），頁 255。

[28] 蔡德金，《汪精衛評傳》，同註 24，頁 126-127。

曾舉行三次會議，唯對於土地問題的討論，並無具體結果。[29]孟餘因不同意武漢政權「極左路線」的土地沒收政策，不僅於會議上反駁毛澤東的主張，毛說：「所謂土地沒收，就是不納租，並無須別的辦法。現在湘鄂農民運動已經到了一個高潮，他們已經自動的不納租了，自動的奪取政權了。中國土地問題的解決，應先有事實，然後再用法律去承認他就得了。」[30]孟餘不以為然的說：「經濟問題應依客觀的情形下判斷，不能盡依主觀而決定。目前應注意有 2 點：(一)解決土地問題時，農村秩序必然擾亂，耕種停頓，恐發生饑饉；更加上帝國主義者的經濟封鎖，恐將不了之局。（二）在河南提出土地問題時，北伐士兵糧食的供給，恐要斷絕。」[31]

另外，他還理性的看到蘇俄對中國革命背後的陰謀，曾於漢口之《中央日報》發表〈蘇俄的政治航線與中國國民黨的政治航線〉一文，指出蘇俄對外挑撥國際戰爭，對內煽動階級戰爭，將政權集中於克里姆林宮少數人之手。而國民黨之對外則與以平等待我之民族和平共存，並擴大國際和平；對內以法律維持社會秩序，並保障人民之自由權利。[32]國民黨與蘇俄所走的是兩條截然不同的政治航線，文中更直接揭發蘇俄企圖赤化中國的陰謀，此舉隱然已伏下汪與共產黨分道揚鑣的遠因。綜觀孟餘此際之言論，其擁汪立場未變，但反共態度日趨明顯，這或許是其在武漢政權，親歷共產黨在各地主導農民協會，殘酷鬥爭地主濫殺無辜的深刻省悟吧！是以，陳公博曾言，顧孟餘比較中立，但與共產黨積不相容，這或許也是陳公博近距離的觀察感覺，所言當不虛。[33]

---

[29] 蔣永敬，《鮑羅廷與武漢政權》，同註 25，頁 278。

[30] 〈武漢中央土地委員會第二次會議紀錄〉，轉引自蔣永敬，《鮑羅廷與武漢政權》，同上註，頁 282。

[31] 〈武漢中央土地委員會第二次會議紀錄〉，同上註。

[32] 符滌泉，〈顧孟餘傳〉，《國史擬傳》第三輯，同註 9，頁 297。

[33] 李鍔、汪瑞炯、趙令揚編註，《苦笑錄——陳公博回憶》（香港：香港大學亞洲研究中心，1979 年），頁 105。又學者王克文言：「從寧、漢分裂到合作的這段時期，國民黨首度出現了『汪派』，『汪派』的雛型初見於『迎汪運動』，但那時『迎汪』者動機不一，不見得都擁汪；後來這些人集中於武漢政府，接受汪氏領導，其中不少由於患難與共的關係，也由於佩服汪氏的見解和能力，果真成為汪氏個人追隨者。到反『特別委員會』時，仍跟著汪氏西走武漢、南下廣州的原武漢領袖，如陳公博、顧孟餘、何香凝、陳樹人等，便可視為『汪派』的核心了。此後十年，甚至直到汪氏去世，此一形成於武漢時期之『汪派』，始終是汪氏在國民黨內爭奪領導權的最大資源。」王克文，《汪精衛·國民黨·南京政權》（台北：國史館印行，2001 年 12 月初版），頁 119。

因共黨操縱武漢政權的野心日彰，其後又發生共產國際代表羅易向汪洩密事件，使得汪對共產黨亦起了戒心，而孟餘也力贊汪和平分共。[34]6月6日，孟餘與徐謙、譚延闓、孫科等一行，陪同汪精衛至鄭州與馮玉祥會談，最後促成寧漢合作再度北伐之舉。[35]蔣第一次宣布下野後，孟餘隨汪至南京與桂系李宗仁會談，雙方主張寧漢儘速合作，黨內統一的必要。[36]9月11日，寧、漢、滬三方中委舉行談話會，會上汪提出召開四中全會主張，但遭國民黨元老蔡元培、張靜江、李石曾等人反對，為此，孫科提出一折衷方案，即先成立一個「中央特別委員會」作為過渡，先使合作告成。[37]13日，汪與心腹譚延闓、孫科、朱培德、陳公博和顧孟餘等密謀，會中，孟餘與陳公博堅決反對汪參加「特別委員會」，汪最後雖被推為特別委員會常委，然其原本欲利用蔣下野之機，重掌黨權的企圖也落空，所以他原是特別委員會的發起人之一，但後來卻一變而反對該委員會。[38]

汪原本想趁蔣下野之際，通過寧漢合流重掌國民黨大權，但事與願違，特別委員會的成立，標誌汪企圖之失敗。表面上汪引退，實際上陳公博、顧孟餘等為汪積極活動，反對特別委員會，重新爭權。[39]誠如李宗仁所言：「原希望在蔣中正下野後便可重掌黨權的汪兆銘，在特委會成立後，僅獲一國府委員的空銜，而其昔日的政敵，今均扶搖直上，重據要津，汪氏未免大失所望。他原

---

[34] 汪精衛，〈武漢分共之經過〉（1927年11月5日），《汪精衛先生最近演說集》（漢口：中央日報社，1927年），頁128-129。

[35] 簡又文，《馮玉祥傳》（台北：傳記文學出版社出版，民國71年6月初版），頁292-294。

[36] 王克文，《汪精衛·國民黨·南京政權》，同註33，頁106-109。1927年9月5日，汪偕顧孟餘、陳公博、徐謙、朱培德等至南京，力述召開四中全會，實現寧漢合作，黨內統一之必要。汪精衛，〈寧漢合作之經過〉（1927年9月22日），《汪精衛先生最近演說集》，同註34，頁70。

[37] 鄒魯，《回顧錄》（二），（台北：三民書局出版，民國63年7月初版），頁229-232。

[38] 民國16年9月11日，寧、漢、滬三方領袖在上海集會，汪氏召開四中全會的原議被推翻，因為寧、滬兩方都不承認武漢的三中全會，在寧、滬的提議下，決定成立「特別委員會」行使中執會職權，統一黨務，籌組新的國民政府。會後，汪與陳公博、顧孟餘均認為以「特別委員會」取代武漢中央的辦法極為不妥，乃與極力主張成立的孫科、譚延闓激辯，雙方不歡而散，武漢方面也就此分裂。李雲漢：《從容共到清黨》（下）（台北：國防部總政治作戰部印行，民國63年10月出版），頁774。王克文，頁111。

[39] 蔡德金，《汪精衛評傳》，同註24，頁148。

是特委會的發起人之一，到特委會成立後，汪氏卻一變而反對特委會。」[40]然汪不甘心輕易就範，9 月 22 日，在武漢與唐生智合作成立武漢政治分會，正式與南京特別委員會分庭抗禮，並委陳公博、孔庚與孟餘等 32 人為委員，負責指導黨務政治。[41]29 日，孟餘與唐生智主持的武漢政治分會即發表通電，以十分強硬態度，反對南京特別委員會代行中央職權，由此，寧漢又重回對立狀態，南京且有討伐唐生智之舉。[42]寧漢的劍拔弩張，武漢已非久留之地，民國 16 年 10 月 29 日，汪與張發奎、甘乃光等由香港抵廣州。11 月 9 日，汪電召孟餘、王法勤、王樂平、潘雲超等四名中央執監委員至廣州以壯聲勢。當天下午，汪就約集在粵的中央執監委員陳樹人、何香凝、甘乃光、朱霽青、李濟琛、李福林、陳公博、顧孟餘、王法勤、王樂平、潘雲超、陳璧君等，於葵園開談話會，討論與寧方交涉及開四中全會事宜，討論數小時之久，決定在廣州成立國民黨中央執監委員會和國民政府，以此與特別委員會對峙。（按：這些隨汪至粵的中央執監委，其後被稱為粵方委員。）[43]

在粵方委員策動下，張發奎、黃琪翔於 11 月 15 日在廣州起兵，企圖消滅桂系李濟深，黃紹竑的勢力，從而統一兩廣。12 月 3 日，國民黨第四次中央全體會議上海預備會議召開。5 日，吳敬恆、張靜江、蔡元培、李石曾等向預備會議提出了對汪精衛、陳公博及顧孟餘三人之彈劾案，要求取消他們出席四中全會的資格，這無疑對汪是一大打擊，汪以不見容於國民黨當局，只有再度悄然赴歐。

---

[40] 李宗仁口述、唐德剛撰寫，《李宗仁回憶錄》（香港：南粵出版社，1986 年），頁 546。

[41] 唐生智，〈關於北伐前後幾件事的回憶〉，《湖南文史資料選輯》（湖南：1963 年），頁 107-108。1927 年 9 月，顧與汪精衛、唐生智等赴武漢，成立武漢政治分會，並以恢復國民黨中央執監會和召開 2 屆 4 中全會號召天下，與南京特別委員會對抗。石源華，《陳公博全傳》（台北：稻鄉出版社，民國 88 年 12 月初版），頁 180。

[42] 郭緒印主編，《國民黨派系鬥爭史》，同註 23，頁 44-45。

[43] 〈冠冕堂皇的葵園會議〉，廣州平社編，《廣州事變與上海會議》（台北：文海出版社，出版年月不詳），頁 24。廣州粵方政治分會成立於 16 年 10 月，政治委員計有汪精衛、陳公博、顧孟餘、王樂平、王法勤、潘雲超、何香凝、甘乃光及陳樹人等，粵方委員會成立後，即行攻擊以西山派及桂系為首的特別委員會。16 年 11 月 16 日，汪與李濟琛同離廣州赴滬，張發奎即發動驅逐李濟琛、黃紹竑等桂系軍人，事成之後，乃以顧孟餘為粵方政治分會主席，而張發奎則為委員兼軍事委員會主席，陳公博為廣東省主席。陳克華，《中國現代革命史實》（中冊）（香港：春風雜誌社發行，民國 53 年 10 月初版），頁 57-61。

12 月 11 日，共產黨在廣州發起暴動，南京國民黨中監委鄧澤如、古應芬等即以此藉口，指責汪精衛等回粵竊政，在寧方的攻勢下，顧孟餘等無力招架，旋即與汪通電下野，宣告引退。[44]

民國 17 年 2 月 1 日，由蔣主持的國民黨二屆四中全會在南京召開，汪系人馬幾乎全被排擠出國民黨高層，對此，汪是恨之入骨的，尤其他更不願屈居於蔣之下，因此時思反撲之。[45]5 月，先是汪之大將陳公博在上海出版《革命評論》，6 月 1 日，另一汪之左右手的顧孟餘，也在上海創辦《前進》周刊，該刊物除鼓吹「改組國民黨」主張外，孟餘也針對有關先前在武漢政權時，共產黨對農民與土地問題的政策與作法，孟餘以「公孫愈之」筆名，於雜誌上發表大量關於「中國農民問題」的文章，從理論與實際，闡明中國社會非階級社會，力闢階級鬥爭之謬。他說：「階級兩字曾誘惑多少青年去聽別人的命令，階級兩字還是符咒樣的最高真理，學到了一份速成階級論，便可以上通天文，下通地理，中通人事，階級先生的社會階級雖與現實的中國社會不相干，然而在許多人的思想上，確還留下多少印象，造成紛擾。」另外，他也批判共產黨所謂中國是「半封建半資本主義社會」之說，並揭穿鄧演達、譚平山等製作的「土地調查」統計之虛構。[46]

汪出國後，顧孟餘與陳公博、潘雲超等汪系重要骨幹，群集上海策劃倒蔣活動，他們既不滿蔣的專制獨裁，也不贊成共產黨的路線政策，於是成立「改組派」，提出改組國民黨的主張，遙戴汪為領袖。[47]民國 17 年 11 月 28 日，

---

[44] 聞少華，《汪精衛傳》（台北：李敖出版社，1988 年 12 月初版），頁 112。16 年 11 月 17 日，發生廣州驅李事件後，汪系即成為桂系極力欲排斥之政治勢力。當時除桂系外，一般在南京的國民黨員，亦對汪系不滿，張靜江要求至少要緝拿陳公博、顧孟餘、甘乃光等汪系委員。〈一周國內外大事述評〉，《國聞周報》第 4 卷第 41 期（1927 年 12 月 18 日）。

[45] 陳公博即言：「自廣州驅李之役後，李濟琛等桂系將領遂調兵圍攻反擊張發奎，由於張氏出戰桂系，導致廣州防務空虛，共產黨乃趁機發動「廣州事變」。迨張發奎回師平共後，遂為李濟琛、陳銘樞等驅走，事後南京特別委員會下令張發奎、黃琪翔、陳公博、朱暉日等免職查辦。12 月 16 日，派鄧澤如、古應芬撤辦汪精衛；又以粵方委員與廣州共變有關，故不邀請汪、陳、孟餘等出席在 1928 年 2 月 1 日召開之 4 中全會，而 1928 年 8 月 8 日召開的 5 中全會，也未見粵方委員參加。」李鍔、汪瑞炯、趙令揚編註，《苦笑錄——陳公博回憶》，同註 33，頁 198。

[46] 符滌泉，〈顧孟餘傳〉，《國史擬傳》第三輯，同註 9，頁 297。

[47] 聞少華，《汪精衛傳》，同註 44，頁 129。

陳公博、白雲梯、朱霽青、王樂平與顧孟餘等汪系核心份子，在上海召開會議，成立「中國國民黨改組同志會」，簡稱「改組派」。該派以國民黨正統自居，聲稱「本會繼承本黨孫總理的革命精神，以至誠接受孫總理的全部遺教，和第一、第二次代表大會的綱領，……集合革命同志，努力改組運動，務期重新建設能擔負實現三民主義的中國國民黨而後已。」[48]企圖以提高黨，來和蔣的軍權對抗，意味十分明顯。18 年 2 月，改組派正式發表〈中國國民黨改組同志會第一次全國代表大會宣言〉，全面闡述改組派的政治主張。改組派認為「自民國十六年中國國民黨瓦解以來」，國民黨已被軍閥、官僚、政客、買辦、劣紳、土豪所侵蝕、盤踞、盜竊、把持，孫總理之三民主義，已被他們所篡改，第一、第二次代表大會決定的綱領，已被他們唾棄，黨已失去指導功能，黨的生存亦缺乏必要的條件。上述情況發生之原因，改組派認為是國民黨內出了毛病，因此他們大聲疾呼，要民主、反獨裁、改組國民黨、清除黨內腐化勢力，成了改組派主要訴求。[49]

顧對如何改組國民黨，是有自己一套看法，顧主張民主政治，為此，在改組派成立前夕，顧和陳公博還展開一場大辯論。蓋陳公博主張以社會學的名詞，來攻擊共產黨的理論。陳強調社會是有階級的，國民黨和「國民革命」應有「階級基礎」，此一基礎即是中國最受壓迫的三個階級：工人、農民與小資產階級。換言之，國民黨和「國民革命」的「階級基礎」，乃是「工人、農民與小資產階級的同盟」。[50]顧則主張以民主政治來改革國民黨，至於在國民黨的階級基礎上，顧則根本否定「階級」的存在，他主張以「職業」來劃分，而

---

[48] 關於改組同志會成立時間說法不一，有主張 11 月 28 日者，見沈雲龍編著，《黃膺白先生年譜長編》（上冊），（台北：傳記文學出版社，1976 年 11 月初版），頁 371。又言早在 1928 年 8 月，國民黨 2 屆 5 中全會在南京召開，顧孟餘偕王法勤、李福林、陳樹人、何香凝、潘雲超、王樂平等人聯名向大會提出了〈重新確定黨的基礎案〉，集中反映「改組國民黨」的主張。見〈一周間國內外大事述評〉，《國聞周報》第 5 卷第 30 期。而當事人的陳公博卻語焉不詳，只籠統的說：「改組同志會成立於十七年冬，解散於二十年春，為期整整兩年。」陳公博，〈改組派的史實〉，《寒風集》（台北縣：漢京文化發行，民國 80 年 1 月初版），頁 244。而羅方中則說是成立於 1928 年上半年，見其著〈關於改組派的一鱗半爪〉，《文史資料選輯》第一輯，頁 80。本文從沈說。

[49] 〈中國國民黨改組同志會第一次全國代表大會宣言〉，查建瑜編，《國民黨改組派資料選編》（長沙：湖南人民出版社，1986 年），頁 135。

[50] 陳公博，〈中國國民黨所代表的是什麼？〉，《陳公博先生文集》，頁 183-262。

不以階級來區分，且改革的步伐須溫和漸進，不可一步登天。因此，其改革主張不像陳公博那麼激進，而能得到部分國民黨高層及知識份子的支持。[51]此事經王法勤、王樂平和潘雲超的調停，最後電巴黎汪精衛請示，才將小資產階級名詞改為「小市民」，汪贊成孟餘看法，也反對小資產階級說法。[52]汪認為「小資產階級」一詞界定不清，且易在民眾之間製造分化；所以主張以「工商業者」一詞概括。[53]汪之表態，立刻對整個「國民黨左派」的立場發生影響。民國 18 年 1 月，改組派召開第一次全國代表大會，遵照汪與顧之指示，在政綱中採用「小市民」一詞，以形容國民革命之任務，而與陳氏接近的若干激進份子，旋即脫離改組派，可能就是不滿左派立場轉趨溫和之故。[54]

改組派可說是由陳公博一手所主導的，雖擁汪為最高領袖，但陳之權力甚大。改組派總部設在上海，下設總務、組織、宣傳三個部，總務部由王法勤、潘雲超任正副部長，組織部由王樂平、朱霽青任正副部長，孟餘與陳公博則任宣傳部正副部長，但實際總負責人是陳公博。[55]改組派興起之初，陳公博規劃了一個頗為周延的理論架構，陳氏的許多論點，是依據汪之意見而擬定，但陳也觸及到汪未曾注意的問題，而將之進一步推展到比汪氏更為激進的地步，汪亦加以認可。然後來汪認為陳有架空自己之嫌，18 年汪命陳赴法，將改組派事務交由較溫和而少野心的顧孟餘負責。故汪認同顧所提出以「民主」為主要

[51] 蔡德金，《汪精衛評傳》，同註 24，頁 163。陳公博主張可以黨的力量調和而至消滅階級的鬥爭，然顧則為避免階級鬥爭起見，根本否認階級的存在，尤其最不贊成陳公博的農工小資產階級之說。顧反對以「階級」來解釋「國民革命」，認為當時的中國社會不是「階級社會」而是「職業社會」，尚無真正的階級意識，因此主張用「所有被壓迫的民眾」一詞，形容國民黨所領導的社會勢力，不指出任何具體的階級。中國國民黨河北省黨務指導委員會編，《中國國民黨的階級基礎問題》（北平：出版者不詳，1928 年）。

[52] 聞少華，《汪精衛傳》，同註 44，頁 132。

[53] 汪精衛，〈所謂小資產階級〉，收入何孟恆編，《汪精衛先生政治論述》（未刊稿），頁 855-857。

[54] 范予遂，〈我所知道的改組派〉，《文史資料選輯》第四十五輯（北京：1964 年），頁 217-218。對此，陳公博也坦承，改組同志會成立初期，在理論上和事實上經過無數的波折，社會上只知改組派的主要人物是顧孟餘和我，然而我們兩個人很有許多不相同的地方。我極力主張有組織　的，孟餘則不大贊成有組織，終以粵方委員多數贊成，孟餘才出而主持。陳公博，《寒風集》，同註 48，頁 244。

[55] 何漢文，〈改組派回憶錄〉，《文史資料選輯》第十七輯，頁 168-173。

訴求，此或可視為汪從陳手中奪回主導權之象徵。[56]

基本上，以改組派為中心的所謂「國民黨左派」運動，在民國 17 年迅速展開，它為重新取得黨的控制權，也為了強調本身與南京黨中央的不同，「汪派」開始發動輿論，在意識形態領域對南京展開攻勢。論戰中心議題是國民黨和國民革命的前途，汪系人馬批評當時的國民黨組織紀律鬆散，又未堅持反帝國主義和民眾運動，長此以往，國民黨及國民革命將同歸失敗。[57]他們在上海所辦的政治刊物，尤其是陳公博的《革命評論》和顧孟餘的《前進》，掀起黨內一股熱烈討論的旋風，重新檢討清黨後黨的意識形態基礎。這些刊物廣受黨內年輕而充滿理想的中下級黨員歡迎，曾產生不小的影響力。[58]唯不管怎麼講，「改組派」的成立，還是著眼於為汪精衛和蔣爭奪黨權而立的。

18 年 3 月 13 日，孟餘與汪精衛、陳公博、柏文蔚等 14 名國民黨中央執行委員，聯名發表〈關於最近黨務政治宣言〉，深刻揭露蔣獨裁統治的本質，宣言指責蔣指派圈定的國民黨「三大」代表，完全違反國民黨民主原則，「益促成本黨之官僚化而使民眾絕望」，「其結果恐益增共黨煽惑之機會」。[59]為此，蔣對改組派採取了嚴厲鎮壓的手段，是年 10 月 3 日，國民黨中央常委會決議，以孟餘與陳公博、王法勤、柏文蔚等勾結軍閥餘孽，假竊名義，肆行煽惑等為由，交國民政府明令緝拿，其有黨籍者，送交中央監察委員會，分別議處。[60]而在民國 19 年馮、閻反蔣失敗，北平擴大會議垮台之後，改組派在上海的總部基本上解體，各地方組織的活動也逐漸消沉下去，只有一些高層份子，仍在進行政治活動。20 年春，改組派組織亦正式解散。[61]

民國 19 年，因北伐完成後，國民政府軍隊編遣問題的爭議，引爆一場北伐後規模最大的內戰，俗稱反蔣戰爭或「中原大戰」。各路實力派軍人如李宗

---

[56] 石源華，《陳公博全傳》，同註 41，頁 221。

[57] 陳公博，〈國民革命的危機和我們的錯誤〉，《陳公博先生文集》（香港：遠東圖書公司重印本，1967 年），頁 262-351。

[58] 王克文，《汪精衛・國民黨・南京政權》，同註 33，頁 133。

[59] 《民意》第 2-4 期合刊。

[60] 查建瑜編，《國民黨改組派資料選編》，同註 49，頁 569。

[61] 江上清，〈關於改組派的種種〉，《政海秘聞》（香港：致誠出版社，1966 年），頁 68-83。

仁、閻錫山、馮玉祥等聯合反蔣；政治上反蔣勢力亦大結合，如西山會議派份子，以及一直不甘屈居蔣之下的汪精衛，它們共同組織「國民黨中央黨部擴大會議」，並於是年7月13日在北平舉行成立儀式。[62]8月7日，擴大會議召開第一次正式會議，出席委員有汪精衛、柏文蔚、陳公博、張知本、商震及孟餘等23人，會中孟餘被推為宣傳部委員。[63]9月2日，擴大會議臨時會議中，又推汪精衛、張知本、茅祖權、冀貢泉、陳公博、鄒魯與孟餘七人為約法起草委員，汪為委員長。[64]張學良宣布支持南京中央後，迫於情勢擴大會議遷至太原，10月28日，此一約法草案完成，世稱「太原約法」，而擴大會議亦於11月3日解體。[65]

「中原大戰」結束後，20年又爆發「9・18」國難，外侮日亟，國民黨為謀團結，在寧、滬、粵三地，分別舉行四全大會，孟餘被選為中央執行委員兼常務委員。值得一提的是，對汪以後的行止問題上，孟餘發揮他重要影響力，為國家前途計，他主張汪、蔣宜合作，以共挽危局，由此可見其顧全大局的遠見。[66]民國21年1月30日，在上海之中央委員張靜江等26人集議，為應付時局，建議成立「中央委員駐滬辦事處」，公推孫科、李宗仁、陳銘樞、孔祥

---

[62] 劉紹唐主編，《民國大事日誌》第一冊（台北：傳記文學出版社出版，民國67年5月再版），頁452。

[63] 1930年7月23日，汪偕顧孟餘、陳璧君、曾仲鳴等來到北平，8月7日「擴大會議」召開第一次正式會議，孟餘與張知本等人掌宣傳部，從「擴大會議」的組織人員情況看，改組派、西山會議派占主要成份。聞少華，《汪精衛傳》，同註44，頁124-125。

[64] 〈顧孟餘〉，劉紹唐主編，《民國人物小傳》第十一冊，同註7，頁391。

[65] 中共中央黨校本書編寫組，《閻錫山評傳》（張家口：中共中央黨校出版社出版，1991年5月1版），頁196。

[66] 「9・18」事變引起的民族危機，全國抗日意識高漲，也促使國民黨內不同派系的團結合作以禦侮，寧、粵間經過反覆協商後，決定互派代表在上海舉行和平會議。陳公博反對汪與蔣合作，但顧孟餘以大局為重，強調蔣汪合作的必要性。顧指出「汪蔣在民十三四年在廣州同負艱巨，雖然中間仳離，可是有過共同的歷史，而且汪蔣的左右多數是第二次全國代表大會出身，性格多數相同，比不得胡先生底下官僚，格格不入。」顧甚至說：「我們與其受地方小軍閥的氣，不如投降中央大軍閥。」見李鍔、汪瑞炯、趙令揚編註，《苦笑錄——陳公博回憶》，同註33，頁268。又非常會議解散後，孫科出面組織統一政府，顧向汪建議，不要在當前反蔣的形勢下給孫科捧場，等待蔣汪合作條件成熟時再出場，只有這樣才能取得蔣的信任，汪依計而行。22日，蔣約孟餘與陳公博等，在南京陵園談話，宣稱「中興本黨非汪莫屬」，蔣汪合作遂成定局。見中國青年軍人社編，《反蔣運動史》（下冊）（廣州：中國青年軍人社，1934年），頁543。

熙、吳鐵城、薛篤弼及孟餘等七人為常務委員。[67]而孫科下台後，由汪精衛組閣，3月9日，國民政府特任孟餘為鐵道部部長，對內清除鐵路建築及管理積弊，獎掖專才鼓勵後進；對外與英、法、比等鐵路債權國談判，整理舊債樹立債信，舉貸新債，並運用庚子賠款購料興工。在此期間，粵漢鐵路之完成、隴海路之延伸、以及正太鐵路的伸展，績效卓著，皆係孟餘之功。[68]民國24年，國民黨召開五全大會，孟餘續被選為中央執行委員、中央政治會議秘書長。是年12月，行政院長汪精衛辭職，由蔣兼任，張嘉璈出任鐵道部長，孟餘改任交通部長，迄26年3月辭職。[69]

抗戰軍興，國府為集結全國民意，特設國民參政會，27年4月，孟餘獲聘為國民參政會參政員。孟餘以其學者敏銳的觀察，早已知道中日之戰無可避免，其一生最難能可貴之處，在於秉持民族氣節，大德不虧。世人恆知孟餘是汪精衛「改組派」之中堅，其自己亦不諱言他與周佛海、陳公博是汪之人馬，長期隨汪反蔣與中央對抗。但當汪於27年12月潛離重慶，到河內發表「豔電」，赴南京組織偽政府時，他與陶希聖、高宗武等卻拒絕下海，未隨汪附敵。其明辨忠奸善惡，審大是大非之原則，令人敬佩。[70]孟餘在關鍵時刻，能堅持民族立場，是難能可貴的，從此其與汪永遠分道揚鑣。為感念孟餘的凜然操守，蔣亦捐棄前嫌，民國30年7月，蔣邀孟餘由香港至重慶，就任國立中央大學校長。32年2月，以身體不勝繁劇請辭。民國34年，抗戰勝利後，孟餘赴美，住舊金山。37年3月，政府行憲後，孟餘被任命為行政院副院長，未就，蔣乃改聘為總統府資政。[71]

---

[67] 〈顧孟餘〉，劉紹唐主編，《民國人物小傳》第十一冊，同註7，頁391。

[68] 凌鴻勛，〈悼念顧孟餘先生〉，《傳記文學》第21卷第2期（民國61年8月），頁26-29。

[69] 〈顧孟餘〉，劉紹唐主編，《民國人物小傳》第十一冊，同註7，頁392。

[70] 1938年12月29日，汪準備發表「豔電」當漢奸，周佛海與陳公博攜汪聲明赴香港，在要不要發出這項賣國聲明的問題上，周佛海、林柏生與寓居香港的顧孟餘有一番激烈的爭論，顧在看到汪給他的親筆信及「豔電」電稿後，大吃一驚，表示反對說萬萬不能發表，這是既害國家又毀滅自己的蠢事，我馬上去電力爭，未得他（指汪精衛）覆電之前，千萬不要發表，如怕遲誤，一切由我負責。陳春圃，〈汪精衛投敵內幕〉，《汪精衛集團投敵》（出版地點時間不詳），頁45。

[71] 〈顧孟餘〉，劉紹唐主編，《民國人物小傳》第十一冊，同註7，頁392。

三、在香港從事「第三勢力」運動

民國 38 年 8 月，國、共內戰，國府大勢已去之際，代總統李宗仁為圖他日東山再起，乃授意孟餘在廣州組織「自由民主大同盟」，標榜反共、反蔣主張，實已略具「第三勢力」雛型，其核心成員為立法院長童冠賢，黃宇人及一些桂系立委亦加入之。[72]該組織雖由顧負責，唯顧當年掌中央大學校長時，童為教務長，兼以昔日均屬汪之「改組派」，故童深獲顧之信任，乃委其為書記。李撥付港幣 20 萬元的開辦費，此款也是由童轉交予顧。是年 10 月，「自由民主大同盟」遷港後，童冠賢於是月 7 日辭去立法院長職，並赴港擁護顧孟餘，儼然是顧的頭號大將，童甚至認為：「當今之世，反共有理論而又有辦法的，只有兩人，武為閻百川，文為顧孟餘，若要有新組織，似非請顧先生出來領導不可。」對顧簡直是推崇備至矣！[73]

至於有關孟餘當年參與第三勢力運動一事，則緣於 39 年初，前廣州嶺南大學校長香雅各（Dr.James McCure Henry）於解職過港赴美時，會晤了昔時廣東軍政領袖張發奎。晤談中，香雅各積極鼓勵張發奎出面領導反共游擊戰爭，並暗示倘張願意出面，美國將會予以支持。[74]張對此建議亦興致勃勃，且提到可以網羅顧孟餘、童冠賢、張國燾、李璜、李微塵、伍憲子等人一同來參與，香雅各則提到張君勱和許崇智。香謂待其回到美國後，可能會接觸某些人，如事情有所進展，將會寫信給你們。[75]民國 40 年初，果然有三位美國人帶香雅各的信至香港，其中二人，一人名為哈德曼（Hartmaun）；另一人為柯克（Cooke），他們聲明渠非代表美國政府，而是代表美國民眾前來協助中國發展第三勢力。逢此難得機會，許崇智表現的最積極，許逐一聯絡了童冠賢、彭

---

[72] 馬五，《政海人物面面觀》，同註 21，頁 28。

[73] 焦大耶，〈「第三勢力」全本演義：第三百六十一行買賣〉，見陳正茂編著，《五○年代香港第三勢力運動史料蒐秘》（台北：秀威版，2011 年 5 月），頁 110。

[74] 張發奎口述，鄭義翻譯/校註，《蔣介石與我——張發奎上將回憶錄》（香港：文化藝術出版社，2008 年 5 月 1 版），頁 479-480。金典戎，〈最初在香港搞第三勢力內幕〉，《春秋》（香港版）第 175 期（1964 年），頁 2-4。

[75] 楊天石，〈五○年代在香港和北美的第三種力量——讀張發奎檔案之一〉，楊天石，《抗戰與戰後中國》（北京：中國人民大學出版社，2007 年 7 月 1 版），頁 630-631。

昭賢、張國燾、宣鐵吾、上官雲相、胡宗澤、梁寒操、方覺慧、張任民、伍憲子、伍藻池、王厚生、金侯城、左舜生、王正廷、任援道、鄧錦章、趙立武與孟餘等人，先行發起組織了「中國民主反共同盟」。[76]

唯不久張發奎即與許崇智發生不合，張另外找孟餘合作，欲另組新政團，美方後來也知道許崇智並無多大號召力，且所提計劃也不切實際，故棄許而支持張、顧。而原擬參加該盟之人，也見風轉舵轉而追隨張、顧。許為與之對抗，後又成立「中華自治同盟委員會」，並自任委員長，然其組織因得不到第三勢力人士的支持，旋即解散。[77]有鑒於香港第三勢力團體的各立山頭，力量分散，在美國強力主導下，張發奎、顧孟餘等決定整合擴大第三勢力組織，將第三勢力建立成一股容納各黨派，有效且有力的反共聯合陣線。其步驟先由彼時在港的各黨派推出代表若干人，再由張、顧邀請參加座談交換意見，最佳則成立籌備會，並推選出常務委員主持會務，和負責與美方簽署協定事宜。[78]

張、顧基此原則，於是先提出一組八人名單，計張發奎、顧孟餘、李璜、張君勱、伍憲子、童冠賢、張國燾、黃旭初等八人。嗣美方以人數過少，不足以反映各黨派力量，張、顧乃又提出 25 人名單，分別為張發奎、顧孟餘、童冠賢、許崇智、上官雲相、彭昭賢、宣鐵吾、張純明、張國燾、何義均、黃宇人、黃如今、甘家馨、黃旭初、徐啟明、周天賢（以上國民黨）；張君勱、伍憲子、伍藻池、王厚生、李微塵（以上民社黨）；李璜、左舜生、謝澄平、何魯之（以上青年黨）。[79]25 人名單出爐後，張、顧旋於 40 年的 5 月 11 日邀請大家見面，並宣示建立組織之必要。後因內部意見紛歧，未能取得共識，於是又有 6 月 2 日的聚會。除原則上決定凡係反共人士不屬於台灣者，一律邀其參

76　〈許崇智領導「中國民主反共同盟」發展現況〉，《總裁批簽》，台（40）（改密室字第 0083 號，1951 年 2 月 23 日），黨史會藏。〈「民主反共同盟」集會情形〉，見《總裁批簽》，台（40）（改密室字第 0124 號，1951 年 3 月 23 日），黨史會藏。

77　〈許崇智在港活動〉，見《總裁批簽》，台（40）（改密室字第 0614 號，1951 年 12 月 22 日），黨史會藏。

78　陳正茂，〈五○年代香港第三勢力的主要團體——「中國自由民主戰鬥同盟」始末〉，同註 1，頁 447。

79　〈對顧張等醞釀第三勢力近況報告〉，（中國國民黨中央改造委員會第 150 次會議紀錄，附件，1951 年 6 月 7 日），黨史會藏。

加，會中並推張發奎、顧孟餘、伍憲子三人為組織成立前對外折衝的代表。[80]所謂25人代表，既各有考量，意見復不一致，使得張、顧欲籌建第三勢力聯合陣線之企圖，不得不暫歸沈寂。

41年3月23日，民社黨主席張君勱應張發奎邀，由印度經澳洲抵香港，與張發奎、顧孟餘、李璜、張國燾、李微塵、童冠賢、金侯城、毛以亨、伍藻池等晤面，又掀起第三勢力另一波高潮，彼等決定成立「中國自由民主戰鬥同盟」（即「戰盟」），並委張君勱為該同盟駐美代表。是年10月10日，「戰盟」發表宣言，正式對外公開，且向美國司法部辦理登記。[81]該日，也是台灣國民黨當局正在台北召開「七全大會」之時，「戰盟」選擇同一天成立，顯然有和台灣互別苗頭較勁的意味。至於「戰盟」的宗旨，民國42年元月，孟餘曾以〈中共現狀與其命運〉為題於《東京評論》發表，正式提及「戰盟」「反共、反獨裁」的成立宗旨。[82]而在是月15、6兩日，《東京新聞》也連續發表了孟餘同日本新聞界著名人士阿部真之助的談話。當阿部問到「戰盟」時，顧氏說：「我們發起中國自由民主戰鬥同盟已有三年，為要慎重，故未發表，直到最近，始出宣言。暫時以張君勱、張發奎兩先生及鄙人三人之名出面，宗旨則在反共反獨裁」意思是搞兩面作戰的第三勢力。[83]

為具體凝聚第三勢力的團結，民國42年初，李宗仁、張君勱分別由美國致函給在港的「戰盟」領導人，呼籲團結港、澳各組織。[84]為此，「戰盟」成立伊始，張發奎即積極運作，擴大組織並擴充人事安排：中央委員會委員有張君勱、顧孟餘、張發奎、張國燾、許崇智、童冠賢、宣鐵吾、龔楚、蔡文治、謝澄平、劉震寰、黃旭初、程思遠、李微塵、李大明等15人。張君勱、顧孟

[80] 〈港澳政治活動〉，見《總裁批簽》，台（40）（改秘室字第0272號，1951年6月27日），黨史會藏。

[81] 〈張君勱抵港行動〉，見《總裁批簽》，台（41）（改秘室字第0178號，1952年4月15日），黨史會藏。又見鄭大華，《張君勱傳》（北京：中華書局，1997年），頁570。

[82] 〈第三勢力活動情形〉，見《總裁批簽》，台（42）（改秘室字第0069號，1953年3月4日），黨史會藏。

[83] 周淑真，《1949飄搖港島》（北京：時事出版社出版，1996年1月1版），頁309。

[84] 〈港第三方面醞釀結合〉，見《總裁批簽》，台（42）（改秘室字第0157號，1953年5月2日），黨史會藏。

餘、張發奎、張國燾、許崇智五人為常務委員；李微塵為秘書長。中央軍事委員會委員長為張發奎，副委員長蔡文治；中央政治委員會委員長顧孟餘；中央文化宣傳委員會主席張國燾，副主席謝澄平；組織部部長顧孟餘兼，副部長龔楚；青年部部長黃宇人，副部長彭昭賢；對外聯絡部部長程思遠、副部長梁友衡。[85]這些人都是之前「自由民主大同盟」的人馬，但仍以顧孟餘和張發奎的人馬居多，且因青年黨及許崇智（許後來才勉強加入）並未參加，故嚴格言，還談不上是第三勢力的大聯合。基本上，「戰盟」的領導層仍以張君勱、顧孟餘、張發奎為主，故一時有「張、顧、張」之稱。[86]

針對第三勢力來勢洶洶，台灣當局使出收買分化手段，此舉令「戰盟」深致不滿。張、顧對台灣當局收買伍憲子事深惡痛絕，李微塵更為此事在《中國之聲》為文罵「蔣介石是中國的毒瘤，這毒瘤已使民主政治在中國流產，又使台灣無法進行有效的反共鬥爭，如果不及時割治，可能陷中華民國的台灣和反共基地的台灣於淪亡。」[87]張發奎雖對台灣分化「戰盟」一事亦非常不滿，但其對蔣態度仍有所保留，他說：「我不反對政府，亦不反對蔣先生，但是我有意見，不能不提出。」[88]另一「戰盟」大將顧孟餘雖也反對蔣之獨裁，但亦無意把蔣或國民黨拉下台，他甚至表示：「台灣政治雖有許多不滿人意之處，但它此時在國際間尚是自由中國的象徵」，應該「支持並鼓勵台灣國民政府對共產黨之間的鬥爭。」[89]由此可見，顧、張等人對國民黨和蔣尚有所期待也。至於張君勱的看法則較激進，他認為國民黨與蔣均已腐朽不堪，欲建立一個民主憲政的新中國，只有端賴於中國的第三勢力運動，故對蔣及國府不應抱有任何

---

[85] 司法行政部調查統計局第六組編，《中國黨派資料輯要》中冊（台北：出版項不詳，1962 年），頁 256。另見〈民主戰鬥同盟活動〉、〈民主戰鬥同盟糾紛〉，見《總裁批簽》，台（42）（改秘室字第 0128 號，1952 年 4 月 11 日），黨史會藏。

[86] 汪仲弘註釋，〈台北舊書攤上發現的「總統府秘書長箋函稿」（2）〉，《傳記文學》第 71 卷第 4 期（民國 86 年 10 月），頁 46。

[87] 李微塵，〈我們對台灣的態度〉，《中國之聲》第 1 卷第 6 期（1951 年 11 月 15 日），頁 2-3。

[88] 〈張發奎談話〉，見《總裁批簽》，台（42）（改秘室字第 0113 號，1953 年 4 月 4 日），黨史會藏。另 1951 年 2 月，雷震在港與張發奎見面，張也向雷表示：「對總裁批評則有之，並不反對，人若詢以反共否，彼曰『Yes』；人若詢以反蔣否，彼曰『No』。」見傅正主編，〈雷震日記〉（1951 年 2 月 5 日條），《雷震全集》（33）（台北：桂冠版，1989 年 8 月初版），頁 28。

[89] 楊天石，〈五○年代在香港和北美的第三種力量——讀張發奎檔案之一〉，同註 75，頁 633。

幻想。「戰盟」高層既然對國府及蔣態度分歧，勢必影響彼此間的團結，後來引起磨擦也就不足為奇了。

而「戰盟」內部的內鬨，更是「戰盟」紛擾的主因，當時「戰盟」三巨頭，張君勱在美，顧孟餘赴日，真正掌控盟務的為張君勱系統的李微塵。李權力甚大，原《獨立論壇》的甘家馨、涂公遂等人，為與李合作，還不惜結束《獨立論壇》改投靠李。然在民國 42 年春，李卻藉故開除甘、涂等人。[90]不久，連張國燾亦遭到李的排擠，張本為「戰盟」領導層級人物，時為《中國之聲》社長，李微塵聯合童冠賢以財務困難，逼張交出《中國之聲》，張一怒之下宣佈退出「戰盟」。張一向與顧孟餘接近，張的離去，象徵「戰盟」內部顧（孟餘）消張（君勱）長的態勢。[91]

就在台灣方面不斷滲透「戰盟」之際，顧孟餘為此一再致函張發奎、童冠賢，認為「戰盟以往表現不好，要求在組織內部肅清間諜、一切破壞份子、一切投機政客、個人出風頭、妄言妄動者。」懷疑「戰盟」內部有奸細、有破壞份子。民國 43 年 1 月 31 日，顧建議張發奎，要求「戰盟」暫時停止活動並且改組。顧認為「當時只宜由少數穩健可靠同志，相互作精神上之聯繫，而不可為形式上之組織；只宜作事實與理論上之研究，而不可為公開之號召」。同年 3 月下旬，張發奎派童冠賢赴日與顧商量改組「戰盟」事，顧要求將「戰盟」改名為「中國自由民主同盟」，並提出改組意見七條，張君勱同意顧清除內奸之意見，但反對改名及停止活動，張謂「旗號一旦樹起，不應退縮。」[92]

最後，張發奎為顧全大局，同意了顧的改組意見，但對易名事持保留態度。是年 8 月 18、27 日，張發奎在香港兩度集會，決定澈底改組「戰盟」，成為聯合性的組織，但仍保留「戰盟」名稱。[93]張並且決定成立「改組籌備委員會」，負責改組事宜。9 月 8 日，顧孟餘以改組無望，致函張發奎，認為「今茲決定，

---

[90] 黃宇人，《我的小故事》下冊（香港：吳興記書報社，1982 年），頁 144。

[91] 另有一說為張國燾的《中國之聲》社長一職，是被張發奎派其親信林伯雅所接收。見姚金果、蘇杭，《張國燾傳》（陝西：人民出版社出版，2007 年 3 月第 2 版），頁 427-428。

[92] 同註 89。

[93] 〈中國自由民主同盟及李宗仁近況〉，見《總裁批簽》，台（43）（中秘室登字第 387 號，1954 年 10 月 29 日），黨史會藏。

與當時所商根本不同，弟不得已只得退出公司，以後一切概不負責。」正式宣佈退出「戰盟」；未幾，張君勱亦在美國宣佈退出，並去美國司法部撤銷登記。顧、張相繼退出「戰盟」後，張發奎的態度亦轉趨消極，民國 44 年，分崩離析的「戰盟」終告結束，存在時間僅三年餘。[94]

四、晚年投蔣返台定居

孟餘還居香港，除從事第三勢力運動外，期間，孟餘在香港亦曾創辦《大道》雜誌，復參與籌設「新亞書院」及「友聯出版社」工作，接濟由大陸流亡港、九之知識份子，貢獻可謂不小。第三勢力運動失敗後，孟餘絕意政治，離港赴美，居加州柏克萊，擔任美國國務院設立之「中國研究中心」顧問，繼任加州大學中國問題研究所顧問。[95]50 年春，孟餘曾吟七律一首：「清明海外值良辰，一片鄉心一介身。吳郡舊遊常入夢，燕京小苑幾回春。徒傳草澤能興漢，何處桃源可避秦。屈指中原終奠定，蒼生猶待起荊榛。」

詩中濃郁的懷鄉之情溢於言表，「思鄉何不歸故里」，民國 58 年 7 月，在政府特派張研田赴美迎接禮遇邀請下，孟餘偕夫人由美返台定居，台灣雖非吳郡燕都，但終究是避秦之地。61 年 6 月 25 日，孟餘病逝台北，享年 84 歲。[96]顧一生以擁汪始，晚年回台也算是某種程度的向蔣「交心」，唯大陸已陷，當年擁汪反蔣的恩恩怨怨，似乎已如過往雲煙，不重要了；尤以孟餘幾乎終身反蔣，但蔣還能優容禮遇之，此亦可以看出蔣晚年之襟懷矣！

---

94 萬麗鵑，〈一九五○年代的中國第三勢力運動〉（台北：國立政治大學歷史學系研究部博士論文，民國 90 年 7 月），頁 50。

95 〈顧孟餘〉，劉紹唐主編，《民國人物小傳》第十一冊，同註 7，頁 393。

96 陳正茂，〈從擁汪到投蔣的顧孟餘〉，《傳記文學》第 100 卷第 5 期（民國 101 年 5 月），頁 70。

第六章　「自由中國運動」：蔡文治與五〇年代的第三勢力運動

一、夢想做中國的戴高樂——蔡文治其人其事

蔡文治，字定武，宣統3年（1911）生於湖北黃岡，武漢第二中學畢業後，曾投效唐生智部師長夏斗寅麾下任文書，深得夏氏寵信，後由夏派赴日本留學，入日本士官學校，「9・18」事變後出於義憤，未卒業而回國，國民政府特准這批回國留學生插班進入黃埔軍校（當時名為中央軍校）第九期就讀，民國24年畢業。後考入陸軍大學十三期，卒業後進入軍令部。抗戰爆發後，任軍委會軍令部第一廳上校科長、少將科長。27年任軍令部第一廳第二處（作戰計畫處）處長，參與全國各戰區作戰計畫的制訂與軍隊編配調遣。31年初任中國駐美軍事代表團代理團長，32年以隨員身分出席開羅會議，後經蔣特許赴美國參謀大學深造，研習作戰學。33年參與中美英法四國聯合參謀部在華盛頓所召開的軍事會議，制訂盟軍亞洲作戰計畫。同年秋，升任陸軍總司令部第三處處長，未幾，晉升為陸軍總部中將副參謀長。[1]

民國34年，蔡隨何應欽赴南京主持對日受降事宜，35年任北平軍事調處執行部委員、參謀長。37年任陸軍總部徐州前線指揮部參謀長、國防部第四廳（主管美援裝備的洽談與分配）廳長、國民政府參軍處中將參軍。38年調任第三廳廳長。南京失手後，蔡以所提計畫不為長官湯恩伯所納而負氣離職，原欲南下組織游擊隊，擬用海上補給，再利用香港作為補給走廊，以長期抵抗解放軍南下，此計畫得到馬歇爾的得力助手、駐華領事館參贊蕭泰（Fred

1　張發奎口述，鄭義翻譯/校註，《蔣介石與我——張發奎上將回憶錄》（香港：文化藝術出版社出版，2008年5月1版），頁518-519。

Scholtus）的支持，蕭泰呈交司徒雷登大使上報美國國務院，順利獲得美國國會批准。詎料計畫還來不及實施，共軍已席捲華南，游擊隊被迫轉入地下，部分則到了香港。[2]

司徒雷登（John Leighton Stuart）返美後，名為參贊的中情局遠東情報負責人蕭泰移駐香港。民國 39 年 6 月「韓戰」爆發後，美國陸軍戰略情報部擬設立一個臨時性質的「敵後工作委員會」，配合中情局組建中國大陸情報網，急需物色一名既反共又反蔣且精通英語的中國將領，來協助美國訓練一支部隊滲入大陸，展開反共游擊戰爭與蒐集軍事情報。蔡文治即在符合美國的基本條件下雀屏中選。蔡向蕭泰吹噓其在大陸有百萬之眾的游擊戰士，唯一欠缺的是金錢與武器，蔡要求美方提供海外基地，俾便從事訓練補給的工作。蕭雖對蔡說詞有所保留，但雙方仍一拍即合，蕭將呈文遞交國務卿艾奇遜（Dean Gooderham Acheson）批准，所需經費由美國陸軍戰略情報部臨時費用項目下支應，雙方用「敵後工作委員會」名義簽署。[3]這一臨時性秘密機構，被美國國務院與國防部稱為「亞洲抵抗運動」，其後，蔡將其改名為「自由中國運動」，模仿戴高樂於二戰期間在英國所成立的「自由法國」行動，而蔡亦幻想其能成為中國的戴高樂。[4]然基本上，蔡其實只是美軍華籍顧問，但滿腦子領袖慾望的蔡，儼然將自己視為美援下，反共又反蔣的第三勢力領袖人物自居，而其所領導的自由中國運動，這股標榜於國、共之外的第三勢力，讓蔡飄飄欲仙的想像在五〇年代，其是與蔣、毛鼎足而三的重要領袖。

---

[2] 兆立，〈蔡文治〉，王成斌、劉炳耀、葉萬忠、范傳新主編，《民國高級將領列傳》第四集（北京：解放軍出版社出版，1989 年 12 月 1 版），頁 550-559。

[3] 蔡因與美方長期接洽的良好背景，因此當他們以組訓游擊隊做為政治資本爭取美援時，很快便得到美方的重視與信任。1951 年初，美國國務院正式批准了這一個組織的成立，由援助非共中國一般地區的專款中，撥出固定經費，在香港美國領事館直接支付，對國務院負責，與國防部合作。〈自由中國之情報〉，《總裁批簽》，台（40）改密室字第 0351 號（1951 年 8 月 15 日），黨史會藏。〈「自由中國運動」有關情報簡述〉，見中國國民黨中央改造委員會第 231 次會議紀錄—附件（1951 年 10 月 29 日），黨史會藏。

[4] 胡志偉，〈「自由中國抵抗運動」的開場與收場〉，《傳記文學》第 93 卷第 6 期（民國 97 年 12 月），頁 46-47。

二、美國的馬前卒——蔡文治的自由中國運動

39 年秋天，中共派遣「志願軍」參加韓戰後，華府為設法削弱中共力量，曾積極籌劃支持由國民黨以外的新政治力量，來領導中國大陸的敵後游擊力量，甚至最終取中共而代之。[5]在此戰略思維下，美方重新恢復支持第三勢力運動，而此刻美國情報單位著力最深的，當屬由蔡文治領導的「自由中國運動」。[6]對此，五〇年代於香港與第三勢力人物頗有來往的雷嘯岑即言：「從1949 年秋冬之間起，由於美國民主黨政府不斷地鼓勵中國人搞『第三勢力』的政治活動，海隅華人社會中，常聞『第三勢力』之聲，一般知識份子對此多感興趣。 其實何止是知識份子，更多的是失意政客與軍事將領參與其中，而最具代表性者即為張發奎與蔡文治二人。」[7]誠然如是，民國 38 年後，美國所支持的第三勢力，在東亞建立了一個相當複雜的網絡，它是由美國情治單位、東京的「盟總」、自由亞洲委員會（The Committee for a Free Asia，43 年改組為亞洲基金會【The Asia Foundation】）所負責，其目的在支持於香港、日本、菲律賓等地建立反共的政治、軍事組織。[8]

其實早在五〇年代初，美國即已暗中援助由蔡文治所領導的「自由中國運動」。據研究此議題的專家胡志偉說到：「1950 年 6 月 25 日，『韓戰』爆發後，美國陸軍戰略情報部擬在部內設立一個臨時性質的『敵後工作委員會』，物色一個中國有為軍人協助其事，訓練中國軍人在敵後與美軍配合，開展游擊戰爭與蒐集敵後情報。此案由新任國務卿艾奇遜批准，由卸任國務卿馬歇爾（George Catlett Marshall）推薦起用其西點門生蔡文治。所需經費在陸軍戰略情報部臨時費項目下支給，用『敵後工作委員會』名義簽署。這一臨時性私密

[5] Nancy Bernkopf Tucker, China Confidential: American Diplomats and Sino-American Relations, 1945-1996（New York：Columbia University Press, 2001）, pp.31-32. 張淑雅，《韓戰救台灣？解讀美國對台政策》（台北：衛城，2011 年），頁 156-159。

[6] 林孝庭，《台海‧冷戰‧蔣介石：解密檔案中消失的台灣史 1949-1988》（台北：聯經版，2015 年 7 月初版），頁 88。

[7] 雷嘯岑，《憂患餘生之自述》（台北：傳記文學出版社出版，民國 71 年 10 月初版），頁 169-173。

[8] 萬麗鵑，〈一九五○年代的中國第三勢力運動〉（台北：國立政治大學歷史學系研究部博士論文，民國 90 年 7 月），頁 149。

機構，被國務院與國防部稱作『亞洲抵抗運動』，以免民主、共和兩黨議員因『中國』字眼而引起紛爭。而蔡文治膺承其事後，竟將『亞洲抵抗運動』改名為『自由中國運動』，然而本質上蔡文治不過係美軍華籍顧問性質，但在形態上，蔡文治儼然成為美援下反共反蔣的第三勢力領袖人物。自由中國運動歷時三年，美方共支付近一億美元，其中包括美國顧問的薪俸、保險、眷屬福利等費用。」[9]

而為具體落實美方政策，民國 40 年，蕭泰代表美方與蔡文治簽訂了《敵後作戰合約》，內容分成三部分，現概括如下：

（一）權利部分：1.美國願意支持蔡文治閣下所領導的自由中國運動在華南所有正與共產黨作戰之游擊部隊。該等部隊一經訓練與檢點後，完全由美國予以空投或海運補給裝備。各該地區指揮權屬於中美雙方。2.蔡文治閣下願意代表東京盟軍總部吸收籍隸東北九省的青年軍人，一經訓練完竣即劃歸東京盟軍總部直接使用，所有指揮權即屬盟總。3.美方之亞洲抵抗學校設立中國部分，代訓中國游擊幹部，中方可選派副校長以下中國職員，負中方人員行政管理之責。4.准許中方在東京設立指揮機構，由中、美雙方混合組成之。5.沖繩應設通訊補給站，其組成與東京指揮機構同。6.香港設聯絡站，由中方選派人員主持，負責對大陸部署情報、交通、補給網，並代表美方蒐集中共軍事、政治、社會、文化情報，美方得指派代表監督之。

（二）人事部分：1.人員吸收，美方有推薦權，最後決定權屬美方。2.所有由游擊區或香港調往後方基地受訓人員與工作人員，其調動由中方建議，經美方核可方有效。3.所有後方工作人員與學員，美方不得過問其行政，但對人員處罰須將原因、經過隨時通知美方。

（三）經濟部分：1.自由中國運動所需費用由中方造具預算，實報實銷之。2.前後方工作人員薪金待遇以美金為本位，每人薪金由中方考核簽定數目，由美方直接發放。3.訓練完成之學員返回大陸之有關空投、海運之飛機船舶，概由美方負責。

另有附錄但書為：1.本合約基於純軍事抵抗運動性質而簽訂，不牽涉支持

[9] 張發奎口述，鄭義翻譯/校註，《蔣介石與我——張發奎上將回憶錄》，同註 1，頁 518-519。

任何政治活動。2.為便於開展工作，所有中方有利於工作之一切號召，美方均予以同意，但不負任何責任。3.本合約雙方均須保守秘密。[10]

合約簽完後的當務之急，就是立即展開招兵買馬的行動，蔡向美方吹牛其有多少人脈，擁有多少大陸游擊武力，這些都需要用事實來證明。蔡的觀念「重賞之下必有勇夫」，所以在金錢掛帥的前提下，蔡積極的在香港延攬人才。據青年黨領袖李璜的《學鈍室回憶錄》中說：「美國人竟派兩三浮薄少年前來，立談之頃，莫名其妙，便亂散美鈔，或三五萬，或十萬八萬，並無整個計劃，而姑以試試看的心情，令一些手中已無寸鐵之過時人物，為之入大陸覓情報或打游擊。」李還述及蔡文治，提到蔡「得美國人信任，予以大量美金，在沖繩島美軍基地設立黨政軍機構，自稱海陸空軍總司令，並設有軍事訓練班，又政治部及什麼黨之類，一時開府建制，儼然獨立一軍國也。但此光棍總司令連幹部都沒有，於是用美金來香港招收逃難之大陸軍人，凡曾在國軍任過軍職者，以官階大小而分別致送每月美金三百至六百元不等，因之若干正在走投無路的落難軍官乃忽然得到天外飛來之橫財，他也來信聘我為高等顧問，寫明月致車馬費美金若干。」[11]李璜所言的情況，應該就是蔡文治得到美援後，在香港到處撒錢物色人才的真實寫照。

當年蔡文治的「自由中國運動」，曾搞得煞有介事，在〈政綱〉部分，包括兩大目的及五大政策。兩大目的是：1.自由的生活（推翻恐怖的生活）；2.服務的政府（聯合各黨派建立為人民服務的政府，推翻蘇聯的傀儡）。五大政策是：1.民主的政治（民選的政府）；2.社會的經濟（反對階級殘殺與清算鬥爭，實行國家社會主義）；3.中立的外交（反對附蘇亡國的外交，與聯合國合作，維持世界和平）；4.無黨無派的軍隊（反對一黨私有武力，為統治人民的工具）；5.聯合各黨各派的公務人員（反對一黨獨裁）。[12]

而為達成其驅逐蘇聯赤色帝國主義侵略，推翻中國共產黨殘暴政權，爭取

---

[10] 胡志偉，〈「自由中國抵抗運動」的開場與收場〉，同註4，頁46。

[11] 李璜，《學鈍室回憶錄》下卷（香港：明報月刊社出版，1982年元月初版），頁723。

[12] 〈自由中國政綱與行動要領〉，《總裁批簽》，台（40）改密室字第0491號（1951年10月24日），黨史會藏。〈自由中國運動政綱與行動要領〉，見中國國民黨中央改造委員會第235次會議紀錄—附件（1951年11月5日），黨史會藏。

人民民主自由及國家獨立的目標，該組織還有所謂的〈行動綱領〉。於城市鬥爭方面，主要以「自由中國運動」第三方面之救國運動為號召，其作法為：1.對過去不滿國民黨政權而依附共產黨之各派人士，應爭取其加入「自由中國運動」，保證其未來合法政黨地位，參加聯合政府。2.對過去國民黨黨員投共者，因畏懼國民黨再起而受懲罰，應爭取其加入「自由中國運動」，保證其未來工作安全。3.吸收被共黨排斥的文化人及新聞從業員，宣傳「自由中國運動」政綱，喚醒人民推翻共黨。4.組織學生、工人、商人及宗教團體，促其加入「自由中國運動」。[13]

而在鄉村鬥爭方面，主要是根據地的建立與鞏固，其進行方式為：1.選定共黨控制力量最弱的偏僻地區或山區，以反抗共黨征糧征兵等農民切身痛苦為號召，鼓勵該區民兵變為自己武力，建立根據地。2.各省潛存的反共武力，如土匪、義勇軍、紅槍會及其他反共力量可以利用者，則應以「自由中國運動」之主張為號召，使其加入「自由中國運動」，而以此種反共武力的活動地區為根據地。3.對於以前國民黨投共之地方民團及正規軍，應以「自由中國運動」之自由民主第三勢力為號召，保證其未來地位，策動其逃入山區佔領根據地，或加入已有的根據地。[14]

在人事上，蔡文治為總部領導人，另有參謀長，由呂文貞擔任，呂為東北講武堂出身，陸軍大學九期畢業，抗戰勝利後任孫連仲北平行轅副參謀長。而總部駐香港工作站站長黃秉衡，為空軍宿將，曾任航空署署長、空軍第一軍區司令官、駐美空軍武官、國府參軍等職。[15]蔡不僅要組建軍事力量，在港還與張發奎、顧孟餘會商，決議成立「中華革命委員會」之政治組織，企圖心不小，該委員會推舉蔡、張等三十多人為委員，掛起「中華貿易公司」的招牌推展「自由中國運動」，內設陸海空軍總司令部，由張發奎掛帥，蔡居副職並暫代總司令赴海外基地佈置一切，而顧孟餘則負責遴選梁寒操、廖秉凡、謝澄平、易君左、胡越等八人為政治教官，總部設四處一廳，廳下還有總務、財務兩科。[16]

---

[13] 〈自由中國政綱與行動要領〉、〈自由中國運動政綱與行動要領〉，同上註。

[14] 〈自由中國政綱與行動要領〉、〈自由中國運動政綱與行動要領〉，同上註。

[15] 張發奎口述，鄭義翻譯/校註，《蔣介石與我——張發奎上將回憶錄》，同註1，頁529。

[16] 胡志偉，〈「自由中國抵抗運動」的開場與收場〉，同註4，頁49。

「自由中國運動」組織一度意圖囊括香港所有第三勢力團體為其外圍，發動且進行領導第三勢力的大聯合，使其成為真正能代表民意的各階層民主自由人士的組織，但並未奏效。[17]另外為加緊中心幹部的組訓工作，藉由美方的支持，蔡文治在沖繩成立「自由中國運動陸海空軍總司令部」，並於香港設前進站，下分東北、東南、華中、華南、西南、西北六個游擊軍區，共23個縱隊及八個直屬大隊。[18]其下轄之西北游擊軍區司令蔡雨時，東北人，陸大十三期畢業。東南區司令溫靖（卓寰）浙江人，也是陸大十三期畢業，曾在薛岳的九戰區長官部任參謀長。雷默然，曾任職於昆明聯勤總部；及李綱等人負責。[19]這些人事上的安排，顯然可以看出，蔡所重用的幹部，都是與其有淵源的陸大或國防部熟識的舊友。當然，張發奎也安插一些自己的人馬在裡頭。[20]香港前進站當年以「國際民主自由聯盟」名義，吸收青年加入其組織，特別著重對香港調景嶺難民營的爭取，之後分別送往沖繩接受各種專業訓練，建立一支秘密武力，進行對大陸的滲透與發動游擊戰。其組織極為龐大，一度羅致幹部千人以上。[21]

至於在大陸工作分配上，自由中國運動佈置的人馬有：湘西反共游擊指揮部：總司令陳祥、副總司令段文同、參謀長唐祖德。贛北縱隊司令王布，副司令張德本。據王布供認，他原係華北軍政幹訓團突擊第三總隊第五中隊少校分隊長，他說，民國41年6月，自由中國運動改由美國遠東海軍司令雷德福上將領導，名稱改為「自由遠東軍」，又叫「國際軍遠東區中國總部」，曾計畫在大陸每省建立一個師，以作為反攻大陸的內應。按照該組織的十年鬥爭計

---

[17] 〈自由中國之情報〉，《總裁批簽》，台（40）改密室字第0351號（1951年8月15日），黨史會藏。〈「自由中國運動」有關情報簡述〉，見中國國民黨中央改造委員會第231次會議紀錄—附件（1951年10月29日），黨史會藏。

[18] 林孝庭，《台海・冷戰・蔣介石：解密檔案中消失的台灣史1949-1988》，同註6，頁92。

[19] 萬麗鵑，〈一九五○年代的中國第三勢力運動〉，同註8，頁35。

[20] 胡志偉，〈「自由中國抵抗運動」的開場與收場〉，同註4，頁50。

[21] 司法行政部調查統計局第六組編，《中國黨派資料輯要》，中冊，頁255。〈「自由中國運動」有關情報簡述〉，見中國國民黨中央改造委員會第231次會議紀錄—附件（1951年10月29日），黨史會藏。〈美在港吸收青年訓練〉，《總裁批簽》，台（40）改密室字第0369號（1951年8月23日），黨史會藏。〈香港調景嶺營調查實錄摘要〉，見中國國民黨中央改造委員會第238次會議紀錄—附件（1951年11月13日），黨史會藏。

畫，前三年以海外為基地，組訓一批反共意志堅強的青年派返大陸進行反共宣傳，組織情報網；次三年在組織情報網的基礎上，進一步組織游擊隊，配合將發生的第三次世界大戰，乘機擴大游擊區；第七、八年展開全面鬥爭，第十年完成鬥爭任務。[22]

自由中國運動華南游擊軍區副司令、陸軍廣東區司令部由涂思宗（1897-1981）膺任，涂陸大一期畢業，曾任第九集團軍中將參謀長。民國 26 年 2 月，在軍令部任上，曾奉派率領中央視察團前往延安點檢共軍，成為最先進入共區且軍階最高之國軍將領）任總司令。[23]吉正平任副總司令，下編東江、北江、西江、南路、潮汕、廣三鐵路等縱隊以及若干獨立支隊。其活動範圍遍及粵、贛、閩、湘、桂五省，大力進行爆炸、暗殺、綁架、縱火等敵後游擊活動。[24]民國 40 年，美國中央情報局透過「盟總」第二處，撥出東京神奈川茅崎鎮上一座兵營的幾幢木屋充作「自由中國運動」的總部，總部第一處主管人事與訓練者，是由蔡的陸大同學張雪中擔任處長，張黃埔一期，官拜中將。[25]而作戰學校校長為林湛，化名文鼎貴，曾為 63 軍軍長，國防部中將部員，是蔡的老同事，也是張發奎的親信之一。[26]另外，美方也派一名少校及幾名助手協助蔡籌辦來自香港的受訓人員之接待工作。與蔡熟識的劉永昆自香港來歸，出任總部通訊學校校長，蔡夫人吳佩琪出任通訊學校英文教官。蔡則化名吳定，自稱長官，按照美方規劃，自由中國總部設在東京，倉庫後勤設在沖繩，軍政幹部學校設在塞班島上。[27]

蔡的自由中國運動，最值得一提的是，「自由中國運動軍政幹部學校」，「韓戰」爆發後，中共打著「抗美援朝」旗幟，跨過鴨綠江悍然出兵入韓，此舉使得美方始料未及大為震撼，也直接促使美國中情局與駐日東京「盟總」，

---

[22] 胡志偉，〈「自由中國抵抗運動」的開場與收場〉，同註 4，頁 57。

[23] 胡志偉，〈「自由中國抵抗運動」的開場與收場〉，同上註。

[24] 胡志偉，〈「自由中國抵抗運動」的開場與收場〉，同上註。

[25] 張雪中，黃埔一期，官至衢州、福州綏靖公署中將副主任。自由中國運動開張時，他夤緣出任東京總部第一處（主管人事與訓練）處長，是蔡的心腹幹將。胡志偉，〈第三勢力人物傳記的空白年份〉。

[26] 張發奎口述，鄭義翻譯/校註，《蔣介石與我——張發奎上將回憶錄》，同註 1，頁 519。

[27] 林孝庭，《台海・冷戰・蔣介石：解密檔案中消失的台灣史 1949-1988》，同註 6，頁 89。

積極尋求在中國大陸重建情報網組織，於是便有組建亞洲的敵後抵抗運動之舉，美國選擇了太平洋上的塞班島，設立亞洲抵抗運動學校，「自由中國運動軍政幹部學校」就是在美國的支持贊助下，於40年成立於塞班島。該校位於島的南端一處平原上，原本是美軍營房，設備完善齊全，連醫院、戲院都有。[28]

幹校校長為石心，以副校長署理校長職，是島上華人最高職位者，還有十幾位中美教官，學員最多時達五百多人。石心本名王之，湖南善化人，民國21年以優異成績畢業於西點軍校，為麥帥之校友。日本投降後，王曾參與密蘇里艦受降典禮，後留駐日「盟總」任參謀。35年奉調回國出任國防部部長辦公室副主任、情報學校校長等職。王之口才便給，學識俱佳，雖同屬中將官階，但各方面能力均遠勝於蔡文治。在幹校兼課講「民主政治」課程，深受學員好評。[29]教育長楊子餘（化名黎東明），為楊杰姪兒，曾留學英國，待人和藹親切。教官有胡越（司馬長風），瀋陽人，西北大學畢業，講授「馬克思主義批判」，深入淺出，娓娓動聽，亦備受學員肯定。[30]另外還有丁廷標、易君左、梁寒操等知名人物擔任教官。美國教官則傳授軍事技術，諸如爆破、射擊、空投知識、游擊戰術等等。[31]

「自由中國運動軍政幹部學校」校歌，歌詞如下：

天蒼蒼，海汪洋，
這美麗的小島是革命的搖籃。

---

[28] 陳復中，〈熱血男兒淚灑塞班島．反共志士魂斷長白山——「自由中國抵抗運動」的風流雲散〉，《歷史月刊》第181期（民國92年2月5日），頁56-57。

[29] 王之從香港招募國軍流亡官兵，成立「自由中國運動軍政幹部學校」擔任副校長（美國西點軍校畢業，歷任國府駐外五官、國防部情報學校校長、東京盟總麥帥參謀）。王後來因不滿蔡文治領導無方，曾希望美國支持他，改由他來領導此一運動，然事機不密為蔡文治所阻，蔡逐一與學員懇談，尤其強調參加此一團體是要反抗暴政，爭取民主自由，解救苦難大陸同胞的崇高目標在，而不是為了錢貪圖美金，蔡的民族大義訴求終獲成功，學員最後支持蔡驅逐了王之。王後來回台擔任總統府參軍、東吳大學外文系主任及教務長，退休後定居美國。陳復中，〈熱血男兒淚灑塞班島．反共志士魂斷長白山——「自由中國抵抗運動」的風流雲散〉，同上註，頁60。

[30] 胡志偉，〈「自由中國抵抗運動」的開場與收場〉，同註4，頁51。

[31] 胡志偉，〈「自由中國抵抗運動」的開場與收場〉，同上註，頁49。

我們在遙遠的一方，
為著祖國的自由，我們在鍛鍊成鋼；
為著祖國的復興，我們在臥薪嘗膽。
以火點火，以熱傳熱，
以力接力，以光發光，
打倒暴虐的共產黨，
建立民主自由的新中國，
我們的任務是何等偉大，
我們的前途是何等輝煌！
努力，努力，
努力去創造，創造，
創造一座人間的天堂！

歌詞是名作家兼教官易君左所撰。另外，蔡文治還自撰一首〈自由中國運動歌〉，其詞為：

同志們起來，舉起我們自由之火，
燃遍全中國的人心！
反抗屠殺奴役，反抗賣國殃民。
還我們的自由，保我們的性命，
大家團結起來，戰鬥，前進，
萬眾一心打倒共產黨，
為建立自由民主新中國，
為建立自由民主的新中國，鬥爭！

當時學員最喜歡唱的是反共義士陳寒波所寫的〈游擊隊歌〉，歌詞慷慨悲壯，沈雄激烈。

我們出沒在海洋，

我們翻越在高山，
反共的地下火遍地燃。
哪怕是五年、是十年，
哪怕是海枯石又爛，
反共的決心鋼般強，
大陸上的人民，都擎起了刀槍，
反共的地下火遍地燃。
邊疆啊，咱們西北的邊疆；
海洋啊，咱們東南的海洋，
咱們人民的游擊隊員，
要馳遍那遼闊的疆場，
通過漫長的黑夜後，

我們終會見到光明的太陽！

陳寒波原為中共華東局情報工作委員會委員，本是中共延安時期的老幹部，後因不滿中共的濫殺無辜而反共，39 年逃亡香港，41 年在九龍遭共黨特務殺害。[32]

三、鬩牆之爭——蔡文治與張發奎

基本上，蔡是個自視甚高的人，他讀過中央軍校，又畢業於陸軍大學，後復到美國西點軍校參謀班深造，曾在中國國防部任作戰處長，是個力爭上游而又有野心的人。他與馬歇爾有師生關係，在國、共和談時，馬歇爾到中國來任調人，蔡遂因緣時會，得任軍調三人小組國軍方面參謀長，其名始為國人所知。大陸淪陷後，他反共但又不滿台灣，乃向美國活動，在日本長崎及沖繩等處，辦了幾個學校，說是訓練幹部，準備到大陸上作游擊之用，一面仿照第二次大

[32] 陳復中，〈熱血男兒淚灑塞班島．反共志士魂斷長白山——「自由中國抵抗運動」的風流雲散〉，同註 28，頁 57-58。

戰時法國戴高樂的「自由法國運動」，發起一個「自由中國運動」。[33]

當年因地緣關係，緊鄰大陸的香港，成為各路人馬兵家必爭之地，蔡也不例外，但蔡自知，他雖略有知名度，但本身資歷尚淺，人望不足，恐難以單獨領導。時香港聚集了相當多不滿國、共兩黨的民國軍政要人，在軍事將領方面，就屬曾任陸軍總司令的張發奎最有名了，看上張的潛力與地位，蔡一心一意想與張合作，而張亦看中蔡的靠山與訴求，頗願與之相交，兩人接觸之後，一拍即合。蔡敦請張為「自由中國運動」的領導人，但張認為那運動是已成之局，且性質偏於軍事，覺得自己不便參加，乃反勸蔡加入其剛成立的「中國自由民主戰鬥同盟」（以下簡稱「戰盟」）。同樣的，蔡亦認為「戰盟」性質又太偏於政治，本身也不便加入。幾經協調，商得一個折衷辦法，乃另外組織一個團體，作為張、蔡合作的基礎，該團體名為「英武學會」，「英」代表張，因張昔日坐擁虎符的時候，是以這「英」字為臂章的；而蔡字號「定武」，故單取一個「武」字，以與「英」匹。「英武學會」網羅的人才不少，尤以黃埔出身的為最多。蔡方由黃秉衡、涂思宗參加，張方則由鄧龍光、廖屏藩等主持，廖還負責組織工作的重任，成立後，學會由蔡按月撥補經費。[34]

張、蔡既密切合作，進一步就商量如何組織軍司令部，以便具體進行游擊工作。蔡提出名稱為「自由中國運動海陸空軍總司令部」，並說，此名稱已經美方同意。蔡同時提議請張任總司令，自己則居副座兼參謀長一職，張以總司令僅為虛銜，實權均由蔡掌控而予以拒絕，雙方合作因此觸礁。其後，蔡攻擊張為軍閥，那裡配領導第三勢力，又停止資助「英武學會」經費，導致學會最後無疾而終。[35]有關張、蔡的鬩牆之爭，張發奎在其《回憶錄》曾有詳細記載其經緯，張說：「美國人正在幫我們搞組織，為什麼他們又突然扶植蔡文治？黃秉衡出任蔡文治駐港代表，正準備在大陸開展遊擊戰爭。蔡本人在沖繩，吩咐黃與我們建立聯繫。美國人很希望我們同蔡文治合作，蔡既反共又反蔣；我們則既反共又不支持蔣。杜魯門政府的政策是支持反蔣又反共的人士，也支持反共而至少不支持蔣的人士。我們同蔡文治合作，顧孟餘派了胡越去沖繩擔任

---

[33] 陳正茂編著，《五○年代香港第三勢力運動史料蒐秘》（台北：秀威版，2011 年 5 月 1 版），頁 144-145。

[34] 陳正茂編著，《五○年代香港第三勢力運動史料蒐秘》，同上註，頁 145。

[35] 陳正茂編著，《五○年代香港第三勢力運動史料蒐秘》，同上註，頁 146。

他的秘書，他是友聯的成員。」張說：「他向美國人建議，派遣優秀的青年軍人與知識份子去沖繩受訓，美國人接受我的建議，同意提供政治訓練，在訓練期間，每位成員可以支領月薪一百美元以上，美國人規定受訓者必須是未婚人士。」[36]

張接著說，「彼時童冠賢負責考核年輕知識份子，廖秉凡負責對青年軍人的考核，考核以對方思想確信不是共產黨滲入的特務為最重要的標準，我們大概送了 80 名青年去沖繩，這些年輕人來自全國各地都有。雖然名義上由蔡文治負責整個沖繩訓練項目，但實際上財政、訓練等一切都由美國人主宰。美國人要在香港尋找一批東北籍青年，以便訓練後空投東北從事情報工作。蔡文治叫黃秉衡在香港招聘志願者，許多青年被優厚待遇所吸引，冒充是東北籍人士同意受訓後空降回鄉。」黃秉衡告訴張，「在大陸潛伏的游擊隊將響應他們的登錄行動，黃還向張出示大陸遊擊單位的組織圖表及首領名單，涂思宗負責廣東省的游擊作戰，劉震寰負責廣西。他們予美國人一種印象，地下工作已經在廣東全省布建，既然確有其事，他們將派遣空降部隊與無線電裝備去獲取情報。美國人太天真了，我知道蔡文治所聲言的一切都是虛假的。涂思宗口中的游擊隊都是不存在的單位，劉震寰在廣西根本沒有一兵一卒。涂思宗欺騙蔡文治，蔡又欺騙美國人。」[37]

張繼續言：「我同蔡文治聯繫，我建議他解散他的組織，加入我們的同盟，盟內其他人也贊成。我告訴蔡文治，光有軍事行動是不夠的，他們必須成為政治行動的一部分。軍人必須接受政治家的領導，既然我們已經組建了同盟，他就應該加入進來與我們並肩戰鬥。蔡文治告訴張，他已建立政治組織，那是完全仿效『自由法國運動』而為。在政治組織下，他組建了軍事部門，叫做軍事委員會；在軍事委員會下，設立海陸空軍總司令部。未徵求當事人同意，張發奎被列為海陸空軍總部總司令，蔡為副總司令兼總部參謀長與陸軍總司令。鄧

---

[36] 張發奎口述，鄭義翻譯/校註，《蔣介石與我——張發奎上將回憶錄》，同註 1，頁 495。

[37] 黃秉衡（化名孫復剛），專職策劃在大陸開展反共游擊戰爭，陸海空軍副總司令駐香港工作站站長，代表蔡文治給駐港人員發薪（空軍宿將，曾任航空署署長、空軍第 1 軍區司令官、駐美空軍武官、國民政府參軍）。廖秉凡，自由中國運動專職內部安全的要員，凡派赴沖繩島訓練的青年軍人都要由他審查，以確信不是中共滲入的特工。胡志偉，〈第三勢力人物傳記的空白年份〉，同註 25。張發奎口述，鄭義翻譯/校註，《蔣介石與我——張發奎上將回憶錄》，同上註，頁 496。

甌（鄧龍光之弟）為海軍總司令，黃秉衡為空軍總司令。」張說：「請注意，他做這些事從不同人商量。蔡文治拒絕解散他的組織加入我們同盟，我們盟內的老先生們認為他錯了，所以我拒絕出任總部總司令這個職位。不僅如此，我反對海陸空軍總部這一組織，為此，我同蔡文治分手了。他認為既然有美國人支持，就不需要加入我們這個組織（指張於其後組織的『戰盟』）。」[38]

平情而言，蔡文治當時的處境是很尷尬的，由於他自忖本身資望較淺，號召力有限，既要向美方吹噓擁有百萬游擊部隊，便須拉攏在兩廣鄉間潛伏幾十萬游擊隊（前身為地方保安部隊）的原陸軍總司令，一級上將張發奎。然蔡真正目的，僅是想抬舉張為精神上虛位的領導者，真正的人事、財務實權仍由自己掌控，不料張卻不吃這套，蓋張認為蔡地位差他太多了，想與其平起平坐或架空他，根本是不自量力，雖在美國安排下，兩人曾短暫合作，但身分及觀念的不同，註定其後分道揚鑣的必然結果。

四、不可能的任務——空投大陸

民國 41 年春，當時同時接受美國情報系統暗助的「自由中國運動」與「戰盟」兩股力量，在美方居間撮合下，曾一度嘗試攜手合作，由張發奎在港、澳一帶負責招募來自華南地區的流亡青年，送往沖繩島接受蔡文治領導的「自由中國運動」所屬各學校進行密集訓練，作為日後籌組游擊部隊的生力軍。此刻蔡文治除了希望透過張發奎在港、澳地區大量招募新手之外，更需要藉助張發奎在華南地區的影響力來號召該地區的地下游擊勢力，以確保能夠繼續獲得美方青睞。為此，他特別增設「軍事委員會」，下轄海陸空軍總部總司令，如前所述，他禮讓由張出任總司令一職，蔡則屈就副總司令兼參謀長。然此舉並未事先與張發奎討論，事後也不被張所接受；反之，張發奎努力遊說蔡文治解散其組織，改加入其所領導的「戰盟」，以擴大整個第三勢力的基礎。雙方對此議題談不攏，合作一事最後無疾而終。[39]

為此，蔡對張頗不諒解，蔡寫信給顧孟餘、張國燾等「戰盟」領導人，醜

---

[38] 張發奎口述，鄭義翻譯/校註，《蔣介石與我——張發奎上將回憶錄》，同上註，頁 499。

[39] 張發奎口述，鄭義翻譯/校註，《蔣介石與我——張發奎上將回憶錄》，同上註，頁 498-499。

詆張是軍閥，並逮捕了張派去沖繩幫忙的二十多位幹部，包括胡越、余鳴皋、林定宇等多名曾與張有關係之人，誣其為「反革命份子」而予以關押。最後在張向美國抗議後，美方施壓於蔡要求放人，最後這二十餘名「戰盟」派去沖繩成員，才平安抵港。[40]儘管如此，在張的指示下，或者說是在美方的壓力下，「戰盟」的幾位重要成員幹部仍於民國 41 年秋天前往沖繩，參與並協助「自由中國運動」訓練游擊人員的計畫。有了「戰盟」人士參與，名義上由蔡文治領導的敵後游擊工作，開始展開具體對大陸的空投與突擊。[41]

41 至 42 年間，在美方軍事情報系統支持下，「戰盟」與「自由中國運動」曾經自香港與日本發動幾次對中國大陸極為失敗的游擊與敵後空投任務。41 年初夏，「戰盟」的軍事部長鄧龍光召集訓練了 70 餘名前粵籍軍人，在美方協助下，取得兩艘機動船，由鄧龍光的舊部陳深率領，從香港最南端的蒲台島向廣東西南地區出發，然因碰到暴雨又因美方運送武器船隻沒如期出現，只好無功折返。不久，「戰盟」又二度嘗試，結果其中一艘船未抵公海前，即遭香港水警攔捕，另一艘逃脫，香港政府本擬將捕獲人員交由台灣國府處理，在張發奎強力交涉下，陳深及其游擊隊員被港府驅逐至澳門，陳等向澳門當地的美方情治機關取得一些遣散費後，即作鳥獸散。[42]

相對於香港，在沖繩、塞班島等地接受訓練的自由中國運動游擊人員，下場就沒有如此幸運了。塞班島的受訓人員要學很多戰事技能，如爆炸橋樑、戰車，搶灘登陸、陣地戰等；尤其是跳傘訓練最為重要。在塞班島幹校訓練一年兩個月後、學員會被送回日本基地，等候空投大陸。依照指示，學員必須自找夥伴組成 4 人空投小組，然後由組長擬定一分計畫書送交司令部審核，計畫內容是選擇空投點，必須識自己鄉下最熟悉的地方。首先執行空投的是湖南組，該組成員是最優秀的，他們都是湖南同鄉，對空投地點情況亦瞭如指掌。司令部對這組也期望最大，估計他們能建立基地，發展成一支游擊隊，以後人員物

---

[40] 陳正茂編著，《五○年代香港第三勢力運動史料蒐秘》，同註 33，頁 146。張發奎口述，鄭義翻譯/校註，《蔣介石與我——張發奎上將回憶錄》，同註 1，頁 499-500。

[41] 張發奎口述，鄭義翻譯／校註，《蔣介石與我——張發奎上將回憶錄》，同上註，頁 497-498。

[42] 鄭義，《國共香江諜戰》（香港：文化藝術出版社，2009 年），頁 343-344。張發奎口述，鄭義翻譯/校註，《蔣介石與我——張發奎上將回憶錄》，同上註，頁 497-498。

資可源源不斷的空投補給，期以星星之火造成燎原之勢。然不幸的很，民國42年夏空投湖南後，便如泥牛入海，杳無消息，應是壯烈犧牲了。[43]

41 年秋，蔡持續不斷的向美方吹噓，他仍牢固的掌握中國大陸各地的敵後人員，一旦自由中國運動發動敵後行動，將可與大陸內部的敵後人員裡應外合。美方對此深信不疑，因此在美方技術與經費支持下，一批批在沖繩與塞班島結訓的學員回到日本後，於是年底起的半年內，先後被安排空投到中國大陸湖南、安徽、江西、湖北、廣東、海南島與東北長白山區，這些敵後人員最後不是下落不明，就是遭到中共當局逮捕處決，美方期待這些空投任務能夠引燃中國大陸的反抗浪潮，建立廣大根據地，並擴大反共游擊武裝力量，終究是一場不切實際的幻想。[44]

艾森豪主政後，美國與國府關係更加緊密，在援外部分也刪除了對「自由中國運動」的援助，蔡文治要求美方再給半年時間以觀後效，中情局遠東情報負責人蕭泰勉為其難同意，但希望蔡能交出成績以便爭取更多的經費與支持。蕭泰除同意空投、海運潛赴大陸外，更增闢一條由泰緬邊境滲入的途徑，訓練課程也由組織群眾開展游擊戰爭改為登陸後利用關係滲入城市蒐集情報。所以自民國42年春，總部自東京遷往沖繩後，蔡求功心切，一再盲目對大陸空投，安徽、江西、湖北、廣東各組接連出發，然都肉包子打狗有去無回，枉拋心力盡成空了，無奈之下，只能暫時停止空投行動。[45]

空投華南、華中一帶雖然失敗，但美方仍不死心，認為只要有一、二組成功，還是值得嘗試的，且對上方也有所交代。既然南方各省失敗，可以到北方各省試試，於是，司令部開始物色東北籍的學員，施以訓練後空投長白山。空投後，出人意料的順利，不僅發回電報還宣稱大有進展，並要求物資槍械彈藥的補給。這意外的驚喜，讓美方士氣大振，立刻批准二次空投，結果又是一切

---

[43] 陳復中，〈熱血男兒淚灑塞班島．反共志士魂斷長白山——「自由中國抵抗運動」的風流雲散〉，同註 28，頁 58。

[44] Unpublished autobiography of Thomas Tse-yue Yang. Chapter21, Thomas Tse-yue Yang Papers, Folder1；Tim Weiner, Legacy of Ashes：*The History of the CIA*（New York：Anchor Books, 2007）pp.56-62.林孝庭，《台海．冷戰．蔣介石：解密檔案中消失的台灣史 1949-1988》，同註 6，頁 92。

[45] 陳復中，〈熱血男兒淚灑塞班島．反共志士魂斷長白山——「自由中國抵抗運動」的風流雲散〉，同註 28，頁 59。

順利，電報回報說已發展了一支數百人的游擊隊，除要求更多補給外，還要大量的美鈔與黃金。美國人不疑有詐，乃派出運輸機飛長白山，飛抵吉林境內遭中共米格機包圍而迫降，正副機師與通訊員統統被俘。從長白山發出的電報，根本都是引誘美國上當的圈套。「長白山事件」使美方顏面盡失，蔡文治也遭到重責，而此事件也讓美方死了心，空投行動於 42 年 8 月畫下休止符。[46]據中共資料顯示，自民國 40 年至 42 年間，有 212 名空降特務被捕獲，由陸路潛入大陸的特務，落入法網者為數更多。[47]而謝澄平的《自由陣線》集團也為此付出慘重的代價，當年參與謝之陣營的青年黨人張葆恩，在謝去世後寫的追悼文章披露一段秘辛，談及謝之《自由陣線》集團之所以收攤，蓋因為當年為配合美國空投大陸行動，失敗後給予這些遺族龐大的補償費所致。[48]

五、風流雲散——自由中國運動的收場

五〇年代的「自由中國運動」是美國中央情報局在國、共之外，另行扶植的第三勢力，由於其所扮演的角色特殊，向來為史家所忌談。參與者奉洋人之命，拿洋人的錢搞政、軍組織，其宗旨是反共反蘇，故中共視之為不共戴天之死敵；然而它在港澳與海外又同國民黨的敵後工作爭奪資源、爭奪人才，自然也遭到中華民國政府的抵制，結果是兩面出擊，腹背受敵。[49]自由中國運動的失敗，其實也是五〇年代香港第三勢力失敗之縮影，其中最大的因素還是中國人政治文化最常見的內鬨。「戰盟」與自由中國運動之間，以及「戰盟」內部各重要成員彼此離心離德，無法真誠合作，也都讓華府對第三勢力運動能否成功，慢慢失去信心。民國 40 年 12 月間，國務院一改稍早論調，指出華府公開

---

[46] 胡志偉，〈「自由中國抵抗運動」的開場與收場〉，同註 4，頁 54。

[47] 胡志偉，〈「自由中國抵抗運動」的開場與收場〉，同上註，頁 56。

[48] 謝在美國壓力及要求下，更參與空投大陸地下工作人員之事，當年空投多達 2、3 百人，他們都是有去無回，為安頓孤兒寡母，《自由陣線》集團曾耗去不少經費，導致後來捉襟見肘，伏下財務危機，終至瓦解的命運。陳正茂，《陳正茂教授杏壇筆耕集：文化資產、第三勢力及政治人物》（台北：秀威版，2019 年 1 月 1 版），頁 215。

[49] 陳復中，〈熱血男兒淚灑塞班島．反共志士魂斷長白山——「自由中國抵抗運動」的風流雲散〉，同註 28，頁 55。

支持第三勢力，與美國和台北國民黨政府維持外交關係的政策相違背，而負責處理遠東事務的官員也開始認為，海內外的第三勢力分子應當在體制內積極參與台灣的國民黨政府，而非在體制外另起爐灶。[50]時任國務院中國司司長的柏金斯（Troy L. Perkins）更明白指出，華府若已決定重新接納台北的蔣介石，則不能夠再對第三勢力給予強有力的支持。[51]

民國42年初，對蔣介石與國民黨較採同情立場的共和黨新總統艾森豪上任後，華府對遠東地區的外交政策出現新的轉變，這也預示著亞洲冷戰初期美國扶持第三勢力與其推動之大陸敵後游擊工作，終將步入歷史。[52]是年7月，「韓戰」停火協議簽訂。9月，美國駐台軍事代表團團長蔡斯（William C. Chase）飛抵沖繩，洽辦在沖繩的韓戰戰俘遣台事，並宣布自由中國運動結束，全體人員歸併到台灣，蔡聞訊如晴天霹靂，因他在海外搞自由中國運動三年多，批蔣及國府遠多於對大陸的抨擊，如今美方宣布歸建台灣，其自然不敢回台。幾經交涉折衝，美方終於同意蔡的意見，即凡自由中國運動成員，以回歸台灣為主；不願去台的，則遣回香港。至於蔡，因經營塞班島已有成績，想凝聚一批人馬於該島，等候有機會東山再起。基於回歸台灣的原則，美方自然不允。[53]

42年12月，蔡在美方壓力下，只能硬著頭皮回台。在美方保證下，蔡與昔日老長官鄭介民（國防部大陸工作處處長兼國民黨中央黨部第二組組長）晤談，蔡向鄭提出幾項要求：1.自由中國運動成員回台後仍維持原有建制，組織近似抗戰時中美合作訓練班的模式，不參加台灣本土的保密防諜工作。2.自由中國運動於42年初，已改組為自由中國抵抗運動大聯盟，回台後政府必須承認其為合法政黨，享有政黨待遇。3.國是會議召開時，自由中國運動應獲幾十個席位。此外還有若干條件，幾天後，政府回覆蔡，蔣批示如下：所有海外歸來人員，視同黨員歸隊，似不應再有其他條件，而有關國是會議召開一項，可

---

[50] State Department Secert Security Information, December7. 1951, in ROCA, reel 22.

[51] Troy L. Perkins（CA）to Everett F. Drumright（Counselor of U.S. Embassy in India）, January23, 1951, in ROCA, reel 27.

[52] 林孝庭，《台海・冷戰・蔣介石：解密檔案中消失的台灣史 1949-1988》，同註 6，頁 100。

[53] 蔡所領導的「自由中國運動」，後由於美國在大陸進行游擊戰策略的意願降低，加以台美關係改善，遂將該組織解散，並把所訓練的軍隊交給台灣的中華民國政府。顧維鈞著、中國社會科學院近代史研究所譯，《顧維鈞回憶錄》第 12 冊（北京：中華書局，1993 年），頁 571-572。

予提名。[54]原本國府要將自由中國運動全批人馬完全接收，蔡最後只能靠美國人幫助，爭取到部分人員遣返香港一途，美國人也沒優待其移居美國，蔡的欲以第三勢力領袖與國共蔣、毛鼎足而三的帝王夢，終是竹籃打水一場春夢而已。

胡志偉曾評論道：「以蔡文治的才具來說，美國人在中國數以萬計的將領中挑選了他，並未走眼。然而蔡之為人，領袖慾帝王夢甚烈，領袖風範與氣度則不夠。設若當年蔡與張發奎合作無間，由蔡充任參謀長（按：後期蔡取張而代之）倒是理想人選。可是蔡之才具不過蔣介石的隨員、侍從參謀層次，要想成為威鎮八方的領袖人物，實屬困難。」[55]美國人也知道蔡有多少斤兩，所以充其量他只是充當中央情報局蒐集遠東情報的掮客角色而已。蔡嘗一度赴台，旋即轉往美國定居，受聘為美國國防部顧問，晚年穿梭海峽兩岸呼籲和平統一，民國 83 年客死美國。[56]二戰後，美國支持從鐵幕內逃出之人民，組織抵抗運動是一義舉，但美國往往花了許多錢反被受援者怨恨，蓋因美國人抹殺了受援者的政治理想，降低其民族意識，而以抵抗運動之名，站在美國人的立場，將抵抗運動貶低為美國的第五縱隊，這般只有軀殼而沒有靈魂的實體，當然發揮不了抵抗運動本應起到的作用。這也是美國在古巴、越南、寮國、柬埔寨等國搞抵抗運動失敗的主因。[57]基本上，蔡文治自由中國運動的失敗及收場，與美國人這種心態和觀念也有很大的關係。

---

[54] 陳復中，〈熱血男兒淚灑塞班島‧反共志士魂斷長白山——「自由中國抵抗運動」的風流雲散〉，同註 28，頁 61。

[55] 胡志偉，〈「自由中國抵抗運動」的開場與收場〉，同註 4，頁 56。

[56] 張發奎口述，鄭義翻譯/校註，《蔣介石與我——張發奎上將回憶錄》，同註 1，頁 518。

[57] 陳復中，〈熱血男兒淚灑塞班島、反共志士魂斷長白山——「自由中國抵抗運動」的風流雲散〉，同註 28，頁 55-62。

第七章　初試啼聲：謝澄平與《自由陣線》集團的緣起緣滅

一、香港第三勢力之源起

民國 38 年，是中國政治史上驚天動地的一年，鏖戰多年的國、共內戰，終告塵埃落定，共產黨席捲大陸，國府則倉皇遷台。處此風雨飄搖之際，一部分標榜反共、反蔣，堅持民主自由的政治人物與知識份子，在美國和桂系李宗仁的支持下，雲集香江，首揭反國、共兩黨大旗，鼓吹第三勢力主張，此即五〇年代於香港，曾盛極一時的第三勢力運動。[1]基本上，整個五〇年代香港的第三勢力運動，是有其錯綜複雜的國內外因素存在的，它是美蘇冷戰結構下的一環，背後有美國的援助。民國 39 年 6 月 25 日，「韓戰」爆發，在華府，為因應中共參加韓戰所帶給美國新的軍事壓力，美國政府也體認到，在蔣介石與國民黨之外，需要扶植政治上的第三勢力，作為牽制北京、領導中國大陸境內的殘存反共游擊勢力、乃至未來於中國大陸情勢轉變時，取代蔣介石或毛澤東的另一個可能選項。[2]

另外，它也是國內反共、反蔣勢力的結合，所以曾獲得李宗仁的支持與奧援。民國 40 年 1 月，李宗仁在其私人秘書甘介侯的陪同下，與美國國務院負

---

1 林博文言：「反蔣親共的『民主人士』於一九四八、四九年紛紛自港北上變為紅朝新貴，形成了第一波的政治運動。『民主人士』北歸後，一批反蔣反共的國民黨政客、將領、自由派、學者和文化人，組成了『第三勢力』，試圖在國共之間另起爐灶，以延續中國政治傳統中最脆弱的一環——反對力量。第二波的政治運動於焉在香港興起，而在五、六○年代蔚然成風。」，見林博文，〈五○年代香港「第三勢力」運動興亡始末〉，《歷史的暗流——近代中美關係秘辛》（台北：元尊文化出版，1999 年 1 月初版），頁 107。

2 林孝庭，《台海・冷戰・蔣介石：解密檔案中消失的台灣史 1949-1988》（台北；聯經版，2015 年 7 月初版），頁 76。

責東亞事務官員見面。李宗仁告訴美方，他在香港的眾多粵、桂系舊部門生，對於美國支持發展中國第三勢力，皆表示高度期待，只待美方點頭支持，就可立即推動。李宗仁宣稱只有他有足夠的聲望與能耐，可以影響台灣以外的反共力量，統籌掌控中國大陸的龐大地下游擊組織；李還表示，只要他在華府登高一呼，香港的第三勢力即可在最短期內發展成一股新的政治力量。[3]當時第三勢力之要角有：張發奎、顧孟餘、張君勱、左舜生、李璜、張國燾、許崇智、伍憲子、李微塵、童冠賢、謝澄平等，這些人分屬民、青兩黨，部分為國民黨及桂系政治人物。當年他們在美國的金錢支助下，曾先後在港成立了「自由民主大同盟」、「中國民主反共同盟」、「中華自治同盟委員會」、「大中國建國會」、「中國民主大同盟」、「中國自由民主戰鬥同盟」（以下簡稱「戰盟」）等名稱大同小異的第三勢力團體。[4]這些團體與政治人物，為得美方青睞與金錢援助，他們大言皇皇信口開河，均宣稱能提供給美方軍事情報及發展組織，但卻鮮有真正實力與具體情報可以提供。於「韓戰」期間派駐香港擔任中央情報局特工的前美國駐華大使李潔明（James Lilley）即曾於回憶錄言：「這些美國幕後支持的第三勢力人物所提供的敵後情報，根本是他們在九龍的公寓房間裡，以中國內地流出的報章雜誌報導，略加改編而成，美方可說是花了大筆冤枉錢，買了一堆分文不值的假情報。」[5]

雖說如此，但也有例外，平情而言，五〇年代在香港這麼多眼花撩亂的第三勢力團體中，其中較具知名度的，當推青年黨左舜生、謝澄平等創辦的《自由陣線》集團，也是在文化陣線上，反共、反蔣較有成績的一個第三勢力團體。[6]本文即以《自由陣線》集團為探討對象，談談當年在美國支援下，該集團在香港第三勢力運動中初試啼聲的經緯始末。

---

[3] Memorandum of Conversation, Subject：Political Thinking of General Li Tsung-jen, top secret, January 26, 1951, in ROCA, reel 22.

[4] 陳正茂，〈簡述五○年代香港「第三勢力」運動〉，《傳記文學》第 71 卷第 5 期（民國 86 年 11 月），頁 66。

[5] 李潔明著，林添貴譯，《李潔明回憶錄》（台北：時報版，2003 年 4 月初版），頁 106。

[6] 陳正茂，〈五○年代香港第三勢力的主要團體：「中國自由民主戰鬥同盟」始末（1952-1955〉，《北台灣學報》第 34 期（民國 100 年 6 月），頁 446。

二、《自由陣線》集團的擴張與發展

有關《自由陣線》集團的興起，可追溯到民國38年李宗仁「代總統」期間，時國府大勢已去，李宗仁於離國前夕，紛紛對有關的政治人物和政治團體，大放交情極力拉攏，有的送錢，有的送官，有的送護照；自己則準備去美國爭取美援後東山再起。青年黨亦透過總統府秘書長邱昌渭（邱早年為青年黨員），分到2萬銀元（一說3萬元）。[7]這筆錢即由謝澄平以團體名義領到，除部分撥給台灣青年黨總部外，其餘便在九龍牛池灣租屋，作為香港青年黨人的落腳地，此即日後「自由出版社」的大本營所在。由於錢的數目不多，在僧多粥少無法分配的情況下，謝澄平即以這筆錢籌辦了《自由陣線》週刊，首擎自由、民主、反共的火炬。[8]

當年在香港的青年黨人物中，李璜、左舜生、何魯之等，係屬元老級的領導人物，但李、謝素來不睦，無從合作。因此初期的《自由陣線》，即成為左、謝合作的局面。左任農林部長期間，謝是他的政務次長，但此次拍擋反而很快散擋，左、謝僅合作一段很短的時間即拆夥。[9]問題是，謝在青年黨內本為次級人物，未曾單獨挑過大樑，同時聲望也不夠，因此李、左既然與他不能相處，謝自然想到另一元老何魯之，在李、左不管的情況下，何最後同意與謝合作。[10]

---

[7] 〈雷震日記〉（1950年3月17日），收入傅正編，《雷震全集》（32）（台北：桂冠版，1989年），頁63。）另程思遠說是李宗仁給青年黨、民社黨各3萬元。見程思遠，《我的回憶》（北京：華藝出版社出版，1995年4月第1次印刷），頁230。

[8] 陳正茂，〈第三勢力運動史料述評：以《自由陣線》週刊為例〉，見陳正茂編著，《五0年代香港第三勢力運動史料蒐秘》（台北：秀威版，2011年5月1版），頁19--20。

[9] 陳正茂，〈謝澄平與第三勢力〉，見陳正茂著，《醒獅精神——青年黨人物群像》（台北：秀威版，2008年10月1版），頁264。關於左舜生與謝澄平的不對盤，我們從左舜生寫給雷震的信也可看出端倪，左說：「《陣線》弟久不作文，最近連看也不看，因兄來信，我才把登有台灣小事的幾期要來看了一看，有許多地方誠不免過於刻薄，對軍隊則相當恭維，對英印態度則表示不滿，似乎並不是完全惡意。如以大度處之，似值不得注意，何況禁止入口？總也算得一種處罰了。」，〈左舜生致雷震〉（40、3、15日），傅正主編，《雷震秘藏書信選》（台北：桂冠版，1990年9月初版），頁122。

[10] 郭士，〈「自由出版社」滄桑史〉，見陳正茂編著，《五0年代香港第三勢力運動史料蒐秘》，同註8，頁74--75。

何、謝合作後，最嚴峻的是，《自由陣線》困窘的經濟情況仍未改善，何甚至傾其私蓄，用來補貼虧損，但也仍無起色。謝最後且向「油蔴地輪渡公司」總經理劉德溥（亦為青年黨員）借調資金，唯仍感不支。為籌措財源，《自由陣線》亦曾向台灣的國民黨當局請求補助，獲得應允，後因該刊言論轉趨激烈，國民黨因此停止補助，這可說是《自由陣線》最慘淡艱困的時期。[11]然就在雜誌社舉債度日，「山窮水盡」之時，謝澄平卻忽然戲劇性的搭上美國路線，使得《自由陣線》有如枯木逢春般，「柳暗花明又一村」了。

有關於謝澄平是如何搭上美國路線，焦大耶（朱淵明）的〈「第三勢力」全本演義：第三百六十一行買賣〉連載長文說是「吉賽普來了！同時有一個美國西點軍校出身的王之也來了，王與馬歇爾關係很好，因丁廷標與之有舊，遂介紹丁與吉賽普晤談，丁又介紹謝澄平、何魯之與吉賽普見面。敘談之下，吉與謝澄平竟有先後同學之雅（按：指美國哥倫比亞大學），時臨運轉，一切事體都好辦了。吉就將謝轉介與東南亞某部門的主持者蘇傑士，輕而易舉的，從此那簡陋的刊物（按：指《自由陣線》），就由週刊，而出版社，而印刷廠，而日報社，而晚報社，而書店，而政治運動，並將刊物附帶發行英文版，彷彿即將大有所為。而『第三勢力』一名詞，亦就是這一系列的刊物、叢書、報章所竭力嘶喊的。隨後還正式散發小冊子一本，闡述『第三勢力』運動的理論，並標列其主張與綱要，似乎這運動即有逐漸具體與成熟的趨勢。」[12]

另外，郭士在〈自由出版社滄桑史〉則提到，是謝主動毛遂自薦搭上線，「事情緣於一日，謝從外面回來對何魯之說：其在輪渡上巧遇民社黨的一位友人盧廣聲，盧告知美國遠東區最高政治幕後負責人尤金正在香港。此公頻繁來往於東京、香港、馬尼拉之間，積極物色自由民主人士，想在國、共之外，培養一個中間的力量。[13]澄平聽後速將此事就商於何魯之，何贊成其積極採取行

---

[11] 國民黨給錢之記載，見〈雷震日記〉（1950年4月8日、5月10日、6月10日、6月16日、8月11日），收入傅正主編，《雷震全集》（32）（台北：桂冠版，1989年5月初版），頁80、103、123、127、163。

[12] 焦大耶（朱淵明），〈「第三勢力」全本演義：第三百六十一行買賣〉，見陳正茂編著，《五○年代香港第三勢力運動史料蒐秘》，同註8，頁104-105。

[13] 郭士，〈「自由出版社」滄桑史〉，見陳正茂編著，《五0年代香港第三勢力運動史料蒐秘》，同註8，頁76。張發奎回憶錄亦言：「有一天，尤金告訴我，廣州嶺南大學原校長香雅格想見我。我

動。未幾，澄平隨即到花園道美國駐香港領事館求見尤金，出來接見者為 S 君，S 君告知尤金已去東京，有何事與其接洽是一樣的。而此代號為 S 君者，不是別人，即為美國巡迴大使吉賽普（Philip Jessup）是也。因此從 1950 年元月起，澄平即頻繁與吉賽普晤面，一談之下，方知謝於哥倫比亞大學留學時，吉賽普正在哥大任教，有此淵源，雙方遂互有好感。[14]原來謝欲找的尤金，不過是吉賽普的副手，真正美國在東南亞政治最高的幕後負責人，正是吉賽普。由此澄平對吉賽普執弟子之禮甚恭，而獲吉氏好感，吉氏答應以亞洲基金會名義，給予每月兩萬美元的補助。」[15]

關於此事經緯，當年亦參與第三勢力運動的張葆恩，於謝澄平逝世後的追悼文章中，曾詳實的敘述其始末。張說：「謝與 S 君多次會談後，雖然對彼此的企圖心照不宣，但也不得其門，交換問題雖然廣泛，但具體問題仍無著落。謝明知 S 君是幹什麼的，S 君也知道謝的心意，但大家始終兜不攏。於此同時，S 君也積極接觸其他民主自由人士，如李微塵、孫寶毅、張國燾、黃宇人等。其時，蔡文治透過司徒雷登關係已在沖繩建立軍事基地，所謂第三勢力的軍事重點已經建立了，而文化重點與政治重點尚未完成，S 君心情著急，謝澄平更心急如焚，因為他的《自由陣線》已快撐不下去了。」

「不得已，謝澄平最後只有請何魯之出馬，在中環與 S 君晤面，在大家敞開心胸無所不聊的氣氛中，逐漸建立互信，S 君多次詢問何魯之對國、共兩黨領袖之看法及美蘇世界局勢之意見，何均能坦誠以告，由是漸獲 S 君賞識。就在第三次會談後，S 君決定金援青年黨的《自由陣線》，支持青年黨在文化思想上的反攻。最後敲定以《自由陣線》週刊和美方合作，先從文化方面做起，建立重點，由文化運動，發展到政治運動，再進而及於軍事的運動，形成第三

認識這個美國人已久，算是老友了，廣州陷共前他離穗。後來，張發奎與香雅格的晤面，也是尤金·王穿針引線及作陪。」張發奎口述，鄭義翻譯/校註，《蔣介石與我——張發奎上將回憶錄》（香港：文化藝術出版社出版，2008 年 5 月 1 版），頁 479-480。

[14] 雷嘯岑曾說到：「有青年黨人謝君，原係留學美國哥倫比亞大學出身的，亦曾晉謁吉氏，自告奮勇，願意搞第三勢力運動。談次即是說他在『哥大』教過書，謝君即執弟子禮如儀，旋以鄭板橋所繪梅花真蹟一幅，致送吉氏作贄敬。於是，吉氏乃拒與張國燾、丁文淵二人接洽，而以全力支持謝君的第三勢力運動，歷時十年以上，花錢不在少數。」雷嘯岑，《憂患餘生之自述》（台北：傳記文學出版社，民國 71 年 10 月初版），頁 170。

[15] 同上註。

勢力的整體架構，以達成反共復國的使命。」[16]《自由陣線》至此乃由謝澄平接手，並擴大規模辦了「自由出版社」及《中聲日報》、《中聲晚報》等刊物，形成所謂的《自由陣線》集團。該集團核心人物除謝澄平外，尚包括何魯之、丁廷標、劉子鵬、于平凡、史澤之、易重光、樓文毅、許子由、張葆恩、左幹忱等人。[17]

當時謝澄平以《自由陣線》週刊為言論喉舌，對倡導第三勢力運動不遺餘力非常積極，曾與張國燾、顧孟餘、何魯之、童冠賢及自己舉行五人茶話會（一說「最高調度委員會」），每星期四舉行一次，開會地點多在童冠賢家裡。[18]其後謝又主張舉行一個定期座談會，經過協商，決定參加者有：黃宇人、程思遠、張國燾、董時進（中國農民黨主席、大學教授）、伍藻池（旅美華僑、民社黨員）、黃如今（前東北大學校長）、羅夢冊（曾任國民參政員和中央大學教授）、史澤之等，號稱跨黨派的九人定期座談會。座談會舉行幾次後，大家都認為應該邀請更多人加入，也試圖建立一個政治組織。謝澄平認為可以將座談會擴大為組織，並命名為「民主中國」，主張從教育文化著手，培育下一代，奠定組織的社會基礎。[19]

然就在謝準備籌組團體之際，又出現一位 H 先生（可能是哈德門），此公支持張發奎，因張主持廣州行營時與其有接觸，H 先生是美國中情局的華南首腦；S 君則是華中的負責人。H 先生積極鼓動張發奎「出山」，但張發奎以自己是軍人不懂政治，乃向 H 先生推薦顧孟餘。顧為北大老教授，抗戰時曾任中央大學校長，早年任過鐵道部長，曾經與陳公博號稱汪精衛的左右手，是「改組派」的大將。而張發奎過去在國民黨內的派系關係，一向比較親近汪精衛的。顧、張二人戰時均未隨汪落水，保留一身清白，此刻香港重逢，一文一武，擔負起第三勢力的政治領導責任，於是第三勢力終於形成所謂的「顧、張」

[16] 張葆恩，〈大時代的悲劇人物——悼念謝澄平老哥〉（中），《全民半月刊》第 14 卷 8 期（民國 81 年 11 月 10 日），頁 16-19。

[17] 〈關於共匪及第三勢力在港活動與我方今後工作部署之建議〉，《總裁批簽》，台（48）央秘字第 093 號，1959 年 5 月 5 日，中國國民黨中央黨史委員會藏（以下簡稱黨史會）。

[18] 黃宇人，《我的小故事》（下冊）（香港：吳興記書報社，1982 年 2 月出版），頁 130-131。

[19] 周淑真，《1949 飄搖港島》（北京：時事出版社出版發行，1996 年 1 月 1 版），頁 305-306。姚金果、蘇杭著，《張國燾傳》（陝西：人民出版社出版，2007 年 3 月 2 版），頁 427。

聯合領導的局面，且欲組織新政團。[20]

針對第三勢力團體互立山頭、各豎旗幟的情況下，澄平為此事曾請詢 S 君，S 君建議澄平與渠合作，澄平最後見了 H 先生，也引薦顧孟餘見了 S 君，此為美國推動中國第三勢力運動雙頭馬車的局面。S 君支持謝澄平；H 先生力挺顧、張，為避免力量分散，澄平一派基於第三勢力大聯合的考量，遂放棄自組政團，轉而加入張、顧新政團的籌組工作，此即日後的「戰盟」組織。[21]「戰盟」成立後，澄平與何魯之等，雖以青年黨代表列名其中，然《自由陣線》集團，仍維持其獨立運作，在整個五〇年代第三勢力運動中，依然擁有相當實力。[22]

在張、顧有意擎起第三勢力大旗之際，澄平曾不遺餘力的穿梭拉線，首先他無私的與何魯之將童冠賢、顧孟餘介紹給美國駐港總領事館政治部主任認識，並在該領事館政治部主任主導下，他們四人連同張國燾組成一個委員會，定名為 Steering Committee，初譯其中文名字為「指導委員會」，後改譯為「調度委員會」，其主旨即在於策動留港中國民主反共人士的聯合運動。[23]客觀說來，其實《自由陣線》集團，對第三勢力運動的重要性與影響力，較其後的「戰盟」大的多，尤其在言論鼓吹方面更是如此。澄平自接掌《自由陣線》後，該刊即致力於第三勢力理論的闡揚與宣傳活動，民國 39 年 5 月 1 日，該刊還特別出版「第三勢力運動專號」，表明其作為第三勢力旗手的決心。在〈我們的基本信念〉文中，《自由陣線》揭櫫「民主政治」、「公平經濟」、「自由文化」三大綱領，作為打倒中共專制，反對國民黨獨裁，建立獨立民主的新中國的理想目標。[24]

有了美援後的《自由陣線》週刊，後來正式擴編為「自由出版社」，工作

---

[20] 張葆恩，〈大時代的悲劇人物——悼念謝澄平老哥〉（中），同註 16，頁 18-19。

[21] 陳正茂，〈五〇年代香港第三勢力的主要團體：「中國自由民主戰鬥同盟」始末（1952-1955〉，同註 6，頁 445。

[22] 萬麗鵑，〈一九五〇年代的中國第三勢力運動〉（台北：國立政治大學歷史學系研究部博士論文，民國 90 年 7 月），頁 29。

[23] 黃宇人，《我的小故事》（下冊），同註 18，頁 131。

[24] 本社，〈我們的基本信念〉，《自由陣線》第 3 卷第 3 期（1950 年 10 月 10 日），頁 4-5。

的業務範圍迅速增加展開。在香港市面上，除定期的《自由陣線》週刊外，還發行「自由叢書」小冊子、文藝小說、漫畫集、專題研究、大學教本、名著翻譯等，均如雨後春筍般紛紛出籠。「自由出版社」的出書，在殖民地文化籠罩下的香港，點燃了自由民主、反共復國的火炬。當時香港的第三勢力刊物有丁文淵的《前途》；顧孟餘、童冠賢為代表的《大道》；張君勱的《再生》；孫寶剛、孫寶毅兄弟的《民主與自由》等，但都不及「自由出版社」的聲勢浩大。[25]除「自由出版社」外，謝澄平還發展許多事業，計有：《英文雙週刊》、《中聲日報》、《中聲晚報》、田風印刷廠、平安書店、尚德英文書院、中共問題研究所、自由作家俱樂部、時代思潮出版社（由羅夢冊出面領導，實際由謝暗中支持）、《主流月刊》（由羅夢冊出面領導，實際由謝暗中支持）、「民主中國青年大同盟」（即以後友聯出版社的前身）、開展「民主獨立中國運動」等（延攬了張國燾、李微塵、羅夢冊、黃宇人、孫寶剛等）。[26]

「自由出版社」的班底，基本上以青年黨為主，因此內部人事大多由青年黨人把持，其中重要人物有謝澄平、丁廷標、龔從民、史澤之、張葆恩、夏爾康、譚伯揚等。但為了推廣業務，也對外積極延攬人才，如張國燾、李微塵、孫寶剛、黃如今等。尤其為增加生力軍，更吸收一批「民主中國青年大同盟」的青年知識份子加入，如邱然（北大外文系學生，筆名燕歸來，為該同盟秘書長，友聯出版社總負責人，青年黨人邱椿之女）、陳濯生（中央大學政治系學生，丁廷標女婿，友聯出版社新加坡負責人）、胡越（又名胡清（欣）平，東北人，友聯出版社日本負責人）、徐東濱（西南聯大外文系學生，民主中國青年大同盟主席）、許冠三（筆名于平凡，謝澄平任教東北大學時學生，後脫離民主中國青年大同盟，在港主持「春秋書局」）、徐質平（筆名徐逮，《星星、月亮、太陽》一書作者，後脫離民主中國青年大同盟，自創「高原出版社」，出版文藝書籍）。[27]

此外，「自由出版社」亦出版大量反共書刊，對海外反共運動頗多貢獻。據謝澄平說，「自由出版社」自民國 39 年 7 月成立至民國 43 年底止，《自由

---

[25] 謝澄平，〈三年來的自由陣線〉，《自由陣線》第 12 卷第 5、6 期（1952 年 12 月 5 日），頁 4。

[26] 陳正茂，〈謝澄平與第三勢力〉，見陳正茂著，《醒獅精神——青年黨人物群像》，同註 9，頁 266。

[27] 張葆恩，〈大時代的悲劇人物——悼念謝澄平老哥〉（中），同註 16，頁 26。

叢書》共出刊256種，舉凡中國歷史文化、各國政治文化、蘇俄問題與經軍事專著等，約有六十餘種，而關於中共問題的書籍則有近百種之多。文化事業發展之速，單位之多，包羅之廣，真是一日千里，令人側目。[28]而澄平領導的《自由陣線》週刊，在港、九樹起反奴役、反暴政、反極權的大纛。時值紅朝新貴彈冠相慶之際，澄平卻在其臥榻之旁的東方之珠，帶頭發出了「沒有自由絕無生路，結成陣線才有力量」的反共怒吼，其魄力與勇氣是值得肯定的。自由出版社後來與友聯出版社及亞洲出版社，為港、九及海外鼎足而三的反共文化事業。[29]

三、謝澄平與許崇智的「中國民主反共同盟」

「1949年冬季至1950年春季之交，是香港第三勢力運動最蓬勃而又最混沌的時期。當時左一個座談會，右一個小組會，有十人八人一堆的，也有十幾二十人一起的，有的約期會談，並無固定形式，有的則商擬名稱，起草綱領，儼然要有正式組織，據一般估量，類似此種組合，達一百以上；傳說美國領事館曾有調查，則為七十餘個，當較可靠。」[30]這麼多琳瑯滿目的第三勢力團體，何以如雨後春筍般紛紛成立，原因只有一個，即希望得到美國的青睞與援助，

[28] 辛木，〈自由叢書發刊五年〉，《自由陣線》第21卷第1期（1954年12月6日），頁13。有關謝澄平的《自由陣線》集團，在文化思想方面的貢獻，香港研究第三勢力運動頗有成績的胡志偉（鄭義）先生指出，謝是第三勢力成員中，對中國文化思想貢獻最大者。他所主持出版的256種書籍中，舉凡中外歷史文化、蘇俄問題與政經軍是專著等有六十餘種，關於中共問題研究則有近百種，如陳寒波《我怎樣當著毛澤東的特務》、董時進《我認識了共產黨》、左舜生《近卅年見聞雜記》、胡越《歷史唯物論批判》、燕歸來《新民主在北大》、周作傑《毛澤東可能變成鐵托嗎？》、李華《一個紅色女間諜的新生》等，不僅政治預測正確，而且為後世學者提供了大量研究五○年代大陸史、香港史乃至世界冷戰史的第一手史料。胡對謝之評論，是相當客觀中肯的，可為謝「蓋棺論定」之言。見張發奎口述，鄭義翻譯/校註，《蔣介石與我——張發奎上將回憶錄》，同註13，頁521。

[29] 張葆恩，〈大時代的悲劇人物——悼念謝澄平老哥〉（上），《全民半月刊》第14卷7期（民國81年10月15日），頁27-28。

[30] 焦大耶（朱淵明），〈「第三勢力」全本演義：第三百六十一行買賣〉，見陳正茂編著，《五0年代香港第三勢力運動史料蒐秘》，同註8，頁103。當時亦參與第三勢力運動的司馬璐即回憶道：「初期的香港『第三勢力』非常混亂，成份複雜。有些人是逐漸才暴路他的真實身份，或共產黨、或國民黨，或屬於是日、英、美的情治單位。」司馬璐，《中共歷史的見證——司馬璐回憶錄》（香港：明報出版社出版，2004年11月1版），頁188。

蓋美國巡迴大使吉賽普（Philip Jessup）於1950年春來到香港時，於記者招待會中談及「美國希望中國出現第三勢力」，此言一出，給予那些反共又反蔣的人士，士氣大振希望無窮。[31]

於是「有志之士」，紛紛以「第三」自命，要靠美國的排頭，造成「勢力」，一舉而取「第一」、「第二」而代之，或至少形成鼎足三分天下之勢。是時「第三勢力」的呼聲已瀰漫香港，老將許崇智雖脫離實際軍政已久，然在華南仍有一定號召力，久已躍躍欲試，那時許多舊雨新知，群集許周圍，如方覺慧、溫應星、張導民、關素人、劉震寰、上官雲相、彭昭賢、宣鐵吾、李微塵，張六師、毛以亨、金典戎、徐慶譽等都變成座上客，為許奔走策劃不遺餘力。[32]但也有若干人並非不重視許，總覺許只能作為象徵，難負實際責任，時代推進到當前階段，許尤其不能作唯一首腦。[33]

唯謝澄平卻不這麼認為，謝是個務實的機會主義者，他認為遇此良機，豈能錯過！因此積極動員力量，鼓吹許要成立一個全面性的組織，以帶領第三勢力運動。但在各方領袖未齊集前，先行成立一個籌備會式的組織，可定名為「中國民主反共同盟促進會」，表示只是盡「促進」的義務，負籌備的責任。「促進會」設主席似的召集人，由許崇智擔任，內部亦分若干組。首先設一秘書長，以總其成，地位至關重要，人選自需特加遴選。許屬意由老成穩健，學殖精純的何魯之擔任；何氏不肯，乃又希望由謝澄平擔任，但謝以不便正式露面辭謝，唯再三聲言，一切絕對盡力支持。後推梁寒操，唯梁亦懇辭，最後遂以徐慶譽

---

[31] 焦大耶（朱淵明），〈「第三勢力」全本演義：第三百六十一行買賣〉，見陳正茂編著，《五○年代香港第三勢力運動史料蒐秘》，同上註。

[32] 周一志，〈我對許崇智了解的片斷〉，《文史資料選輯》第13輯（合訂本第4冊）（北京：中國文史出版社，1986年），頁137。關玲玲著，《許崇智與民國政局》（台北：大安出版社，1991年3月1版），頁176。

[33] 青年黨領袖李璜即非常瞧不起許崇智，李說：「許崇智在石塘嘴開廳大宴群『雄』，酒酣耳熱，一面高談其反共大有辦法，一面命女招待為之撫腿……。」李璜，《學鈍室回憶錄》（下卷）（香港：明報月刊社出版，1982年元月初版），頁735。〈雷震日記〉亦載：「許崇智在香港組織第三勢力時，曾組一俱樂部，以聯絡各方人士。但許之俱樂部在妓女寓中，許請客一面大談政見，一面懷抱女人，因此大家都看不起其為人。」傅正主編，〈雷震日記〉（1951年2月6日條、2月23日條），《雷震全集》（33）（台北：桂冠版，1989年8月初版），頁31。

充任。[34]至於另一要職「聯絡組」，公推年高德劭，各方人緣熟絡的方覺慧擔任。「政治組」初擬推左舜生擔任，左力辭，遂推伍憲子。「軍事組」則推夏煦蒼，「僑務組」關恕人，宣傳組，眾以謝澄平不能再辭，由謝出任；財務則由許自兼。[35]

後來，總覺得「促進會」太過保守，何不名正言順地公開，幾經討論，終於決定正名為「中國民主反共同盟」，謝且在其中扮演了重要要角。有關謝及「中國民主反共同盟」之情況，國民黨內部的蒐集檔案最能反映出，據雷震與洪蘭友二氏於民國40年呈給蔣介石的報告言：「關於所謂第三勢力問題，實際上僅有許崇智、謝澄平、孫寶剛等少數分子，其中以許之集團聲勢比較浩大。」[36]此許之集團乃是「中國民主反共同盟」，當時在「戰盟」還未成立前，算是香港較大的第三勢力團體，參加的人也很多，如彭昭賢、張國燾、宣鐵吾、上觀雲相、胡宗鐸、梁寒操、方覺慧、張任民、伍憲子、伍藻池、王厚生、金侯城、左舜生、顧孟餘、王正廷、任援道、鄧錦章、趙立武和謝澄平等人。[37]

雷、洪在報告中更特別點出謝澄平，說他在文化方面頗有建樹，辦有「《自由陣線週刊》、《英文雙週刊》、《中聲日報》、《中聲晚報》、自由出版社，出叢書數十種，並津貼羅夢冊之社會思潮研究所，以稿費名義資助生活困難之知名之士及青年學子，每月開支，以目前計，不少於港幣六萬元，其款係由美國主持情報方面取來，而以大陸情報交換之（其所有情報由報紙及各方訪問得來），在香港方面以文化工作反共頗有成績，網羅青年學子亦不少。」雷、洪二人又說：「此等第三勢力，不必過分重視，但亦不可棄置不理。政府應抱定反共抗俄之聯合陣線，藉以團結並增強其力量。在目前可以歡迎來台觀光考察

[34] 焦大耶（朱淵明），〈「第三勢力」全本演義：第三百六十一行買賣〉，見陳正茂編著，《五○年代香港第三勢力運動史料蒐秘》，同註8，頁207。

[35] 同上註。

[36] 〈分呈總統蔣中正、行政院長陳誠第三次報告〉（總報告：40年3月5日），《雷震全集——給蔣氏父子與軍監牢頭的抗議信》（27），頁34-35。1951年1月31日，「雷震與洪蘭友前往香港，此行最重要的目的是調查『第三勢力』的情況，這是當時國民黨最為關切的事，其重點在『第三勢力』的經費是否來自於美國？有哪些人參加？國民黨原高級幹部中又是哪些人？」范泓，《民主的銅像——雷震先生傳》（台北：秀威版，2008年4月1版），頁158。

[37] 同註34、35。

或居住之名義下，於不動聲色之中，以收釜底抽薪之效。而此等第三勢力所藉以成長者，胥賴美國之支持與日本之同情，倘我政府對美、日兩國增進良好關係，美、日不助，則第三勢力亦不易建立成功也。」[38]

為此，國民黨中央改造委員會於 40 年 5 月 30 日舉行的第 143 次會議，討論第一組所提〈委員兼行政院院長陳誠同志函送關於雷震、洪蘭友兩同志提供對港澳意見處理辦法，業經本會大陸地區工作指導委員會分別研議，謹錄案提請核議案〉決議：「對許崇智、謝澄平、孫寶剛等所組織之第三勢力，應以聯合陣線加以團結，並增強其力量，歡迎其來台觀光考察。」[39]其後，專程赴港疏通的雷震，在給蔣的建議書上，再度提及：「香港方面所謂『第三勢力』，不足重視。內情也很簡單，其領導人物僅有謝澄平、孫寶剛及羅夢冊諸人。謝的集團僅有二十餘人，以《自由陣線》雜誌為中心，另組有自由出版社，刊行反共書籍，《自由陣線》原由左舜生主持，實際上由謝澄平負責，以後左、謝意見不一致，左遂不問《自由陣線》之事。」[40]

國府方面表面上雖說不必重視香港第三勢力，但最後仍認為「堅決反共而以第三勢力自居者，亦應特別爭取，以免貽譏於外人，而為擴大爭取大陸民眾之基礎，此等人來台後，即無所謂第三勢力。」[41]關於謝澄平等之組織，多係羅致一般青年，除有刊物若干種外，並設有一研究所，每月支出不下於 1 萬美金，其力量實已超過許等之團體費。至謝等之經費來源，聞係由美方負責。[42]由雷震與洪蘭友一再點名謝澄平，可知原本寂寂無聞的謝澄平及其《自由陣線》集團，在五〇年代初，於香港第三勢力團體中所扮演舉足輕重的角色；及謝澄平之影響力於一般了。未幾，許的「中國民主反共同盟」政綱、政策以及類似宣言的文件，也在美國出現了，同時也遞到了哈德門的手中。謝為撐腰打氣，也在經濟方面酌量給許支持，謝並主張以正式組織的名義，在美國發表政綱、

---

[38] 〈分呈總統蔣中正、行政院長陳誠第三次報告〉，同註 36，頁 34-35。及〈中國國民黨中央改造委員會第 105 次會議紀錄〉。

[39] 〈中國國民黨中央改造委員會第 143 次會議紀錄〉，頁 5、27-28。

[40] 〈雷震給蔣中正等的建議：39、11、2 日〉，同註 36，頁 6。

[41] 〈雷震給蔣中正等的建議：39、11、2 日〉，同上註，頁 11。

[42] 〈向行政院報告、國民黨改造委員會建議與雷震按語〉，同上註，頁 46。

政策等等，並同時遞送美國當局。[43]及至後來「戰盟」成立，剛開始並沒有謝的份，迄於看到許的大纛豎起來了，「戰盟」的「最高」人物才開始警覺，原來謝才是此中的策動者兼經濟後台，事到如此，只好設法疏通加以拉攏了。[44]

四、《戰盟》成立後與謝澄平的恩怨

五〇年代香港第三勢力的主要團體是「戰盟」，它成立於民國 41 年 10 月 10 日，主要領導人為所謂的「三張一顧」，即張發奎、張君勱、張國燾、顧孟餘是也。[45]「戰盟」成立不久，內部成員即風波不斷，以謝澄平為首的「自由陣線」集團亦與其時有齟齬。[46]先是「戰盟」為了對美國有所交代，張發奎、顧孟餘等決定整合當時香港的第三勢力團體，將第三勢力建立成一股容納各黨各派，有效且有力的反共聯合陣線，以利擴大宣傳及助長聲勢。初時張、顧先擬出一份八人名單，計張發奎、顧孟餘、李璜、張君勱、伍憲子、童冠賢、張國燾和黃旭初等八人。嗣美方以人數過少，不足以反映各黨派力量，最後才有張、顧提出的 25 人名單。[47]

---

43 〈抄錄「民主反共同盟」組織章程及政治綱領〉，見《總裁批簽》，台（40）改密室字第 0113 號，1951 年 3 月 14 日，黨史會藏。

44 焦大耶（朱淵明），〈「第三勢力」全本演義：第三百六十一行買賣〉，見陳正茂編著，《五〇年代香港第三勢力運動史料蒐秘》，同註 8，頁 209。

45 〈從擁汪到投蔣的顧孟餘〉，《傳記文學》第 100 卷第 5 期（民國 101 年 5 月），頁 69。

46 「在張、顧等第 1 次所提名單中，青年黨方面只有李璜 1 人參加，嗣因美方主張擴大名單為 25 人，故張、顧等乃將左、謝及何 3 人之名加入，左、謝、何 3 人因與李璜不睦，知李參加在先，故表示拒絕參加，且謝每月自美方領補助費美金 2 萬元，開辦《自由陣線》、平安書店、自由出版社、《中聲日晚報》及研究所等，聲勢頗為喧赫，深恐一旦參加之後，所有美援均需統一支配，則謝目前局面將維持不住，故尤堅決表示不參加。……張、顧後來且對謝威脅，謂謝如不參加，則將請求美方對謝停止補助，使謝感覺進退兩難。」陳三井，〈蔣介石眼中的海外自由民主運動〉，《「蔣介石與現代中國再評價」國際學術研討會》論文集（下冊），（台北：中央研究院近代史研究所主辦，2011 年 6 月 27-29 日），頁 596-597。

47 〈對顧張等醞釀第三勢力近況報告〉，（中國國民黨中央改造委員會第 150 次會議紀錄，附件，1951 年 6 月 7 日），黨史會藏。

25 人名單分別是：

序　號	姓　名	黨　籍	簡　歷
01	張發奎	國民黨	國府一級上將、曾任廣東省政府主席
02	顧孟餘	國民黨	曾任北大教授、中央大學校長、鐵道部長
03	童冠賢	國民黨	曾任北大教授、立法院院長
04	許崇智	國民黨	歷任粵軍總司令、國民政府委員、軍事部長、監察院副院長、總統府資政等職
05	上官雲相	國民黨	曾任 32 集團軍總司令、華北剿匪總部副總司令
06	彭昭賢	國民黨	曾任國府內政部部長
07	宣鐵吾	國民黨	曾任陸軍 91 軍軍長、淞滬警備司令、上海市警察局長
08	張純明	國民黨	前清華大學教授
09	張國燾	原共產黨領袖之一；後加入國民黨	曾代理中共中央書記、紅 4 方面軍負責人、中共中央軍委主席、陝甘寧邊區政府主席、國民參政員
10	何義均	國民黨	曾任中央大學教授
11	黃宇人	國民黨	曾任國民參政員、國民黨貴州省黨部主任委員、立法委員
12	黃如今	國民黨	曾任國民黨新疆省黨部書記長、前東北大學校長

序　號	姓　名	黨　籍	簡　歷
13	甘家馨	國民黨	國民黨第六屆中央執行委員、立法委員
14	黃旭初	國民黨	歷任軍長、陸軍上將、廣西省政府主席、總統府國策顧問
15	徐啟明	國民黨	曾任桂系兵團司令
16	周天賢	國民黨	歷任湖南省黨部執行委員、省參議員、三青團中央幹事、國民黨中執委、立法委員等職
17	張君勱	民社黨	國家社會黨創始人，國民參政員、民社黨主席，有「中華民國憲法之父」之稱
18	伍憲子	民社黨	曾任民社黨副主席、民憲黨主席
19	伍藻池	民社黨	民社黨員、旅美華僑、立法委員
20	王厚生	民社黨	民社黨中常委、民社黨秘書長
21	李微塵	民社黨	民社黨員，曾任《中國晚報》主筆、陳友仁秘書、主持「創墾出版社」、《熱風》半月刊主編、新加坡《南洋商報》筆政，與李光耀總理關係良好
22	李璜	青年黨	青年黨領袖，曾任北大教授、國民參政員、國府出席聯合國制憲大會中國代表團團員之一、行憲後第一任經濟部部長（未就）
23	左舜生	青年黨	青年黨領袖，曾任國民參政員，國府農林部部長，國大代表、光復大陸設計委員會副主任委員

序號	姓名	黨籍	簡歷
24	何魯之	青年黨	青年黨領袖，曾任華西大學教授，國府委員，國大代表、總統府國策顧問
25	謝澄平	青年黨	曾任農林部政務次長、國大代表、《自由陣線》週刊負責人[48]

25 人名單出爐後，張、顧於民國 40 年 5 月 11 日，邀請大家見面商議，並宣示成立組織的必要性。6 月 2 日又再度集會，然因內部意見分歧，仍未取得共識。值得注意的是，這兩次聚會謝澄平都沒有參加，原因是青年黨領袖李璜對外宣稱，他一人代表青年黨參加即可，為此，謝澄平不滿的在《自由陣線》刊登啓事，指出李璜以黨派立場自稱領袖，在外多方招搖，否認李的領袖地位。[49]除青年黨高層內鬨導致謝不出席「戰盟」外，另有一因為謝有自己的管道，其早已接受美援津貼，深恐一旦加入，美援統一支配，對其未必有利。既然黨內大老何魯之、李璜、左舜生等前輩均不出席，他更不便獨往。而且，因謝的後台路線不同，做法也未盡一致；更何況在「戰盟」成立之前，謝已獨張一幟，高喊「第三」達一年以上，自問資格當不後人，聲望亦已鵲起。基此幾點原因，謝雖屬晚輩，但自認「戰盟」張、顧等領導人，必然對他另眼相看，倚重有加。誰知張、顧根本不管這一套，非特以「眾人」視之，且打算先接收謝這一現成地盤以作憑藉，至於對謝的安排，則給了他一個空洞的「宣傳委員會副主席」之類的頭銜敷衍敷衍。[50]「戰盟」當時的人事安排為：中央委員會委員張君勱、顧孟餘、張發奎、張國燾、許崇智、童冠賢、宣鐵吾、龔楚、蔡文治、謝澄平、劉震寰、黃旭初、程思遠、李微塵、李大明等 15 人。其中，張君勱、顧孟餘、

[48] 以上資料，參考劉繼增、張葆華主編，《中國國民黨名人錄》（湖北：人民出版社出版，1991 年 9 月 1 版）、劉紹唐主編，《民國人物小傳》（台北：傳記文學出版社出版）、《國史館現藏民國人物傳記史料彙編》（台北：國史館印行）諸書。

[49] 〈自由陣線、自由出版社啟事〉，《自由陣線》第 5 卷第 5 期（1951 年 4 月 27 日），頁 20。

[50] 〈民主戰鬥同盟活動〉、〈民主戰鬥同盟糾紛〉，見《總裁批簽》，台（42）改密室字第 0128 號，1952 年 4 月 1 日，黨史會藏。焦大耶（朱淵明），〈「第三勢力」全本演義：第三百六十一行買賣〉，見陳正茂編著，《五○年代香港第三勢力運動史料蒐秘》，同註 8，頁 144。

張發奎、張國燾、許崇智 5 人為常務委員，李微塵為秘書長；中央軍事委員會委員長張發奎，副委員長蔡文治；中央政治委員會委員長顧孟餘；中央文化宣傳委員會主席張國燾，副主席謝澄平；組織部部長顧孟餘兼，副部長龔楚；青年部部長黃宇人，副部長彭昭賢；對外聯絡部部長程思遠，副部長梁友衡。[51]

由上述一紙名單看來，謝表面上在「戰盟」是擠入高層領導核心，但並非擁有實權的常務委員，且掛名宣傳委員會副主席，亦毫無權力可言。以謝的《自由陣線》集團之實力，竟僅得如此，謝氏本人及其班底，自然不免對張、顧心生怨懟。據《蔣介石與我——張發奎上將回憶錄》一書言：「謝澄平退盟了。他是《自由陣線》半月刊的負責人。他開出條款，要擔任同盟的秘書長。顧孟餘說我們不能接受任何需索，於是謝澄平離開了。我們感到人才濟濟，財力豐沛，所以不在乎。」[52]張回憶所言不虛，謝與李微塵的交惡，確實是其脫離「戰盟」的導火線之一。李微塵在謝看來，原是不見經傳的人物，謝起初邀其參加編輯《自由陣線》英文版，李出一本小冊子，名叫《未來之展望》以為宣傳，不久，CC 大將彭昭賢讀了這本小冊子頗為欣賞，乃登門拜訪，請李一同出來參加第三勢力運動。時彭與丁文淵、宣鐵吾等業已另有一組織，李經此一拉身價陡增，對謝方面不免忘形。隨後李又與羅夢冊有所衝突，謝支持羅，遂將李辭退，從此以後，李、謝分道揚鑣，互相攻擊。首先是李與馬義聯合，在自聯通訊上，對謝不時予以抨擊。未幾，又與張六師、張國燾等多方聯絡，對謝採取包圍戰略；及至接近張發奎，參與張、顧集團機要，更使謝感覺芒刺在背，坐臥不安。謝為有實力之人，今秘書長寶座竟由李出任，是可忍！孰不可忍！最終只有退盟一途以為反制。[53]

不僅如此、因謝走的是美國「傑賽普路線」，他個人似乎並不以為哈德門的搞法是絕對正確，而哈也無囑其接受彼方的領導，準備移交的指示，於是謝的膽子就慢慢壯起來了。隨即又看到張、顧集團，既無章法亦無作為，謝亦非

---

[51] 司法行政部調查統計局第六組編，《中國黨派資料輯要》中冊（台北：出版項不詳，1962 年），頁 256。

[52] 張發奎口述，鄭義翻譯/校註，《蔣介石與我——張發奎上將回憶錄》，同註 13，頁 489。

[53] 張國燾退盟、謝澄平另起山頭爭美援等，都是李微塵縱橫捭闔的惡果。焦大耶（朱淵明），〈「第三勢力」全本演義：第三百六十一行買賣〉，見陳正茂編著，《五 0 年代香港第三勢力運動史料蒐秘》，同註 8，頁 143-144。

等閒之輩，況且他自己原有一《自由陣線》集團，相形之下，張、顧的「戰盟」反而不如他，謝因此乃產生出羞與為伍的念頭來。平情說來，在張、顧「戰盟」扛起第三勢力大旗之初，謝以本身資歷不夠，難以擔當大軸，曾經是真心誠意想推幾個前輩出來領導以資號召，而眾望所歸的前輩，張君勱遠在印度，張發奎素不相識，許崇智淵源甚淺，唯有顧孟餘乃北大教授，與謝有師生之誼。於是謝乃耑誠佈悃，力請顧出山領導，為展現擁戴之情，謝還徵的美國同意，提出一筆經費，專租一棟房子，先行組織一五人小組，以主持籌劃第三勢力大計。而此五人小組乃何魯之、童冠賢、張國燾及謝和為首的顧孟餘。[54]諷刺的是，謝如此的推崇顧孟餘，顧竟不來，亦不明拒，後來還是謝輾轉拜託何魯之，三番五次的敦促，又懇請童冠賢千方百計的疏通，顧始無精打彩勉強談談，彷彿不感興趣。及至哈德門來，張、顧集團成形之後，顧即絕對不再參加謝的五人小組，亦不對謝有所交代，謝不免大失所望，何況隨後還想要接收謝的「地盤」，難怪謝對人說：「我竟擁護出吞併我們的領袖來了！」[55]

除對顧的心生怨懟外，張發奎因對謝極為鄙薄，若非謝有點實力，根本無從在「戰盟」立足，遑論能表面上躋身高層。顧孟餘即很現實的說到：「他是有背景的人」，「現在又有許多事業在手，不敷衍他，他不會就範，或許他會跟我們搗蛋的」。所以，張最後是勉強接受了謝，但張、顧對他印象惡劣，時常對人罵他，謝亦覺得均係李微塵搗鬼所致。[56]不久，又適逢張與蔡文治鬧翻，謝遂認為「張顧集團有李某在內，是永難容我的了」！乃在後台老板美國處，竭力提供許多對張、顧不利的情報，對張、顧集團及「戰盟」，帶

---

[54] 黃宇人，《我的小故事》（下冊），同註 18，頁 128-130。

[55] 謝澄平的五人小組，原先是顧孟餘、何魯之、童冠賢、張國燾及謝澄平五人。原來的五人小組，顧只勉強來了兩次；後來哈德門來後，張、顧集團始籌組，顧即絕跡不到。謝於沒趣之餘，乃請張國燾及謝的三位好友參加，即黃宇人、羅夢冊、程思遠，形成新的五人小組。這新的五人中，無論依年齡，資格，或聲望，均以張國燾為先，張氏因此一躍而為張、顧集團中的要角。可是初次「民主選舉」結果，黃、謝二人雖幸入選，但羅、程二人卻落選，不能參加「25 人集團」，遂同聲抱怨，紛紛質疑張國燾，從此這新「五人小組」也就散了夥而風流雲散了。焦大耶（朱淵明），〈「第三勢力」全本演義：第三百六十一行買賣〉，見陳正茂編著，《五○年代香港第三勢力運動史料蒐秘》，同註 8，頁 143。

[56] 焦大耶（朱淵明），〈「第三勢力」全本演義：第三百六十一行買賣〉，見陳正茂編著，《五○年代香港第三勢力運動史料蒐秘》，同註 8，頁 144。

來莫大的傷害。

五、《自由陣線》集團的內鬨和失敗

基本上，《自由陣線》集團曾有其輝煌的歲月，在五〇年代香港第三勢力運動中，有其舉足輕重的影響力，但最後仍不免走向衰敗沒落的結局，此與領導人謝澄平的作風有絕對的關係，真是「成也蕭何，敗也蕭何」。當年也是《自由陣線》集團核心幹部的張葆恩，在謝辭世後，於台灣青年黨刊物《全民半月刊》上所寫的追悼文章中，即抖出不少驚人內幕，亦足證謝最終之失敗是其來有致。

1.謝太權謀，未能以誠待人

張說：「謝澄平利令智昏，領導無方，不僅使對方（美國）失望；抑且沒能把握時機，建立差堪自給的事業根基，以冀爾後能自己維持下去，不依賴外人，竟虛擲光陰十年，步入失敗下場，豈非一大憾事。而謝排擠青年黨老幹部，尤其是參與最初活動的人，怕其知道秘密而欲除之後快；想用新人又不放心，此為用人方面之矛盾。張接著批評道：最糟的是，謝還喜歡玩弄平衡手法，對待左、何兩位元老及一起打拼的事業夥伴，以遂其個人獨斷獨行，為所欲為的伎倆。」張認為謝於事業初起時，就施展了卸責、嫁禍、慫恿的諸種手法，對付共同努力的朋友，於是演出了排丁（廷標）、打龔（從民）、拒何（魯之）等一連串的把戲。其後逼得左舜生與左幹忱和丁廷標聯名寫「最後通牒」給謝，提出 3 點要求：1.要了解經濟情況；2.左舜生任社長；3.今後社務由五人會議決定（左舜生、左幹忱、丁廷標、何魯之、謝澄平）。謝拒絕，後勉強同意何、左、謝三人每週四於何寓會談，交換意見。社長一職則由何在「紅樓」餐敘時勸退左舜生，左最後同意與何魯之、翁照垣擔任出版社顧問一職。[57]

雷嘯岑言：「中國高級知識份子衹要有三個人在一道搞政治活動，內部必然發生爭奪領導權的醜劇，雖把團體弄垮，亦所弗惜。主要原因是大家皆基於『為貧而仕』的下意識，靠政治活動以求生存，所以必須爭取領導地位，纔可

---

[57] 張葆恩，〈大時代的悲劇人物——悼念謝澄平老哥〉（中），同註 16，頁 20。

望在政治上獲致顯貴職位，博得豪華的生活享受。此與西方產業發達國家的知識份子，於受過相當教育後，即從事工商企業工作，俟生活基礎奠定了，再相機在政治上求出路的習慣，背道而馳，本末倒置，也就是所謂第三勢力沒法產生的癥結所在。」[58]真是一針見血之論。

2.樹敵太多，濫用美援

此外，謝行事太過專斷，樹敵太多，也是《自由陣線》集團失敗的另一原因。如謝原本與馬義（司馬璐）、齊星士（蔣炎武）等合辦「自聯社」，為《自由陣線》集團之外圍組織，謝提供經費，交由馬、齊共同負責。旋馬、齊因互爭領導權而合作破裂，又因經費問題與謝交惡，於是演出馬義登報抨擊，齊則毆謝於街頭的鬧劇。之所以如此，全是「錢」在作祟，蓋謝挾「秘密不可洩」為護符，經濟不肯公開，以滿足其個人隨興支配，恣意揮霍的慾壑，終於導致人心離散，自取滅亡。為錢，謝甚至不惜得罪何魯之，與何大吵一架，並以逐漸減少經費，僅留一點供生活費，以求達到真正控制每人之胃的目的。[59]謝對美援的支出，恣意揮霍，用錢拉攏自己的核心人馬，且帳目不清，早已啟人疑竇令外界質疑。據香港《展望》月刊民國 50 年 4 月號披露，自由出版社十年來接受各類美援共港幣二千八百萬元，其中七分之一耗於賭馬；6 月號稱：美援正式入帳僅八百萬港幣。[60]不論如何，謝以美元為籌碼，在帳目不公開又交代不清的情況下，難免讓外界懷疑其操守；甚至認為有中飽私囊之嫌。

3.氣度偏狹，未能用人

謝在青年黨及第三勢力陣營中，原先只是個二線人物，只因捷足先登得到美援，身價才水漲船高。但謝心理始終缺乏自信，沒有安全感，也因此常疑神疑鬼，不信任舊友，也未能結交新朋。在「戰盟」無聲無息時，澄平曾參加，也可說是發動兩個組織，一為「獨立民主運動」，一為「民主中國青年大同盟」。前者的成員有張國燾、黃宇人、李微塵、孫寶剛、黃如今等；後者的骨幹是：

---

[58] 雷嘯岑，《憂患餘生之自述》（台北：傳記文學出版社，民國 71 年 10 月初版），頁 172-173。

[59] 同註 57，頁 20-26。〈雷震日記〉也有談到：「馬與謝澄平日趨不合作，因謝澄平要控制其行動也。馬謂謝要包辦第三勢力。」傅正主編，〈雷震日記〉（1951 年 2 月 12 日條），《雷震全集》（33）（台北：桂冠版，1989 年 8 月初版），頁 36。

[60] 張發奎口述，鄭義翻譯/校註，《蔣介石與我——張發奎上將回憶錄》，同註 13，頁 521。

胡越（欣平）、許冠三（于平凡）、陳濯生、丘然、徐東濱等。「獨立民主運動」的成員，都是飽經世故的志大才疏之士，各持己見，呶呶不休，一直談不出個所以然來，最後散伙了事。「民主中國青年大同盟」倒是朝氣蓬勃，有聲有色。謝最後發現那批青年朋友也是想利用他的錢，才給他一個名，恍然大悟之餘，趕緊縮手抽腿，雙方亦弄得不歡而散。[61]

不過這批青年朋友，倒有實事求是的幹勁，終於取得外援，創辦《祖國》雜誌，組成「友聯出版社」。之後，更網羅人才，事業擴充到南洋新、馬地區，早已步上自給的文化企業之路。而徐速等人的努力亦不落人後，先刊行《海瀾》雜誌，創辦「高原出版社」，繼則發行《當代文藝》月刊，專事文藝創作的出版，異軍突起，銷行海外，廣及南洋，並以《星星．月亮．太陽》一書，名震文壇。[62]總之，由於謝的領導無方，所用非人，引致內鬨，遭受外界鄙視，而在美國壓力及要求下，更參與空投大陸地下工作人員之事。當年空投多達 2、3 百人，他們都是有去無回，為安頓孤兒寡母，《自由陣線》集團曾耗去不少經費，導致後來捉襟見肘，伏下財務危機，終至瓦解的命運。[63]

綜上所述，再回想謝澄平推動第三勢力運動之初，民社黨黨魁也是香港第三勢力要角的張君勱，曾致函謝澄平論第三勢力之精神條件為「1.非為政綱結合，而為道義結合，其宗旨尤簡尤好，國家獨立，政治民主，文化自由，經濟平等四者，庶幾近之。2.此為成仁取義之壯烈行為，只知犧牲，不計成敗利害。3.不依傍實力，……倘稍存依傍瞻顧之心，自己動機不正，勇氣為之減少，此為第三勢力所不可不大大覺悟者也。」[64]事後觀之張、謝二氏之行徑，不僅顯得格外諷刺，對第三勢力之所以失敗，亦可以思之過半矣！

---

[61] 郭士，〈「自由出版社」滄桑史〉，見陳正茂編著，《五○年代香港第三勢力運動史料蒐秘》，同註 8，頁 92-93。

[62] 張葆恩，〈大時代的悲劇人物——悼念謝澄平老哥〉（中），同註 16，頁 26。

[63] 陳復中，〈熱血男兒淚灑塞班島，反共志士魂斷長白山——「自由中國抵抗運動」《歷史月刊》第 181 期（民國 92 年 2 月 5 日），頁 55-62。胡志偉，〈「自由中國抵抗運動」的開場與收場〉，《傳記文學》第 93 卷第 6 期（民國 97 年 12 月），頁 43-57。

[64] 張君勱，〈致謝澄平書論第三勢力之精神條件〉，《再生》（香港版）第 17 期，總第 268 號（民國 39 年 6 月 1 日），頁 9。

六、《自由陣線》集團的風流雲散——兼論第三勢力悲劇之宿命

平情而言，就整個五〇時代香港第三勢力運動的貢獻言，謝領導的《自由陣線》集團仍功屬第一。原因為該集團堅持第三勢力主張最久，活動力最強，影響層面最大；且有具體成績與事功。[65]大陸知名史家楊天石在〈50 年代在香港和北美的第三種力量——讀張發奎檔案之一〉文中說到：「50 年代北美和香港地區的第三種力量還有以李宗仁為首的中國國民黨『復興同志會』，以李大明為首的『中國民主立憲黨』，以譚護為首的洪門致公總堂，以謝澄平為代表的自由陣線，以陳中孚為代表的『中國民主大同盟』，他們在 1954 年曾聯合組織『自由中國民主政團同盟』，但影響和作用都很小。」[66]楊的評論不確，他沒有將戰線及時間拉長來看，也沒有從文化出版的角度立論，若以此二者評論，《自由陣線》集團，遠遠比張發奎、顧孟餘的「戰盟」影響和作用都來得大多了。

基本上，五〇年代香港「第三勢力」運動的興起與沒落，美國政府始終是幕後的主導者；易言之，「第三勢力」運動乃係當年美國對華政策的副產品，因此，「第三勢力」的命運即必須以華府的中國政策為依歸，以國務院和中情局主事者的意志為意志，這種「仰人鼻息」的政治運動，其結局當然是可以逆料的。[67]是以自民國 48 年起，亞洲基金會改變方向，從資助宣傳轉為補助教育，對《自由陣線》經援也大幅削減，《自由陣線》至此維持日益艱困，而謝也因為人事與財務問題，離開香港遠走東京，《自由陣線》及「自由出版社」最後終於走到停刊的命運。總計，《自由陣線》週刊共維持了十年，而較晚成立的「戰盟」，則早已結束多年，可見《自由陣線》集團對第三勢力運動的貢獻，遠在「戰盟」之上。[68]

---

[65] 陳正茂，〈第三勢力運動史料述評：以《自由陣線》週刊為例〉，見陳正茂編著，《五○年代香港第三勢力運動史料蒐秘》，同註 8，頁 21-22。

[66] 楊天石，〈50 年代在香港和北美的第三種力量——讀張發奎檔案之一〉，楊天石，《抗戰與戰後中國》（北京：中國人民大學出版社出版，2007 年 7 月 1 版），頁 634。

[67] 林博文，〈五○年代香港「第三勢力」運動興亡始末〉，《歷史的暗流——近代中美關係秘辛》，同註 1，頁 107-108。

[68] 陳正茂，〈五○年代香港第三勢力的主要團體：「中國自由民主戰鬥同盟」始末（1952--1955〉，同

總的說來，評價謝對第三勢力之貢獻，仍以文化教育和透過期刊雜誌宣揚政治理念功績最顯著。早從民國 40 年起，在美方經費援助下，謝除了《自由陣線》週刊外，也積極支助《中國之聲》、《獨立論壇》、《大道》等刊物，鼓吹「第三勢力」理論。[69]此外，並延請年輕才俊之士如徐東濱、丘然、徐速、侯北人、關頡仁、余英時等人入《自由陣線》編輯陣容，大大發揮《自由陣線》的言論影響力。民國 42 年，謝又在港成立了兩個外圍組織：「獨立民主運動」和「民主中國青年大同盟」，前者成員有張國燾、黃宇人、李微塵、孫寶剛、黃如今等；後者骨幹為胡越、許冠三、陳濯生、丘然、徐東濱等。其後「民主中國青年大同盟」在港創辦《祖國》雜誌，組成「友聯出版社」，謝亦貢獻不少心力。[70]

一般而言，談到所謂的第三勢力，過去在國內即名稱紛歧不一，有稱「第三方面」、「中間派」、「中間路線」、「中間黨派」、「民主黨派」等等不一而足。據施復亮的解釋，所謂第三方面，一則是指站在國、共兩黨鬥爭以外的第三者；一則是指國、共兩黨鬥爭的調和者。換言之，第三方面確實具有中立與調和兩種雙重身份。另施復亮也闡述「中間派」，在思想上，是各色各樣的自由主義；在政治上，是一切不滿意國民黨而又不願意共產黨取而代之要求民主進步的人士；在組織上，是國民黨及共產黨以外的一切代表中間階層的黨派。所以施復亮亦稱其為「中間諸黨派」，當時的民主同盟即為中間諸黨派的

註 6，頁 446。

69 陳正茂，〈謝澄平與第三勢力〉，見陳正茂著，《醒獅精神——青年黨人物群像》，同註 9，頁 266。

70 據美國《亞洲研究學術評論》民國 36 至民國 64 年第 4 卷第 1-2 期合刊所發表的〈20 世紀 70 年代中華人民共和國研究：香港材料來源〉一文透露：「友聯研究所是香港藏有研究當代中國最完整的研究材料的研究所，它是香港專門研究中國問題的最老和最大的研究組織之一。它擁有 50 名工作人員，從事廣泛搜集資料和研究工作……美國、歐洲和亞洲的一些大學和研究中心已經從友聯研究所獲得它所收藏的所有縮微膠卷的複制品，約達 2 千 5 百盤之多。可以說，友聯研究所是香港 1951 年『第三勢力』運動發展時期唯一留下的產物，其他都蕩然無存了。」（程思遠，《我的回憶》（北京：華藝出版社出版，1994 年 12 月 1 版），頁 227、230。亦可參考區志堅、侯勵英，〈香港浸會大學圖書館友聯資料介紹〉一文，《近代中國史研究通訊》第 31 期（民國 90 年 6 月），有相當詳盡的敘述。而旅美專欄作家林博文也談到：「美方支持的第三勢力，唯一有具體成果的是陳濯生、司馬長風、許冠三和徐東濱等人組成的友聯研究所和友聯出版社。這兩個機構所蒐集的中共資料以及對中國大陸的研究，在學界與政界頗受重視。」林博文，《關鍵民國——聆聽民國史的馬蹄聲》（台北：大塊文化出版，2013 年 6 月初版），頁 69。

代表。而「民主黨派」定義則較模糊，它並未言明涵括的對象，與目前大陸上存在的民主黨派也似有不同。就大陸學者的定義，現今的民主黨派，指的是民國 38 年跟隨共產黨取得合法地位的在野黨派，這當中並不包含追隨國民黨的青年黨與民社黨。[71]至於「第三勢力」（The Third Force）一詞，應該是張君勱在中共獲得政權後提出的，用以說明抗戰以來中間黨派和無黨無派人士的努力，以及中共建國後在香港發動反對國、共的運動。五〇年代流亡香港的大陸人士，亟思在國、共兩黨之外另結合一新興力量。[72]

但當第三勢力失去政治制衡的舞台後，這股力量通常會轉而投入報刊雜誌的評論，以繼續宣揚其理念，並試圖爭取殘餘的制衡國、共空間。五〇年代在香港的《自由陣線》集團及《自由陣線》週刊的創辦，正是為了代表廣大的民眾對國是發表意見。謝澄平他們這些主張中國應走出國、共以外第三條道路的人士，實與開發中國第三種力量的實踐者息息相關，由於國、共長期的衝突，屢屢影響中國政局，致使謝及其集團成員，亟欲謀求在國、共之外發展第三種力量予以制衡。只不過僅著重於輿論的鼓吹，而無實際行動與實力，是無法喚起民眾產生力量的。中國近百年來的第三勢力運動，泰半以知識份子為主要的結合群體，而自古以來，傳統中國知識份子的屬性，長於論道而短於行動，於儒家教化下，長期依附政權的「奴性」，使其缺乏開疆闢土的革命性。

他們太過相信人類是理性的，也天真的誤以為國、共兩黨最終會有所改變，在上世紀五〇年代，那個「冷戰」而又黑暗的年代，他們無法挽狂瀾於既倒，亦未能扭轉歷史的走向，最終只留下「第三勢力」運動，在現代中國悲壯的衰落，及留給吾人嚴肅的省思。何以在海峽兩岸的政治格局，沒有「第三勢力」發展生存的空間？今天的中國大陸共產黨一黨專政自不必說，即便已走向政治民主化的台灣，解嚴以來，這三十多年來的台灣政局，「第三勢力」好像仍是無法走出「第三條道路」。

[71] 施復亮，〈再論中間派的政治路線〉，《文匯報》（上海版）（民國 36 年 4 月 13 日），收錄於《時與文》週刊政論選輯，《中國往何處去》（上冊），（上海：時代文化出版社，民國 38 年 2 月初版），頁 50。

[72] 楊永乾，《張君勱傳》（台北：唐山出版社，1993 年 9 月初版），頁 172-174。

第八章　曇花一現：許崇智與五〇年代香港第三勢力運動

一、美國的備胎——香港第三勢力的風起雲湧

民國38年，不僅是中國現代史巨變的一年，也是美國在東亞慘敗的一年，民國34年，日本投降二戰結束，不過僅僅四年間，國府從四強的國際地位，一夕間因戡亂失利而困居海島台灣一隅；而美國如日中天的超強地位，也因「誰丟了中國」遭到蘇聯與中共的強力挑戰。39年，「韓戰」的爆發，解放軍「抗美援朝」的介入，以及杜魯門政府下令第七艦隊的協防台灣，使得驚惶未定風雨飄搖的國府，暫時轉危為安立穩腳跟。[1]美國的再度介入台海，不代表美國無條件的支持國府及蔣介石，相反的，美國對蔣的無能和國府的腐敗仍印象深刻，並未立即改觀。[2]但是，基於圍堵共產主義擴張的「冷戰」局勢下；以及台灣在西太平洋重要戰略地理位置考量下，美國不得不支持台灣的國府和蔣。[3]但美國雙管齊下仍有備胎方案，那就是在海外，尤其是香港，積極支持中國的第三勢力運動，物色能夠取代蔣的政治人物，幻想中共政權被推翻後，此股力量能取代國共兩黨於中國執政，美國的天真與如意算盤，乃是形成五〇年代香港第三勢力風起雲湧的主因。[4]

1　林孝庭著・校訂，《意外的國度：蔣介石、美國、與近代台灣的形塑》（新北市：遠足文化出版，2017年3月初版），頁261。

2　王丰著，《刺殺蔣介石——美國與蔣政權鬥爭史》（台北：時報版，2015年10月初版），頁80-81。

3　薛化元，〈戰後十年台灣的政治初探（1945-1955）——以國府在台統治基盤的建立為中心〉，張炎憲、陳美蓉、楊雅慧編，《二二八事件研究論文集》（台北：財團法人吳三連台灣史料基金會出版，1998年2月1版），頁26。

4　「對蔣介石而言，1950年夏天起，台灣的整體安全因為韓戰爆發而轉為相對有利，也讓他對於派遣布置對中國大陸的敵後情報工作，以及組織反共游及鬥爭活動，重新燃起企圖心。在華府，為了因

所以說，五〇年代香港的第三勢力運動，乃是美蘇冷戰結構下的一環，它的背後有美國援助；也有著錯綜複雜的國內外因素存在。當時從事第三勢力之要角有：張發奎、顧孟餘、張君勱、左舜生、李璜、張國燾、許崇智、伍憲子、李微塵、童冠賢、邱昌渭、謝澄平、羅夢冊、董時進、許冠三、王厚生、司馬璐、孫寶剛、孫寶毅等，這些人分屬民、青兩黨，部分為國民黨及桂系政治人物。[5]青年黨領袖李璜，在其《學鈍室回憶錄》書中，將當時南下香港的流亡人士分為四類，即平民與學生、工商界熟手、文化界人士、軍政界人物。[6]而研究第三勢力的專家胡志偉分的更細，胡分為七類，分別是：（1）失意政客：如張君勱、彭昭賢、王正廷、李璜、左舜生、謝澄平等。（2）落魄軍人：如張發奎、許崇智、劉震寰、上官雲相、陳濟棠、金典戎等。（3）桂系要員：如黃旭初、童冠賢、張任民、韋贄唐等。（4）中共叛徒：如張國燾、龔楚等。（5）漢奸：陳中孚、招桂章、趙正平等。（6）知識份子：如顧孟餘、丁文淵、黃如今、張純明、李微塵、易君左、趙滋蕃等。（7）知識青年：如胡越、徐東濱、陳濯生、許冠三等。[7]

而在民國39年春季之交，是第三勢力運動最蓬勃發展的時期，據朱淵明說：「當時左一個座談會，右一個小組會，有十人八人一堆的，也有十幾二十人一起的，有的約期會談，並無固定形式，有的則商擬名稱，起草綱領，儼然

應中共參加韓戰所帶給美國新的軍事壓力，美國政府也體認到，在蔣介石與國民黨之外，另外扶植政治上的第三勢力，作為牽制北京、領導中國大陸境內的殘存反共游擊勢力、乃至未來於中國大陸情勢轉變時，取代蔣介石或毛澤東的另一個可能選項。」林孝庭著，《台海・冷戰・蔣介石：解密檔案中消失的台灣史 1949-1988》（台北：聯經版，2015 年 7 月初版），頁 76。

[5] 陳正茂，〈五〇年代香港第三勢力的主要團體——「中國自由民主戰鬥同盟」始末〉，陳正茂編著，《五〇年代香港第三勢力運動史料蒐秘》（台北：秀威版，2011 年 5 月 1 版），頁 45-46。

[6] 就在美國的「金錢」攻勢下，當時困居香江，經濟非常拮据的一些過去在中國略具知名度與影響力的政治人物，成為美國物色網羅的對象。而彼輩為得到美援，也積極配合希望得到美國的青睞。當時這些人的身份，約可分為四類：（1）國民黨軍政界人物：如張發奎、顧孟餘、許崇智等；（2）民、青在野黨領袖：如左舜生、李璜、何魯之、張君勱、伍憲子、李微塵等；（3）民意代表或失意政客：如童冠賢、黃宇人、王孟鄰、邵鏡人（CC 派人物）；張國燾、宣鐵吾等；（4）知識份子和桂系人物：如黃如今（前東北大學校長）、張純明（前清華大學教授）、王季高（前北平市教育局局長）；黃旭初、程思遠（後二者為「桂系」代表）等。李璜，《學鈍室回憶錄》下卷（香港：明報月刊社出版，1982 年元月初版），頁 721-723。

[7] 胡志偉，〈「自由中國抵抗運動」的開場與收場〉，《傳記文學》第 93 卷第 6 期（民國 97 年 12 月），頁 48-49。

要有正式組織，據一般估量，類似此種組合，達一百以上；而美國領事館的調查，則為七十餘個。」當年香港第三勢力團體，之所以如雨後春筍般紛紛出現，和美國在背後支持有密切的關係。當時美國巡迴大使吉賽普（Philip Jessup）訪問香港時，在記者招待會上公開說：「美國希望中國出現第三勢力」，因為吉賽普名義上是巡迴大使，但實際上是杜魯門政府遠東問題的決策人，其足以反映美國的政策，以及表示中國的形勢，尤其是反共的希望所在。吉賽普到香港，根據他考察後的「情形」以及「美國的利益」，或許胸中已有成算，業經決定了今後要支持「第三勢力」，以擔當中國反共的大任。[8]

二、曾為蔣上司——許崇智的生平與事功

五〇年代在香港從事第三勢力運動，二〇年代活躍於孫中山執政廣州時期的老將許崇智，算是較早擎起第三勢力大旗的一位。許崇智的名聲，可能沒有以後投入第三勢力運動張發奎、顧孟餘、張君勱等來的響亮，但在民初軍政界，尤其在兩廣福建華南一帶，可說扮演舉足輕重的角色。他曾是孫中山在軍事上的左膀右臂，更幾度成為蔣介石的上司，在孫中山倚重的軍事人才朱執信、鄧鏗相繼亡故後，許成了孫的核心軍事幹部，尤其在陳炯明叛孫後，許的重要性更不言可喻。他曾經擔任孫「軍政府」時代的參軍長、陸軍總長等要職，輩分相當高。[9]茲簡述許的生平及其後被蔣鬥垮的經緯，以明其一生事功。

許崇智，字汝為，廣東番禺人，光緒 13 年（1887）生，日本士官學校第二期畢業，曾參加孫中山之同盟會。歸國後歷任福建武備學堂教習、幫辦、總教習，擢第 40 標標統，遷第 20 協協統。武昌首義，舉兵應之，被推為福建海陸軍總司令，自以年少，退就福建第一師師長，民元，奉孫大總統命改陸軍第 14 師師長。民國 2 年，二次革命起，以福建獨立，失敗走日本。3 年，孫於日本成立中華革命黨，許率先加入，參與機要，任軍務部長兼中華革命軍福建司

[8] 焦大耶（朱淵明），〈「第三勢力」全本演義：第三百六十一行買賣〉，陳正茂編著，《五○年代香港第三勢力運動史料蒐秘》，同註 5，頁 103。

[9] 張玉法，《中國現代史》（台北：東華書局出版，民國 75 年 11 月 7 版），頁 211-212。

令長官。5 年，許歸上海與陳其美規劃東南，復代理東北軍總司令。[10]許早年在國民黨的軍事地位本在蔣之上，且不只一次成為蔣的直屬長官。自民國 6 年 9 月孫南下護法，在廣州成立軍政府，就任大元帥，許為參軍長，頃調陸軍部長。7 年，與陳炯明率師援閩，以功晉升為粵軍第二軍軍長兼前敵總指揮。而蔣時僅為粵軍總司令部作戰科主任，後調為粵軍第二支隊司令官。9 年 11 月，陳雖升任粵軍總司令兼廣東省長，但反對孫的北伐政策，而孫於民國 11 年下令北伐時，許成為主角，率所部以從，連戰皆捷。陳炯明叛孫後，許被任命為東路討賊軍總司令，蔣即為其參謀長。民國 13 年許升任建國粵軍總司令兼國民黨軍事部長，蔣則任陸軍軍官學校（黃埔軍校）校長兼粵軍總司令部參謀長，後又為軍事部秘書。[11]

14 年 3 月，孫去世後，7 月，國民政府成立，許為 16 名國府委員之一，且名列第五，成為與汪精衛、胡漢民、譚延闓、林森並列的五位常委之一，而蔣尚無一席之地。其後，許成為軍事部長兼廣東省政府主席及軍事廳長。但就在同年 8 月 20 日的「廖仲愷遇刺身死事件」後，蔣與汪精衛及許三人合作，成立「特別委員會」，對「廖案」展開調查。9 月，先決議放逐胡漢民，接著，許因其部下梁鴻楷、梁士鋒、楊錦龍等人與刺廖有關而被捕，這給蔣有了口實來對付許崇智。[12]基本上，「倒許」是蔣蓄謀已久的事，當時因「廖案」，許已處於被調查的地位，蔣透過「廖案」，查明許的諸多罪名，如許包庇部屬，縱容部下勾結右派刺廖，並有陰謀叛國的行為，因此製造輿論，對許大加貶斥。蔣指責粵軍貪污腐化、包娼包賭，且許本人把持財政，私吞公款，剋扣軍餉等不法行徑。於此同時，蔣還積極爭取粵中主將李濟琛、陳銘樞等的支持與同情，又對許部旅長譚曙卿等加以收買，進行釜底抽薪之計。[13]

因當時許多粵軍將領與「刺廖」事件有牽連，蔣乃改派黃埔學生負責許之

---

[10] 劉紹唐主編，《民國人物小傳》第二冊（台北：傳記文學出版社印行，民國 66 年 6 月初版），頁 191。劉葆編著，《現代中國人物誌》（出版項不詳），頁 123-124。

[11] 《國史館現藏民國人物傳記史料彙編》第二輯（台北縣：國史館編印，民國 78 年 3 月出版），頁 292-293。劉繼增、張葆華主編，《中國國民黨名人錄》（湖北：湖北人民出版社出版，1991 年 9 月 1 版），頁 104。

[12] 宋平著，《蔣介石生平》（吉林：吉林人民出版社出版，1987 年 8 月 1 版），頁 103。

[13] 何虎生，《蔣介石傳》（上）（北京：華文出版社出版，2005 年 8 月 1 版），頁 90-91。

警衛，形同將許軟禁，而許欲調動粵軍來護衛時，已為時太晚，許濟、莫雄兩師粵軍亦遭蔣繳械。民國 14 年 9 月 18 日，蔣派出黃埔學生軍和第一軍佔領要地，控制廣州全城。19 日，蔣的黃埔學生軍包圍粵軍總部及許崇智的住處東山公館，並解除衛兵武裝。[14]而在汪精衛的支持下，20 日，蔣致函許，信中歷數許的過錯如：1.回師廣州後，百無一舉，致使軍隊之散漫如故，餉糈之艱窘倍前；2.侵沒稅收和粵軍餉額，飽私囊圖利己；3.圖謀推倒中央銀行而謀自立銀行以圖私利；4.知人之不明，用人之不當，致命害黨叛國者均為粵軍所部，更慫恿所部強捐、勒租、截稅、包烟而害國殃民。蔣在信中更恫嚇許崇智，今不惟諸軍不平，氣憤填膺，即兄之所部，亦欲食兄之肉以為快，若仍倒行逆施，固執不化，則吾兄所部已為衣食所窘，勢必嘩變，而各友軍亦將難保。蔣威逼許不如毅然獨斷，保全名節，暫離粵境，期以三月，師出長江，還歸坐鎮，恢復令名。[15]當然這些都是蔣的空話鬼話，當許也知道汪知此事後，大勢已去，只能黯然離粵赴滬，其軍事部長一職由譚延闓署裡，粵軍總司令則由蔣一手收束。[16]可以說，「廖案」的發生，給蔣造成極好的機會，它促成了「蔣汪聯盟」和驅胡倒許的實現。從此，蔣取代許，掌握了國民黨的最高軍權。而此舉也導致許後來始終反蔣，乃至於 38 年蔣敗退到台灣後，許仍要以香港為據點，組織所謂的「中國民主反共同盟」，從事第三勢力運動。[17]

三、我將再起——許崇智與香港第三勢力運動

當五〇年代第三勢力瀰漫香江之際，許崇智雖脫離實際軍政已久，但在華南仍有一定的號召力，而許也興緻勃勃躍躍欲試，那時華南兩廣方面許多舊雨新知，均群集許之門下，如方覺慧、溫應星、張導民、關素人、劉震寰、丁文淵、上官雲相、彭昭賢、宣鐵吾、李微塵，張六師、毛以亨、金典戎、徐慶譽

---

[14] 戎向東編著，《蔣介石評說古今人物》（北京：團結出版社出版，2007 年 1 月 2 版），頁 88-89。

[15] 何虎生，《蔣介石傳》（上），同註 13，頁 90-91。

[16] 嚴如平，〈反袁護法的驍將許崇智〉，朱信泉主編，《民國著名人物傳》第一卷（北京：中國青年出版社出版，1997 年 10 月 1 版），頁 378。

[17] 傅正主編，《雷震全集》（33）（台北：桂冠版，1989 年 8 月初版），頁 23-24。

等；其中尤以宣鐵吾，彭昭賢，上官雲相等為其中堅份子，彼輩為許奔走策劃不遺餘力，而許亦勤於招待百般拉攏，因之其所接觸日漸擴展，寖寖然有匯合的趨勢。[18]

有關許崇智組織第三勢力團體事，當年奉蔣之命赴港調查安撫的雷震，在其日記為我們留下彌足珍貴的第一手記錄，現按雷震日記的日期，了解許崇智與第三勢力及其周遭人物的活動。民國40年1月31日，〈雷震日記〉載：「訪朱新民，渠謂許崇智已組織中國反共民主同盟，參加者有彭昭賢、梁寒操、左舜生、方覺慧、上官雲相及宣鐵吾等人。」[19]2月1日：「訪舜生，晤談甚久，順便詢反共民主同盟之真相，渠謂業已參加，民社黨有伍藻池與王厚生，張發奎因有錢，怕事不敢參加。左認為許有革命性，認為台灣只來邀請似不夠，應該有具體辦法，予知其對反共民主同盟而言，但未加可否。」[20]隔天2月2日：「再訪李幼椿，對舜生參加許汝為之組織甚不滿意，渠說許要二次來訪，均予拒絕。李謂許之組織有三個要角，即梁寒操、左舜生與宣鐵吾是也。」[21]2月4日：「訪彭昭賢，渠已參加許崇智之組織，認為這與台灣無礙，殊途而同歸，彼謂現候張君勱來港及美國人答復後即開成立大會。觀渠之談話，渠對此組織前途之光明深有信心，態度至為堅決。」[22]2月5日，雷震親訪許崇智，於日記談到：「下午訪許汝為，渠云大家鑒於局勢之必要，而有此組織，不反對台灣，台灣不應有誤解。」[23]2月25日：「訪任援道，任謂香港第三勢力這般人，心地不夠單純，故自己會衝突。許於本月七日會賀爾德，渠於八日見到，知道美國對許並不好，美方希望台灣以外有一黨的組織，但不必自己有武力，美人勸其組織。」[24]

任援道是汪偽時期「漢（奸）」字輩人物，其對雷震所言，有自抬身價之

[18] 陳正茂編著，《五○年代香港第三勢力運動史料蒐秘》，同註5，頁108-109。

[19] 傅正主編，《雷震全集》（33），同註17，頁23。

[20] 傅正主編，《雷震全集》（33），同上註，頁24。

[21] 傅正主編，《雷震全集》（33），同上註，頁26。

[22] 傅正主編，《雷震全集》（33），同上註，頁27。

[23] 傅正主編，《雷震全集》（33），同上註，頁29。

[24] 傅正主編，《雷震全集》（33），同上註，頁50。

嫌，但他提到的許會見美國人賀爾德倒確有其事，只是名字有誤，應是哈德曼，而這也成了許首先成立第三勢力團體的關鍵。與許輩份不相上下的劉震寰，晚年於香港《春秋》雜誌曾披露若干秘辛，劉震寰說是五位美國專家，下榻旭穌道 15 號「外國記者俱樂部」，由許崇智（劉以退隱老帥稱之）出面邀集中國方面朋友，在俱樂部裡召開了一次會議。會議由許任主席，五位美國朋友提出他們幾點意見：

1.美國站在同情中國的立場，願使用美國外交的影響力，在海外替中國尋找一處基地（暗示在菲律賓），俾中國第三勢力人士作訓練及活動之用。所有第三方面人士到基地去的應辦手續——如外交交涉、私人護照等，美國均願加以協助。至於第三方面人士前往該基地的交通工具，及到達該島後的生活費用等，美國亦願全部負責。2.對於曾經接受美國遠東總部援助，已在沖繩島進行訓練的蔡文治將軍，在第三方面人士執行任務後，美國亦願盡最大努力，使其合併在第三方面的組織以內。3.對於旅居美國紐約的李宗仁先生，是否應該加入這一組織，美國方面沒有意見，一切聽候香港同仁方面自作決定。不過，站在美國朋友的立場，他們非常希望這一組織，能夠盡最大可能，容納各方面的反共救國人士。4.對於工作的開展，美國願意暫盡綿薄，先以 50 萬美元做開辦費用。以後的經費，他們希望港方同仁提供預算。劉說：美國這五位專家，有政治部門的，有經濟部門的，有軍事部門的，有文化部門的，有生產部門的，包括的範圍非常廣泛。受到香雅各的指示。[25]

劉之言大體不差，只是沒有詳細說出前因後果，還是當事人之一的張發奎談的較清楚，張是不久即取代許的第三勢力要角，箇中的來龍去脈據其所述是：「事情緣於民國 39 年，前廣州嶺南大學校長香雅各（Dr.JamesMcCure Henry）於解職過港赴美時，會晤了昔時廣東軍政領袖張發奎。」晤談中，香雅各積極鼓勵張發奎出面領導反共游擊戰爭，並暗示倘張願意出面，美國將會予以支持。張發奎亦認為：「有主義、有聲望的人應該建立一個新的秘密團體，形成一種新的力量；為了未來的工作，應該訓練年輕人。」而關於此一團體成員，張提到「可網羅顧孟餘、童冠賢、張國燾、李璜、李微塵、伍憲子，香雅

[25] 金典戎，〈西南老將劉震寰傳記之十：最初在香港搞第三勢力內幕〉，《春秋》175 期（香港：1964 年），頁 3-4。

各則提到張君勱和許崇智。香謂待其回到美國後，可能會接觸某些人，如事情有所進展，將會寫信給你們。」[26]

民國 40 年初，果然有三位美國人帶香雅各的信至香港，其中二人，一人名為哈德曼（Hartmaun）；另一人為柯克（Cooke），他們聲明渠非代表美國政府，而是代表美國民眾前來協助中國發展第三勢力。[27]逢此難得機會，許崇智表現的最積極，許逐一聯絡了童冠賢、彭昭賢、張國燾、宣鐵吾、上官雲相、胡宗澤、梁寒操、方覺慧、張任民、伍憲子、伍藻池、王厚生、金侯城、左舜生、顧孟餘、王正廷、任援道、鄧錦章、趙立武等人，發起組織了「中國民主反共同盟」。[28]該盟初期稱為「中國民主反共同盟促進會」，這當中有許的良苦用心在，事情緣於「中國民主反共同盟」成立後，開始對外招兵買馬，而當時張發奎與顧孟餘的「中國自由民主戰鬥同盟」（以下簡稱「戰盟」）亦正在緊鑼密鼓的進行中，許為不便太明顯突出與其對抗之印象，給予外界鬧「雙胞」分裂的觀感，乃在謝澄平的建議下，將名稱改為「中國民主反共同盟促進會」。[29]該「促進會」底下設主席一人，類似召集人性質，由許擔任，主席下設秘書長，以總其成，地位至關重要，初擬委任青年黨元老何魯之，何氏不肯，許又希望謝澄平出任，謝以不便正式露面婉辭，最後一度找上梁寒操，梁亦裹足不前，最後由留學英國的徐慶譽出線。上層職務安排後，接著是負責組織的重要人選，預計設有「聯絡組」，推年高德劭的方覺慧擔任，左舜生則掌「政治組」，後左力辭方改派伍憲子。「軍事組」擬由桂系的夏威充任，「僑務組」是關恕人負責，「宣傳組」委由謝澄平，許崇智尚兼任「財務組」。[30]

---

[26] 張發奎口述，鄭義翻譯/校註，〈蔣介石與我——張發奎上將回憶錄〉（香港：文化藝術出版社出版，2008 年 5 月 1 版），頁 481。

[27] 〈對顧張等醞釀第三勢力近況報告〉，（中國國民黨中央改造委員會第 150 次會議紀錄·附件，1951 年 6 月 7 日），黨史會藏。

[28] 〈許崇智領導「中國民主反共同盟」發展現況〉，《總裁批簽》，台（40）（改密室字第 0083 號，1951 年 2 月 23 日），黨史會藏。〈「民主反共同盟」集會情形〉，《總裁批簽》，台（40）（改密室字第 0124 號，1951 年 3 月 23 日），黨史會藏。

[29] 焦大耶（朱淵明），〈「第三勢力」全本演義：第三百六十一行買賣〉，陳正茂編著，《五○年代香港第三勢力運動史料蒐秘》，同註 5，頁 207。

[30] 焦大耶（朱淵明），〈「第三勢力」全本演義：第三百六十一行買賣〉，陳正茂編著，《五○年代香港第三勢力運動史料蒐秘》，同上註。

從上述名單安排看來，左在該盟中是有其重要分量的，無怪乎！雷震於五〇年代初訪港時，談到許崇智已組織「中國反共民主同盟」（全稱應為「中國民主反共同盟促進會」），參加者有彭昭賢、梁寒操、方覺慧、上官雲相、宣鐵吾與左等人。為求了解實際情況，雷隔天迅即訪問左，雙方晤談甚久，雷詢問有關「民主反共同盟」事，左坦承自己已參加，並透露民社黨的伍藻池與王厚生也參加。[31]另外，左還批評張發奎，認為張有錢，怕事不敢參加。[32]（按：其實張後來有參加，後因爭領導權，旋退出另組「戰盟」。）有意思的是，左居然認為許有革命性，台灣對許應該要有誠意，只來邀請似乎不夠，要有具體辦法。雷知道左是指「民主反共同盟」事，未加可否。[33]因該盟成立未幾即自動解散，故筆者認為，許恐怕僅是假借左之名聲以對外號召，而左該是在對青年黨失望之餘，不甘寂寞參與許之組織以增加籌碼，雙方互為利用而已。[34]

後來，由於總覺得「促進會」太過保守，何不名正言順地公開，幾經討論，終於決定正名為「中國民主反共同盟」，謝在其中扮演了重要要角。[35]有關謝及「中國民主反共同盟」之情況，國民黨內部的蒐集檔案最能反映出，據雷震與洪蘭友二氏於民國 40 年呈給蔣介石的報告言：「關於所謂第三勢力問題，實際上僅有許崇智、謝澄平、孫寶剛等少數分子，其中以許之集團聲勢比較浩大。一面聯絡各黨派首領網羅本黨失意分子，一面與美國接觸，對兩廣游擊隊保持聯繫（與大陸六個電台通報，英方並利用以竊取情報）。」[36]此許之集團

---

31 傅正主編，《雷震全集》（33），同註 17，頁 24。

32 〈雷震日記〉（1951 年 3 月 27 日條）：「接孝炎兄來函，謂許之組織已開成立大會，通過組織及綱領，許領袖，顧孟餘、謝澄平、張向華（發奎）均參加。」傅正主編，《雷震全集》（33），同上註，頁 69。

33 〈雷震日記〉（1951 年 2 月 1 日條）。傅正主編，《雷震全集》（33），同上註，頁 24。

34 陳正茂，〈另一條道路：左舜生與香港第三勢力運動〉，《台北城市科技大學通識學報》第五期（民國 105 年 4 月），頁 228。

35 陳正茂，〈初試啼聲：謝澄平與《自由陣線》集團的緣起緣滅〉，《台北城市大學學報》第 42 期（民國 108 年 3 月），頁 259。

36 〈分呈總統蔣中正、行政院長陳誠第三次報告〉（總報告：40 年 3 月 5 日），《雷震全集——給蔣氏父子與軍監牢頭的抗議信》（27），頁 34-35。1951 年 1 月 31 日，「雷震與洪蘭友前往香港，此行最重要的目的是調查『第三勢力』的情況，這是當時國民黨最為關切的事，其重點在『第三勢力』的經費是否來自於美國？有哪些人參加？國民黨原高級幹部中又是哪些人？」范泓，《民主的銅像——雷震先生傳》（台北：秀威版，2008 年 4 月 1 版），頁 158。

乃是「中國民主反共同盟」，當時在「戰盟」還未成立前，算是香港較大的第三勢力團體，參加的人也很多，如彭昭賢、張國燾、宣鐵吾、上觀雲相、胡宗鐸、梁寒操、方覺慧、張任民、伍憲子、伍藻池、王厚生、金侯城、左舜生、顧孟餘、王正廷、任援道、鄧錦章、趙立武和謝澄平等人。」[37]而許的這個組織，即雷震於是年3月27日記載，「接孝炎兄來函，謂許之組織已開成立大會，通過組織及綱領，許領袖，顧孟餘、謝澄平、張向華（張發奎）均參加。會後張向華爭領導權，顧偏向張，會後由張、顧、謝等函許，對其綱領不同意，許感左右為難。因章程是大家所通過，不能遷就少數人而修改，因之許之組織內鬨甚烈。」[38]

雷震為進一步了解內情，曾親訪許，許亦主動提及：「謂許多人願作反攻大陸工作，願意死在大陸而不願意赴台，云彼等之舉動（係指其組織而言）乃基於事實之必要。據傳聞軍人參加者有胡宗鐸、上官雲相、宣鐵吾、張任民等，文人有梁寒操、彭昭賢、方覺慧及黨外之左舜生、王厚生、伍藻池等；曾邀張君勱、張國燾，並函請張君勱回國領導，據民社黨負責人金侯城談君勱未覆信，該黨王、伍僅只代表個人；曾邀張發奎、繆培南、張達、鄧龍光、徐景唐等，均未簽名。據有人判斷，許個人或存反共反台意思，而參加者則未必同意其反台。又聞許之組織與美國領事館有接洽，許揚言內有各黨派參加，外有美國援助，美國領事館亦信其有各黨派參加云。許曾告訴李登同，美國方面將幫助彼反攻大陸，而助台只不過為防守台灣。」[39]

「中國民主反共同盟」曾煞有其事的發表了12條〈政治綱領〉，其重要內容如下：1.維護國家領土與主權的完整；2.實行自主的外交，絕對反對一面倒；3 擁護聯合國的人權法案；4.保障人民應有的一切自由；5.修定適合國情之基本大法；6.主張全民政治，反對所謂人民與國民的差別；7.各政黨地位平等，反對一黨專政；8.軍隊國家化，任何政黨不得憑藉武力為奪取政權的工具；

---

[37] 〈許崇智領導「中國民主反共同盟」發展現況〉，《總裁批簽》，台（40）（改密室字第0083號，1951年2月23日），黨史會藏。〈「民主反共同盟」集會情形〉，《總裁批簽》，台（40）（改密室字第0124號，1951年3月23日），黨史會藏。

[38] 傅正主編，《雷震全集》（33），同註17，頁69。

[39] 雷震，〈給蔣中正與陳誠等的第二次赴港報告、建議〉（民國40年2月10日），傅正主編，《給蔣氏父子的建議與抗議》，《雷震全集》（27）（台北：桂冠版，1990年9月初版），頁24-25。

9.土地改革力求公允，自耕農已分得的土地，予以保障，但確因勤儉起家的地主，所受之損失，應酌予補償；10.全國所有公地荒地與無人耕種之地，於戰後分給反共有功的士兵，並資助其墾殖；11.保障私人合法財產；12.本現代科學與民主精神，反對煽動階級仇恨之學說，發揚東方文化之仁義傳統精義，以貢獻世界人類，達到世界永久和平。[40]綜觀 12 條〈政治綱領〉，洋洋灑灑，針對性強，裡頭除批評國、共兩黨外，值得一提的是，對土地改革議題也多有著墨，算是〈政治綱領〉中，較有特色的地方。[41]

「中國民主反共同盟」事實上並未有重要的政治活動，只是許崇智和其身邊一些人的一個小團體。[42]但許卻喜歡經常以該盟主席身分對外發言，如發表〈四十二年元旦紀念詞〉；及致函美洲民憲黨與致公黨，表示贊同該兩黨聯合宣言等。[43]該盟成立後，美方原本對許之組織寄予厚望，並給以支持，但未幾即知許根本扶不起來，且其行徑荒唐不堪。〈雷震日記〉即載：「許崇智在香港組織第三勢力時，曾組一俱樂部，以聯絡各方人士。但許之俱樂部『在妓女寓中，許請客一面大談政見，一面懷抱女人』，因此『大家都看不起其為人』。」[44]不久，張發奎也與許不合，另找顧孟餘合作，欲組新政團，美方雖介入協調，仍無結果。後美國亦知許並無多大號召力，所提計劃也不切實際，故棄許而支持張、顧。[45]而原擬參加「中國民主反共同盟」之人，也見風轉舵轉而追隨張、顧。許為與之對抗，曾聯合汪偽時期失意政客如鮑文樾、汪嘯崖、任援道等組「中華自治同盟委員會」，許自任委員長，下設行政、軍事兩委員會，由許及

---

[40] 〈抄錄「民主反共同盟」組織章程及政治綱領〉，《總裁批簽》，台（40）（改密室字第 0113 號，1951 年 3 月 14 日），黨史會藏。

[41] 萬麗鵑，〈一九五 0 年代的中國第三勢力運動〉（台北：國立政治大學歷史學系研究部博士論文，民國 90 年 7 月），頁 37。

[42] 萬麗鵑，〈一九五 0 年代的中國第三勢力運動〉，同上註，頁 38。

[43] 見〈許崇智發表元旦紀念詞〉，《世界日報》（1953 年 1 月 1 日）第 6 版；〈許崇智等響應兩黨宣言〉，《世界日報》（1953 年 2 月 14 日）第 1 版。

[44] 〈雷震日記〉（1951 年 2 月 6 日條）。傅正主編，《雷震全集》（33），同註 17，頁 31。

[45] 「當時許要求美方供給 8 師槍械，組織軍隊。美方曾笑問許，此批槍械在何處交貨，知其不足成事，故決定放棄許崇智，專一支持張、顧 2 人，由張主持軍事，顧主持政治。」陳三井，〈蔣介石眼中的海外自由民主運動〉，《「蔣介石與現代中國再評價」國際學術研討會》論文集（下冊）（台北：中央研究院近代史研究所主辦，2011 年 6 月 27-29 日），頁 594。

任援道分別負責。該會標榜反共反台，曾與美國聯邦調查局駐日聯絡組合作，在香港召募幹部送往菲、日等地受訓。許之組織因得不到第三勢力人士的支持，旋即解散。[46]此事，雷震於 5 月 22 日載「上午訪許孝炎兄，渠謂許崇智已垮台，顧孟餘與張發奎為首領之組織業已形成，並約民、青兩黨，張君勱名字已列入，王厚生、伍藻池已加入，金侯城未加入，青年黨之李璜原加入，因要統一美援，故謝澄平之自由陣線未加入。」[47]

四、拉攏分化——國民黨對許崇智第三勢力運動的回應

五〇年代香港第三勢力運動的興起，當然引起了國民黨的高度警惕，經蔣介石同意，國民黨特別在「中央改造委員會」之下，成立了一個「中央政治作戰工作會報」（又名「聯戰小組」），由陳誠、張群、張道藩任召集人，下設大陸組、港澳組、台灣組，密切觀察第三勢力的動向，積極研究對策，以防制第三勢力的發展。[48]而在五〇年代初，許在香港第三勢力的地位，最早是高於張發奎的，民國 40 年 3 月，國民黨香港工作組針對「留港華人政治活動現狀」向蔣介石提出報告，指出當時香港第三勢力有四股主要派系，分別是「民主反共同盟」、桂系、《自由陣線》、「中國自由聯盟」；而主要領導人物有六位：許崇智、張發奎、顧孟餘、黃旭初、謝澄平、任援道。[49]其中提到許崇智等從事活動，與東京「盟總」有聯絡。當時第三勢力與外界聯繫之情況，其中主要的外援得自李宗仁、華僑捐款、東京「盟總」、香港「美新處」以及日本軍人等。[50]另外，當年國府駐美大使顧維鈞，在其回憶錄對第三勢力亦多所著墨，顧氏曾提「二十世紀五十年代後，在美國政府的積極扶植下，以香港為中心的『第三勢力』迅速興起，先後出現了許多組織，主要有謝澄平領導的《自由陣

---

[46] 〈許崇智在港活動〉，《總裁批簽》，台（40）（改密室字第 0614 號，1951 年 12 月 22 日），黨史會藏。

[47] 〈雷震日記〉（1951 年 5 月 22 日條）。傅正主編，《雷震全集》（33），同註 17，頁 99。

[48] 孫家麒，《蔣經國竊國內幕》（香港：自力出版社，1961 年），頁 75。

[49] 黃克武，〈顧孟餘與香港第三勢力的興衰（1949-1953）〉，《二十一世紀雙月刊》總第 162 期（2017 年 8 月號），頁 52。

[50] 黃克武，〈顧孟餘與香港第三勢力的興衰（1949-1953）〉，同上註。

線》集團，蔡文治領導的『自由中國運動』，以許崇智、張發奎、張國燾等人為核心的『中國民主反共同盟』，以胡越、陳濯生為核心的『友聯出版社』以及由荊磐石領導的『大中國建國會』，這些組織的活動經費，來自於美國政府下的不同機構，如國務院、中情局、亞洲基金會以及香港美國新聞處等等。」[51]

顧氏所言與國民黨掌握的情資差不多，而雷震與洪蘭友的香港行，回來所呈的報告，讓國民黨對香港第三勢力的活動經過，有更清楚的掌握。民國 40 年 5 月 30 日，國民黨中央改造委員會為此於舉行的第 143 次會議中，專門討論第 1 組所提〈委員兼行政院院長陳誠同志函送關於雷震、洪蘭友兩同志提供對港澳意見處理辦法，業經本會大陸地區工作指導委員會分別研議，謹錄案提請核議案〉決議：「對許崇智、謝澄平、孫寶剛等所組織之第三勢力，應以聯合陣線加以團結，並增強其力量，歡迎其來台觀光考察。」[52]其後，專程赴港疏通的雷震，在給蔣的建議書上，再度提及：「此等第三勢力，不必過分重視，但亦不可棄置不理。政府應抱定反共抗俄之聯合陣線，藉以團結並增強其力量。在目前可以歡迎來台觀光考察或居住之名義下，於不動聲色之中，以收釜底抽薪之效。而此等第三勢力所藉以成長者，胥賴美國之支持與日本之同情，倘我政府對美、日兩國增進良好關係，美、日不助，則第三勢力亦不易建立成功也。」[53]總而言之，國府方面，表面上說不必重視香港第三勢力，但最後仍認為「堅決反共而以第三勢力自居者，亦應特別爭取，以免貽譏於外人，而為擴大爭取大陸民眾之基礎，此等人來台後，即無所謂第三勢力。」[54]

至於許崇智部分，雷震於報告中言：「許曾邀伍憲子、甘家馨、錢永銘、張發奎等晤談。伍謂與許談後，覺其為人尚屬坦白勇敢，惟其工作，則未必能有成就。許謂張發奎有辦法，張則謂我無辦法，老總（指許）有辦法。伍繼云

[51] 顧維鈞，《顧維鈞回憶錄》第 9 冊（北京：中華書局，1989 年 9 月 1 版），頁 470。

[52] 〈中國國民黨中央改造委員會第 143 次會議紀錄〉，頁 5、27-28。

[53] 〈分呈總統蔣中正、行政院長陳誠第三次報告〉，（總報告：40 年 3 月 5 日），傅正主編，《雷震全集——給蔣氏父子的建議與抗議》（27）（台北：桂冠版，1990 年 9 月初版），頁 34-35。及〈中國國民黨中央改造委員會第 105 次會議紀錄〉。

[54] 〈雷震給蔣中正等的建議：39 年 11 月 2 日〉，傅正主編，《雷震全集——給蔣氏父子的建議與抗議》（27），同上註，頁 13。

台灣此時要放手做去，聯合各方力量，使蔣先生為全國反共之領袖，全世界反共之領袖。」[55]但雷也坦承，在香港的第三勢力團體中，以許之集團聲勢比較浩大，許一面聯絡各黨派首領網羅本黨失意分子，一面與美國接觸，對兩廣游擊隊保持連繫（與大陸6個電台通報，英方並利用以竊取情報）。[56]雷又進一步說明，在他赴港前，許崇智已在活動。許說這是時勢所趨，此類組織實有必要，其對反攻大陸，亦將有甚大幫助，故許之活動甚力。對本黨對外人士，如左舜生、顧孟餘等，許均曾自往訪問，且多受其影響。現已開過一次會，訂有大綱組織名稱，即為「中國民主自治聯盟」（按：應為「中國民主反共同盟」），許並且對美國人謂：他的組織乃是由各黨各派所結合，並不反對在台灣之國民政府。許曾要求美國給予裝備十師武力，並說在軍事上已有張發奎等支持。但因美國只贊成有國民黨，以外之政治組織及裝備反共游擊隊，並不贊成有反對台灣之武力，故許等迄未得結果。據各方面觀察，許等今日之團體固不會反對政府，惟聽任不管，亦恐日久生變，轉對政府不利。」[57]

基本上，許的大張旗鼓，甚至是虛張聲勢，確實引起國府高度關注，國民黨對這些人心存顧忌，表示「只能慰問，來台則不歡迎」。[58]當年曾與張發奎多次與許晤談的周一志，曾透露一段秘聞，周說：「當時一般圍繞著許企圖攀龍附鳳的人，都說『許老總』肯出來領導，大家還有什麼話說呢？捧得許有飄飄然欲仙之概。許對人就說當年中山先生在護法之役後，組織大元帥府，如何如何，言外之意，他以『第三條路線』的大元帥自居了。張發奎同我看了此組織草稿，都一聲不響。最後，許又特別用廣東話同張說，他已寫信給台灣的吳禮卿（吳忠信），叫吳代表蔣介石到香港來談談，最好蔣能諒解香港的『第三條路線』活動，因為前提上大家都是反共的，不妨殊途同歸。又說，他希望吳最好能帶一筆錢來，因為現在流落香港的窮朋友太多了，都渴望救濟救濟云

[55] 雷震，〈分呈總統蔣中正、行政院長陳誠第二次報告〉（民國40年2月19日），傅正主編，《給蔣氏父子的建議與抗議》，《雷震全集》（27），同註53，頁28。

[56] 雷震，〈分呈總統蔣中正、行政院長陳誠第二次報告〉（民國40年2月19日），傅正主編，《給蔣氏父子的建議與抗議》，《雷震全集》（27），同上註，頁28。

[57] 〈向行政院報告、國民黨改造委員會建議與雷震按語〉（民國40年3月），傅正主編，《給蔣氏父子的建議與抗議》，《雷震全集》（27），同上註，頁44-45。

[58] 范泓，《民主的銅像：雷震先生傳》（台北：秀威版，2008年4月1版），頁155-156。

云。」[59]另外，研究許崇智的關玲玲教授也提到，許自為第三勢力領袖，曾請託李福林、吳忠信代轉致蔣中正函以說明立場。[60]這是個很矛盾的事情，既然從事第三勢力反蔣，又向蔣致意有求於蔣，蔣對許當然知之甚深，除用總統府「資政」銜攏絡外，送錢給錢收買那更是蔣的強項，所以未幾，許的團體就垮了，國府把關注的焦點，轉移到更具實力的張發奎、顧孟餘身上。

而蔣對所謂「第三勢力」的興起，自始即採取高度的警惕，他利用各種渠道掌控「第三勢力」的動向（如雷震、洪蘭友的香港行）。[61]顧維鈞說：「國民黨監視得非常嚴密的，正是非國民黨方面組織政黨的任何企圖，這是國民黨人所最不願意的事。」[62]也因如此，國府對香港第三勢力份子之拉攏分化著力甚深，不管是之前的許崇智，還是其後的伍憲子，都達到既定的效果，而這也就是民國 41 年國民黨自豪的說：「港澳等地之所謂『第三勢力』，二三年來，始終以結合共同力量，建立政治團體為目標，以期擴大其聲勢與影響。然以其主客觀條件，均不具備，及我方政戰工作運用之成功，致喧喧攘壞，迄未有成。其行動與情緒，均已漸趨低潮。」[63]平情而言，當年雷震等人的香港行及赴港報告與建議，對國民黨的港澳政策影響頗大，它不單單只是聯絡留居港澳之反共人士，溝通國民黨與黨外人士之意見，增加黨外人士對國民黨及政府的瞭解與希望而已。[64]它最大的作用，是提供國民黨最正確的有關第三勢力的情資，從而讓國民黨能制定有效的反制策略，達到國民黨摧毀瓦解第三勢力運動的最終目標。國民黨黨史會的檔案中，至今收藏著大量有關「第三勢力活動」的文件，諸如《第三勢力近情》、《第三方面活動》、《許崇智在港活動》、《對

[59] 周一志，〈我對許崇智了解的片斷〉，《文史資料選輯》13 輯（合訂本第 4 冊）（北京：中國文史出版社，1986 年），頁 136。

[60] 關玲玲，《許崇智與民國政局》（台北：大安出版社出版，1991 年 3 月 1 版），頁 176。

[61] 李村，《民國學人從政記》（香港：中和出版，2014 年 1 月初版），頁 55-56。

[62] 《顧維鈞回憶錄》第 7 冊（北京：中華書局，1988 年 2 月 1 版），頁 483。《顧維鈞回憶錄》第 8 冊（北京：中華書局，1989 年 4 月 1 版），頁 57。

[63] 〈中國國民黨第七屆中央委員會常務委員會〉第 6 次會議紀錄（民國 41 年 12 月 4 日）。

[64] 喬寶泰，〈中央政府遷台初期之中國國民黨港澳政策——以雷震、洪蘭友之赴港建議為例（1950-1951）〉，《港澳與近代中國學術研討會論文集》（台北：國史館發行，民國 89 年 5 月初版），頁 671。

顧章等醞釀第三勢力近況報告》等等，皆為「總統批簽」的絕密文件，就是當年國民黨因應第三勢力的具體鐵證。[65]

五、乍起旋滅——許崇智及其第三勢力運動之失敗

雷嘯岑曾言：「當年在香港海隅華人社會中，常聞『第三勢力』之聲，一般知識份子對此多感興趣。其實何止是知識份子，更多的是失意政客與軍事將領參與其中，而最具代表性者即為張發奎與蔡文治二人。張最早就參加由輩份比他更高的許崇智知所組織的『中國反共民主同盟』，許自為第三勢力領袖，其後許在『第三勢力』之地位終因『離開政治太久』、『對局勢判斷並不正確』，且『年紀已大，思想亦接不上來』最後為張發奎、顧孟餘所取代。」[66]有關「張上許下」之經過，本身也參與第三勢力的黃宇人也提到，當時他們正與謝澄平等成立「民主中國座談會」時，第三勢力陣營突傳出顧孟餘和張發奎已經以代表香港民主反共人士的身份，與美國有關方面接洽妥當，將獲大量美援，並在海外設立基地、組織政團、訓練軍隊，甚至成立流亡政府。其重要名單是顧孟餘、張發奎、童冠賢、李璜、張國燾、伍憲子、上官雲相（國民黨北伐時的師長，已閒居多年）、彭昭賢（曾任國民政府的內政部長）、宣鐵吾（曾任上海警備司令兼警察局長）、徐啟明（曾任桂系兵團司令）。李微塵向張獻計，藉以拆許崇智的台，因為張很可能認為許年老無用，若與許合作，必不能有所作為；和許分庭抗禮，又覺得許是老長官，也不便公然作對，唯有將伍憲子等四人（伍憲子、上官雲相、彭昭賢、宣鐵吾）拉過來，許的組織便自然解體，張即可獨獲美援。[67]

其實，許崇智在香港第三勢力領袖地位快速的為張、顧所取代，要怪自己不爭氣，青年黨領袖李璜即非常瞧不起許崇智，李說：「許崇智在石塘嘴開廳大宴群『雄』，酒酣耳熱，一面高談其反共大有辦法，一面命女招待為之撫

---

[65] 李村，《民國學人從政記》，同註61，頁55-56。

[66] 馬五先生（雷嘯岑）著，《我的生活史》（台北：自由太平洋文化事業公司出版，民國54年3月初版），頁164-165。

[67] 黃宇人，《我的小故事》（下冊）（香港：吳興記書報社，1982年2月出版），頁132。

腿……。」[68]張發奎回憶錄也證實許崇智與李璜觀念的分歧是很尖銳的，李璜說，許崇智的思想停留在五十年前，李並開玩笑的說：「我們的觀念已經落後了，許崇智的觀念則大大落後了」。李更表示倘若許留在團體內，他就不加入。[69]然就因為許崇智曾為張發奎的老長官，所以第三勢力運動初始時，張對許仍有相當的敬重，雙方關係會惡化，據張講是為了錢的緣故，張說他和許第二度會晤美國人時，他提到我們自己有本事在香港籌到 30 萬港幣從事活動，璋說他告訴美國人，俟將來他們團體站穩腳跟後，會向美方告貸，而且銀碼會不小。會後許對張大發雷霆，質問張有何方法可募集到 30 萬港幣？張說「我是秉持國家民族的觀點，而許只是持著實用主義的觀點。於是我們展開了激烈的論戰，他倚老賣老仗勢欺人，因為他與蔣先生同年，他用粗口辱罵我。他說既然美國人肯出錢，為什麼我們不收錢。我再次向他耐心解釋此中原因。從此以後，我不再是他的下屬了！」[70]

張又說：「許崇智的觀點是太老舊了，他以為他憑年齡與資歷有足夠資格來統馭我們。這個老軍頭的頭腦裡充斥了陳腐的觀點，導致在座的德高望眾人士對他鄙夷不屑。顧孟餘表示，如果許崇智加入這個團體他就要離開。許崇智想開倒車，他還想當我們的領袖。我問顧先生，倘若讓許崇智走開，他肯不肯留下，他同意了。」張國燾與其他人都認為我們不可能與許合作，於是，許被我們斥退了，而張也明白告訴美國人，我們不缺少許崇智這個人。[71]

張與許發生不合後，張找顧孟餘合作，欲另組新政團，美方雖介入協調，仍無結果。[72]其實，在許、張不和前，雙方曾有短暫的聯合期，民國 40 年 2 月 12 日，顧孟餘在程思遠陪同下與張發奎見面，張告訴顧其已和美國搭上線，張原本欲拉許崇智過來，因許也有美國中情局（CIA）的支持，許曾在香港石

---

[68] 李璜，《學鈍室回憶錄》下卷，同註 6，頁 735。

[69] 張發奎口述，鄭義翻譯/校註，《蔣介石與我——張發奎上將回憶錄》，同註 26，頁 485。

[70] 張發奎口述，鄭義翻譯/校註，《蔣介石與我——張發奎上將回憶錄》，同上註，頁 484。

[71] 張發奎口述，鄭義翻譯/校註，《蔣介石與我——張發奎上將回憶錄》，同上註，頁 485。

[72] 哈德曼對許崇智與張發奎、顧孟餘間爭奪領導權深感失望。「關於『第三勢力』爭取美國支援的綜合報告」（1953 年 6 月），〈港九政治性組織〉，《外交部/歐洲司/香港及澳門地區/香港》，國史館，典藏號：020-042701-0056。

塘咀設一俱樂部從事政治活動，3 月底，許還煞有介事的開了成立大會，通過組織及綱領，許自封為領袖，張與顧孟餘及謝澄平都加入，不過許的組織內鬨甚烈。[73]有意思的是，美國人既然找上張，為何同時也支持許，原來在美國人的「老觀念」中，認為除了張發奎之外，另一名廣東老將領也有號召力量，此人就是蔣介石的老長官許崇智。所以才有張發奎、許崇智共同會見香雅閣之舉，也才有幾個月後，一個美國人帶著香雅閣的信來到香港，此人自稱他不代表美國政府，而是代表美國人民錢來幫助建立第三勢力組織，並稱美國人準備在菲律賓海軍基地撥出一小島來供其使用。這個美國人，據程思遠回憶，名為哈德曼。其後，哈德曼又介紹張發奎與許崇智見了另外兩個美國人，其中一人曾是陳納德的部下，另一年輕人似為助手。他們詢問張，許，美國人如何幫你們？張、許二人向這兩個美國人提供了一份計劃。[74]

許雖已失勢多年，早與實際政治脫節，然逢此難得機會，表現出高度的興趣，遂搶先聯絡童冠賢、彭昭賢、張國燾、宣鐵吾、上官雲相、胡宗鐸、梁寒操、方覺慧、張任民、伍憲子、伍藻池、王厚生、金侯城、左舜生、顧孟餘、王正廷、任援道、鄧錦章、趙立武等人，發起組織「中國民主反共同盟」。[75]受到美國人的慫恿，許還興致勃勃地召開座談會，四處拜客請人參加。黃宇人說：「他曾來我家數次，我覺得他祇有空想，毫無辦法，也無幹部，未允參加；祇回拜一次，略表對革命先進的敬意。」[76]周一志也說：「在搞『第三條路線』中，許開的笑話最多。比方說，他到處請客，表示謙恭下士。過五月端陽節，他送禮又拜節。人們當他面常說『許老總是蔣介石的上司』，以你的資格來領導『新運動』，我們一定服從。許一聽誰對他說這一類話，回家後即對人大談誰已成他的部下了。他自己騙自己，還想騙人，情形頗為可笑。」[77]

---

[73] 程思遠，《政海秘辛》（香港：南粵出版社出版，1988 年 1 月 1 版），頁 235。

[74] 楊天石，〈50 年代在香港和北美的第三種力量——讀張發奎檔案之一〉，楊天石，《抗戰與戰後中國》（北京：中國人民大學出版社出版，2007 年 7 月 1 版），頁 631。

[75] 〈許崇智領導「中國民主反共同盟」發展現況〉，見《總裁批簽》，台（40）改密室字第 0083 號（1951 年 2 月 23 日），黨史會藏，〈「民主反共同盟」集會情形〉，見《總裁批簽》，台（40）改密室字第 0124 號（1951 年 3 月 23 日），黨史會藏。

[76] 黃宇人，《我的小故事》（下冊），同註 67，頁 131。

[77] 周一志，〈我對許崇智了解的片斷〉，同註 59，頁 136-137。

但形勢比人強，在張發奎等人的杯葛下，許崇智到處碰壁，祇好怏怏收山。[78]由於張與許的不合，張找顧孟餘商談，欲籌組新政團（按：即不久後成立的「戰盟」）。美方雖派員協調，仍無結果。嗣美方查明許崇智並無多大號召力，觀其所提計畫亦認為不切實際，知其難以成事，故決定放棄許崇智，專一支持張、顧二人。[79]迨張、顧等成立「戰盟」，許崇智最初並未參加，對外仍以「中國民主反共同盟（促進會）」主席自居。張、許前嫌冰釋，許才轉任「戰盟」中央執行委員。[80]其實，許原本連「戰盟」中央執行委員一職都沒有，張、顧對許，原擬只將其名字列入，而不令其參加實際活動。惟美方表示許在廣東軍人中尚有相當地位，如令其投閒置散，恐引起反感，增加前途困難。故令張、顧等對許應有妥善處置辦法，張、顧對此大感困難，因為如許積極參加，則來者不只許一人，最高幹部之 25 人名單，恐將無法分配，且張、許之間，亦甚難對，許自然不能屈居張下，張亦不甘受許支配。而在軍事上取雙頭制，又為事實所不許，故張、顧對此甚感困難，無法答覆美方。在許崇智方面，張、顧等最近活動，已為許所悉，認張等將其幹部（彭昭賢、上官雲相、張國燾等）拉去，而將其關在門外，甚表憤慨，且亦自知與張不能相處，故對此一新組織究應採如何態度，現尚未確定。許曾於梁寒操宅，約左舜生、方覺慧、彭昭賢、關素仁等商量決定態度，原先表示不參加，後來可能是因美方因素，才勉強加入。[81]

六、迴光返照——許崇智一生述評

四〇年代末期國、共內戰漸呈一面倒之勢後，避居香江的「高級難民」愈來愈多，其中包括失意政客、國民黨高層人士、學者、報人、作家、資本家、

---

[78] 林博文，《歷史的暗流：近代中美關係秘辛》（台北：元尊文化，1999 年 1 月初版），頁 114。黃宇人，《我的小故事》（下冊），同註 67，頁 132。

[79] 〈對顧張等醞釀第三勢力近況報告〉，中國國民黨中央改造委員會第 150 次會議紀錄，附件（1951 年 6 月 7 日），黨史會藏。

[80] 萬麗鵑，〈一九五 0 年代的中國第三勢力運動〉，同註 41，頁 37-38。

[81] 陳三井，〈蔣介石眼中的海外自由民主運動〉，《「蔣介石與現代中國再評價」國際學術研討會》論文集（下冊），同註 45，頁 585-596。

國軍將領和一群「請纓無門、殺敵無力」的知識分子。在這一批避秦之士裡，不乏赫赫有名的人物，他們也許已被時代所淘汰，但他們身上仍有「剩餘價值」，在海內外仍具號召力量；國民黨和共產黨競相爭取他們，連美國也在向他們招手。於是，中國現代史上最奇特、最戲劇性的兩次政治運動，就在香港上演了。其中的第二次，就是在五〇和六〇年代，一群反蔣反共的流亡人士，在美國政府的鼓吹和資助下，組成「第三勢力」，在北京與台北之外獨樹一幟。[82]

根據現有的資料，第三勢力運動約始於民國38年，39年後興起於香港以及東南亞一帶，其後又從香港及東南亞發展到美國。而39年後，第三勢力運動何以會廣泛興起，一時間風起雲湧，主要是由於美國政府的積極扶植。民國37年以後，國民黨政權日益崩潰，美國人對蔣介石的失望和厭惡也達於頂點。急於在國共之外扶植第三勢力，從而取代蔣介石的地位，為「光復大陸」做準備。當時在香港出現的第三勢力團體，前後不下十幾個。其中影響最大的，有顧孟餘領導的「自由民主大同盟」，左舜生、謝澄平領導的《自由陣線》，胡越、陳濯生領導的「友聯出版社」，蔡文治領導的「自由中國運動」，許崇智、張發奎領導的「中國民主反共同盟」，荊磐石領導的「大中國建國會」，陳中孚領導的「中國民主大同盟」，顧孟餘、張君勱、李微塵領導的「中國自由民主戰鬥同盟」，以及後來由李宗仁部署、領導的「自由中國民主政團同盟」。[83]

在這麼多標榜第三勢力的團體中，許崇智可說是時代的弄潮兒，他最早發難號召、最先招兵買馬、最快成立團體組織，但也於最短時間曇花一現旋即垮台。當年在香港求學，雖未加入第三勢力組織，但與從事第三勢力的《自由陣線》集團過從甚密的知名學者余英時，於晚年撰寫的回憶錄披載言：「『中國第三勢力』則企圖在國民黨和共產黨兩個『專政』的政權之外，建立起一個以民主、自由、人權等普世價值為終極目標的精神力量。但香港的『第三勢力』並未真正形成一個全盤性的政黨組織，它只是一群個別的知識人，而且來自各

---

[82] 林博文，《1949浪淘盡英雄人物》（台北：時報版，2009年5月初版），頁14。

[83] 李村，《民國學人從政記》，同註61，頁62-63。

種不同的背景。其中有國民黨、民社黨、青年黨，更多的則是無黨無派者，而且無論背景為何，都是以個人的身分出現的。甚至蔣介石的舊上司許崇智老人也都參加了『第三勢力』的組織活動。」[84]

余英時特別提到許崇智也都參加了第三勢力，可見許當年在香港第三勢力中的知名度與聲望是不同凡響的。但許的地位與角色何以很快被顧孟餘、張發奎所取代，主因還是許個人的觀念思想人格特質所致。許的觀念陳腐老舊，當年在香港從事第三勢力諸人，平情言，並非不重視許，只是覺得許只能作為象徵，難負實際責任，時代推進到當前階段，許尤其不能作唯一首腦。至於人格特質，據傳許非常相信命運，他有一本流年，升沉、進退、動靜，完全照流年行事。[85]朱淵明也說到：「有一次當許大讌群倫之際，三杯落肚，忽然老興大發，高聲說道：『星命家早已算定我晚年還有一部大運，要統帥三軍，掌握全權，這局面果然快來了，我們大家乾一杯』。在座的人居然有鼓掌歡呼的，甚至有喊『老將萬歲』的。」[86]如此行徑，看流年運勢辦事，要領袖群倫擔任第三勢力的領導者，如何使人信服，如何讓真正老闆美國相信其能力，所以，許於五〇年代初，雖說最早掌握時機擎起第三勢力大旗，老驥伏櫪試圖東山再起奮力一搏，但因個人的能力有限操守不佳，在個人一生的政治生涯中，只能是緣起緣滅，如迴光返照般倏忽即逝了。

---

[84] 余英時，《余英時回憶錄》（台北：允晨版，2018 年 11 月初版），頁 129。

[85] 黃麗飛，《觀人誌：述評當代人物》（台北：台灣新生通訊社總經銷，民國 64 年 6 月初版），頁 191。

[86] 焦大耶（朱淵明），〈「第三勢力」全本演義：第三百六十一行買賣〉，陳正茂編著，《五〇年代香港第三勢力運動史料蒐秘》，同註 5，頁 109。

第九章 變局下的選擇：張發奎與五〇年代香港第三勢力運動

一、第三勢力風起雲湧於香江

基本上，五〇年代於香港風起雲湧的第三勢力運動，其實是美、蘇冷戰結構下的一環，其背後有美國的援助；以及反蔣勢力李宗仁等之奧援，故有其錯綜複雜的國內外背景因素存在。[1]當時第三勢力之要角有：張發奎、顧孟餘、張君勱、左舜生、李璜、張國燾、許崇智、伍憲子、李微塵、童冠賢、邱昌渭、謝澄平、羅夢冊、董時進、許冠三、王厚生、司馬璐、孫寶剛、孫寶毅等，這些人分屬民、青兩黨，部分為國民黨及桂系政治人物。[2]在美國的「金錢」攻勢下，困居香江經濟非常拮据的一些過去在中國略具知名度與影響力的政治人物，霎時成為美國積極物色網羅的對象。當時這些人的身份，約可分為 4 類：1.國民黨軍政界人物：如張發奎、顧孟餘、許崇智等；2.民、青在野黨領袖：如左舜生、李璜、何魯之、張君勱、伍憲子、李微塵等；3.民意代表或失意政客：如童冠賢、黃宇人、王孟鄰、邵鏡人（CC 派人物）；張國燾、宣鐵吾等；4.知識份子和桂系人物：如黃如今（前東北大學校長）、張純明（前清華大學

---

1 陳正茂，〈五○年代香港第三勢力的主要團體：「中國自由民主戰鬥同盟」始末（1952-1955）〉，《北台灣學報》第 34 期（民國 100 年 6 月），頁 443。

2 李璜將當時南下香港的流亡人士分為 4 類，即平民與學生、工商界熟手、文化界人士、軍政界人物。李璜，《學鈍室回憶錄》下卷（香港：明報月刊社出版，1982 年元月初版），頁 721-723。胡志偉則分的更細，胡將其分為 7 類：（1）失意政客：如張君勱、彭昭賢、王正廷、李璜、左舜生、謝澄平等。（2）落魄軍人：如張發奎、許崇智、劉震寰、上官雲相、陳濟棠、金典戎等。（3）桂系要員：如黃旭初、童冠賢、張任民、韋贄唐等。（4）中共叛徒：如張國燾、龔楚等。（5）漢奸：陳中孚、招桂章、趙正平等。（6）知識份子：如顧孟餘、丁文淵、黃如今、張純明、李微塵、易君左、趙滋蕃等。（7）知識青年：如胡越、徐東濱、陳濯生、許冠三等。胡志偉：〈「自由中國抵抗運動」的開場與收場〉，《傳記文學》第 93 卷第 6 期（民國 97 年 12 月），頁 48-49。

教授）、王季高（前北平市教育局局長）；黃旭初、程思遠（後二者為「桂系」代表）等。[3]

而在國民黨軍政界人物中，就屬張發奎的知名度最高及影響力最大了，張為粵系大老，北伐時率領「鐵軍」名震中外，張政治立場較接近汪精衛，也曾有「反蔣」記錄。抗戰期間，曾是淞滬、粵桂戰場的抗日名將，戰功彪炳。國共內戰最激烈的關鍵時刻，他曾膺任孫科內閣的陸軍總司令。由於日本投降後，張被任命為接收廣州、香港、雷州半島及海南島等地的受降最高長官，所以，張在華南、兩廣及香港享有非常崇高的威望地位，這就為張後來於香港從事第三勢力運動，提供了有利的背景與機會。[4]張之所以會從事第三勢力運動，除了「粵桂一體」與李宗仁頗有關係外，蔣對他的冷遇恐也是原因之一。桂系大老黃旭初於其《回憶錄》即提到：陸軍總司令張發奎熱心團結兩廣以為復興根本，民國 38 年 4 月 29 日由穗來桂，擬請李代總統早日蒞穗，以免政府成為群龍無首的狀態。[5]當居正提名組閣時，原定以白崇禧、張發奎入閣，閻氏（閻錫山）得立法院同意後，粵桂人士一致希望以白長國防部、張長僑務委員會，將對粵局大有補益。但當閻氏飛台請示時，白、張兩人都為蔣總裁所否決了。[6]

張既然與蔣不對盤，在大局急轉直下之際，代總統李宗仁又不濟事，以其軍人性格及對國家的使命感，另起爐灶之心自在情理之中，尤以後來又順利搭上美國路線，在美國的支持下，張以香港為基地，主張反專制、反極權，擎起反共、反蔣大纛，此即五〇年代於海外曾喧騰一時的第三勢力運動。本文之作，即以張為主角，論述其與五〇年代香港第三勢力運動之關係，其中尤以參加「中國自由民主戰鬥同盟」（以下簡稱「戰盟」）與蔡文治的「自由中國運動」最具代表，此二團體，可說是美國當年在香港佈局第三勢力的文武雙軌組織，在這當中，張都扮演舉足輕重的重要角色；另外，則分析美國與第三勢力的關係，

---

[3] 程思遠，《政海秘辛》（香港：南粵出版社出版，1988 年 1 月 1 版），頁 234-235。

[4] 周淑真，《1949 飄搖港島》（北京：時事出版社，1996 年 1 月 1 版），頁 308。

[5] 黃旭初原著、蔡登山主編，《黃旭初回憶錄——李宗仁、白崇禧與蔣介石的離合》（台北：獨立作家出版，2015 年 1 月 1 版），頁 341。

[6] 黃旭初原著、蔡登山主編，《黃旭初回憶錄——李宗仁、白崇禧與蔣介石的離合》，同上註，頁 350。

從而探討張與第三勢力運動之所以失敗的原因始末。

二、變局下的選擇——張發奎與第三勢力運動

民國 38 年 4 月 23 日，「代總統」李宗仁在內有蔣的幕後掣肘操縱，外有共軍的即將渡江，形勢險峻內外交困之際，李覺得只有積極尋求美國的援助，對大局或許尚有一線轉機。於是，李派程思遠去漢口接白崇禧返桂，派邱昌渭、李漢魂二人去廣州會見美國公使銜參贊劉易斯．克拉克（Lewis Clark）及張發奎。[7]張在李宗仁就任「代總統」後被任命為陸軍總司令，李漢魂（時任李宗仁總統府參軍長）曾向張說，李宗仁「在最高控制之下，致全局的人事及軍事，殆俱不能調整，政治亦難改革，全部之守江計劃，同時不能實施，坐令對共無法阻止。」[8]4 月 29 日，張飛桂林，力勸李宗仁作出抉擇，或公開聲明辭去「代總統」職務，請蔣復位；或從蔣手中奪過全部權力，組織戰時內閣，爭取美國支持，唯李對張之建議不置可否。[9]

有關張與蔣的關係，歷來眾說紛紜，據《雷震日記》民國 40 年 2 月 5 日記載：張對雷震講，其對「總裁批評則有之，並不反對，人若詢以反共否，彼曰『Yes』；人若詢以反蔣否，彼曰『No』。」[10]後來他在與友人談話時，仍一再重申：「我不反對政府，亦不反對蔣先生，但是我有意見，不能不提出。」[11]張發奎在倡導第三勢力之初，即說明第三勢力存在之理由為，容納台灣所不能容納的反共力量；接受投共份子及部隊的反正，分化共黨，接受共軍的起義。但他亦強調第三勢力應反共不反蔣，反蔣是無常識的，而台灣則應向開明寬大的方向走，容納反共各黨派，組織聯合陣線。[12]如此看來，因張發奎、顧孟餘

---

7 程思遠，《政海秘辛》，同註 3，頁 219。

8 熊尚厚，〈鐵軍名將張發奎〉，嚴如平主編，《民國著名人物傳》第二卷（北京：中國青年出版社出版，1997 年 10 月 1 版），頁 761。

9 熊尚厚，〈鐵軍名將張發奎〉，嚴如平主編，《民國著名人物傳》第二卷，同上註，頁 762。

10 〈雷震日記〉（1951 年 2 月 5 日），傅正主編，《雷震全集》（33）（台北：桂冠版，1989 年 8 月初版），頁 28。

11 〈張發奎談話〉，《總裁批簽》，台（42）改秘室字第 0113 號（1953 年 4 月 4 日），黨史會藏。

12 〈對顧章等醞釀第三勢力近況報告〉，中國國民黨中央改造委員會第 150 次會議紀錄（1951 年 6

皆為國民黨員，好像對國民黨仍存有期待，對蔣亦未完全失望，彼等組織第三勢力，或不無有逼蔣改革政治的用心在裡頭。[13]

但實際上，這只是張個人的說辭，由蔣的日記來看，可能更接近真實的情況，蔣曾於日記提到其堅決主張開除張、顧等人黨籍事，40 年 5 月 3 日，中央改造委員會開會，蔣力主開除張發奎、顧孟餘的黨籍，「到中央黨部會議商討中央委員到期未登記者開除黨籍問題，有人以張發奎、顧孟餘二人暫不開除，免其加入第三勢力。余力持反對，以若輩叛黨不只二次、三次也。」[14]6 月 29 日，蔣召集情報會談，其感想是「可知香港所謂第三勢力政客與軍閥，欺詐美國與破壞中央之如何卑劣可笑矣。張發奎、顧孟餘等叛徒，誠漢奸之不若矣。」[15]同年 11 月 26 日，蔣在日記中又寫到：「最近大陸匪報與香港所謂第三勢力報《中國之聲》周刊皆一致攻擊我父子，尤其對經國詆毀無所不至。此張發奎、顧孟餘等敗類投機求美不成，乃決心降匪，願供其驅使反誣，不惜為共匪反蔣之工具也，惟有置之一笑。」[16]11 月 27 日再說：「聞顧孟餘等所出之《中國之聲》，對余父子攻訐侮辱甚於共匪，顧、張等自知其忘恩負義，罪在不赦，乃不得不投共以自救也，其果自救乎，亦自殺耳。」[17]12 月 1 日，蔣批評第三勢力的幾位領導人物：「所謂香港《中國之聲》一群，顧孟餘、張發奎為汪精衛改組派之餘孽，張國燾為共產黨之垃圾，今皆以反蔣為其投共之資本。但一面偽裝反共，又反蔣也，可知惡肖終為惡肖，乃可得一定理，只有好人變惡，決無惡人變好之理，感化云乎哉。一生革命經驗至此，方敢下此定理也。」[18]一直到民國 47 年，蔣還餘怒未消的大罵第三勢力之人「對於政客

月 7 日），黨史會藏。

[13] 萬麗鵑，〈一九五○年代的中國第三勢力運動〉（台北：國立政治大學歷史學系研究部博士論文，民國 90 年 7 月），頁 48。

[14] 《蔣介石日記》（1951 年 5 月 3 日）。轉引自黃克武，〈顧孟餘的政治生涯：從挺汪、擁蔣到支持第三勢力〉，《國史館館刊》第 46 期（2015 年 12 月），頁 153。〈顧孟餘與香港第三勢力的興衰（1949-1953），《二十一世紀雙月刊》總第 162 期（2017 年 8 月號），頁 58。

[15] 《蔣介石日記》（1951 年 6 月 29 日），同上註，頁 153-154。

[16] 《蔣介石日記》（1951 年 11 月 26 日），轉引自黃克武，〈顧孟餘與香港第三勢力的興衰（1949-1953）〉，《二十一世紀雙月刊》總第 162 期（2017 年 8 月號），頁 58。

[17] 《蔣介石日記》（1951 年 11 月 27 日），同上註。

[18] 《蔣介石日記》（1951 年 12 月 1 日），同上註，頁 59。

以學者身份向政府投機要脅以官位與錢財為其目的。伍憲子等騙錢、左舜生要求錢，唱中立，不送錢就反腔。」[19]對蔣來說，顧孟餘、張發奎等人即屬此類「卑劣可笑」之人。觀蔣於日記中，一而再再而三的嚴辭批張，甚至認為張「反蔣」攻訐侮辱其父子更甚於共匪，張信誓旦旦其不「反蔣」，恐難取信於人。[20]

總之，張在反蔣上與李是不謀而合的，他敦促李宗仁到廣州主持大政，當蔣 7 月來到廣州操縱軍政大權時，張再次建議李宗仁「把蔣扣留起來」。此時，粵桂聯盟已被蔣所拆散。未幾，粵系將領薛岳得到廣州綏靖公署主任和廣東省主席的職位，與張共同提出「團結大廣東」、繼續「第一師精神」的口號，企圖建立一個既反蔣又反共的割據局面。[21]張雖然對李宗仁的瞻前顧後頗表失望，但仍力挺李宗仁，當時立法院內支持李宗仁的「民主自由社」、「桂系」、「三青團」及與朱家驊有關的一批立委，決定發起組織「自由民主同盟」為李之奧援。[22]該組織由顧孟餘出面領導，顧曾為北大教授，後加入汪精衛之「改組派」，為汪系反蔣要角之一。抗戰期間，顧並未隨汪下海組織偽政權，留在重慶擔任中央大學校長，頗負清譽為知識份子所推崇。顧曾和桂系聯合倒蔣過，因此與李頗有舊誼，而熱心推動該組織的童冠賢、何義均等人，都係出中大，與顧更有同事之情，此即何以李要找顧出面主持該盟之因。[23]

顧為人謹慎，當其應李宗仁之邀由香港赴廣州後，旋即拜訪克拉克（Lewis

---

[19] 《蔣介石日記》（1958 年 5 月 10 日），同上註。

[20] 黃克武，〈顧孟餘與香港第三勢力的興衰（1949-1953）〉，同註 16，頁 58-59。然也有替張持平講話者，言「張發奎後來同李宗仁合作，任海南行政長官，陸軍總司令，到香港搞第三勢力。然他公私分明，雖在政治上反蔣，但在私誼上對蔣十分懷念。」曉沖主編，《毛澤東欽點的 108 名「戰犯」的歸宿》（香港：夏菲爾出版公司出版，2003 年 10 月 1 版），頁 294。

[21] 熊尚厚，〈鐵軍名將張發奎〉，嚴如平主編，《民國著名人物傳》第二卷，同註 8，頁 761-762。

[22] 萬麗鵑，〈一九五○年代的中國第三勢力運動〉，同註 13，頁 25。

[23] 當國府南遷，立法院在廣州開會的時候，就有邱昌渭等，秉承李宗仁之命，出面聯絡，想另外形成一個新的組織。那時接觸的方面，自以立法院的份子為最多，形勢所趨，當時的院長童冠賢表示：「當今之世，反共有理論而又有辦法的，只有兩人，武為閻百川，文為顧孟餘，若要有新組織，似非請顧先生出來領導不可」。陳正茂，〈從立法院長到第三勢力要角——童冠賢〉，見陳正茂，《逝去的虹影——現代人物述評》（台北：秀威版，2011 年 12 月 1 版），頁 198。又見陳正茂，〈書生從政的悲劇——顧孟餘政治活動之探討〉，《台北城市大學學報》第 37 期（民國 103 年 3 月），頁 259。

Clark），探詢美國對彼等擬結合國民黨內及黨外反蔣自由主義份子組織第三勢力的態度，克拉克回答美國應會樂見到任何有效反共團體的出現，並且提供可能的幫助。克拉克還向顧提到，他已向美國國務院報告：「立法院李宗仁支持者現正籌組一反共組織，以便在中共完全控制大陸後，繼續從事反共運動。」並謂：「李宗仁知道全部計畫，且予以贊同。」[24]在得到克拉克的保證後，顧隨即展開籌組第三勢力團體的工作，在密集的與美使館顧問何義均、立法院長童冠賢、總統府秘書長邱昌渭等交換意見後，將可能採取的方案提供李宗仁參考。當時此舉，也得到陸軍總司令張發奎及廣東省政府主席薛岳的支持。[25]「自由民主同盟」（後改為「自由民主大同盟」，加上個「大」字，即為張發奎所建議）於9月初，在廣州秘密舉行了第一次會議，選舉顧孟餘為主席，童冠賢、程思遠、邱昌渭、黃宇人、甘家馨、李永懋、尹述賢為幹事，由童冠賢任書記，程思遠為副書記，尹為組織組長，周為副組長、涂公遂為宣傳組長，何義均為政治組長（未到職），陳克文為財務組長。李宗仁撥款二十萬港幣為開辦費，另外還支付顧孟餘港幣三萬，幹事、組長每人各五千，這些錢都是由中央銀行總裁劉攻芸於離職時，撥給李的一筆專款項內支付的。[26]張曾一度想參加顧孟餘為首的「自由民主大同盟」，以童冠賢、黃宇人反對吸收軍人而作罷。[27]然無論如何，此為張與第三勢力發生關係之始，殆無疑義。

諷刺的是，張支持李，但李對張印象似乎不佳，據當年對第三勢力內情知之甚詳的陳克文日記了解，李宗仁對陳克文表示他較欽佩顧孟餘，而瞧不起張發奎與薛岳。根據陳克文的記載，李宗仁說：「張向華、薛伯陵輩對於組織政治團體認識不夠，他們只知道要急速從事，卻不知道這並不是簡單容易的事情」；又說：「張向華說，『難道我反不如蔡廷鍇嗎？』其實他錯了，蔡廷鍇固然不成，連李任潮『李濟琛』都不成。」陳克文認為其意思是指，「張、薛

[24] Department of State, Foreign Relations of the United States, 1949 （Washington：United States Government Printing Office, 1978）, Vol.VIII, p315.

[25] 張發奎口述、鄭義翻譯/校註，《蔣介石與我——張發奎上將回憶錄》（香港：文化藝術出版社出版，2008年5月1版），頁463-464。

[26] 黃宇人，《我的小故事》下冊（香港：吳興記書報社，1982年），頁118-119。程思遠，《政海秘辛》，頁234。兩位當事人對李撥開辦費說法略有出入，黃說李撥10萬港幣，程則謂是20萬港幣。

[27] 《我的小故事》，同上註，頁118。

輩的頭腦，對於組織政治團體以為憑軍人的見解即可成功，是錯誤的，連李任潮這樣的軍人都不成。」李宗仁雖瞧不起張、薛等人，然而以顧為首的一批文人又不得不與張發奎等軍人合作，而造成雙方的摩擦。[28]陳克文頗為感觸的說：「我想這團體（按：指「自由民主大同盟」）也會和其他許多團體一樣，因為經費待遇等等問題，內部發生意見、猜忌、磨擦。中國人實在是太窮了，窮人對於金錢特別看得分明，也特別發生興趣。現在才不過一二十人，事情也並不多，但是因為經費的支配和旅費的開銷等等，已經彼此都有煩言，將來必定不免會越來越利害的。」[29]38 年底，在李宗仁以治病為由赴美後，張發奎亦心灰意冷，於廣州淪陷前夕，前往香港定居。翌年，他在香港與左舜生等組織「戰盟」，繼續擁護李宗仁為領袖，堅持其既反蔣又反共的主張。[30]

基本上，張會熱心參與第三勢力運動，雖有支持李宗仁的態度外，主要的還是美國的因素，民國 38 年山河變色之夕，美國政府因無法和中共拉上關係，雖已決意不援蔣，卻擬援助其他有望的人。廣西建設廳長黃榮華曾在香港會晤美國艦隊司令海軍上將白吉爾（Admiral Oscar C. Badger），白表示：「美政府對蔣氏認為不可救藥，對李代總統尚有信仰，可惜他還不曾拿出魄力把政府改革為非蔣的。」白吉爾後來訪問廣州，與白崇禧晤談時又說：「國民政府的腐化勢力，讓共產黨把它掃除後，美國再來援助不腐化的去掃除惡勢力，希望華中能支持六個月以待此種情勢的來臨。」[31]當時有關美國棄蔣另覓取代人選之說可謂甚囂塵上，例如吳鐵城從東京回來也說：「麥克阿瑟表示，美已放棄援蔣，美國國會現在通過七千五百萬的撥款，用於中國一般地區，如果廣州能守至六個月，這筆撥款和軍用物資就可能源源而來，以支持華南的局面。」[32]。美國對李雖有期待，但李始終拿不出辦法，這也給了張有取代李的野心，39

---

[28] 陳克文著・陳方正編輯校訂，《陳克文日記》（1949 年 8 月 17 日）（下冊）（台北：中央研究院近代史研究所出版，民國 101 年 11 月初版）（下冊），頁 1250。

[29] 陳克文著・陳方正編輯校訂，《陳克文日記》（1949 年 8 月 4 日）（下冊），同上註，頁 1246。

[30] 劉紹唐編著，《民國人物小傳》第四冊（台北：傳記文學雜誌社出版，民國 78 年 12 月再版），頁 262。

[31] 黃旭初原著、蔡登山主編，《黃旭初回憶錄——李宗仁、白崇禧與蔣介石的離合》，同註 5，頁 359。

[32] 黃旭初原著、蔡登山主編，《黃旭初回憶錄——李宗仁、白崇禧與蔣介石的離合》，同上註，頁 359。

年，張寓居香港時，廣州嶺南大學校長香雅格（Dr. James McClure Henry）於解職過港返美時，曾對張說，蔣介石已不中用，要張組織「第三勢力」。[33]張主張李宗仁自動辭去「代總統」，以在野之身份推動第三勢力運動。後李宗仁以「組黨尚非其時」，於是香港的第三勢力運動，遂以顧孟餘、張發奎兩人為中心，分途發展。[34]兩人都希望取得美國的支持，後來由於張有香雅格在背後作靠山，顧遂與張合作，號稱「張顧聯盟」。上述經緯，即為張在民國 38 年時代大變局之下，開始抉擇的另一條政治路線——第三勢力運動。

三、張發奎與許崇智之恩怨及其和蔡文治的「自由中國運動」

雷嘯岑曾言：從 38 年秋冬之間起，由於美國民主黨政府不斷地鼓勵中國人搞「第三勢力」的政治活動，海隅華人社會中，常聞「第三勢力」之聲，一般知識份子對此多感興趣。[35]其實何止是知識份子，更多的是失意政客與軍事將領參與其中，而最具代表性者即為張發奎與蔡文治二人。張最早就參加由輩份比他更高的許崇智知所組織的「中國反共民主同盟」，許自為第三勢力領袖，其後許在「第三勢力」之地位終因「離開政治太久」、「對局勢判斷並不正確」，且「年紀已大，思想亦接不上來」最後為張發奎、顧孟餘所取代。[36]有關「張上許下」之經過，本身也參與第三勢力的黃宇人也提到，當時他們正與謝澄平等成立「民主中國座談會」時，第三勢力陣營突傳出顧孟餘和張發奎已經以代表香港民主反共人士的身份，與美國有關方面接洽妥當，將獲大量美援，並在海外設立基地、組織政團、訓練軍隊，甚至成立流亡政府。其重要名單是顧孟餘、張發奎、童冠賢、李璜、張國燾、伍憲子、上官雲相（國民黨

---

[33] 張發奎對組織「第三勢力」異常熱心，在中國出生的美國傳教士之子，廣州嶺南大學美籍校長香雅格（Dr. James McClure Henry）曾鼓吹張發奎發展「第三勢力」。林博文，《歷史的暗流——近代中美關係秘辛》（台北：元尊文化，1999 年 1 月初版），頁 113。程思遠，《政海秘辛》，同註 3，頁 231。

[34] 司馬璐，《中共歷史的見證——司馬璐回憶錄》（香港：明鏡出版社出版，2004 年 11 月 1 版），頁 187。程思遠，《政海秘辛》，同註 3，頁 232。

[35] 馬五先生（雷嘯岑）著，《我的生活史》（台北：自由太平洋文化事業公司出版，民國 54 年 3 月初版），頁 164。

[36] 關玲玲，《許崇智與民國政局》（台北：大安出版社發行，1991 年 3 月 1 版），頁 176。

北伐時的師長，已閒居多年）、彭昭賢（曾任國民政府的內政部長）、宣鐵吾（曾任上海警備司令兼警察局長）、徐啟明（曾任桂系兵團司令）。李微塵向張獻計，藉以拆許崇智的台，因為張很可能認為許年老無用，若與許合作，必不能有所作為；和許分庭抗禮，又覺得許是老長官，也不便公然作對，唯有將伍憲子等四人（伍憲子、上官雲相、彭昭賢、宣鐵吾）拉過來，許的組織便自然解體，張即可獨獲美援。[37]

五〇年代初，許在香港第三勢力的地位，最早是高於張的，民國 40 年 3 月，國民黨香港工作組針對「留港華人政治活動現狀」向蔣介石報告，指出當時香港第三勢力有四股主要派系，分別是「民主反共同盟」、桂系、《自由陣線》、「中國自由聯盟」；而主要領導人物有六位：許崇智、張發奎、顧孟餘、黃旭初、謝澄平、任援道。其中提到張發奎為「擁資甚豐，與許崇智等從事活動，與東京「盟總」有聯絡。」當時第三勢力與外界聯繫之情況，其中主要的外援得自李宗仁、華僑捐款、東京「盟總」、香港「美新處」以及日本軍人等。[38]其實，許崇智在香港第三勢力領袖地位快速的為張、顧所取代，要怪自己不爭氣，青年黨領袖李璜即非常瞧不起許崇智，李說：「許崇智在石塘嘴開廳大宴群『雄』，酒酣耳熱，一面高談其反共大有辦法，一面命女招待為之撫腿……。」[39]〈雷震日記〉亦載：「許崇智在香港組織第三勢力時，曾組一俱樂部，以聯絡各方人士。但許之俱樂部『在妓女寓中，許請客一面大談政見，一面懷抱女人』，因此大家都看不起其為人。」[40]總之，許崇智雖略有知名度，似乎在華南仍有一定號召力，然終歸脫離軍政已久，僅能作為象徵，難負實際責任，時代推進到當前階段，許尤其不能作唯一首腦。[41]張與許發生不合，另找顧孟餘合作，欲另組新政團，美方雖介入協調，仍無結果。40 年 2 月 12 日，

---

[37] 黃宇人，《我的小故事》（下冊），同註 26，頁 132。

[38] 黃克武，〈顧孟餘與香港第三勢力的興衰（1949-1953）〉，同註 14，頁 52。

[39] 李璜，《學鈍室回憶錄》（下卷）（香港：明報月刊社出版，1982 年元月初版），頁 735。

[40] 傅正主編，〈雷震日記〉（1951 年 2 月 6 日條、2 月 23 日條），《雷震全集》（33）（台北：桂冠版，1989 年 8 月初版），頁 31。

[41] 陳正茂，〈初試啼聲：謝澄平與《自由陣線》集團的緣起緣滅〉，《台北城市大學學報》第 42 期（民國 108 年 3 月），頁 259。

顧孟餘在程思遠陪同下與張發奎見面，張告訴顧其已和美國搭上線，張原本欲拉許崇智過來，因許也有美國中情局（CIA）的支持，許曾在香港石塘咀設一俱樂部從事政治活動，3 月底，許還煞有介事的開了成立大會，通過組織及綱領，許自封為領袖，張與顧孟餘及謝澄平都加入，不過許的組織內鬨甚烈。[42]

關於此事，〈雷震日記〉40 年 3 月 27 日記載，「接孝炎兄來函，謂許之組織已開成立大會，通過組織及綱領，許領袖，顧孟餘、謝澄平、張向華（張發奎）均參加。會後張向華爭領導權，顧偏向張，會後由張、顧、謝等函許，對其綱領不同意，許感左右為難。因章程是大家所通過，不能遷就少數人而修改，因之許之組織內鬨甚烈。」[43]5 月 22 日，「上午訪許孝炎兄，渠謂許崇智已垮台，顧孟餘與張發奎為首領之組織業已形成，並約民、青兩黨，張君勱名字已列入，王厚生、伍藻池已加入，金侯城未加入，青年黨之李璜原加入，因要統一美援，故謝澄平之自由陣線未加入。」[44]到了 5 月下旬，張發奎與顧孟餘聯手驅逐了許，後美國也發現許虛有其表，並無號召力，且所提計劃也不切實際，因此轉而支持張、顧，由張領軍、顧主政，成為香港第三勢力的新首領。而原擬參加許陣營的人，也見風轉舵轉而追隨張。[45]許為與之對抗，曾聯合汪偽時期失意政客如鮑文樾、汪嘯崖、任援道等組「中華自治同盟委員會」，許自任委員長，下設行政、軍事兩委員會，由許及任援道分別負責。該會標榜反共、反台，曾與美國聯邦調查局駐日聯絡組合作，在香港召募幹部送往菲、日等地受訓。但許之組織因得不到第三勢力人士的支持，旋即解散，迨「戰盟」成立後，許、張前嫌冰釋，許才加入「戰盟」，擔任中央執行委員職務。[46]

民國 38 年之後，美國所支持的第三勢力在東亞建立了一個複雜的網絡，由美國情治單位、東京的「盟總」、自由亞洲委員會（The Committee for a Free Asia，43 年改組為亞洲基金會【The Asia Foundation】）負責，支持在香港、

---

[42] 傅正主編，〈雷震日記〉（1951 年 3 月 27 日條），《雷震全集》（33），同註 40，頁 69。

[43] 傅正主編，〈雷震日記〉（1951 年 3 月 27 日條），《雷震全集》（33），同上註。

[44] 傅正主編，〈雷震日記〉（1951 年 5 月 22 日條），《雷震全集》（33），同上註，頁 99。

[45] 萬麗鵑，〈一九五○年代的中國第三勢力運動〉，同註 13，頁 37。

[46] 萬麗鵑，〈一九五○年代的中國第三勢力運動〉，同上註，頁 25。

日本、菲律賓等地建立反共的政治、軍事組織。[47]而在五〇年代，張能成為香港第三勢力之最高領導人，美國的青睞與支持是主要原因。其實，早在張尚未組織「戰盟」之前，美國已暗中援助由蔡文治所領導的「自由中國運動」。[48]據研究此議題的專家胡志偉說到：「1950 年 6 月 25 日，『韓戰』爆發後，美國陸軍戰略情報部擬在部內設立一個臨時性質的『敵後工作委員會』，物色一個中國有為軍人協助其事，訓練中國軍人在敵後與美軍配合，開展游擊戰爭與蒐集敵後情報。此案由新任國務卿艾奇遜（Dean Gooderham Acheson）批准，由卸任國務卿馬歇爾（George Catlett Marshall）推薦起用其西點門生蔡文治。所需經費在陸軍戰略情報部臨時費項目下支給，用『敵後工作委員會』名義簽署。這一臨時性私密機構，被國務院與國防部稱作『亞洲抵抗運動』，以免民主、共和兩黨議員因『中國』字眼而引起紛爭。而蔡文治膺承其事後，竟將『亞洲抵抗運動』改名為『自由中國運動』，然而本質上蔡文治不過係美軍華籍顧問性質，但在形態上，蔡文治儼然成為美援下反共反蔣的第三勢力領袖人物。自由中國運動歷時三年，美方共支付近一億美元，其中包括美國顧問的薪俸、保險、眷屬福利等費用。」[49]

美國的佈局顯然是多頭馬車進行的，除國務院與國防部外，當年在東京的「盟總」也在物色適當人選，據程思遠說，他曾在張發奎寓所（香港藍塘道）參加一項座談，與會人士有李璜、顧孟餘、童冠賢和前廣西省主席黃旭初，李璜在會中報告說，他們青年黨的老朋友趙友松（疑誤，應該是趙毓松），已在東京與麥克阿瑟將軍取得聯繫，麥帥希望香港民主反共人士團結起來，在華南舉事，牽制中共，東京盟總可予支持。李璜又說，趙友松寫信給他，要他在香港策動，他認為機不可失，特向張發奎請教。張氏聽了即表示：「我在廣東沿海，還可號召若干軍人，但我們必須有一個政治組織，以為最高領導機構，否則我們就便成了盟總的屬下，一切聽美國人指揮，不足以號召他人；不過，此

[47] 黃克武，〈顧孟餘與香港第三勢力的興衰（1949--1953）〉，《二十一世紀雙月刊》總第 162 期（2017 年 8 月號），頁 48。

[48] 胡志偉：〈「自由中國抵抗運動」的開場與收場〉，《傳記文學》第 93 卷第 6 期（民國 97 年 12 月），頁 43-57。

[49] 張發奎口述、鄭義翻譯/校註，《蔣介石與我——張發奎上將回憶錄》，同註 25，頁 519。

事必須絕對保密。」[50]後來張發奎真的派了程思遠秘密走訪日本，麥帥總部卻賞以閉門羹，但美國方面仍繼續和張氏接觸，由哈德曼其人負責聯絡，並稱第三勢力可在菲律賓的一個小島作基地，島上有營房和基地設備，可容數千人，要張氏先派三百人去進行籌備工作，但沒有下文。[51]

去東京接洽雖無結果，但張仍不死心，當年香港的《自由人》三日刊有則〈本報專訊〉提到：「息影居此之反共人士張發奎、顧孟餘、黃旭初、童冠賢等數人，最近已離港赴日，張並攜其夫人同行，此去有何任務？外間尚無所知」。[52]〈蔣介石日記〉民國 40 年 10 月 23 日載，「顧孟餘、張發奎、黃旭初等所謂第三勢力者，聞已離港赴日，其因何在，應加注意。」其實張赴日之任務，說穿了，即為尋求麥帥的「盟總」，支持其從事第三勢力運動矣！[53]就在張想與美國搭上線之際，如同上文所提及，美國已透過蔡文治如火如荼的在進行蔡氏所稱的「自由中國運動」。對此，張發奎在其《回憶錄》曾有詳細介紹，張說：「美國人正在幫我們搞組織，為什麼他們又突然扶植蔡文治？黃秉衡出任蔡文治駐港代表，正準備在大陸開展游擊戰爭。蔡本人在沖繩，吩咐黃與我們建立聯繫。蔡希望張發奎站出來領導他們。美國人很希望我們同蔡文治合作，蔡既反共又反蔣；我們則既反共又不支持蔣。杜魯門政府的政策是支持反蔣又反共的人士，也支持反共而至少不支持蔣的人士。我們同蔡文治合作，顧孟餘派了胡越去沖繩擔任他的秘書，他是友聯的成員。張且向美國人建議，派遣優秀的青年軍人與知識份子去沖繩受訓，美國人接受張的建議，同意提供政治訓練，在訓練期間，每位成員可以支領月薪一百美元以上，美國人規定受訓者必須是未婚人士。」[54]

---

[50] 黃宇人，《我的小故事》（下冊），同註 26，頁 131。林博文，《歷史的暗流——近代中美關係秘辛》，同註 33，頁 113。

[51] 1950 年 12 月，張聽李璜之說，日本欲撥出一軍港作自由港，鼓勵香港工商界前去投資，亦可從事政治活動。張甚有興趣，遂遣黃旭初、青年黨趙毓松及程思遠去看看，後以無此事而不了了之。程思遠，《我的回憶》（北京：華藝出版社出版，1994 年 12 月 1 版），頁 229。

[52] 〈本報專訊〉，《自由人》第 66 期（民國 40 年 10 月 20 日）。

[53] 《蔣介石日記》（1951 年 10 月 23 日條），轉引自黃克武，〈顧孟餘與香港第三勢力的興衰（1949-1953）〉，同註 47，頁 58。

[54] 張發奎口述、鄭義翻譯/校註，《蔣介石與我——張發奎上將回憶錄》，同註 25，頁 495。

張接著說，「彼時童冠賢負責考核年輕知識份子，廖秉凡負責對青年軍人的考核，考核以對方思想確信不是共產黨滲入的特務為最重要的標準，我們大概送了 80 名青年去沖繩，這些年輕人來自全國各地都有。雖然名義上由蔡文智負責整個沖繩訓練項目，但實際上財政、訓練等一切都由美國人主宰。美國人要在香港尋找一批東北籍青年，以便訓練後空投東北從事情報工作。蔡文治叫黃秉衡在香港招聘志願者，許多青年被優厚待遇所吸引，冒充是東北籍人士同意受訓後空降回鄉。黃秉衡告訴張，在大陸潛伏的游擊隊將響應他們的登陸行動，黃還向張出示大陸游擊單位的組織圖表及首領名單，涂思宗負責廣東省的游擊作戰，劉震寰負責廣西。他們予美國人一種印象，地下工作已經在廣東全省布建，既然確有其事，他們將派遣空降部隊與無線電裝備去獲取情報。美國人太天真了，我知道蔡文治所聲言的一切都是虛假的。涂思宗口中的游擊隊都是不存在的單位，劉震寰在廣西根本沒有一兵一卒。涂思宗欺騙蔡文治，蔡又欺騙美國人。」[55]

張繼續言：「我同蔡文治聯繫，我建議他解散他的組織，加入我們的同盟，盟內其他人也贊成。我告訴蔡文治，光有軍事行動是不夠的，他們必須成為政治行動的一部分。軍人必須接受政治家的領導，既然我們已經組建了同盟，他就應該加入進來與我們並肩戰鬥。蔡文治告訴張，他已建立政治組織，那是完全仿效『自由法國運動』而為。在政治組織下，他組建了軍事部門，叫做軍事委員會；在軍事委員會下，設立海陸空軍總司令部。未徵求當事人同意，張發奎被列為海陸空軍總部總司令，蔡為副總司令兼總部參謀長與陸軍總司令。鄧甌（鄧龍光之弟）為海軍總司令，黃秉衡為空軍總司令。」[56]張說：「請注意，他做這些事從不同人商量。蔡文治拒絕解散他的組織加入我們同盟，我們盟內的老先生們認為他錯了，所以我拒絕出任總部總司令這個職位。不僅如此，我反對海陸空軍總部這一組織，為此，我同蔡文治分手了。他認為既然有美國人支持，就不需要加入我們這個組織（指張於其後組織的「戰盟」）。」[57]平情而言，蔡文治當時的處境是很尷尬的，由於他自忖本身資望較淺，號召力有限，

---

[55] 張發奎口述、鄭義翻譯/校註，《蔣介石與我——張發奎上將回憶錄》，同上註，頁 496。

[56] 張發奎口述、鄭義翻譯/校註，《蔣介石與我——張發奎上將回憶錄》，同上註，頁 498。

[57] 張發奎口述、鄭義翻譯/校註，《蔣介石與我——張發奎上將回憶錄》，同上註，頁 499。

既要向美方吹噓擁有百萬游擊部隊，便須拉攏在兩廣鄉間潛伏幾十萬游擊隊（前身為地方保安部隊）的原陸軍總司令，一級上將張發奎。然蔡真正目的，僅是想抬舉張為精神上虛位的領導者，真正的人事、財務實權仍由自己掌控，不料張卻不吃這套，蓋張認為蔡地位差他太多了，想與其平起平坐或架空他，根本是不自量力，雖在美國安排下，兩人曾短暫合作，但身分及觀念的不同，註定其後分道揚鑣的必然結果。

當年蔡文治的「自由中國運動」，曾搞得煞有介事，在組織上，除蔡為總部領導人外，還設有參謀長，由呂文貞擔任，呂為東北講武堂出身，陸軍大學九期畢業，抗戰勝利後任孫連仲北平行轅副參謀長。而陸海空軍副總司令蔡文治的駐香港工作站站長黃秉衡，為空軍宿將，曾任航空署署長、空軍第一軍區司令官、駐美空軍武官、國府參軍等職。另外，在塞班島上還成立「自由中國運動軍政幹部學校」，該校設在塞班島南端一處平原上，原本是美軍營房，設備完善，醫院、戲院都有。幹校校長為石心，以副校長署理校長職，是島上華人最高職位者，還有十幾位中美教官，學員最多時達五百多人。[58]石心本名王之，湖南善化人，民國21年以優異成績畢業於西點軍校，為麥帥之校友。日本投降後，王曾參與密蘇里艦受降典禮，後留駐日盟總任參謀。民國35年奉調回國出任國防部部長辦公室副主任、情報學校校長等職。王之口才便給，學識俱佳，雖同屬中將官階，但各方面能力均遠勝於蔡文治。在幹校兼課講「民主政治」課程。教育長黎東明，為楊杰姪兒，曾留學英國。教官胡越（司馬長風）為瀋陽人，西北大學畢業，講授「馬克思主義批判」。[59]

蔡不僅要組建軍事力量，在港還與張發奎、顧孟餘會商，決議成立「中華革命委員會」之政治組織，企圖心不小，該委員會推舉蔡、張等三十多人為委員，掛起中華貿易公司的招牌推展「自由中國運動」，內設陸海空軍總司令部，由張發奎掛帥，蔡居副職並暫代總司令赴海外基地佈置一切，由顧孟於遴選梁寒操、于秉凡、謝澄平、易君左、胡越等八人為政治教官，總部設四處一廳，

[58] 陳復中，〈熱血男兒淚灑塞班島、反共志士魂斷長白山——「自由中國抵抗運動」的風流雲散〉，《歷史月刊》第181期（民國92年2月），頁55-62。

[59] 陳復中，〈熱血男兒淚灑塞班島、反共志士魂斷長白山——「自由中國抵抗運動」的風流雲散〉，同上註，頁55-62。

廳下還有總務、財務兩科；香港前進站分東北、東南、華中、華南、西南、西北六個游擊軍區，共 23 個縱隊及八個直屬大隊的游擊武力。[60]民國 40 年，蔡文治的東京總部正式成立，設在東京茅崎的總部第一處主管人事與訓練者，是蔡文治的陸大同學張雪中擔任處長，張黃埔一期，官拜中將。作戰學校校長為林湛，化名文鼎貴，曾為 63 軍軍長，國防部中將部員，是蔡的老同事，也是張發奎的親信之一。香港前進站組織龐大，一度擁有千人以上，張發奎也安插一些自己的人馬在裡頭。[61]

41 年春，當時同時接受美國情報系統暗助的「自由中國運動」與「戰盟」兩股力量，在美方居間撮合下，曾一度嘗試攜手合作，由張發奎在港、澳一帶負責招募來自華南地區的流亡青年，送往沖繩島接受蔡文治領導的「自由中國運動」所屬各學校進行密集訓練，作為日後籌組游擊部隊的生力軍。此刻蔡文治除了希望透過張發奎在港、澳地區大量招募新手之外，更需要藉助張發奎在華南地區的影響力來號召該地區的地下游擊勢力，以確保能夠繼續獲得美方青睞。[62]為此，他特別增設「軍事委員會」，下轄海陸空軍總部總司令，如前所述，他禮讓由張出任總司令一職，蔡則屈就副總司令兼陸軍總司令。然此舉並未事先與張發奎討論，事後也不被張所接受；反之，張發奎努力遊說蔡文至解散其組織，改加入其所領導的「戰盟」，以擴大整個第三勢力的基礎。雙方對此議題談不攏，合作一事最後無疾而終。[63]為此，蔡對張頗不諒解，蔡寫信給顧孟餘、張國燾等「戰盟」領導人，醜詆張是軍閥，並逮捕了張派去沖繩幫忙的二十多位幹部，包括胡越、余鳴皋、林定宇等多名曾與張有關係之人，誣其為「反革命份子」而予以關押。最後在張發奎向美國抗議後，美方施壓於蔡要求放人，最後這二十餘名「戰盟」派去沖繩成員，最後平安抵港。[64]儘管如此，

---

[60] 張發奎口述、鄭義翻譯/校註，《蔣介石與我》，同註 25，頁 482-483。林孝庭，《台海・冷戰・蔣介石：解密檔案中消失的台灣史 1949-1988》（台北：聯經版，2015 年 7 月初版），頁 92。

[61] 胡志偉，〈「自由中國抵抗運動」的開場與收場〉，同註 48，頁 43-57。

[62] 林孝庭，《台海・冷戰・蔣介石：解密檔案中消失的台灣史 1949-1988》，同註 60，頁 89-92。

[63] Unpublished autobiography of Thomas Tse-yue Yang, chapters18 and19, Thomas Tse-yue Yang Papers, Folder1.

[64] 張發奎口述、鄭義翻譯/校註，《蔣介石與我——張發奎上將回憶錄》，同註 25，頁 482-483。

在張的指示下，或者說是在美方的壓力下，「戰盟」的幾位重要成員幹部仍於民國 41 年秋天前往沖繩，參與並協助「自由中國運動」訓練游擊人員的計畫。有了「戰盟」人士參與，名義上由蔡文治領導的敵後游擊工作，一度在香港設有工作站，組織龐大，幹部羅致千人以上，聲勢頗為浩大。[65]

41 至 42 年間，在美方軍事情報系統支持下，「戰盟」與「自由中國運動」曾經自香港與日本發動幾次對中國大陸極為失敗的游擊與敵後空投任務。41 年初夏，「戰盟」的軍事部長鄧龍光召集訓練了七十餘名前粵籍軍人，在美方協助下，取得兩艘機動船，由鄧龍光的舊部陳深率領，從香港最南端的蒲台島向廣東西南地區出發，然因碰到暴雨又因美方運送武器船隻沒如期出現，只好無功折返。不久，「戰盟」又二度嘗試，結果其中一艘船未抵公海前，即遭香港水警攔捕，另一艘逃脫，香港政府本擬將捕獲人員交由台灣國府處理，在張發奎強力交涉下，陳深及其游擊隊員被港府驅逐至澳門，陳等向澳門當地的美方情治機關取得一些遣散費後，即作鳥獸散。[66]

胡志偉曾評論道：「以蔡文治的才具來說，美國人在中國數以萬計的將領中挑選了他，並未走眼。然而蔡之為人，領袖慾帝王夢甚烈，領袖風範與氣度則不夠。設若當年蔡與張發奎合作無間，由蔡充任參謀長（按：後期蔡取張而代之）倒是理想人選。可是蔡之才具不過蔣介石的隨員、侍從參謀層次，要想成為威鎮八方的領袖人物，實屬困難。」[67]胡之論斷甚為中肯客觀。基本上，五〇年代初期設在日本和太平洋島嶼的反共訓練營，同蔣介石國民黨毫無瓜葛，國民黨一直把另立機構領取美元從事反共活動的中國人視為「第三勢力」，認為此輩在港澳與海外同國民黨的「敵後工作」爭奪資源、爭奪人才，故對他們毫無好感，時刻打壓分化之，「自由中國運動」全員最後歸隊台灣，蔡亦一度來台見蔣，晚年穿梭兩岸鼓吹和平統一，民國 83 年 1 月 9 日客死美國華盛頓。[68]

---

[65] 張發奎口述、鄭義翻譯/校註，《蔣介石與我——張發奎上將回憶錄》，同上註，頁 482-483。

[66] 鄭義，《國共香江諜戰》（香港：文化藝術出版社，2009 年），頁 343-344。林孝庭，《台海・冷戰・蔣介石：解密檔案中消失的台灣史 1949-1988》，同註 60，頁 89-92。

[67] 胡志偉，〈「自由中國抵抗運動」的開場與收場〉，同註 48，頁 43-57。

[68] 胡志偉，〈「自由中國抵抗運動」的開場與收場〉，同上註，頁 57。

四、「三張一顧」——張發奎與「中國自由民主戰鬥同盟」

五〇年代香港第三勢力的領頭羊有所謂的「三張一顧」稱號，此三張乃張發奎、張君勱、張國燾；一顧為顧孟餘是也。[69]其實當時張君勱講學海外，張國燾散漫疏懶，顧孟餘謹慎畏事，真正當家負責的只有張發奎一人，所以稱張氏為 50 年代香港第三勢力運動實際的領袖亦不為過。張對組織「第三勢力」異常熱心，據張《回憶錄》記載，其與第三勢力運動的因緣際會，美國的力量仍是主要的因素。張說：「1950 年，有一天，尤金・王（行憲後第一屆監察委員王恕之子）告訴我，廣州嶺南大學原校長香雅格（Dr. James McClure Henry）想見我，我認識這個美國人已久，算是老友了。」張告訴香雅格，他想創建一個新的秘密政治組織及一支新軍。為了開拓未來，必須組訓青年群眾。我們在香港必須凝聚一批人作為重新振足的核心力量。張提到顧孟餘、童冠賢、張國燾、李璜、李微塵和伍憲子等重要人物。香雅格則談起張君勱、許崇智。張說他拒絕香雅格的組織游擊戰之議，但作為一個軍人，他仍然堅持要組建新生力量，此後外界稱之謂「第三勢力」。[70]張認為，美國人挑中了他，「是因為他身份地位超過一般的流亡人士，港英當局對他相當禮遇。」[71]香雅格聽後對張表示，其回美後會轉達張的意思，美國人甚願有機會幫忙他。

果不其然，民國 40 年 1 月，香雅格介紹的哈德曼已到香港與張見面，哈氏表示：美國人民同情居留海外各地支中國人士，一方面反共抗俄，一方面主張民主自由，切願以極大助力支持此等人士，使形成一有組織力量，在中國政治上發生推動作用。並謂：1.台灣軍事力量不夠堅強，在大陸上之游擊隊尤不可靠，恐難獨立負擔反共抗俄之全部責任，且政治態度又欠民主，將來回大陸後，恐仍走「一黨專政」之舊政路，故美國認為中國有組織第三勢力之必要。2.今後無論從軍事游擊活動或政治運動，幹部最為重要，美國願盡力協助先訓

---

69 陳正茂，〈書生從政的悲劇——顧孟餘政治活動之探討〉，同註 23，頁 249。

70 張發奎口述、鄭義翻譯/校註，《蔣介石與我——張發奎上將回憶錄》，同註 25，頁 479-510。

71 張發奎口述、鄭義翻譯/校註，《蔣介石與我——張發奎上將回憶錄》，同上註，頁 481。雷嘯岑，〈香港的第三勢力運動〉，《憂患餘生之自述》（台北：傳記文學出版社出版，民國 71 年 10 月初版），頁 171。

練大批優良幹部。3.幹部訓練完成後即在華南及西南積極發動游擊戰，美方願盡量供給武器彈藥。4.訓練基地以馬尼拉為最適宜，因香港不許作公開政治活動，亦且不甚安全，不能作長久打算；馬尼拉方面已得菲總統季里諾同意允借基地，中國大使陳質平不能有阻撓。5.香港接近大陸，為一最佳之政治作戰場所，不宜放棄，應在此處積極從事宣傳及吸收人才等工作。[72]

張以茲事體大，要程思遠約顧孟餘來談談。後張、顧即為此，而有了來到香港後的第一次見面，顧展現了高度的期待。後來顧與哈德曼見面，確立了張發奎、顧孟餘、伍憲子三人最高領導體制。其實，伍僅是掛名，真正決策者還是張、顧二人。程思遠還說到，參加張發奎府上聚會之人，還接到通知，每人填表兩張貼上照片，大家以期待之心準備去菲律賓，可是最後還是久久杳無消息。[73]張與美方的聯繫，國民黨這邊也掌握到情資，〈雷震日記〉有所披露，40年5月25日，許孝炎對雷震講：「顧、張主持之第三勢力，美國有三人參加，二武人，一文人，均自美國來，謂代表美國人民，助中國人民反共抗俄。聞美國人中有一名，名Cocker；另有一名，名Hartmaun，他們的說法，是台灣軍力不夠反攻大陸，而政治又不民主，故需要這個組織。」[74]美方既明確表態，張也覺得該有一組織以為因應，他說：「外國朋友來找我，我不能立即約請你們各位一齊來會他們，更不能要他們去分訪你們這麼多的朋友，沒有組織，如何應付？」[75]

為將第三勢力發展成一個正式組織，張不斷催促顧孟餘、童冠賢、張國燾、黃宇人、上官雲相、彭昭賢和李微塵等人起草組織法。而張自己也網羅一批成員，據他說有：顧孟餘、童冠賢、周天賢、黃如今、任國榮（國民黨）；張君勱、李微塵、王厚生、羅永揚、劉裕略、伍藻池（民社黨）；李璜、劉子鵬、謝澄平、翁照垣（青年黨）；張國燾、龔楚（有中共背景者）；丘學訓、李琳

[72] 〈對顧張等醞釀第三勢力近況報告〉，中國國民黨中央改造委員會第150次會議紀錄（1951年6月7日），黨史會藏。

[73] 張發奎說：「我們已經同美國人作了一項秘密安排，一旦形勢危急，我們中間的八、九個人可以避居菲律賓。」張發奎口述、鄭義翻譯/校註，《蔣介石與我——張發奎上將回憶錄》，同註25，頁488。

[74] 傅正主編，〈雷震日記〉（1951年5月25日條），《雷震全集》（33），同註40，頁101。

[75] 張發奎口述、鄭義翻譯/校註，《蔣介石與我——張發奎上將回憶錄》，同註25，頁487。

（第三黨，又稱農工黨）；伍憲子（民憲黨）及程思遠、張威遐、林茂、李新俊（桂系）等人。[76]張國燾為同盟草擬了不少組織規章，張說：因為我們需要共產黨的組織精神，在籌備階段，童冠賢與李微塵草擬了同盟的組織大綱，張君勱則是起草同盟宣言最著力者。經過一番討論，最後終於擬定〈中國自由民主戰鬥同盟籌備期間之組織綱要〉（簽署者：張君勱、張發奎、童冠賢、顧孟餘、張國燾、李微塵）、〈中國自由民主戰鬥同盟公約〉（簽署者：張君勱、張發奎、童冠賢、顧孟餘、張國燾、李微塵）、〈中國自由民主戰鬥同盟生活公約〉（簽署者：張君勱、張發奎、童冠賢、顧孟餘、張國燾、李微塵）等幾項公約綱要。[77]此外，在籌備階段，還先行設立一個「執行委員會」，由張發奎、張君勱、顧孟餘、童冠賢、周天賢、黃如今、任國榮、李微塵、伍藻池、張國燾、伍憲子所組成。其中由張與伍憲子、顧孟餘三人組成常務委員會。[78]另外，也設立以下部門：組織部：部長任國榮。財政部：部長鄒安眾。政治部：部長周天賢。軍事部：部長鄧龍光。華僑事務部：部長韓漢藩。宣傳部：部長黃如今。秘書長李微塵。[79]

由於美方催的緊，張、顧等於聆取美方代表意見後，旋即表示願接受美方援助積極展開工作，首先決定第三勢力為一反共抗俄各黨派之聯合陣線，其步驟先由彼時在港的各黨派推出代表若干人，再由張、顧邀請參加座談交換意見，最好則成立籌備會，並推選出常務委員主持會務，和負責與美方簽署協定事宜。[80]基此原則，張等先提出一組八人名單，計張發奎、顧孟餘、李璜、張君勱、伍憲子、童冠賢、張國燾、黃旭初等八人。嗣美方以人數過少，不足以反映各黨派力量，張、顧乃又提出 25 人名單，分別為張發奎、顧孟餘、童冠賢、許崇智、上官雲相、彭昭賢、宣鐵吾、張純明、張國燾、何義均、黃宇人、黃如今、甘家馨、黃旭初、徐啟明、周天賢（以上國民黨）；張君勱、伍憲子、伍藻池、王厚生、李微塵（以上民社黨）；李璜、左舜生、謝澄平、何魯之（以

[76] 張發奎口述、鄭義翻譯/校註，《蔣介石與我——張發奎上將回憶錄》，同上註，頁 486。

[77] 張發奎口述、鄭義翻譯/校註，《蔣介石與我——張發奎上將回憶錄》，同上註，頁 487。

[78] 張發奎口述、鄭義翻譯/校註，《蔣介石與我——張發奎上將回憶錄》，同上註，頁 489。

[79] 張發奎口述、鄭義翻譯/校註，《蔣介石與我——張發奎上將回憶錄》，同上註，頁 490。

[80] 萬麗鵑，〈一九五○年代的中國第三勢力運動〉，同註 13，頁 41。

上青年黨）。[81]

25 人名單出爐後，張旋於民國 40 年 5 月 11 日邀請大家見面，並宣示建立組織之必要。後因內部意見紛歧，未能取得共識，於是又有 6 月 2 日的聚會。[82]除原則上決定凡係反共人士不屬於台灣者，一律邀其參加，會中並推張發奎、顧孟餘、伍憲子三人為組織成立前對外折衝的代表。[83]值得注意的是，青年黨代表在兩次的聚會中均未與會。箇中原因為青年黨高層發生內鬨，在張、顧第一次所提名單中，原本有李璜、左舜生二人，但李璜以「左舜生多話，不能守秘密」，表示青年黨由他一人代表即可，此舉遂引起青年黨其他領導人左舜生、何魯之、謝澄平等人的不滿，彼輩曾在《工商日報》及《自由陣線》刊登啟事，指出「近有李xx者以黨派立場自稱領袖，……在外多方招搖」否認李的領袖地位。[84]其後，迨張、顧將名單擴至 25 人時，將左、何、謝三人列入，並許左舜生為常務委員。然左、何等因與李璜不睦，且知李參加在先，故均婉拒參與。次外，青年黨內部問題複雜尚有二因：一則謝澄平有自己的美國管道，

---

[81] 〈對顧張等醞釀第三勢力近況報告〉，中國國民黨中央改造委員會第 150 次會議紀錄（1951 年 6 月 7 日），黨史會藏。此 25 人中再推常委 5 人。據〈雷震日記〉中提到，參加者為「張發奎、顧孟餘、童冠賢、彭昭賢、宣鐵吾、張君勱、李璜、伍憲子、左舜生、謝澄平、黃旭初，另有一許君，許崇智不在內，方覺慧與梁寒操未參加，張發奎下面之五大將領，即鄧龍光、香翰屏、徐景唐、繆培南、張達未在二十五名之內，參加是不成問題。孫系之人則不要，黃宇人及甘家馨亦在二十五人之中，上官雲相在內。據云李德鄰亦參加在內。梁致顧一親筆信，由程思遠持交也，程不在二十五名之內。張任民似未參加。」傅正主編，〈雷震日記〉（1951 年 5 月 25 日條），《雷震全集》（33），同註 40，頁 101。

[82] 25 人名單出爐後，張發奎於民國 40 年 5 月 11 日邀請他們聚會，張表示應立即建立組織，顧孟餘則以為大家先交換意見，待有共識後再來籌備組織，因無具體決定，遂又有 6 月 2 日的第 2 次協商，除原則上決定凡係反共人士不屬於台灣者，一律邀請其參加，並推張發奎、顧孟餘、伍憲子 3 人為組織成立前的對外折衝代表。〈港澳政治活動〉，《總裁批簽》，台（40）改秘室字第 0272 號（1951 年 6 月 27 日），黨史會藏。

[83] 〈港澳政治活動〉，《總裁批簽》，同上註。

[84] 雷震日記說到，「謝在《工商日報》登廣告謂李××不能代表青年黨，因此李乃逡巡未決，而慕韓死去，青年黨議決由李代理，促其入台，李因此更莫知所從了。因李未決定，故本月十二日之大會改為談話會。聞美人已參加，並給與經濟上之援助，決定在菲置地千餘畝，辦一大學訓練各種人材，並設一研究所，網羅香港青年及其他人士入非受訓。聞該組織設立二十五人執委，五人常委，張發奎、顧孟餘之外，民、青各一人，另一人則選舉，張、顧同意張國燾，其他人士則不願也。觀此則第三勢力之組織已實際上形成也。張、顧則謂不能反蔣，下面則有人主張要採用革命的辦法。」傅正主編，〈雷震日記〉（1951 年 5 月 22 日條），《雷震全集》（33），同註 40，頁 99。

並接受美國津貼，深恐一旦加入，美援統一支配，對其未必有利。二為李璜因左舜生已被推舉為「戰盟」常委，自己反而落空，面子殊掛不住；兼以曾琦病逝美京後，台灣青年黨方面推其為代理主席，故亦左右為難，頗難抉擇，遂暫採觀望態度。所謂25人代表，既各有考量，意見復不一致，最後張、顧欲籌建第三勢力聯合陣線之企圖，不得不終歸沈寂。[85]

民國41年3月23日，民社黨主席張君勱應張發奎邀，由印度經澳洲抵香港，在與張發奎、顧孟餘、李璜、張國燾、李微塵、童冠賢、金侯城、毛以亨、伍藻池等晤面後，沈寂一時的第三勢力運動又掀起一波高潮，彼等決定成立一具體組織，此即其後的「戰盟」是也。[86]「戰盟」在是年10月10日正式宣布成立，同日，台灣國民黨正召開「七全大會」，選擇這一天成立，頗有與台灣唱對台戲的意味。「戰盟」以張發奎、顧孟餘、張君勱、童冠賢、張國燾、李微塵、宣鐵吾等七人為中央委員；以甘家馨為秘書組長、周天賢為組織組長、涂公遂為宣傳組長、黃如今、何正卓、邵鏡人、王孟鄰等也分配在各組工作。[87]為具體凝聚第三勢力的團結，42年初，李宗仁、張君勱分別由美國致函給在港的「戰盟」領導人，呼籲團結港、澳各組織。[88]為此，張發奎又做了擴大組織並擴充人事的安排：中央委員會委員有張君勱、顧孟餘、張發奎、張國燾、許崇智、童冠賢、宣鐵吾、龔楚、蔡文治、謝澄平、劉震寰、黃旭初、程思遠、李微塵、李大明等15人。張君勱、顧孟餘、張發奎、張國燾、許崇智五人為常務委員；李微塵為秘書長。中央軍事委員會委員長為張發奎，副委員長蔡文治；中央政治委員會委員長顧孟餘；中央文化宣傳委員會主席張國燾，副主席謝澄平；組織部部長顧孟餘兼，副部長龔楚；青年部部長黃宇人，副部長彭昭賢；對外聯絡部部長程思遠、副部長梁友衡。[89]這些人都是之前「自由民主大

---

[85] 陳正茂，〈五○年代香港第三勢力的主要團體：「中國自由民主戰鬥同盟」始末（1952-1955）〉，同註1，頁448。

[86] 陳正茂，〈從立法院長到第三勢力要角——童冠賢〉，《逝去的虹影——現代人物述評》，同註23，頁200。

[87] 程思遠，《我的回憶》，同註51，頁225-234。

[88] 〈港第三方面醞釀結合〉見《總裁批簽》，台（42）（改秘室字第0157號，1953年5月2日），黨史會藏。

[89] 司法行政部調查統計局第六組編，《中國黨派資料輯要》中冊（台北：出版項不詳，1962年），頁

同盟」的人馬，但仍以顧孟餘和張發奎的人馬居多，且因青年黨及許崇智（許後來才勉強加入）並未參加，故嚴格言，還談不上是第三勢力的大聯合。

「戰盟」成員最多時約二、三百人，分布於香港、北美、日本、澳洲、印度以及中國大陸地區，政治背景光譜包羅萬象，涵蓋原國民黨、民社黨、青年黨、共產黨、民憲黨與地方實力派如桂系等各方人士，其中較具知名度者有張發奎、顧孟餘、張國燾、張君勱、伍憲子、伍藻池、童冠賢、龔楚、蔡文治、彭昭賢、宣鐵吾、黃宇人、李微塵、黃旭初、程思遠、劉震寰、許崇智、尹述賢、甘家馨、周天賢、毛以亨、龔從民、謝澄平、羅永揚、劉裕略、梁永衡、任益年、陳芝楚、張六師、孫寶毅、徐慶譽、王同榮、謝扶雅、李大明等。[90]主要成員是知識分子，不少人是教師，也有少數學生、工人和商人，它的基層組織是小組，以香港居多，約有十幾個小組。「戰盟」的主要活動是文化宣傳，它擁有四個刊物：分別是《獨立論壇》（黃宇人主持，甘家馨、涂公遂等主編）、《再生》（張君勱系統，王厚生主編）、《中國之聲》（社長張國燾；主編張六師，編輯陳濯生、孫寶毅、李微塵、徐亮之等）和《華僑通訊》（主編不詳）。此外，它還贊助、支持如《人言報》、《中聲日報》、《中聲晚報》等幾種報紙，並準備編輯叢書及開辦大學。[91]

另一項活動是聯繫華僑，「戰盟」曾派人分赴澳洲、印度等地，企圖擴大在僑界的力量。「戰盟」也曾企圖聯絡亞洲反共力量，並曾企圖以越南為基地。民國43年9月23日，張發奎致函張君勱，內稱：「如能得吳廷琰氏同意，誠為最好良機，吾兄與吳交厚，一言九鼎，倘能促成，不但可助越吳反共，而吾人亦可藉彼之助，奠反共復國之業。」張發奎還和韓國駐越南公使崔德新聯繫，支持他組織所謂「中、韓、越三國軍事同盟」，函稱：「倘由此三國軍事同盟逐步演化而為自由亞洲同盟，以與自由世界配合呼應，則蘇俄侵略野心之戢

256。另見〈民主戰鬥同盟活動〉、〈民主戰鬥同盟糾紛〉，見《總裁批簽》，台（41）（改秘室字第0128號，1952年4月11日），黨史會藏。

[90] 汪仲弘註釋，〈台北舊書攤上發現的「總統府秘書長箋函稿」（2）〉，《傳記文學》第71卷第4期（民國86年10月），頁45-46。

[91] 陳正茂，〈五○年代香港第三勢力的主要團體：「中國自由民主戰鬥同盟」始末（1952-1955）〉，同註1，頁450。

止、中共政權之削弱，固易如反掌矣！」[92]「戰盟」在美國中央情報局每個月補貼兩萬美元的支持下，除了發行報刊進行文化宣傳之外，還曾著手開辦大學，培養人才，同時派人分赴北美、澳洲、印度等地活動，企圖在海外華僑社會擴大影響力，當然主要大本營仍是香港。[93]「戰盟」成立時，香港政府原本嚴禁中國人在香港搞反共工作的，故稽查不遺餘力。「戰盟」另一要角顧孟餘，港府就曾派警察把顧氏傳來，有如對待犯人般，讓他站立著聽訓一番，並威脅警告顧氏言：「如果你在香港搞政治活動，我們就把你驅逐出境」。遭此羞辱，顧氏只好離港赴日定居，於東京遙領「戰盟」職務。港府對顧態度強硬而不友善，但對張發奎卻非常禮遇，原因為抗戰勝利後，張奉命接收廣東和香港，當英國派員來接收時，張毫不猶豫，無條件把香港交還英國統治。英方很感謝張的友誼盛情，故對張發起的「戰盟」網開一面。所以，「戰盟」創立之初，聲勢浩大，且能在香港公開活動，張的角色是至關重要的。[94]

「韓戰」戰事僵持不下，這批「戰盟」的重要成員們，紛紛感受到華府支持第三勢力的熱度不減，因此各顯神通，把握時機，積極將觸角伸入美國主流政治圈內，藉機抬高身價。張發奎曾於 1951 年初，向包括魏德邁將軍在內的美方重要軍政人物，引介他的美國友人洛克（Loy H. Locke），擔任張在美國的全權代表，統籌「戰盟」在北美地區業務。[95]而民國 40 年 10 月，「盟總」也派拉根（William Largans）赴港與張接觸，表示願意協助，並促成港日兩地「民主自由勢力」的合流。張要求盟總將韓戰之俘虜交由彼等訓練，拉根表示可以考慮，惜後來也是不了了之。[96]民國 40 年，伍憲子去台灣參加國慶大典，

---

[92] 楊天石，〈50 年代在香港和北美的第三種力量——讀張發奎檔案札記之一〉，收入氏著，《抗戰與戰後中國》（北京：中國人民大學出版社出版，2007 年 7 月 1 版），頁 628-632。

[93] 張認為此一組織要「容納台灣不能容納之反共力量」；他們不反蔣，希望台灣應向開明寬大方向走，以容納反共各黨派組織聯合陣線」。張顧等人計劃「在菲置地千餘畝，辦一大學訓練各種人材，並設一研究所，網羅香港青年及其他人士入菲受訓。」此外，還計劃辦報紙，以海外僑胞為宣傳對象。〈對顧張等醞釀第三勢力近況報告〉（1951 年 6 月 12 日），同註 81。

[94] 雷嘯岑，《憂患餘生之自述》，同註 71，頁 171。

[95] Chang Fa-Kwei to General Albert C. Wedemeyer, February 4, 1951, Albert C. Wedemeyer Papers, Box102.

[96] 〈關於『第三勢力』爭取美國支援的綜合報告〉（1953 年 6 月），〈港九政治性組織〉，《外交部/歐洲司/香港及澳門地區/香港》，國史館，典藏號：020-042701-0056。

負責支持第三勢力的美國人質問張發奎說：「伍憲子去台灣何為？」張、顧等人始恍然大悟伍已和台灣拉上關係。「伍憲子事件」後，台灣當局曾向美方提出抗議，對華府支持香港第三勢力一事表示不滿。美國當局不得已將哈德曼調回去加以申斥，不久，哈德曼又回到香港對張、顧發牢騷說：「你們說沒有錢不好辦事，但有了錢又鬧糾紛！」言下不勝感慨。

據說伍憲子應允去台北前，曾和國府當局約定雙方嚴守秘密，但伍到台北後，國府竟強邀伍參加國慶大會，以致被美國大使館人員看到，通知香港方面的美國人。[97]

「伍憲子事件」有效的分化了「戰盟」高層間的互信，更使美方對第三勢力的團結與能力產生了質疑。[98]尤其是 42 年以後，美國共和黨政府上台，對台灣轉為積極支持，台灣要求美國停止支持第三勢力，美國對第三勢力的態度因而逐漸冷落。43 年 1 月 31 日，顧建議張發奎，要求「戰盟」暫時停止活動並改組。顧認為「當時只宜由少數穩健可靠同志，相互作精神上之聯繫，而不可為形式上之組織；只宜作事實與理論上之研究，而不可為公開之號召」。同年 3 月下旬，張派童冠賢赴日與顧商量改組「戰盟」事，顧要求將「戰盟」改名為「中國自由民主同盟」，並提出改組意見七條，張君勱同意顧清除內奸之意見，但反對改名及停止活動。張謂「旗號一旦樹起，不應退縮。」[99] 最後，張發奎為顧全大局，同意顧的改組意見，但對易名事持保留態度。是年 8 月 18、27 日，張發奎在香港兩度集會，決定澈底改組「戰盟」，成為聯合性的組織，但仍保留「戰盟」名稱。[100]張並且決定成立「改組籌備委員會」，負責改組事宜。9 月 8 日，顧以改組無望，致函張發奎，認為「今茲決定，與當時所商根本不同，弟不得已只得退出公司，以後一切概不負責」正式宣佈退出「戰盟」。未幾，張君勱亦在美國宣佈退出，並去美國司法部撤銷登記。顧、張相

---

[97] 周淑真，《1949 飄搖港島》，同註 4，頁 307。

[98] 伍憲子去台灣，被批評為受蔣所收買，返回之後被張發奎開除。《蔣介石與我——張發奎上將回憶錄》，同註 25，頁 490。

[99] 楊天石，〈50 年代在香港和北美的第三種力量——讀張發奎檔案札記之一〉，收入氏著，《抗戰與戰後中國》，同註 92，頁 633。

[100]〈中國自由民主同盟及李宗仁近況〉，見《總裁批簽》，台（43）（中秘室登字第 387 號，1954 年 10 月 29 日），黨史會藏。

繼退出「戰盟」後，張發奎的態度亦轉趨消極，民國 44 年，分崩離析的「戰盟」終告結束，存在時間僅三年餘。[101]

五、餘波——張發奎與後期第三勢力運動及檢討美國與其之關係

民國 44 年「戰盟」瓦解後，香港的第三勢力運動進入一段低潮期，期間，更有程思遠、李微塵、羅夢冊等回歸大陸的衝擊。面對中共的和平統戰攻勢，第三勢力運動有重新整合之必要，方能有效予以反擊。[102]46 年，黃宇人去見張發奎，聽取其對發動座談會的看法，張表示原則贊成，但堅持必須建立一個以團體為單位的聯盟。他認為祇是少數人偶而談談，易流為清談，不能發生作用，要有組織，才能對付中共的統戰；並說：「過去我們的失敗，乃在於以個人為單位，未被邀請者即表示反對；參加者則又難免良莠不齊，某一個或幾個人有了問題，便影響全局。若以團體為單位，我們祇選團體，不選個人，倘若某人發生問題，可由他的團體自行解決，與大家無關。」左舜生與謝澄平亦同意張的意見；但所謂以團體為單位，則不限於國、青、民三黨，而是包括主張反共的一切組合，如雜誌、報紙、學校、書店、研究社、出版社以及座談會等在內，祇要有三人以上的結合而又堅持民主反共者，即可派代表參加。其他各地的民主反共人士，亦可隨時組織團體與我們聯絡，俟有相當成績後，再共同建立一個聯盟，並假定為「民主反共聯盟」。[103]

是年 10 月底，青年黨的夏濤聲由台赴港，向左表示，彼與雷震、李萬居等在台準備籌組新黨，正極力遊說胡適出面領導；雷希望香港的民主人士能有所組織，將來可以彼此聲援。[104]左謂：「他們對新黨願做醞釀工作」，並引夏去見張發奎，亦獲得正面回應。於是一個以張發奎、黃宇人、王同榮（國民黨）；

---

[101] 萬麗鵑，〈一九五○年代的中國第三勢力運動〉，同註 13，頁 50。

[102] 陳正茂，〈另一條道路：左舜生與香港第三勢力運動〉，陳正茂，《文化資產、第三勢力及政治人物——陳正茂教授杏壇筆耕集》（台北：秀威版，2019 年 1 月 1 版），頁 139。

[103] 黃宇人，《我的小故事》下冊，同註 26，頁 155-156。

[104] 黃宇人，《我的小故事》下冊，同上註，頁 156-157。〈雷震日記〉（1957 年 11 月 26 日條），傅正主編，《雷震全集》（39）（台北：桂冠版，1990 年 7 月初版），頁 191。

左與李璜（青年黨）；冷靜齋、羅永揚、劉裕略（民社黨，張君勱指派）；謝澄平、丁廷標、劉子鵬（青年黨，代表「自由出版社」）；胡越、史誠之、蕭輝楷（代表「友聯出版社」）等 14 人為代表，召開了「大團結運動座談會」，決定於 47 年春，成立「中國民主反共聯盟」（以下簡稱「民聯」），以與台灣的新黨相呼應。[105]此期間，台灣正高唱組織「反共救國聯盟」，張君勱、張發奎、左舜生、李璜、羅永揚、劉裕略商定由蔣勻田致函張群（時蔣勻田正在香港），告以《聯合評論》可以參加「反共救國聯盟」，並推派張君勱、張發奎、左舜生、李璜、黃宇人、羅永揚、劉裕略等七人為代表參加，然此名單開初並未徵得大家的同意，所以內部吵成一團。[106]1959 年 5 月，「民聯」舉行擴大會議，再度醞釀由海外人士自行籌開「反共救國會議」，推張發奎、左舜生、李璜、黃宇人、孫寶剛等五人為籌備委員。[107]然經過一年多的籌備聯繫，因經費無著，加以反應不熱烈，終告放棄。

值得一提的是，「民聯」的言論喉舌《聯合評論》，由左舜生任總編輯，過去在「自由中國事件」、「雷案」、「批蔣連任」等議題上，都有非常犀利的撻伐與見解。[108]然國民黨收買的手段還是技高一籌，民國 51 年秋，因台灣當局以金錢贊助左舜生的美國考察之行，在《聯合評論》內部引起軒然大波，羅永楊主張開除左，黃宇人及張原本建議左辭《聯合評論》總編職務，由青年黨另一領袖李璜繼任，而李亦有此願。但後來張又認為「台灣這樣做法，其目的就是在拆散我們，倘若我們要左舜生不再來，豈不正中他們之計？」態度轉趨保留，經由左的辯白後，風波暫歇。[109]但此事卻成為《聯合評論》提前結束的重要潛在原因，因經此事後，《聯合評論》內部成員顯然已貌合神離，羅永楊認為左可以拿台灣的錢，他自己也可以靠攏台灣，後來，友聯出版社也退出

---

[105] 黃宇人，《我的小故事》下冊，同註 26，頁 156-158。司法行政部調查統計局第六組編，《中國黨派資料輯要》中冊（台北：出版項不詳，1962 年），頁 258。〈聯戰工作檢討總結〉，《總裁批簽》，台（47）央秘字第 0187 號，1958 年 7 月 25 日，黨史會藏。

[106] 黃宇人，《我的小故事》下冊，同註 26，頁 180。

[107] 〈港民聯等開反共救國會議〉，《總裁批簽》，台（48）央秘字第 0108 號（1959 年 5 月 14 日），黨史會藏。

[108] 黃嘉樹，《第三隻眼看台灣》（台北：大秦出版社出版，民國 85 年 6 月再版），頁 397。

[109] 黃宇人，《我的小故事》下冊，同註 26，頁 180-181。

了，張雖然找來孫寶剛加入，但幫助不大。最後，黃宇人首先開砲，主張將《聯合評論》結束，左舜生亦附議同意，張最後也表示退出，自 47 年 8 月 15 日創刊，到 53 年 10 月 23 日停刊，前後出版 361 期，歷時六年兩個月的《聯合評論》至此走入歷史，而五〇年代末期香港第三勢力運動，亦隨著《聯合評論》的結束而風流雲散，令人不勝唏噓！[110]

基本上，五〇年代美國扶植海外第三勢力，緣自於中共的介入「韓戰」。所以，美國究竟將採何種方式援助第三勢力，或支持到何種程度，常隨其對中共的戰略變化而轉移。民國 39 年 12 月，中共與北韓發動大規模的攻擊，聯合國軍隊節節敗退，未幾，南韓首都漢城再告淪陷。面對此一險惡戰局，美國優先考量的是如何擊潰共軍並逼其停火。美國國防部曾擬定幾個方案，包括動用台灣國府軍隊、以海軍封鎖大陸沿岸、空襲大陸癱瘓其交通系統、經濟封鎖，宣布對中共禁止貿易等。[111]其中，以在大陸發動游擊戰，與第三勢力的發展最為息息相關，也是美國認為在技術上較為可行的方案。故透過各種情報管道，獲取大量在大陸地區反共游擊隊的資料，美方評估這些游擊隊若能獲得軍火武器的補給、後勤支援及組織指導，將可以大幅提高戰力，雖不足以推翻中共政權，卻可以削弱中共武力，降低其對外作戰的動能。據美方估計，大陸游擊隊的數目約在 60 萬左右，主要分布在東南沿海及西南各省；又這當中約有 30 萬非為國民黨所能掌控，且對國民黨抱持極大的疑慮，難以為國民黨所動員。[112]而在香港的粵籍及桂系將領，如許崇智、張發奎、黃旭初諸人，則與這些游擊隊淵源頗深，這或許是美方最初對香港第三勢力寄予厚望的原因。[113]萬麗鵑書，問題是，美國若真正想在大陸發動大規模的游擊戰，則第三勢力在這方面或多或少還有著力之處，但若美國評估其成功可能性不大時，就美國本身的利益言，支持海外中國第三勢力的意義就不大了。

事實上，美國在與第三勢力人士接觸時，態度即頗為謹慎。如 39 年 11 月，駐香港總領事威金森（James R. Wilkinson）在給國務院的報告中，附有

---

[110] 黃宇人，《我的小故事》下冊，同上註，頁 181。

[111] Ibid, 1951, Vol.VII, PP.1513-1514, 1517。

[112] Ibid, pp.1674-1676。

[113] 萬麗鵑，〈一九五〇年代的中國第三勢力運動〉，同註 13，頁 151-152。

一篇吳嘉棠論第三勢力的文章，該文的結論是第三勢力在缺乏資金、統一政治理念及具有號召力領導人的情況下，成功的機會渺茫。[114]威金森認為該文分析中肯，故提供國務院決策官員參考。其後，美方持續蒐集第三勢力人士相關背景資料，對張發奎等人是否有能力遂行美國的目的，逐漸感到懷疑。40 年 6 月，國務院官員查爾斯·馬歇爾（Charles Burton Marshall）在親自造訪香港後，即露骨指出，第三勢力至今仍為數不多，而且大多數都是無足輕重器量狹小的政客，並表示華府當局近期將召開會議，重新釐清與第三勢力的關係。[115]尤其在 40 年 5、6 月間，美方代表本已決定將張發奎、顧孟餘等數十人接去菲律賓，但因台灣當局收買「伍憲子事件」爆發，事為美國駐台大使館偵知，並通知香港美方代表，菲律賓之行遂被取消，連帶的在菲國建立軍事基地的計劃也跟著胎死腹中。[116]這就是為什麼當時的美國駐菲律賓大使高文（Myron Cowen）在給助理國務卿魯斯克（Dean Rusk）的信中，不解的說到：「當我知道我們已改變與中國第三勢力運動的關係時，感到非常困惑。我曾盡最大努力才說服菲國政府支持此一運動，並給予一些實務上的方便（按：指提供軍事基地及允許總部遷馬尼拉事。」高文認為「中國大陸有許多地區是國民黨現在領導者所無法影響的，即使台灣的軍隊實力增強，亦不會改變此一事實。而我們有責任在這些地區發展和組織反共力量，但很明顯的我們是放棄了。」[117]誠然，當民國 42 年美國共和黨艾森豪總統（Dwight D. Eisenhower）上台後，美國對第三勢力的熱心轉為消極，但這並不表示美國與第三勢力完全脫鉤，畢竟美國仍想利用第三勢力來牽制蔣介石。此舉，蔣亦了然於心，曾在日記中不斷提及「美國現政府對華政策，仍在積極培養第三勢力，以牽致我政府，並準備乘機替代，其方法之拙劣極矣。但其此種幼稚行動，只有付之一笑。」[118]事實上，蔡文治

---

[114] 〈Article by Wu Chia-tang Entitled：Third Force Movement in China Only Vague Hope；Influence Small（November 6,1950）in Michael Davis（ed.）, Confidential U. S. State Department Central Files. Formosa, Republic of China, 1950-1954：Internal Affairs, No.793. 00/11-650.該文原刊於英文《香港虎報》（Hong Kong Standard）, November 3, 1950.

[115] 〈美國對外關係檔案〉FRUS, 1951, Vol, VII, p.1698.

[116] 程思遠，《政海秘辛》，同註 3，頁 305。

[117] Ibid, PP.1771-1772。

[118] 《蔣介石日記》（1953 年 4 月 20 日），轉引自黃克武，〈顧孟餘與香港第三勢力的興衰（1949-1953）〉，

的「自由中國運動」組織和張發奎、顧孟餘的「戰盟」，都有美國中情局及東京「盟總」的背景在。

六、風流雲散——第三勢力運動之失敗

有關探討第三勢力運動失敗之因，筆者在過去相關論文中已多所著墨，於此不再詳論，僅約略概述如下：

1.領導階層的內鬨：第三勢力運動之初，領導層即以不睦，上文提及的張發奎與許崇智、蔡文治、張國燾等人的互鬥，即為明證。[119]當年在香港與第三勢力諸領袖甚熟稔的邵鏡人，其致函雷震信中即言：「過去顧、張、童、許諸先生所領導之運動，用意未嘗不善，然而互信未立，內鬨頻起，以致曇花一現，無補時艱，轉增國人之厭惡耳。」[120]此外像蔡文治與謝澄平兩大實力人物，在「戰盟」成立後，因受張的排擠與輕視，對張更是表示不滿與不配合，更誇張的是，「戰盟」的領導層間，張發奎、張君勱與顧孟餘其實也是貌合神離。[121]

2.國府的分化：第三勢力初始之際，國府及嚴密監控與想方設法分化之，民國40年5月29日，〈雷震日記〉載：「上午十一時孝炎來談，對第三勢力一事，謂雪公云，第一、不必重視；第二、加強西南執行部去做打散工作；第三、在華盛頓運用，最少使其不反對台灣，並捧左舜生，但不說聯合。」[122]所謂「西南執行部」是國府當年駐港澳的聯絡機構，而打散工作就是分化和離間，這當中最成功的案例是前期的「伍憲子事件」與後期的經費贊助左舜生，導致《聯合評論》的停刊及最終瓦解，此事上文已提及，於此不再贅述。再舉一事為證，《聯合評論》社的李薦廷，當年即為國民黨第六組駐港特務所吸收，派

同註16，頁63。

[119] 例如張國燾的《中國之聲》社長一職，即被張發奎派其親信林伯雅接收。姚金果　蘇杭著，《張國燾傳》（陝西：人民出版社出版，2007年3月2版），頁428。

[120] 〈邵鏡人致雷震信45-11-26日〉，傅正主編，《雷震全集》（30）《雷震秘藏書信選》（台北：桂冠版，1990年9月初版）頁330。

[121] 例如張君勱在美國發表「戰盟」宣言，正式宣告「戰盟」成立，顧孟餘認為過於匆忙，「戰盟」成立為時尚早，此為2人矛盾的發端。楊天石，〈五○年代在香港和北美的第三種力量——讀張發奎檔案之一〉，同註92，頁632-633。

[122] 傅正主編，〈雷震日記〉（1951年5月29日條），《雷震全集》（33），同註40，頁103。

往該社工作，一方面憑其與張發奎的密切關係，運動張系人馬疏遠張與黃宇人；另一方面掌握左舜生、黃宇人、羅永揚、劉裕略及胡越等人的活動情況，予以分化離間。[123]

3.對台當局態度的紛歧：張發奎雖對台灣分化「戰盟」一事非常不滿，但其對台態度仍有所保留，他說：「我不反對政府，亦不反對蔣先生，但是我有意見，不能不提出。」[124]另一「戰盟」大將顧孟餘雖也反對蔣之獨裁，但亦無意把蔣或國民黨拉下台，他甚至表示：「台灣政治雖有許多不滿人意之處，但它此時在國際間尚是自由中國的象徵」，應該「支持並鼓勵台灣國民政府對共產黨之間的鬥爭。」[125]由此可見，顧、張等人對國民黨和蔣尚有所期待也。至於張君勱的看法則較激進，他認為國民黨與蔣均已腐朽不堪，欲建立一個民主憲政的新中國，只有端賴於中國的第三勢力運動，故對蔣及國府不應抱有任何幻想。「戰盟」高層既然對國府及蔣態度分歧，勢必影響彼此間的團結，後來引起磨擦也就不足為奇了。[126]總之，張與顧孟餘和張君勱對蔣的看法不同，張君勱對蔣批判性較強；顧孟餘與張發奎雖也批蔣，但他們卻十分肯定台灣在反共方面的重要性，也希望美國繼續援助台灣；他們不反蔣，只希望蔣能朝開明寬大的方向走，容納各黨各派組織聯合陣線。[127]

此外，誠如楊永乾所言：「第三勢力所以未能開展的另一原因，即無供其可以立足之地，若國民黨之有台灣，中共之有中國大陸，所謂無土地即無人民，處此情況，如何能持久下去。」[128]這是個最現實的問題，也是成敗主要的關鍵，第三勢力長期要寄人籬下（香港），如此欲有作為，談何容易。當年張君勱致

---

[123] 〈李薦廷上月〉由港來台，對雷案提供意見，現已派港參加聯合評論社工作〉，《總裁批簽》，台（49）央秘字第 0244 號（1960 年 10 月 22 日），黨史會藏。

[124] 〈張發奎談話〉，見《總裁批簽》，台（42）（改秘室字第 0113 號，1953 年 4 月 4 日），黨史會藏。

[125] 楊天石，〈五○年代在香港和北美的第三種力量——讀張發奎檔案之一〉，同註 17，頁 633。

[126] 陳正茂，〈五○年代香港第三勢力的主要團體：「中國自由民主戰鬥同盟」始末（1952-1955）〉，同註 1，頁 452。

[127] 黃克武，〈顧孟餘與香港第三勢力的興衰（1949-1953）〉，同註 16，頁 47-63。

[128] 楊永乾，《中華民國憲法之父——張君勱傳》（台北：唐山出版社出版，1993 年 9 月出版），頁 175-177。

謝澄平信函中言：強調第三勢力應具的精神條件：1.非為政綱結合，而為道義結合，其宗旨尤簡尤好，國家獨立，政治民主，文化自由，經濟平等等似者，庶幾近之。2.為成仁取義之壯烈行為，只知犧牲，不計成敗利害。3.為不依傍實力……倘稍存依傍瞻顧之心，自己動機不正，勇氣為之減少，此為第三勢力所不可不大大覺悟者也。」[129]張所提的三個第三勢力應具的精神條件，從事第三勢力者一項都沒做到，包括張君勱本人，理想與現實對照，格外顯得諷刺。當然，美援的斷絕，更是第三勢力失敗的最重要因素，「巧婦難為無米之炊」，沒有美援掖助，一切都是空談。

除上述所論外，第三勢力在先天上亦有其侷限性，以致於其能發揮的功能有限，第三勢力的侷限性有：（1）角色的模糊，第三勢力雖然標榜有別於國、共兩黨外的一股政治勢力，走的是不偏不倚的中間路線，其屬性是客觀中立的。但這只是主觀的認定與理想，一落實到政治面時，很難說能維持不變，因此從事第三勢力者，常被批評為一群投機的「騎牆派」。（2）結構的脆弱，五〇年代以「戰盟」為主體的第三勢力運動，其結構型態是以派系聯盟式的組織為主，這種聯盟式的組合方式，先天上有其脆弱性，因為容易造成分離主義及山頭主義。觀乎「戰盟」初始時，青年黨的分離與張發奎、張君勱、顧孟餘等高層領導間的各樹勢力，即為組織結構脆弱的具體寫照。[130]總而言之，共信不立，互信缺乏，是第三勢力失敗的另一主因。

---

[129] 張君勱，〈致謝澄平書論第三勢力之精神條件〉，《再生》（香港版）第 17 期，總第 268 號（民國 39 年 6 月 1 日），頁 9。

[130] 陳正茂，〈五〇年代香港第三勢力的主要團體：「中國自由民主戰鬥同盟」始末（1952-1955）〉，同註 1，頁 456-457。

第十章　最後一搏：張君勱與五〇年代香港的第三勢力運動

一、五〇年代第三勢力在香港

民國 38 年，是中國現代史上驚天動地的一年，國共內戰終告塵埃落定，中共席捲大陸，於是年 10 月 1 日、宣布成立中華人民共和國；另一方面，國府則播遷來台，試圖東山再起反共復國。處此風雨飄搖之際，還有一股政治勢力，此即一部分對國、共兩黨均不滿的政治人物與知識份子，在美國和「代總統」李宗仁的支持下，雲集香江一隅，首揭反國、共兩黨大旗，標榜反共、反蔣，堅持民主自由之訴求主張的香港第三勢力運動，在五〇年代曾盛極一時喧騰不已。[1]五〇年代香港的第三勢力運動，基本上可視為美蘇冷戰結構下的一環，它背後除了有反蔣勢力李宗仁的奧援外，更重要的是有美國的大力援助，所以有其錯綜複雜的國內外因素存在。當時第三勢力之要角有：張發奎、顧孟餘、張君勱、左舜生、李璜、張國燾、許崇智、伍憲子、李微塵、童冠賢、邱昌渭、謝澄平、羅夢冊、董時進、孫寶剛、孫寶毅等，這些人分屬民、青兩黨及部分國民黨和桂系政治人物。[2]

---

[1] 林博文言：「反蔣親共的『民主人士』於一九四八、四九年紛紛自港北上變為紅朝新貴，形成了第一波的政治運動。『民主人士』北歸後，一批反蔣反共的國民黨政客、將領、自由派、學者和文化人，組成了『第三勢力』，試圖在國共之間另起爐灶，以延續中國政治傳統中最脆弱的一環——反對力量。第二波的政治運動於焉在香港興起，而在五、六○年代蔚然成風。」見林博文，〈五○年代香港『第三勢力』運動興亡始末〉，《歷史的暗流——近代中美關係祕辛》（台北：元尊文化出版，1999 年 1 月初版），頁 107。

[2] 李璜將當時南下香港的流亡人士分為四類，即平民與學生、工商界熟手、文化界人士、軍政界人物。李璜，《學鈍室回憶錄》下卷（香港：明報月刊社出版，1982 年元月初版），頁 721-723。胡志偉則分的更細，胡將其分為七類：（1）失意政客：如張君勱、彭昭賢、王正廷、李璜、左舜生、謝澄平等。（2）落魄軍人：如張發奎、許崇智、劉震寰、上官雲相、陳濟棠、金典戎等。（3）桂系

在美國金錢支助下，它們先後成立了「自由民主大同盟」、「中國民主反共同盟」、「中華自治同盟委員會」、「大中國建國會」、「中國民主大同盟」、「中國自由民主戰鬥同盟」等名稱大同小異的第三勢力團體。曾辦過《自由陣線》、《獨立論壇》、《祖國》、《大道》、《中國之聲》、《中聲日報》、《中聲晚報》、《主流月刊》、《再生》、《民主與自由》、《今日半月刊》、《聯合評論》等 10 餘種刊物來宣揚其政治理念。[3]然而在這麼多眼花撩亂的第三勢力團體中，真正較具實力與代表性的，當屬民國 41 年，由張發奎、張君勱、顧孟餘等所成立的「中國自由民主戰鬥同盟」（以下簡稱「戰盟」）。[4]當年「戰盟」的領導群有所謂的「三張一顧」，以張發奎、張君勱、張國燾和顧孟餘 4 大巨頭為主，背景正分屬國民黨、民社黨、共產黨和昔日汪精衛之「改組派」系統。張發奎為北伐時「鐵軍」統帥，張君勱被尊為「中華民國憲法之父」，張國燾在共產黨內的實力曾一度凌駕於毛，「三張」皆有聲於時。至於顧孟餘則是學者從政，早年佐蔡元培治理北大，其後追隨汪精衛反蔣，大陸淪陷後又在香港搞「第三勢力」運動，反蔣亦反共。[5]

此 4 人，嚴格言之，在民國史上都算赫赫有名之士，然其有為有守的人格典範，在波濤詭譎的民國政局，註定是以悲劇失敗命運收場，張發奎的拒不回歸大陸與台灣、張國燾貧病交困的客死加拿大異國他鄉、顧孟餘遠走美國，晚年才勉強回台，張君勱的僕僕風塵講學海外，最終卒於美國舊金山。[6]「思鄉何不歸故里」，人到晚年，誰不想落葉歸根，但張、顧等第三勢力運動領袖，他們寧可終老異國他鄉（顧孟餘除外，張發奎死於香港，時仍為英國殖民地），

要員：如黃旭初、童冠賢、張任民、韋贄唐等。（4）中共叛徒：如張國燾、龔楚等。（5）漢奸：陳中孚、招桂章、趙正平等。（6）知識份子：如顧孟餘、丁文淵、黃如今、張純明、李微塵、易君左、趙滋蕃等。（7）知識青年：如胡越、徐東濱、陳濯生、許冠三等。胡志偉：〈「自由中國抵抗運動」的開場與收場〉，《傳記文學》第 93 卷第 6 期（民國 97 年 12 月），頁 48-49。

[3] 陳正茂，〈簡述五○年代香港「第三勢力」運動〉，《傳記文學》第 71 卷第 5 期（民國 86 年 11 月），頁 66。

[4] 陳正茂，〈五○年代香港第三勢力的主要團體：「中國自由民主戰鬥同盟」始末（1952-1955）〉，《北台灣學報》第 34 期（民國 100 年 6 月），頁 444。

[5] 陳正茂，〈書生從政的悲劇——顧孟餘政治活動之探討〉，《台北城市大學學報》第 37 期（民國 103 年 3 月），頁 247。

[6] 王恢，〈張君勱傳〉，《國史擬傳》第三輯（台北：國史館印行，民國 81 年 6 月出版），頁 171-179。

某種程度而言，正是其不認同國、共兩黨的專制獨裁統治，所做的最悲憤的抗議。他們的年代雖已久遠，但他們堅持民主自由的原則理念，以及其氣節操守，仍有足多可供吾儕學習式範的榜樣。本文即以張君勱為研究重點，論述張君勱政治生涯的晚年，與香港第三勢力運動的經緯始末。

二、張君勱第三勢力理念之發軔

眾人咸知、張君勱有「中華民國憲法之父」之稱，但張君勱更是「中國民主社會黨」（以下簡稱「民社黨」）的創黨黨魁、精神領袖，其所領導的「民社黨」，在民國政壇有其一定的影響與貢獻。張個人在戰後，更是「民盟」及第三方面的要角，對中華民國憲法之制訂和調停奔走於國、共之間，都有舉足輕重的地位，也成為國、共兩黨競相爭取的對象。[7]民國 36 年，張君勱的「民社黨」繼「青年黨」之後，宣布參加制憲國民大會，此舉不僅使「民社黨」遭到「民盟」的開除盟籍，也造成「民社黨」內部的分裂；張以後也因此舉，於 38 年，被中共宣布為「主要戰犯」名單之一。[8]張君勱及其「民社黨」的參與「制憲國大」和其後的參加政府，立即遭到中共和「民盟」的嚴辭譴責，它們批判張君勱為蔣介石所收買，變節投降自毀清譽，淪為國民黨的傳聲筒，為蔣的專制獨裁張目，墮落成反動政客，站在廣大中國人民的對立面等種種撻伐之聲，連篇累牘鋪天蓋地而來。[9]中共和「民盟」殊不知，張氏同意「民社黨」參與「制憲」，有其希冀以他的憲政藍圖為基底，順利完成制定中華民國憲法的畢生理想。[10]而「民社黨」的參加政府，更有著顧全大局化解紛爭監督政府的苦心孤詣在，張本人並未參加政府，也從未改變其「第三方面」立場的初衷。[11]

---

[7] 吳相湘，〈張君勱老鶴萬里心〉，見吳相湘著，《民國百人傳》第三冊（台北：傳記文學出版社印行，民國 60 年　月出版），頁 26-27。

[8] 郭廷以編著，《中華民國史事日誌》第四冊（台北：中央研究院近代史研究所發行，民國 74 年 5 月初版），頁 818。

[9] 劉佰合，〈張君勱與國民大會〉，《香港中國近代史學報》第三期（2005 年），頁 55。

[10] 儲安平，〈論張君勱〉，《儲安平文集》（下）（上海：東方出版中心，1998 年），頁 72-75。

[11] 汪朝光，《1945-1949 國共政爭與中國命運》（香港：中和出版，2011 年 10 月 1 版），頁 308。

基本上，張的「第三勢力」政治立場和主張，早就其來有致，在張創立中國國家社會黨（以下簡稱「國社黨」）時，「國社黨」即為一反共政黨，在其絕對的愛國主義之主張上，該黨極力反對階級鬥爭及暴力革命。[12]例如在民國27年12月，張君勱曾致毛澤東一封公開信，要求中共放棄武裝割據，實現國家統一，引起中共強烈不滿。[13]又30年1月，皖南「新四軍事件」發生後，「國社黨」以國民黨已無抗戰初期的民主氣象，而抗日方殷，國、共合作又再度破裂，亟需在野黨派組織一股「中間力量」，以調和國、共衝突。此乃張君勱參與發起「中國民主政團同盟」（即以後的「民主同盟」、「民盟」）之初衷。[14]「中國民主政團同盟」於是年3月19日成立於重慶，張與羅隆基被推為該盟中央執行委員，該盟中心主張為要求政府實行民主，開放政權，結束一黨專政。[15]

戰後，民國35年8月15日，張君勱的「國社黨」與伍憲子的「民主憲政黨」正式合併為「中國民主社會黨」，眾推張君勱為主席，伍憲子為副主席。[16]「民社黨」成立後，對外宣布對國是之基本主張：為實行民主社會主義，以漸近方式，實現社會主義之目標，反對暴力方式實行社會主義。對於政治主張直接選舉，對於過度時期之國內政治，則完全擁護政協決議，希望早日實現和平統一。[17]從這紙宣言即能充分看出張君勱第三勢力之政治立場，早從「民盟」開始的要求開放政權，結束一黨專政，不就是反對國民黨一黨的專制獨裁嗎？而不認同暴力方式的社會主義，明顯就是批判中共的武裝暴力奪權路線。[18]所

---

[12] 張君勱，〈中國國家社會黨宣言〉，原名為〈我們所要說的話〉，初發表於《再生》（創刊號），民國27年4月改為〈中國國家社會黨宣言〉。轉引自中國第二歷史檔案館編，《中國民主社會黨》（北京：檔案出版社出版，1988年8月1版），頁40-79。

[13] 張君勱，〈致毛澤東先生一封公開信〉，中國第二歷史檔案館編，《中國民主社會黨》，同上註，頁83-85。

[14] 姜平，《中國民主黨派史》（武漢：武漢大學出版社出版，1987年8月1版），頁163。

[15] 中國民主同盟中央文史資料委員會編，《中國民主同盟歷史文獻（1941-1949）》（北京：文史資料出版社出版，1983年4月1版），頁8-9。

[16] 程文熙，〈張君勱先生年譜長編初稿（35-1）〉，《民主潮》第32卷第3期（民國71年3月16日），頁36-37。

[17] 〈中國民主社會黨政綱〉，轉引自中國第二歷史檔案館編，《中國民主社會黨》，同註12，頁152-155。

[18] 陳正茂，〈滄桑五十年——記民社黨在台灣〉，《台北城市科技大學通識學報》第二期（民國102

以說，張君勱的「第三勢力」主張，其實早在抗戰末期即已見出端倪。

不僅張君勱的第三勢力政治立場如此，由其所領導的「民社黨」政治宗旨也是如此，36 年 7 月 24 日，「民社黨」召開第 1 次全國黨員代表大會於上海，這次的全國代表大會，意義頗為重大，大會不僅通過總章與政綱，並以實現民主社會主義為宗旨，而其最終目的，是想在國、共兩條路線以外，另闢民主社會主義路線，以民主方式漸進實施一個政治民主化、經濟社會化的社會主義理想。[19]另外，大會對民社黨的政治主張，也有進一步的說明，除強調該黨服膺國家社會主義，反對共產思想與一黨專政外，其所標榜的國家社會主義，內容有三：一為絕對的國家主義，特別強調國家本位與民族本位、二為修正的民主政治、三為漸進的社會主義，將該黨的政治理念闡述的非常清楚。[20]要而言之，即試圖在國、共兩黨格局外，為中國提供另一條參考的「第三勢力」路線。

總之，「民社黨」於大陸時期最大的貢獻，還是來自黨魁張君勱，在民國政治舞台上，張君勱扮演的角色有三：其一為結合同志組成反對黨〈國社黨—民社黨〉，堅持以和平、改革的方式對抗國民黨的一黨專政；其二為終其一生為民主、反共而堅持到底，甚至為此目標而孤寂的流亡海外，也不願回歸大陸或台灣；三為推動中國的民主憲政而奮鬥，於草擬《政協憲草》而努力不懈，現行《中華民國憲法》即以其《政協憲草》為基礎而制定的。[21]

三、張君勱參與香港第三勢力運動與「戰盟」之瓦解

民國 41 年 3 月 23 日，張君勱應張發奎邀，由印度經澳洲抵香港，並與張發奎、顧孟餘、李璜、張國燾、李微塵、童冠賢、金侯城、毛以亨、伍藻池等晤面，為第三勢力運動再掀另一波高潮。[22]彼等決定成立「中國自由民主戰鬥

年 4 月），頁 1-6。

[19] 〈中國民主社會黨第一次全國代表大會宣言〉，轉引自中國第二歷史檔案館編，《中國民主社會黨》，同註 12，頁 172-180。

[20] 〈中國民主社會黨的政治路線〉，《再生周刊》第 186 期（民國 36 年 10 月 18 日）。

[21] 薛化元，《民主憲政與民族主義的辯證發展——張君勱思想研究》（台北：稻禾出版社出版，民國 82 年 2 月初版），頁 275-281。

[22] 〈張君勱抵港行動〉，《總裁批簽》，台（41）（改秘室字第 0178 號，1952 年 4 月 15 日）；鄭大

同盟」（即「戰盟」），並委張君勱為該盟駐美代表，由張赴美提出「萬言書」的具體計劃，該計劃希望：第一、要辦一所大學，藉以收容青年，培養下一代的新幹部，同時也可維持一部份自鐵幕逃出的知識份子，名稱為「華僑大學」或「南洋大學」之類，地點設立在南洋一帶，或者就在印尼，為的比較僻遠一點，更為要安定一些，而且這大學，將來就委由張君勱主持，張氏來港前曾在印尼盤桓一月，與當局很談得來，印尼當局亦極表敬重，因有這點人事關係，故大學設在印尼，尤有許多便利。第二、要出一張報紙，報紙是宣傳的武器，乃盡人皆知的事，目前第三勢力團體在香港雖然有一份刊物，在曼谷也有一張報紙，但範圍過狹，影響不大，欲要與共黨鬥爭，建立第三勢力，必須擴大宣傳，是以首先宜辦一大報，其規模至少須與此間第一流大報相似，俾能普銷港澳，並推廣至南洋一帶，俾可喚醒華僑，發生領導作用；附帶並辦理出版社，資料室，以及廣播等等。第三、軍事援助，請美國援助武裝第三勢力陸上與海上武裝力量。[23]

此前，張尚未至香港前，有關第三勢力運動的重大方針及理念，張對香港朋友同道已有所指示，張曾致函謝澄平，提到所謂第三勢力的精神條件為：一為道義之結合，二為成仁取義之壯烈行為，三為不依靠他人實力，並提及該運動「非無政綱結合，而為道義結合，其宗旨尤簡尤好，國家獨立，政治民主，文化自由，經濟公平等四者，庶幾近之。」[24] 張所標舉的「國家獨立，政治民主，文化自由，經濟公平」四大方針，此後即為香港眾多第三勢力團體所依循。如五〇年代初，從事第三勢力最有成績的《自由陣線》集團，即以張上述所提的四大方針為圭臬。《自由陣線》在其〈我們的基本信念〉發刊詞中，對此有更具體的闡述，所謂：

「國家獨立」是：1.其前提在消滅帝國主義侵略與廢除殖民統治，達到所

華，《張君勱傳》（北京；中華書局，1997年），頁570。楊天石，〈50年代在香港和北美的第三種力量——讀張發奎檔案札記之一〉，收入氏著，《抗戰與戰後中國》（北京：中國人民大學出版社出版，2007年7月1版），頁628-634。

[23] 焦大耶著，〈第三百六十一行買賣〉，《新聞天地週刊》第9年第40號——第9年第51號；總號第294期——305期（民國42年10月3日——民國42年12月19日）。見陳正茂編著，《五〇年代香港第三勢力運動史料蒐秘》（台北：秀威版，2011年5月1版），頁161。

[24] 張君勱，〈與謝澄平書論第三勢力之精神條件〉，《再生》第17期（1950年6月1日），頁9。

有民族平等、國家獨立的「自由國家的世界」。2.協助被壓迫人民，自由選擇其政府，實現「民主國家的世界」。3.而民主世界的終極目標，則在「建立民主的世界國家」。

「政治民主」是：1.承認每個人皆有獨立意志與獨立人格，眾多個人藉由組成社會國家的手段，來增進各個人的自由幸福。2.確保個人基本自由，一切法律審判須秉持公平、公開、獨立的原則。3.確保個人各項政治權利，包括言論自由權、組織政黨參加政治活動的權利、自由選舉的權利、得以集會罷工進行示威請願等行動表示政治意見的權利。4.確立法治制度，貫徹法律之前人人平等、行政機關向立法機關負責的兩大基本原則。5.行多黨競選政治。6.保持政治獨立，軍事須受政治的節制。7.中央與地方分權，明確列舉中央政府權力，並不得任意侵奪地方自治的權力。

「經濟公平」為：1.基本前提在肯定社會經濟目的，是保障各個人生活條件與提高生活水準。2.保持最高社會生產力，獨佔性大企業收歸公有，保障私有企業合法利權。3.保障個人勞動機會與職業自由，有計劃的調整、開拓生產，使充分就業。4.消除剝削，每個人以勞力換取生活資料，澈底實行累進所得稅、遺產稅來節制私有資本。5.具體目標在建設一安全福利社會。6.依據民主制度，和平漸進、全民合作方法，以謀改革進步。

「文化自由」係：1.基本前提在肯定個人創造以及個性發展的自由。2.普及教育，實現教育機會均等。3.保障學術研究的自由與獨立。4.保障天才的充份發展。5.提高每個人的文化生活水準。6.文化自由交流，使消除民族隔閡，促進世界和平及社會進步。

基於此一認識，張君勱認為，欲解決中國問題的途徑，首先是經過民主中國運動的階段，建設政治民主、經濟公平、文化自由的新中國；其次是促進民主世界階段，聯合反共國家消滅赤色帝國主義，聯合主張國際正義國家共同防止帝國主義，廢除殖民統治，在世界各民族一律自由平等的基礎上，共同建立民主的世界國家。[25]是以，國家獨立、政治民主、經濟公平、文化自由等四大訴求，此後即為《獨立論壇》、《中國之聲》等第三勢力刊物，所發聲闡述的

---

[25] 本社，〈我們的基本信念〉，《自由陣線》，第3卷第3期（1950年10月10日），頁5。

重點。基本上，推展任何一項運動，不論其最後結果如何，在運動進行過程中，目標宗旨的宣傳，是極為重要的一環，否則將很難令外界接受其行動的正當性（legitimation），五〇年代的第三勢力運動，雖有各種團體的同時並存，僅偶而出現短暫的勢力大聯合，而且各團體對運動所應採取的策略與手段，亦不盡相同。然若就運動的目標宗旨而言，則具有高度的同質性。要言之，即張君勱所提的國家獨立、政治民主、經濟公平、文化自由四大訴求。[26]

民國41年5月1日出版的《中國之聲》上，張君勱發表了〈中國政局感想答客問〉，文章中具體闡述了他對「第三勢力」的見解。茲引述該文如下：

> 「『問：據聞今日在海外發展中的新勢力，正在希望張先生挺身出來領導奮鬥，答：所謂今日新勢力希望我挺身出來領導奮鬥，我自身興趣，徘徊於學問與政治之間，政治上不需要我，學問興趣足夠消磨歲月；政治上需要我，我以愛國家愛文化之故，不能不應當兵盡義務之徵召。此為盡人應有之義務，非挺身領導，然後出來。』接著又說：『至於今後領導人物由誰來擔任，這是事實問題。但所謂領導責任之重要，不可不特別加以解釋。『盲人騎瞎馬，夜半臨深池』式的領導，在二十餘年經過中，吾人已夠受痛苦，此種領導，我向來看不慣，今後更無法承教……乃二十餘年來忽而與共產黨合作，忽而模仿法西斯，忽而利用『憲政』，領導人物內心上首尾一貫之方針，吾們實在看不出。以往失敗既鑄成大錯不必說了，吾人應如何懲前毖後，選擇領導之人，如甘地之領導印度獨立，確有其一貫之方針與理論，乃至列寧與斯大林之領導，亦見不出其忽東忽西之處。因為領導之藍圖，須出於內發，不由他人獻議或從屬簽呈。必如此，乃為真正領導。』
>
> 『至於參加政治活動應遵守之標準：第一、真信主義，再加入政團活動；自己生活有餘力，再本其志願以加入政治團體，不可以加入團體為謀生之計。第二、團體中之自由民主，離不了紀律；無紀律的自由，是替共產黨造機會。應熟習議事規則，各人爭取地位應守禮讓的規則。

[26] 萬麗鵑，〈一九五〇年代的中國第三勢力運動〉（台北：國立政治大學歷史學系研究部博士論文，民國90年7月），頁71。

第三、先盡義務，後說權利。第四、領導人本自己所信，以政見以成績指導黨員，不可以利祿為引誘之餌。第五、領導人既有權力來決定政策與進退人才，不可不自知責任之重大，抱一懍懍然以朽索馭馬之危懼。第六、政團中取得政權之日，應聽領導的指揮，不可因不得地位而以脫離相要挾……』。」[27]

實際上這篇〈答客問〉，就是張君勱到香港活動的一個總結，也是他代表籌組中的「第三勢力」運動，一篇非正式的宣言，只不過這篇「宣言」的作用，比較偏於對內，和以後正式發表的宣言偏於對外的性質，略為不同罷了。[28]是年 10 月 10 日，「戰盟」正式成立。11 月 16 日，「戰盟」於《再生》發表宣言，此宣言即為張君勱所寫，揭示該盟 5 大信念：

1.人類最主要的活動目的，是在於獲得自由，包括個人生活的自由和人格發展的自由。2.人類思想之所以進步，文化之所以發皇，是得自於互異的、多方面的發展，統制文化，統制思想，只有凍結人類創造的活力，窒息人類發展的生機。3.自美、法革命以來，民主精神和民主制度已成為人類政治發展的主潮，任何形態或假借任何名義的獨裁，任何主義下的極權制度，都違反這主潮和傾向，都沒有存在的價值。4.私有財產是與人類文明同時俱來的，由於文明的演進，私有財產的範圍、來源和其性質雖有變遷，然迄於今日，私有財產制度在原則上還有其存在的理由，各個人保持有限度的私產與平均財富之政策，實可並行。5.國家的職司，對內是在維繫社會間的關係，協調人民的利害，使之趨於大體上的和諧；對外則是協調國與國間的關係，並維護其人民全體利益，不受外力的侵凌。因此，國家施政機構（政府），對內不得有挑撥其社會間矛盾的行為，和施行任何迫害及榨取其人民的政策，對外更不以任何理由自

---

[27] 陳正茂編著，《五○年代香港第三勢力運動史料蒐秘》，同註 23，頁 162-164。

[28] 1952 年 3 月，張君勱抵達香港，並接受記者採訪。有記者問，據聞今日在海外發展的新勢力，正在希望張來領導奮鬥，張表示，政治上需要我，我以愛國家愛文化之故，不能不應當兵盡義務之徵召，此為盡人應有之義務。張並提出領導人需具備三條件：1.要深識國家之本質；2.要深曉現代國家中之制度，根據以身作則之精神而安排之、確定之；3.對於相反的思潮與制度，要知道如何抉擇。鄭大華，《張君勱傳》（北京：商務印書館，2012 年 8 月 1 版），頁 406-407。

行強制使其國家成為別國的附庸。[29]

根據這5大信念，「戰盟」嚴辭批判中共在思想改造中，用鬥爭的方式逼人民信奉馬克思主義、列寧主義和史達林主義；強迫將中國社會劃分為階級對立的社會，進而製造仇恨與鬥爭，摧毀文化傳統，破壞社會倫理道德，強制人民在「世界革命」的口號下，無條件向蘇聯一面倒，從而驅使中國人為蘇聯所奴役。[30]「戰盟」成立之日，台灣的國民黨當局也正在台北召開「7全大會」，「戰盟」選擇同一天成立，顯然有和台灣互別苗頭、互相較勁的意味。[31]至於「戰盟」的宗旨，民國42年元月15、16兩日，《東京新聞》曾連續發表顧孟餘同日本新聞界名人阿部真之助的談話，當阿部問到「戰盟」時，顧氏說：「我們發起中國自由民主戰鬥同盟已有三年，為要慎重，故未發表，直到最近，始出宣言。暫時以張君勱、張發奎兩先生及鄙人三人之名出面，宗旨則在反共、反獨裁」，意思是搞兩面作戰的第三勢力。[32]除宣言外，張君勱也為「戰盟」標舉出12條原則為奮鬥目標，其重要內容為：

在政治方面：1.推倒中共的一黨專政與極權主義，實現人民主權；2.爭取保障信仰、思想、言論、出版、集會、結社等之自由，及勞工為要求改善待遇而罷工之權利；3.軍隊屬於國家，任何政黨或個人，不得憑藉武力為奪取政權的工具；4.爭取國家獨立，民族平等，反對一邊倒政策，不承認中共政權所訂立的任何喪權辱國條約；5.懲治出賣國家之共黨禍首，其他共產黨人即被迫附共者，於脫離共黨組織或控制時，應保障其與一般國民同等的權利與義務。在經濟方面：1.保障自耕農，並推行合作經營制度；2.鼓勵人民在國家協助下，普遍集資自行營業，並本勞資合作原則，實行民主企業制；3.大陸收復後，保障農民既得土地，並沒收共產政權公有土地，分配給退役反共戰士及其他有能力耕種的人；4.鼓勵對外貿易之自由發展，歡迎國際投資。在社會方面：1.推行社會福利制度；2.以民主原則重建農工組織，作為推行地方自治的動力；3.

---

[29] 〈中國自由民主戰鬥同盟宣言〉，《再生》，第4卷第4期（1952年11月16日），頁14。

[30] 同上註，頁15。

[31] 陳正茂，〈五○年代香港第三勢力的主要團體：「中國自由民主戰鬥同盟」始末（1952-1955）〉，同註4，頁449。

[32] 周淑真，《1949飄搖港島》（北京：時事出版社出版，1996年1月1版），頁309。

實行教育機會均等，普及義務教育；4.推行公共衛生，促進民族健康。[33]

「戰盟」對外宣布成立後，即由該盟駐美代表張君勱向美國司法部登記，並委請張氏在美尋求外援。張氏之所以有此條件，乃因其與司徒雷登有舊，和馬歇爾的友誼，尤其是杜魯門對他頗為青睞。杜尚擔任副總統兼參議院議長的時候，就與張相識，當時張在美講學，杜即特許張利用參議院的圖書館，蒐集參考資料，其被器重可知。及至杜連任總統，每次張到美，杜無不對他敬禮有加。如此的人脈關係，照中國人的眼光看來，張真可謂「通美國」——溝通美國路線。於是第三勢力中的人們，日夕盼望張赴美，爭取美援創造奇蹟。張赴美後，李宗仁想同他見面共商大計，為張所婉拒。然美國那時政治氣氛異常，與張在南洋及香港一帶所想像的大不相同，為加強活動力量與便於摸索門徑，張由紐約赴華府時，特請溫應星為嚮導。溫為美國西點軍校出身的軍人，與馬歇爾、布萊德雷等均有舊，以往曾代表李宗仁赴美活動；後於40年春初，由許崇智等設法再度赴美，也是為「第三勢力」去摸行市的，雖與張君勱來路不同，然目的卻一樣。兩人抵達華盛頓後，先行拜訪駐華大使司徒雷登，並由司徒代向馬歇爾約期訪晤。

馬歇爾接見張君勱，賓主之情，極為誠摯；但馬歇爾對中國政治，始終避而不談。張提出請教，馬歇爾謂此事在美國大選揭曉之前，無可奉談。並囑張與司徒雷登詳商。其後，張再度與司徒雷登長談，司徒雷登對張有一番極簡潔明瞭的談話，大要如下：1.美國對中國以往主張聯合政府，係應當時需要，是非功罪且不計，但美國固無任何私意。2.現在局勢，反共力量需要團結，中國除以台灣為中心，聯合一切反共力量，別無辦法。美國對華政策，亦不外此。3.中國人士現在談某勢力，其辦法已非其時。4.希望張氏多多闡揚反共理論，在團結反共原則下多多努力。5.希望張氏勿走錯路。司徒所談，亦即馬帥之意，張氏當然知道。[34]張氏赴美所恃為奧援的，即馬歇爾與司徒兩人；在訪馬、司之後，所得結果如此，張氏亦明瞭美國目前情勢，不許可他有所活動；勉強去做，反而可能招致意外結果。[35]顯示美國對香港第三勢力之支持，已不若先前

---

[33] 〈中國自由民主戰鬥同盟宣言〉，同註29，頁14-15。

[34] 陳正茂編著，《五○年代香港第三勢力運動史料蒐秘》，同註23，頁164-166。

[35] 張君勱亦分別拜訪馬歇爾（George Marshall）和司徒雷登（John Leighton Stuart），尋求美方的支持。

之積極。

除了馬歇爾、司徒雷登這條線外，張也開拓其他管道，據楊永乾《張君勱傳》記載：「張君勱此番去美之用心，在尋求美國政府對第三勢力能有更實際與進一步之擴大援助。他曾與共和黨大老塔虎托及民主黨提名之總統候選人史蒂文生晤面接洽，尋求援助與支持，終因艾森豪當選而無結果。」[36]此外，運用學界有影響力的人物，也是張的方法之一，他曾透過當時在美國學界、政界甚有影響力的政治理論家伯恩漢（James Burnham），代為發揚其有關中國第三勢力政治運動的著作與論述，並希望藉助伯恩漢等美國重量級學者的影響力，前往美國各地活動，唯最後效果仍欠佳。[37]張對美高層的工作既然不順遂，乃改弦易轍，對第三勢力活動之進行調整策略，以爭取中國在美知名人士之支持；及在僑界發展組織為主，對美國高層政治人物之遊說，則轉趨低調。既然要爭取中國在美知名人士的支持，最具指標性的人物胡適，自然是張君勱積極爭取的對象。[38]

張在美期間，曾專程去紐約會晤胡適，希望胡能加入第三勢力陣營，以胡適之聲望地位，應可以吸引更多的自由派人士參加。胡雖與張交誼甚深，卻當場表示拒絕，胡告訴張：「此時只有共產國際的勢力與反共的勢力，絕無第三勢力的可能。香港的『第三勢力』只能在國務院的小鬼手裡討一把『小米』（chicken feed）吃吃罷了。這種發『小米』的『小鬼』，毫無力量，不能做什麼事，也不能影響政策！」[39]不久後，胡還在台北的《中央日報》上就時局

馬歇爾避談中國的政治問題，僅委婉表示：「目前美國人民對於與美國大選無關之事項，均不甚關切。」司徒雷登則明白指出：「在目前局勢下，中國人民反共行為，應與台灣中國政府取得聯繫，如欲美國支持某一政黨反共反台，為時已成過去。」〈張君勱在美活動〉，《總裁批簽》，台（41）（改秘室字第0420號，1952年10月2日），黨史會藏。

[36] 楊永乾，《中華民國憲法之父——張君勱傳》（台北：唐山出版社出版，1993年9月出版），頁175-177。

[37] 轉引自林孝庭，《台海・冷戰・蔣介石：解密檔案中消失的台灣史 1949-1988》（台北；聯經版，2015年7月初版），頁90-91。

[38] 「戰盟」成立後，1952年5月，張君勱即積極在美國展開活動，希望在華僑社會中組織「第三勢力」。李村，《民國學人從政記》（香港：中和出版有限公司出版，2014年1月1版），頁67。

[39] 胡適，《胡適日記全集》第8冊（1952年5月7日），（台北：聯經版，2004年5月初版），頁759。

發表談話，稱「與共產黨鬥爭，計算的是兵力，你究有幾師幾團呢？在目前共產與反共大鬥爭的激流中，不是共產，就應該是澈底的反共，中間決無餘地，可資徘徊猶豫。」[40]勸張君勱大可不必作所謂第三勢力之想，胡適畢生堅持「反共優先於民主」的政治立場，他曾嚴詞譴責美國政府扶植「第三勢力」，所以在與「第三勢力」人物接觸時，更是小心以對，以防被人利用。[41]

余英時說：胡適相信反共必須以武力為後盾，他對於蔣介石和國民黨政權始終採取維護的態度，而不能接受香港「第三勢力」的澈底否定的觀點。他對「第三勢力」的輕視似乎和這一根深柢固的偏見有關。但他預料「第三勢力」「不能做什麼事，也不能影響政策」，卻不幸而言中。[42]雖是如此，但余英時卻非常肯定張對推動第三勢力運動不遺餘力的努力，在其回憶錄中說：「1949年以後，張君勱深知面對大陸極權統治的新形勢，他已不能僅憑民社黨一黨來推動民主自由在中國的實現。因此他才超出狹隘的黨派觀念，決意將一切反共知識人集合成一「第三勢力」。他不但曾遊說胡適參與其事，且還懇邀一向不捲進政治的錢穆入夥。錢穆《師友雜憶》中說到：「舊識張君勱，又在香港相晤。……彼方欲約集民社、青年兩黨及其他人士流亡在港者，共創一新黨勉余加入。……此後在港，即聞有一第三黨之醞釀，並有美國方面協款支持。屢有人來邀余出席會議，余終未敢一赴其會。」[43]錢穆所言的「新黨」或「第三黨」即指「第三勢力」而言。余英時說：「出於對張君勱的信任，他（錢穆）肯定『第三勢力』的宗旨是在尋找『救國家救民族之百年大計』，因此願意參加張氏親自主持的討論會，提出看法。但是他不能和素不相識的政治人物商議創建新政黨的問題，最後終於和『第三勢力』分道揚鑣。」[44]

張在美雖然沒有爭取到胡適等人的支持，但也並非一無所獲，他透過與其有淵源的中國民主憲政黨（以下簡稱「民憲黨」），拉攏該黨代主席李大明與

---

[40] 胡適，〈談目前的世局〉，《中央日報》（1952年11月11日）。胡頌平編著，《胡適之先生年譜長編初稿》第六冊（台北：聯經版，民國79年11月第3次印行），頁2226。

[41] 李村，《民國學人從政記》，同註38，頁66。

[42] 余英時，《余英時回憶錄》（台北：允晨版，2018年11月初版），頁126-127。

[43] 錢穆，《八十憶雙親・師友雜憶合刊》（台北：東大版，民國75年10月再版），頁252-253。

[44] 余英時，《余英時回憶錄》，同註42，頁127-128。

洪門致公總堂會長譚護加入「戰盟」，藉由兩黨在美僑社的基礎，發展第三勢力。[45]民國42年1月20日，兩黨聯合發表宣言，提出倒共、復國、民主3大救國目標。[46]並於2月14日致電蔣介石，勸其召開國是會議，改組現政府為聯合政府，調整現有軍事體制，使政黨撤離軍隊，取消特務制度，釋放一切非共黨之政治犯，恢復憲法，使人民得復享一切人權自由。[47]同時，李大明辦的舊金山《世界日報》及檀香山《新中國日報》，亦成為第三勢力在美宣揚理念的重要機關刊物，惟僑界對第三勢力運動的接受度並不高，所得的成果有限。[48]「戰盟」成立未久，內部的內鬨問題隨即浮出檯面，紛擾的主因為當時「戰盟」3巨頭，張君勱在美，顧孟餘赴日，真正掌控盟務的為張君勱系統的李微塵。李權力甚大，原《獨立論壇》的甘家馨、涂公遂等人，為與李合作，還不惜結束《獨立論壇》改投靠李。然在42年春，李卻藉故開除甘、涂等人。不久，連張國燾亦遭到李的排擠，張本為「戰盟」領導層級人物，時為《中國之聲》社長，李微塵聯合童冠賢以財務困難，逼張交出《中國之聲》，張一怒之下宣佈退出「戰盟」。張一向與顧孟餘接近，張的離去，象徵「戰盟」內部顧消張（君勱）長的態勢。[49]

43年1月31日，顧建議張發奎，要求「戰盟」暫時停止活動並且改組。顧認為「當時只宜由少數穩健可靠同志，相互作精神上之聯繫，而不可為形式上之組織；只宜作事實與理論上之研究，而不可為公開之號召」。[50]同年3月

---

[45] 萬麗鵑，〈一九五○年代的中國第三勢力運動〉，同註26，頁46。

[46] 〈民憲洪門聯合發表宣言〉，《世界日報》（1953年1月20日），第1版。

[47] 〈民憲洪門電蔣建議四項〉，《世界日報》（1953年2月14日），第1版。

[48] 張在美全力發展「戰盟」組織及宣揚第三勢力主張，但當時在美國的中國人以及當地華僑大多不願加入，因此發展組織的成效不大。於此同時，張君勱爭取美國擴大對戰盟援助的工作也受到挫折，因為此時的美國政府已決定全力扶持台灣蔣介石政權，而對第三勢力的「戰盟」失去了興趣。何明主編，《國民政府文人高官的最後結局》（北京；中共黨史出版社出版，2008年3月1版），頁144。

[49] 陳正茂，〈五○年代香港第三勢力的主要團體：「中國自由民主戰鬥同盟」始末（1952-1955）〉，同註4，頁452。另有一說為張國燾的《中國之聲》社長一職，是被張發奎派其親信林伯雅所接收。見姚金果、蘇杭合著，《張國燾傳》（陝西；人民出版社出版，2007年3月第2版），頁427-428。

[50] 楊天石，〈50年代在香港和北美的第三種力量——讀張發奎檔案札記之一〉，收入氏著，《抗戰與戰後中國》，同註22，頁633。

下旬，張發奎派童冠賢赴日與顧商量改組「戰盟」事，顧要求將「戰盟」改名為「中國自由民主同盟」，並提出改組意見 7 條，張君勱同意顧清除內奸之意見，但反對改名及停止活動。張謂「旗號一旦樹起，不應退縮。」[51]最後，張發奎為顧全大局，同意顧的改組意見，但對易名事持保留態度。是年 8 月 18、27 日，張發奎在香港兩度集會，決定澈底改組「戰盟」，成為聯合性的組織，但仍保留「戰盟」名稱。[52] 張並且決定成立「改組籌備委員會」，負責改組事宜。9 月 8 日，顧孟餘以改組無望，致函張發奎，認為「今茲決定，與當時所商根本不同，弟不得已只得退出公司，以後一切概不負責」正式宣佈退出「戰盟」[53]。未幾，張君勱亦在美宣佈退出，並去美國司法部撤銷登記。[54]顧、張相繼退出「戰盟」後，張發奎的態度亦轉趨消極，1955 年，分崩離析的「戰盟」終告結束，存在時間僅 3 年餘。[55]

民國 44 年初以來，由於大陳島撤退，及國際間台灣託管、兩個中國議題甚囂塵上，海外人心頗受影響。張君勱與李宗仁和李大明等遂計劃在舊金山召開「超黨派救國會議」，表示萬一台灣遭國際處置，該救國會議將代表中華民族擔負起國際間的發言與交涉責任。[56]並由張君勱致函在港的原「戰盟」成員張發奎、童冠賢、李微塵、王厚生等，徵求同意聯署發表宣言。[57]唯張發奎、童冠賢等反應冷淡，加以經費無著而作罷。是年底，張君勱指定冷靜齋、羅永揚、劉裕略等 3 人，代表民社黨參加籌組中的「中國民主反共聯盟」，發行《聯合評論》以為喉舌，《聯合評論》集團苦撐 6 年餘，最終仍以財務困難無以為

---

[51] 楊天石，〈50 年代在香港和北美的第三種力量——讀張發奎檔案札記之一〉，收入氏著，《抗戰與戰後中國》，同上註。

[52] 〈中國自由民主戰鬥同盟及李宗仁近況〉，《總裁批簽》，台（43）（中秘室登字第 387 號，1954 年 10 月 29 日），黨史會藏。

[53] 陳正茂，〈五○年代香港第三勢力的主要團體：「中國自由民主戰鬥同盟」始末（1952-1955）〉，同註 4，頁 453。

[54] 陳正茂，〈五○年代香港第三勢力的主要團體：「中國自由民主戰鬥同盟」始末（1952-1955）〉，同上註。

[55] 萬麗鵑，〈一九五○年代的中國第三勢力運動〉，同註 26，頁 50。

[56] 〈李宗仁等在美活動〉，《總裁批簽》，台（44）（中秘室字第 102 號，1955 年 4 月 14 日），黨史會藏。

[57] 〈李宗仁等在美活動〉，《總裁批簽》，同上註。

繼而停止活動。至此，五〇年代於香港喧騰一時的第三勢力運動，風流雲散終於走入歷史。[58]

四、畢竟一書生——張君勱推動香港第三勢力運動之失敗

有關探討香港第三勢力運動失敗之因，筆者過去發表之論文已多所著墨，因此不再重複贅述，本文所論述為張君勱與香港第三勢力之關係，是以其成敗，宜從張本人及國內外大環境另一角度來審視之。當年第三勢力真正要角的張發奎，在其回憶錄談及顧孟餘與張君勱等人，張發奎說：「張性格不夠強，說得到做不到」，而顧的個性過於謹慎小心，膽小怕事，都不適合擔任政黨領袖。」[59]張發奎所言不虛，張君勱本是一書生學者，長於思考而短於行動，其胞弟張公權曾觀察入微的說：「他雖從事政治活動，然和實際政治接觸較少，所以他的看法比較臨空，興趣亦濃。」[60]而其好友陳伯莊亦言：「他的主張看來似若非常迂闊，然而時時都是正大的。他從不想自建權力基礎，既不搶兵權，又不搶財權，而總是向握有政權者相抗爭和存企望，所爭所望的總是那一套法治民主的大道理之實施。」[61]

既無金權又不想建立兵權，在近代中國這個專靠「槍桿子出政權」的政治博弈中，要想闖出一片天，要侈談實踐理想，不僅不切實際，根本是緣木求魚。毛澤東對張君勱的學生蔣勻田即說的一針見血，「老實說，沒有我們這幾十萬條破槍，我們固然不能生存，你們也無人理睬。」[62]毛之言，形象地說明了赤手空拳的中間黨派，在國、共武力相爭現實中的尷尬處境。著名自由主義刊物

---

[58] 陳正茂，〈最後的訴求與迴聲：以五○年代香港第三勢力運動《聯合評論》為場域之分析〉，《台北城市科技大學通識學報》第七期（民國107年3月），頁171-172。

[59] 張發奎口述，鄭義翻譯/校註，《蔣介石與我——張發奎上將回憶錄》（香港：文化藝術出版社出版，2008年5月第1版），頁507。

[60] 張公權，〈我與家兄君勱〉，《張君勱先生七十壽慶紀念論文集》（台北：張君勱先生七十壽慶紀念論文集編輯委員會發行，民國45年1月出版），頁103。

[61] 陳伯莊，〈「蟄龍三冬臥，老鶴萬里心。」壽君勱先生〉，《張君勱先生七十壽慶紀念論文集》，同上註，頁117。

[62] 蔣勻田，《中國近代史轉捩點》（香港：友聯出版社出版，1976年11月出版），頁3。

《觀察》對張君勱，曾寫過一段頗含意味的話，「張君勱氏，固一彬彬有禮的長者，亦為一博學能文的學者，然而他領導組黨，數年以來，可謂無甚成就。吾人固不贊成組黨要用打手，然而單靠書生，也是不行的。」[63]聞之令人倍感滄桑無奈。當然，除了張個人的書生性格外，國內外對第三勢力運動，極盡所能之分化滲透，亦為第三勢力失敗之一大主因。早在五〇年代初，國民黨中央改造委員會為統一長江以南大陸地區及港澳工作之領導與配合，於民國 40 年 5 月 21 日的第 136 次會議通過成立「南方執行部」，其組織規程第 2 條特別載明，「中央與敵後各單位駐港澳聯絡機構之工作，均由本部指揮監督之。」[64]「南方執行部」原置委員 5-7 人，其後改為 7-9 人，以陳大慶為主任，前後派任之委員有陸京士、李崇詩（未到任）、馬吉奎、梁日新、陳壽甫、李濱、李國俊、周異斌、張炎元等人。對在港作黨派活動，由第 6 組指導，該部負責進行，予以爭取或分化。[65]

是以，40 年 6 月 7 日，國民黨中央改造委員會舉行第 150 次會議，討論「對南方執行部負責同志請示意見要點」，決議：1.查近所傳香港政治性之結合，亦即所謂第三勢力之醞釀，無非少數人士欲利用外人關係所為之政治性活動，其不能形成一種勢力甚明，本黨除應嚴密注視其活動，隨時為分別適宜之處措外，不可遽以所謂第三勢力稱之，以自墜其借外人自重彀中（美國在港活動之目的，以其跡象觀之，似在於情報之蒐集與協助游擊技術之訓練，目前或不至有違背其國策，以製造所謂第三勢力之企圖）。2.南方執行部應對此一香港政治結合特予注視，瞭解其內部之演變，並儘量設法影響其中層分子，分解其力量。[66]41 年 12 月 4 日，國民黨第 7 屆中央委員會常務委員會第 6 次會議中，第 6 組所編「中國自由民主戰鬥同盟」組織之調查報告云：「港澳等地之所謂『第三勢力』，二、三年來，始終以結合共同力量，建立政治團體為目標，以期擴大其聲勢與影響。然以其主客觀條件，均不具備，及我方政戰工作運用

63 北平市宣慰團編，《中國各黨派史略與批判》（北平：1947 年 8 月出版），頁 108。

64 中國國民黨中央委員會秘書處編印，《中國國民黨中央改造委員會會議決議案彙編》（1952 年 12 月），頁 176。

65 《中國國民黨中央改造委員會會議決議案彙編》（1952 年 12 月），同上註，頁 167。

66 《中國國民黨中央改造委員會會議決議案彙編》，同上註，頁 187。

之成功，致喧喧攘攘，迄未有成。自去冬以迄今春。其行動與情緒，均已漸趨低潮。」[67]由國民黨內部機密文件顯示可知，國民黨透過「南方執行部」對第三勢力所做的爭取分化工作，應該是取得了不錯的成績。分化固為一手段，爭取第三勢力中高層，更是快速瓦解的方法，此任務即由與民、青兩黨頗有淵源的雷震來執行。

《雷震日記》為我們了解這段爭取過程，留下彌足珍貴之記錄。玆舉3、4則與張君勱有關之日記為證：「訪彭昭賢，渠已參加許崇智之組織，認為這與台灣無礙，殊途而同歸，彼謂現候張君勱來港即美國人答覆後即開成立大會。觀渠之談話，渠對此組織前途之光明深有信心，態度至為堅決。」[68]「金侯城曾告訴雷震，許崇智曾致函君勱，謂反共份子確有團結之必要，請君勱出來領導，渠為武夫，不懂政治。依現勢（美國）實有組織之必要，故請君勱出來領導，君勱未覆。」[69]「訪戢翼翹，渠謂謝澄平及黨內各方均勸其回港組織，他與金侯城去函勸阻，君勱亦冷淡，勸君勱多寫文章及反共大陸後之計畫，不必再作組黨之計。又言君勱已覆函許崇智，謂不必擔任大名義，暫時不能去美。給台灣金侯城函謂台灣還有做為，應使黨內勿鬥，共同支持介公，不得反蔣。是日，雷又訪金侯城，大意與翼翹同，謂君勱不會參加許之組織，雷謂若君勱將來列名發起，今後對民社黨則不好說話，渠頗以為然。」[70]「訪許孝炎，渠謂許崇智已垮台，顧孟餘與張發奎為首領之組織業已形成，並約民、青兩黨，張君勱名字已列入，王厚生、伍藻池已加入，金侯城未加入。」[71]

雷震與洪蘭友當年連袂赴港爭取第三勢力高層，雖未成功阻止第三勢力成型，但輸通民、青兩黨核心人物，對該黨領袖左舜生、李璜、張君勱等，仍發揮不小的影響力。誠如喬寶泰的評論：「雷、洪二氏之赴港報告及建議，對於中國國民黨之港澳政策，影響頗大。因而，對於聯絡留居港澳之反共人士、溝

---

[67] 《中國國民黨第七屆中央委員會常務委員會第六次會議紀錄》。

[68] 〈雷震日記〉（1951年2月4日），傅正主編，《雷震全集》（33）（台北：桂冠版，1989年8月初版），頁27。

[69] 〈雷震日記〉（1951年2月5日），傅正主編，《雷震全集》（33），同上註，頁29。、

[70] 〈雷震日記〉（1951年2月11日），傅正主編，《雷震全集》（33），同上註，頁34。、

[71] 〈雷震日記〉（1951年5月22日），傅正主編，《雷震全集》（33），同上註，頁99。、

通國民黨與黨外人士之意見，增加黨外人士對國民黨及政府的瞭解與希望，促進海內外反共愛國人士的團結，以及推動大陸上之反共抗暴工作，均有莫大的貢獻。」[72]分化與爭取，雙管齊下的策略已奏效，倘再給予金錢的收買，則效果更為驚人。無論在大陸還是在台灣，民、青兩黨自己不爭氣，處處需要仰賴國民黨的金援才能生存，如此一來，國民黨要操縱監控民、青兩黨，易如反掌矣！關於國民黨以金錢支助民、青兩黨，同樣的，《雷震日記》提供了很多線索。茲引數則如下：「民社黨近來經費甚困難，希望補助若干，共需要二百萬金援，擬請總統以其機密費名義函行政院撥付。」[73]「張岳軍（張群）先生來電話，詢問對民社黨補助費之公文已送達總統否？因在滬君勱先生曾問起此事，渠云已與鐵城先生向總統說過，繼以電話詢吳達詮先生，渠云公文已送總統處，尚未批下來。」[74]「接到雪艇（王世杰）先生電話謂，政府已助民、青兩黨之宣傳費各五萬新台幣，日內可發。」[75]

國民黨用錢操控滲透民社黨，黨內高層也心照不宣，顧紹昌言：「民社黨中央總部遷台後，因為主要領袖張君勱沒來，中央無主，黨內各方勢力遂鬧得不可開交，幾同政變。且因張君勱時在海外從事所謂的『第三勢力』運動，既反共又反蔣，國民黨甚為不悅。曾幾次邀請張氏回台主持黨務好就近監控，但張氏仍未來台。所以製造民社黨內部分裂，也不失為掣肘方法。」張君勱在國外搞「第三勢力」，國民黨要瓦解「第三勢力」，就想先從內部開始動手，想讓張君勱的根基——民社黨先發生問題，讓他分心，沒有時間管「第三勢力」。國民黨方面甚至還表示，張君勱不來台灣，民社黨家裡沒有大人呀，幾個兄弟弄得一塌糊塗，所以張君勱應該來呀，不然就指定一個人當領導者，這樣才算正統還在嘛，不然外人會說，你們黨沒有領導人，他們會怎麼樣看待你們這個

[72] 喬寶泰，〈中央政府遷台初期之中國國民黨港澳政策——以雷震、洪蘭友之赴港建議為例（1950-1951）〉，《港澳與近代中國學術研討會論文集》（台北：國史館印行，民國89年5月初版），頁671。

[73] 〈雷震日記〉（1948年12月2日），傅正主編，《雷震全集》（31）（台北：桂冠版，1989年3月初版），頁98。

[74] 〈雷震日記〉（1948年12月8日），傅正主編，《雷震全集》（31），同上註，頁102。

[75] 〈雷震日記〉（1950年6月15日），傅正主編，《雷震全集》（32），（台北：桂冠版，1989年5月初版），頁126。

黨？他們的計謀就是想逼張君勱來台灣，讓「第三勢力」垮台。[76]

另外，張君勱在海外進行「毀黨造黨」的工作，也是民社黨內部發生衝突的重要關鍵。事實上，張君勱並不需要民社黨的勢力，民社黨在實際上也根本稱不上是勢力，他在海外搞「第三勢力」，偏偏在現實政治運作下的結果是，張君勱和蔣介石在國外打對台。但是，在台灣的某些黨員，他們的心情和想法則與張君勱不同，他們認為，要想在台灣繼續生活下去，是無法弄「第三勢力」的。[77]基本上，張在香港要從事第三勢力運動，但在台灣的民社黨卻有甚多為「稻梁謀」的考量而不支持，連自己的基本盤民社黨都不力挺，第三勢力運動欲有所成談何容易？諷刺的是，張君勱還曾在一次黨的高層會議上表示：「國民黨的人加入了我們民社黨，也沒關係，只要他們能遵守民社黨黨章和信仰民主社會主義就行。」張真是個書生，他哪裡知道國民黨政治策略的詭譎奇幻，他居然以為那些國民黨的人參加了民社黨，是為了要遵守民社黨黨章及奉行它的主義；而一點防阻國特滲透的警惕性都沒有。[78]如此，第三勢力之失敗結局，夫復何言！當年在香港對第三勢力運動知之甚詳的司馬璐，晚年於其回憶錄說，「其與三張（張發奎、張君勱、張國燾）一直保持著聯繫，其分別聽過他們的慨歎，說『戰盟』的會議，自己內部的記錄還沒有整理完畢，人家情治單位早已掌握到詳細的報告了。」[79]而從中方解密檔案看來，當時台北國民黨高層確實對香港「戰盟」內部的一舉一動，甚至會議過程與爭執細節，都瞭若指掌。[80]

國民黨外力的介入，固然是第三勢力失敗之一大因素，但內部高層的不合，更是崩解的致命傷。以第三勢力的主要團體「戰盟」為例，「戰盟」甫一

---

[76] 潘光哲、劉季倫、孫善豪訪問，《顧紹昌先生訪談錄》（台北：國史館印行，民國 91 年 12 月初版），頁 45-46。

[77] 潘光哲、劉季倫、孫善豪訪問，《顧紹昌先生訪談錄》，同上註，頁 46。

[78] 李世傑，〈調查局三個民社黨內線的特色〉，見氏著，《調查局研究》（台北；桂冠版，1995 年 7 月初版），頁 139。

[79] 司馬璐，《中共歷史的見證——司馬璐回憶錄》（香港：明鏡出版社出版，2006 年 4 月 2 版），頁 188。

[80] 〈張其昀、陳雪屏簽呈摘由——報告顧孟餘、張發奎等醞釀第三勢力近況〉（1951 年 6 月 19 日），（特交檔案/一般資料/民國 40 年（三）），《蔣中正總統文物》，典藏號：00208200346028。

成立即矛盾重重，首先是意見分歧，在成立時間上，民國41年10月10日，張君勱在美國發表了「戰盟」宣言，正式宣告「戰盟」成立，但顧孟餘認為過於匆忙，「戰盟」成立為時過早，這成為2人之間矛盾的發端。在對台灣國府及蔣的態度上，顧孟餘認為，台灣政治雖有許多不滿人意之處，但它此時在國際間尚是自由中國的象徵，應該支持並鼓勵台灣國府對共產黨之鬥爭。顧的意見遭到張君勱等人的反對。[81]而顧孟餘又氣度狹小，又乏安全感，在《中國之聲》刊物內，既要修改張君勱的文章，又要壓張國燾的稿子。[82]然而，這批「第三勢力」人士仍脫不掉中國人「勇於內鬥」的習氣，顧孟餘排斥張君勱和張發奎，張發奎亦與顧貌合神離；而李微塵的排擠張國燾與甘家馨被逐出「戰盟」，亦反映了張君勱系與顧孟餘系的相互較勁，更激化了兩人間的矛盾，最後導致顧孟餘的淡出「戰盟」。[83]

當然，上述這些爭執都還算是枝節性的小問題，真正造成張君勱與第三勢力領導人間的不合，主要還是在對國府及蔣的態度上。張君勱對蔣介石及其所領導的國民黨，幾乎不抱任何希望，強調只有發展第三勢力才能重建自由民主的新中國。[84]但是國民黨的顧孟餘、張發奎、黃宇人等，雖然對蔣多所批評，但並未放棄由蔣領導反共鬥爭的可能。[85]然張君勱雖亦承認台灣的國民黨當局，在現階段有其存在的必要，因為它是非共中國的最後據點，是大陸人民將來重獲獨立自由的希望。[86]但張卻認為國民黨所推行的極權主義的保守型態，以及共產黨殘忍推行的集權主義的激進型態，都不能解決中國的問題，「建立

---

[81] 楊天石，〈50年代在香港和北美的第三種力量——讀張發奎檔案之一〉，《抗戰與戰後中國》，同註22，頁631-633。

[82] 馬五（雷嘯岑），《政海人物面面觀》（香港：風屋書店，1986年12月出版），頁29。

[83] 萬麗鵑著，〈一九五○年代的中國第三勢力運動〉，同註26，頁173。林博文，〈五○年代香港「第三勢力」運動興亡始末〉，《歷史的暗流——近代中美關係秘辛》，同註1，頁114、116、119。

[84] 張君勱言：「蔣中正是過河拆橋的人，有求你的時候，可以滿口答應，等到不需要你的時候就一腳踢開，完全無視對方的人格。」雷震，〈制憲述要〉，傅正主編，《雷震全集》（23）（台北：桂冠版，1989年9月1版），頁37。

[85] 萬麗鵑著，〈一九五○年代的中國第三勢力運動〉，同註26，頁48。

[86] Car-sun Chang, The Third Force in China（New York: Bookman Associates Inc.1952）, PP.310-311.

一個以民主憲政原則為基礎的新中國」，端賴於中國的第三勢力運動。[87]因此，張君勱堅信以蔣介石為首的台灣國民黨政府已腐朽不堪，終將且必然為第三勢力所取代。[88]

毫無疑問的，壓垮第三勢力運動的最後一根稻草仍是美國。基本上，五〇年代的第三勢力運動，有其錯綜複雜的國內外因素存在，它是美蘇冷戰結構下的一環，背後有美國援助。[89]民國 39 年 6 月，「韓戰」爆發後，在華府，為因應中共參加韓戰所帶給美國新的軍事壓力，美國政府也體認到，在蔣介石與國民黨之外，另外扶植政治上的第三勢力，作為牽制北京、領導中國大陸境內的殘存反共游擊勢力、乃至未來於中國大陸情勢轉變時，取代蔣介石或毛澤東的另一個可能選項。[90]且持平而論，美國欲在國、共之外另尋第三勢力來扶植，其實早在 1945 年抗戰結束之後即已開始，當時「民盟」的羅隆基與「民社黨」的張君勱等，皆是戰後美國駐華外交情報人員積極接觸的對象。[91]

從 38 年 10 月毛澤東宣布建國到 39 年 6 月韓戰爆發，亞太地區發生了空前巨變。在這歷史性變化的時刻，香港不僅成為大批神州避秦之士的避風港，亦變成反共又反蔣的海外華人「第三勢力」與美國中情局特工活躍之地。[92]美國既然鎖定張君勱為拉攏對象，張的第三勢力運動也亟需美援的掖助，雙方自然一拍即合。當時張君勱雖然反共，卻也對蔣及國府當局相當不滿，不願把希望都寄託於國府身上。在此情況下，解決中國問題的理想途徑，對張等人而言，便是在國、共之外，走出另一條道路，此即「第三勢力」這條路。問題是，張和其盟友們均非現實政治的要角，政治實力有限；且多侷限於香港一隅，欲主

---

[87] Ibid, p.14.

[88] 萬麗鵑著，〈一九五○年代的中國第三勢力運動〉，同註 26，頁 49。

[89] 陳正茂，〈初試啼聲：謝澄平與《自由陣線》集團的緣起緣滅〉，《台北城市大學學報》第 42 期（民國 108 年 3 月），頁 251。

[90] 林孝庭，《台海・冷戰・蔣介石：解密檔案中消失的台灣史 1949-1988》，同註 37，頁 76。

[91] Nancy Bernkopf Tucker, China Confidential：American Diplomats and Sino-American Relations, 1945-1996（New York：Columbia University Press, 2001）, PP.31-32.

[92] 林博文，《關鍵民國——聆聽民國史的馬蹄聲》（台北：大塊文化出版，2013 年 6 月初版），頁 62。

導中國局勢的改變，形成氣候，只有赴美求援一途。[93]

張君勱赴美，主要是以「第三勢力」立場，進行遊說的工作，希望能得到美國為首的民主國家的外援，在中國既有體制之外，於中國大陸推翻中共政權建立民主政府。[94]然詭譎多變的國際情勢，讓張君勱瞭解到推動「第三勢力」運動之不易。於是，他除了堅持中國「第三勢力」是中國未來民主建國的希望所寄外，在現實政治上，也表明支持在台灣的自由中國維持現狀，免於被共產中國所併吞，來保全中國人民重獲獨立自由的希望。[95]基於此考量，張君勱於41年在美國出版其《中國第三勢力》（*The Third Force in China*）一書，正式提出他和其盟友們奮鬥的終極目標，是要「建立一個基於民主憲政的新中國」，並以此來解決中國的問題。

然而因為第三勢力運動的不濟事，「戰盟」內部各重要成員，彼此間離心離德，無法真誠合作，也都讓華府對第三勢力運動能否成功，慢慢失去信心。41年初，當張君勱準備動身前往美國擔任「戰盟」駐美代表，而向美國申請入境簽證時，國務院官員甚至開始私下抱怨美國境內已經充斥著太多的第三勢力分子，這些人物持臨時簽證進入美國，想在美國境內重新打造一個他們心目中理想的新中國，根本不切實際。時任國務院中國司司長的柏金斯（Troy L. Perkins）即言，華府若已決定重新接納台北的蔣介石，則不能夠再對第三勢力給予強有力的支持。而國務院負責遠東事務的官員也開始認為，海外的第三勢力分子應當在體制內積極參與台灣的國民黨政府，而非在體制外另起爐灶。[96]針對香港第三勢力運動的紛擾不合，張君勱深感痛心，曾不時去函鼓勵他們必須團結一致，有組織才能有所作為，若再一盤散沙下去，殊無前途可言。[97]張的憂心，最後果真如此，美國最後決定停止金援，誠如當年亦參與第三勢力運動的程思遠所言，「戰盟」的失敗，固有其內在原因，但主要還是由於美國改

---

[93] 張君勱，〈致台灣民社黨黨員函〉，《民主中國》3卷6期（民國40年11月），頁15。

[94] 張君勱，〈悼徐夢巖〉，《民主潮》8卷4期（民國47年2月），頁4。

[95] 薛化元、孫善豪，〈張君勱先生的思想：一個架構的分析〉，收入中國民主社會黨中央總部編印，《張君勱先生百齡冥誕紀念文集》（台北：民國75年），頁277-278。

[96] 林孝庭，《台海・冷戰・蔣介石：解密檔案中消失的台灣史1949-1988》，同註37，頁100。

[97] 林博文，《關鍵民國——聆聽民國史的馬蹄聲》，同註92，頁62、68。

變政策，外因比內因重要。[98]檢視第三勢力運動之所以失敗，筆者較認同雷嘯岑的評論：「第三勢力之所以成為『勢力』，是基於本國的文化傳統與社會結構，以及經濟發展諸條件而然。尤其是經濟條件最重要，中國社會上尚無中產階級的力量存在，搞民主運動十分困難。專靠外力支援，難以獲得本國群眾的同情響應，有如大海中的浮萍然，終歸要失散而無踪影可尋。」[99]雷氏之言，值得三思。

五、再評價——張君勱第三勢力運動思想之述評

從民國39年張氏流亡海外始，至民國58年卒於美國，在這20年中，反共固然是其一貫主張，但對台灣的國府當局也迭有不滿之聲，張除了在38年曾來台灣兩天外。[100]其後，國府雖屢有邀約，但張卻始終未踏入台灣的國門。[101]張之所以如此，除對蔣之不滿外，也認為國府沒有誠意與在野人士開誠佈公共商大計。[102]張君勱在大陸易手之後，便不理會國民黨的警告與反對。[103]在香港與當時既反共又反蔣的在野民主人士，組織第三勢力。[104]張抱持反共立場，希望中國早日能有民主體制，不過，他卻不把希望完全放在台灣的國府當局。[105]由於香港一隅發展有限，他又遠赴美國，希望得到民主國家的協助，推翻共產政權。[106]

---

98 程思遠，《政海秘辛》（香港：南粵出版社出版，1988年1月1版），頁240。又見程思遠，《我的回憶》（北京：華藝出版社出版，1994年12月1版），頁234。

99 雷嘯岑，《憂患餘生之自述》（台北：傳記文學出版社出版，民國71年10月初版），頁169。

100 程文熙，〈張君勱先生年表簡編初稿〉（下），《再生》（台版）2卷3期（民國61年3月），頁82。

101 王世憲，〈追憶君勱先生〉，《傳記文學》28卷第3期（民國65年3月），頁10。

102 張君勱，〈覆台友二十八人論台灣召集反共救國會議公函〉，《再生》總347期（民國43年2月），頁6-8。

103 〈雷震日記〉（1951年2月5日），傅正主編，《雷震全集》（33），同註68，頁28-30。

104 〈雷震日記〉（1951年9月6日），傅正主編，《雷震全集》（33），同上註，頁154-155。〈中國自由民主戰鬥同盟宣言〉，《再生》總327期（民國41年11月），頁14。

105 張君勱，《中國第三勢力》（台北：稻鄉出版社發行，2005年4月初版），頁14。

106 張君勱，〈告民主社會黨代表同仁之辭〉，《再生》總383期（1959年9月），頁1。

民國41年，張在美國出版《中國第三勢力》（*The Third Force in China*）一書，提出他對中國現狀及未來之看法，首先，張認為在台灣的國府，必須在現階段維持其存在，以保存非共黨中國的最後據點，作為自由中國的象徵；以及中國人民重獲獨立自由的希望。[107]其次，張以為，由國民黨所推行的極權主義的保守型態，和共產黨殘暴推行的極權主義的激烈型態，都不能解決中國的問題，中國第三勢力之目標，在於「建立一個立基於民主憲政原則的新中國。」[108]其後，張討論未來中國的主要言論方向，亦多以此為基軸。[109]推動第三勢力，要求國際干涉，重建中國的民主政治。[110]民國38年以後，張君勱成為國、共之外的「第三勢力」的主要領導人，他嚴厲批判國、共兩黨體制，而欲在體制之外以「改革」的途徑追求中國民主憲政的落實。而相對於一貫的反共態度，他則是以中華民國憲政體制要求蔣介石領導的國府能澈底遵行，只要政府落實憲法，並且真能包容其他黨派，張君勱並不排除與國民黨政府合作。[111]「我們反對國民黨一黨專政，希望民主與和平二者均能實現，但在二者不能得兼時，只有先爭取民主的實現。得到一點，總比沒有好。」[112]這是張之所以勉強民社黨參加「制憲國大」；及在從事第三勢力運動期間，對國府與蔣的最基本底線。

張君勱是第三勢力運動的核心人物，他主張國民政府的政治改革，並數次勸導胡適加入其行列。對於內戰的責任問題，胡適認為是受蘇聯唆使的中共、美國大眾政策的失敗，但張君勱則強調蔣介石統治方式以及國民黨訓政體制本身的局限性。他主張美國應根據反共政策支援自由中國，但同時也要對國民政府的民主化做出一定程度的貢獻。對蔣介石的支持與否是他與胡適的不同處，他的立場主要體現在民國41年美國出版的《中國第三勢力》一書。[113]余英時

---

[107] 張君勱，《中國第三勢力》，同註105，頁310。

[108] 張君勱，《中國第三勢力》，同註105，頁14。

[109] 薛化元，《民主憲政與民族主義的辯證發展——張君勱思想研究》，同註21，頁53。

[110] 薛化元，《民主憲政與民族主義的辯證發展——張君勱思想研究》，同上註，頁29。

[111] 薛化元，《民主憲政與民族主義的辯證發展——張君勱思想研究》，同上註，頁280。

[112] 中國第二歷史檔案館編，《中國民主社會黨》，同註12，頁79-85。頁338、347。

[113] 吳炳守，〈冷戰時期胡適的反共自由主義路線的形成（1941-53）〉，潘光哲主編，《胡適與現代中國的理想追尋——紀念胡適先生一二○歲誕辰國際學術研討會論文集》（台北：秀威版，2013年8月1版），頁290。

在其回憶錄談及，中國第三勢力運動，是企圖在國民黨和共產黨兩個「專政」的政權之外，建立起一個以民主、自由、人權等普世價值為終極目標的精神力量。但香港的「第三勢力」並未真正形成一個全盤性的政黨組織，它只是一群個別的知識人，而且來自各種不同的背景。其中有國民黨、民社黨、青年黨，更多的則是無黨無派者，而且無論背景為何，都是以個人身分出現的。[114]

因為以個人身分出現，所以沒有地盤，張君勱弟子楊永乾即坦言：「新興第三勢力所以未能開展的另一原因，即無供其可以立足之地，若國民黨之有台灣，中共之有中國大陸，所謂無土地即無人民，處此情況，如何能持久下去。總不能長期漂浮不定，寄人籬下，何況在香港所加入第三勢力者，多為自大陸逃出之人，日久之後，本身生活就難以維持，自然有人就為中共與國民黨威脅利誘而去。」[115]最終導致第三勢力之瓦解。平情而言，當年在香港從事第三勢力運動人物，其中不乏具有孤臣孽子心態的反共人士，亦有許多崇尚民主自由的理想主義者，但在「形勢比人強」的環境裡，在急遽變化的時代中，他們祇能扮演花果飄零的角色。這種悲劇式的結局，象徵了中國近代民主自由，一直飽受風吹雨打得愁苦命運。[116]張君勱的第三勢力運動思想與失敗，不就是這雨打風吹去愁苦命運的悲涼寫照嗎？

張君勱一生致力於政治改革的工作，卻可以說一生都在實際政治的外圍，一直未能得到一展抱負的機會。他一直盼望做一個偉大的政治家，做一個傳統中國最感缺乏的實行家。然而，在一般人們的心目中，他卻僅為一個政論家和學者。[117]畢竟一書生，或許是張一生壯志未酬最大的悲劇。然張君勱失敗了嗎？民國 38 年後，張君勱開始了海外流亡生涯，著力於從儒家思想中發掘復興民族的新因素，逐漸成為一代大儒。但他終究不能忘情於政治，是於有「第三勢力」的倡導與組織。不能忘懷於故人與故土，兩封公開信頗值一敘。39 年於印度講學時，看到馮友蘭作於思想改造運動中的檢討文章，即撰〈一封不寄

---

[114] 余英時，《余英時回憶錄》，同註 42，頁 125。

[115] 楊永乾，《中華民國憲法之父——張君勱傳》，同註 36，頁 175-177。

[116] 林博文，〈五○年代香港「第三勢力」運動興亡始末〉，《歷史的暗流——近代中美關係秘辛》，同註 1，頁 114、116、119。

[117] 王壽南總編輯，《中國歷代思想家 53——張君勱》（台北；商務版，民國 68 年 3 月 2 版），頁 103。

信——責馮芝生〉，批評馮之無風骨與獨立之精神。民國45年章士釗至香港，張致信章多所關懷，但也批評大陸，斷言「中共之政制既與俄同，其日後之發展，自不能逃出俄國軌道之外。試思中共統治，可以成為子孫萬世之基業乎？」[118] 58年2月，張逝世於美國舊金山，這個畢生研究憲政，以中國實現憲政為最高理想的人，在其生前沒有看到他理想實現的一天，晚年回顧生平，常常自嘲地稱自己是個「失敗者」，但歷史畢竟按著既定的軌道運行，觀諸台灣民主政治的落實與踐行，張君勱真的失敗了嗎？值得吾人重新再評價。

[118] 轉引自黃波，《真實的幻影——近世文人縱橫談》（台北：秀威版，2008年11月1版），頁95。

第十一章　另一條道路：左舜生與香港第三勢力運動

一、中國第三勢力運動發展史略

近年來，國人對「第三勢力」一詞並不陌生，此為受傳媒影響所致，但對「第三勢力」之認知，可能僅限於國、民兩黨外的其他較具實力之黨派，如親民黨、台聯等等，對於過去「第三勢力」之瞭解，恐怕知之甚少。其實，過去「第三勢力」運動，不論在中國或其後在香港，都頗具影響力，因此，國、共兩黨都曾積極爭取之。[1]基本上，中國的第三勢力運動，可分為兩個階段，前一階段為大陸時期的在野黨派與「民盟」第三方面之政治勢力；後一階段則為五〇年代，以香港為大本營的第三勢力運動。前一階段的第三勢力運動，時間可追溯至上世紀二〇年代末，彼時國民黨北伐統一中國，開始實施「黨外無黨」的一黨專政，為反對國民黨的一黨專政，一些主張民主自由的有志之士，開始紛紛組織政黨與之抗衡。首先為民國 12 年 12 月曾琦、李璜、何魯之等人在法國巴黎成立的中國青年黨，繼則 19 年鄧演達的第三黨，和 23 年張君勱的國家社會黨；其後又有所謂的三派：即梁漱溟的鄉村建設派、黃炎培的職業教育社與沈鈞儒的救國會。[2]

上述諸黨派均標榜為國、共之外的第三股政治勢力，也都有其政治主張與理想，雖言為第三勢力，然實力薄弱，尚不足以對抗國民黨。民國 26 年，抗

1　紀亞光、秦立海、裴苹著，《戰後中國政黨與政治研究》（天津：人民出版社，2009 年 11 月 1 版），頁 193。

2　聞黎明著，《第三種力量與抗戰時期的中國政治》（上海：上海書店出版，2004 年 10 月 1 版），頁 143。

戰爆發，時代變局，為這些第三勢力黨派的生存發展提供了契機。[3]為營造朝野團結，共赴國難的氛圍，國民黨主動釋出善意，改善與在野黨派關係之改善，然亦為第三勢力黨派，尋得一有利發展的機會，即支持國府抗戰，但以取得國府承認合法存在為條件。[4]民國 27 年，青年黨領袖左舜生與國社黨領導人張君勱和國民黨總裁蔣介石交換信函，就是在此情況下，兩黨才正式取得合法承認的地位。[5]各小黨派雖與國民黨關係有所改進，但其努力追求民主政治的目標並未改變。是以即便國家處於抗戰的艱困時刻，它們仍希望在抗戰中推進民主憲政，這使得中間黨派與共產黨的政治主張相契合，從而營造雙方相互援引合作之機。[6]尤其大家在爭民主、自由、憲政理念一致下，在四〇年代初期，國民黨專制獨裁又逐漸趨強之際，終於使得這些原本各自為政，甚至政治立場相去甚遠的小黨派，捐棄成見，共組「中國民主政團同盟」，即日後之「民主同盟」。[7]

「民盟」成員來自於「三黨三派」，內部有左右派之分，有親共如救國會者，也有堅決擁護國府，政治立場極右之青年黨者。其雖較缺乏群眾基礎，但因網羅一批學者名流，擁有清望和高知名度，故實力仍不容小覷。[8]戰後國、共劍拔弩張的時代，「民盟」即以「第三方面」調和者的身分，穿梭於國、共兩黨高層間，為和平建國努力奔走，最終雖以調解失敗收場，但卻引起國際間

---

[3] 民國 26 年 8 月中旬，「8・13」抗戰伊始，國府在國防最高會議下，設立「國防參議會」，設立該會之因，張群是如此說明的：「我們知道在國難期間，本黨同志，自應負絕對責任，但黨外的人，願來共同負責的，我們自允許其參加，這一條就是把各黨派的有力分子，集中於此會議中，共策國是。」，〈中國國民黨中央執行委員會政治委員會第 51 次會議速紀錄〉，國民黨黨史會藏。轉引自劉維開，〈戰時黨派合作的開端——國防參議會研究〉（未刊稿）。

[4] 周淑真，《中國青年黨在大陸和台灣》（北京：中國人民大學出版社出版，1993 年 11 月 1 版），頁 154。

[5] 左宏禹編，《抗戰建國中之中國青年黨》（成都：國魂書店，民國 28 年 4 月出版），頁 13-14。又見陳正茂編著，《左舜生年譜》（台北：國史館印行，民國 87 年 12 月出版），頁 129。

[6] 陳正茂，〈抗戰中推進民主——青年黨與抗戰時期的民主憲政運動〉，《抗戰勝利與台灣光復六十週年紀念學術討論會論文集》（台北：中國國民黨黨史館、中正文教基金會主辦，2005 年 10 月 29、30 日），頁 378-387。

[7] 〈中國民主政團同盟的成立宣言〉，中國民主同盟中央文史資料委員會編，《中國民主同盟歷史文獻 1941-1949》（北京：文史資料出版社出版，1983 年 4 月 1 版），頁 10-11。

[8] 姜平，《中國民主黨派史》（武漢：武漢大學出版社出版，1987 年 8 月 1 版），頁 162。

對中國這股標榜自由民主為理想之政治團體的注意，其中尤以美國為最。[9]當時負責調停國、共衝突的美國特使馬歇爾（George C. Marshall, 1880-1959），即曾有寄望中國前途於這批自由主義知識份子之論，馬帥此語隱然已為五〇年代，美國以香港為大本營，積極扶持中國第三勢力運動留下伏筆。[10]

四〇年代在中國的第三勢力運動，終因「民盟」分裂及親共，遭國府以非法政治團體取締而宣告瓦解。[11]然民國 38 年，在國、共內戰劇變，大陸淪陷，國府遷台的風雨飄搖之際，又使得第三勢力有了生存發展的希望，此即五〇年代香港的第三勢力運動。當時這股力量，在美國和桂系李宗仁的支持下，雲集香江一隅，首揭反國、共兩黨大旗，標榜反共、反蔣，堅持民主自由的第三勢力主張，在香港曾盛極一時，喧騰不已。[12]基本上，五〇年代的第三勢力運動，是美、蘇冷戰結構下的一環，它背後有美國援助；也有反蔣勢力副總統李宗仁等之奧援，故有其錯綜複雜的國內外背景因素存在。當時第三勢力的要角有張發奎、顧孟餘、左舜生、李璜、張君勱、張國燾、許崇智、伍憲子、李微塵、童冠賢、邱昌渭、謝澄平、羅夢冊、董時進、許冠三、王厚生、司馬璐、孫寶剛、孫寶毅等。這些人分屬民、青兩黨，部分為國民黨及桂系政治人物。它們在美國金錢支助下，先後成立了「自由民主大同盟」、「自由民主戰鬥同盟」等組織，並創辦報章雜誌來宣傳其理念。[13]其後因「韓戰」爆發，國際局勢丕變，使國府當局所在的台灣，成為美國在西太平洋圍堵共產主義不可或缺的一

---

[9] 蔣勻田，《中國近代史轉捩點》（香港：友聯出版社出版，1976 年 11 月初版）一書，對「第三方面」調停國、共經過，有非常詳實的記載。

[10] 馬歇爾對中國前途寄望於自由民主人士，期望甚殷。民國 35 年 12 月 21 日，馬歇爾即言：「解決中國的問題，只有把所有少數黨結合成一個愛國、有組織的自由黨，致力於和平，民主的政府與人民的權力。他遺憾目前少數黨派的自私的領導，造成組成一個真正自由黨的障礙」。12 月 23 日，馬歇爾又說：「中國的希望在於需要組織前進份子為一愛國黨，摧毀反動份子對政府的控制和政府中封建主義的心理」。在馬歇爾使華期間，這類言論甚多。王成勉編著，《馬歇爾使華調處日誌（1945 年 11 月-1947 年 1 月）》（台北：國史館印行，民國 81 年 5 月出版），頁 179-187。

[11] 〈國民黨政府宣布民盟為非法團體〉（1947 年 10 月 27 日），中國民主同盟中央文史資料委員會編，《中國民主同盟歷史文獻 1941-1949》，同註 7，頁 355-360。

[12] 陳正茂，〈簡述五○年代香港「第三勢力」運動〉，《傳記文學》第 71 卷第 5 期（民國 86 年 11 月），頁 65-66。

[13] 陳正茂，〈五○年代香港第三勢力運動史料之介紹與略評〉，陳正茂編著，《五○年代香港第三勢力運動史料蒐秘》（台北：秀威版，2011 年 5 月 1 版），頁 4-5。

環。由於台灣是美國在東亞的重要戰略要地，使得美國不得不改善與台灣國府的關係，蔣介石政權重獲美國的支持，而先前美國暗中支持的第三勢力運動，也因美台關係的轉好而趨黯淡，最終風流雲散矣！[14]

二、左舜生參與第三勢力運動之經緯

有關於左舜生参與第三勢力運動之經過，我們可從兩個面向來觀察，一是左親身参與的第三勢力政治團體，如「中國民主反共同盟」、「中國自由民主戰鬥同盟」、「中國民主反共聯盟」等，在這方面，左確實有參加，也躋身高層，但其實影響並不大。另一為言論鼓吹方面，在這方面，左的影響力就舉足輕重了，左以其過去辦報、辦雜誌之能手，於五〇年代在香港，辦出兩個第三勢力運動最具代表性的刊物——《自由陣線》與《聯合評論》，尤其是《聯合評論》，可說是左一手支撐主導的。檢視五〇年代在香港參與第三勢力運動的成員，雖然包含國民黨、青年黨、民社黨及無黨無派等政治人物，但真正做出一點成績；且較有為者，仍屬青年黨的何魯之、左舜生和謝澄平諸人。[15]民國38 年夏，李宗仁在廣州時，以「代總統」名義，曾發給青年黨、民社黨各兩萬銀元，作為疏散經費。[16]青年黨即利用這筆錢，在香港創辦《自由陣線》，由左主持。唯該刊不久即面臨財務困難，曾向台灣當局請求補助並獲應允，後因該刊批台言論轉趨激烈而作罷。[17]

---

[14] 程思遠，《我的回憶》（北京：華藝出版社，1994 年 12 月 1 版），頁 234。又見陳正茂，〈「第三勢力運動」史料述評——以《自由陣線》週刊為例〉，陳正茂著，《傳記與思想：青年黨領袖群像》（台北縣：新文京開發出版股份有限公司出版，民國 93 年 12 月出版），頁 146。

[15] 程思遠曾說：「張君勱也配批評李德公，德公是救過他的恩人，德公出國時，民社、青年兩黨各送二萬大洋，青年黨拿來辦個《自由陣線》，現在愈辦愈好，民社黨拿來辦個《再生》，老早錢就花光，又函美國向德公要求接濟，德公未理，張君勱居然因所求不遂，就批評起人來了，有什麼價值？真是好笑！」焦大耶（朱淵明），〈「第三勢力」全本演義：第三百六十一行買賣〉，陳正茂編著，《五○年代香港第三勢力運動史料蒐秘》，同註 13，頁 154。

[16] 〈雷震日記〉（1950 年 3 月 17 日），傅正主編，《雷震全集》（32）（台北：桂冠版，1989 年 5 月初版），頁 63。程思遠說李宗仁在廣州的時候，以代總統名義發給青年黨、民社黨各三萬元。對應上註，顯見二萬大洋或三萬元，程思遠自己也不大清楚。程思遠，《政海秘辛》（香港：南粵出版社，1988 年 1 月 1 版），頁 236。

[17] 〈雷震日記〉（1950 年 3 月 17 日）記載「冷彭立委來訪，對《自由陣線》情形說得很多，李德公

《自由陣線》外，另一五〇年代香港第三勢力運動之代表刊物，還有《聯合評論》，此二刊物，均以左和謝澄平為主導，這當中，左更具關鍵爭議的角色。左是青年黨中與蔣及國民黨關係最深者，曾任職國民黨中央政治學校，戰後且出任行憲後聯合政府的農林部長，深受蔣之禮遇。[18]避秦香江後，左參與第三勢力運動，殊出國府當局意料之外，國府為爭取海外民主自由人士，曾特派與在野勢力關係不錯的雷震，於五〇年代初專程赴港疏通，從而為我們提供自《雷震日記》（以下簡稱《雷日記》）中，知曉不少當年海外民主自由人士，參與第三勢力運動之梗概。[19]本文旨在探討左於五〇年代參加香港第三勢力運動之經緯，重點除敘述其參與的第三勢力組織外，更重要的是，經由左當年編輯負責的第三勢力刊物中，如《自由陣線》、《自由人》、《聯合評論》等，深入了解左之政治主張及理念，從而為我們提供彼時海外民主自由人士，何以反共又反蔣的初衷之所在。

（一）從「自由陣線」集團到「中國民主反共同盟」

五〇年代初期，美國為對抗共產主義在亞洲的擴張，是積極採取雙管齊下的策略以為因應，「韓戰」爆發後，美國與國府重修舊好，除外交承認中華民國外，軍援、經援也源源而來，希望強化台灣對抗中共的實力；另方面，在中央情報局的主導下，美國也以香港為大本營，透過金援，扶持既反共又反蔣的第三勢力團體。美國此舉，除反共因素外，顯然對台灣的蔣介石政權，仍存有戒心。[20]就在美國的「金錢」攻勢下，當時困居香江，經濟非常拮据的一些過去在中國略具知名度與影響力的政治人物，成為美國物色網羅的對象。而彼輩為得到美援，也積極配合，希望得到美國的青睞。當時這些人的身份，約可分

曾各撥二萬銀元與民、青兩黨，民社黨則恢復《再生》，青年黨就辦這個《自由陣線》，款領到為金子，當在廣州提港紙，到港又購金子，致大受損失，謂前途很難維持。」，傅正主編，《雷震全集》（32），同註16，頁63-64。

[18] 陳正茂，〈左舜生傳〉，《國史擬傳》第六輯（台北：國史館編印，民國85年6月初版），頁12-13。

[19] 〈雷震日記〉（1950年4月8日、5月10日、6月10日、6月16日、8月11日），傅正主編，《雷震全集》（32），同註16，頁80、103、123、127、163。

[20] 基本上，第三勢力及以後「戰盟」的經費，均係由美國中央情報局資助，代表哈德門由該局駐東京麥克阿瑟總部之分局支付。汪仲弘註釋，〈台北舊書攤上發現的「總統府秘書長箋函稿」(2)〉，《傳記文學》第71卷第4期（民國86年10月），頁46。

為四類：（1）國民黨軍政界人物：如張發奎、顧孟餘、許崇智等；（2）民、青在野黨領袖：如左舜生、李璜、何魯之、張君勱、伍憲子、李微塵等；（3）民意代表或失意政客：如童冠賢、黃宇人、王孟鄰、邵鏡人（CC 派人物）；張國燾、宣鐵吾等；（4）知識份子和桂系人物：如黃如今（前東北大學校長）、張純明（前清華大學教授）、王季高（前北平市教育局局長）；黃旭初、程思遠（後二者為「桂系」代表）等。[21]

其實在美援未到前，民國 38 年前後，香港已有若干第三勢力團體。[22]其中較具知名度的，當推青年黨左舜生、謝澄平等創辦的《自由陣線》集團。[23]初期，《自由陣線》週刊因經費短絀，好幾次已在斷炊邊緣，左於是不得不向台灣的國府當局要求補助。[24]但左的一手要錢，一手又為文批評台灣當局，令國府相當不悅，最後終止補助且禁止《自由陣線》銷台。關於此事始末，《雷日記》為我們提供了第一手資料，民國 39 年 2 月 28 日，雷訪港時，曾拜會《自由陣線》另一主將謝澄平，據謝告訴雷，當時在《自由陣線》上批評台灣之文章，均係左所寫，不過，謝強調他們並不反對台灣，只是對台灣不准他們的刊

---

[21] 程思遠，《政海秘辛》（香港：南粵出版社出版，1988 年 1 月 1 版），頁 234-235。李璜將當時南下香港的流亡人士分為 4 類，即平民與學生、工商界熟手、文化界人士、軍政界人物。李璜，《學鈍室回憶錄》下卷（香港：明報月刊社出版，1982 年元月初版），頁 721-723。胡志偉則分的更細，胡將其分為 7 類：（1）失意政客：如張君勱、彭昭賢、王正廷、李璜、左舜生、謝澄平等。（2）落魄軍人：如張發奎、許崇智、劉震寰、上官雲相、陳濟棠、金典戎等。（3）桂系要員：如黃旭初、童冠賢、張任民、韋贊唐等。（4）中共叛徒：如張國燾、龔楚等。（5）漢奸：陳中孚、招桂章、趙正平等。（6）知識份子：如顧孟餘、丁文淵、黃如今、張純明、李微塵、易君左、趙滋蕃等。（7）知識青年：如胡越、徐東濱、陳濯生、許冠三等。胡志偉：〈「自由中國抵抗運動」的開場與收場〉，《傳記文學》第 93 卷第 6 期（民國 97 年 12 月），頁 48-49。

[22] 焦大耶言：「當 1949 年冬季至 1950 年春季之交，是這運動最蓬勃而又最混沌的時期。當時左一個座談會，右一個小組會，有十人八人一堆的，也有十幾二十人一起的，有的約期會談，並無固定形式，有的則商擬名稱，起草綱領，儼然要有正式組織，據一般估量，類似此種組合，達一百以上；傳說美國領事館曾有調查，則為七十餘個，當較可靠。」焦大耶，〈「第三勢力」全本演義：第三百六十一行買賣〉，陳正茂編著，《五○年代香港第三勢力運動史料蒐秘》，同註 13，頁 103。

[23] 陳正茂，〈第三勢力運動與《自由陣線》的初試啼聲——謝澄平〉，陳正茂著，《逝去的虹影——現代人物述評》（台北：秀威版，2011 年 12 月 1 版），頁 204-207。

[24] 〈雷震日記〉（1950 年 4 月 8 日）言：「左舜生托其姪幹忱及周賞（寶）三帶信來，兩君上月底來台，請求三事：（一）左舜生國大代表之津貼希望能發給；（二）左、周兩君過去國大津貼希望補發；（三）希望政府補助《自由陣線》。」，傅正主編，《雷震全集》（32），同註 16，頁 80。

物入台銷售一事，深致不滿。[25]

而對於左參加第三勢力事，台灣當局也有應對方法——即嚴密注意但不用太在意，時國民黨《香港時報》社長許孝炎告訴雷，對第三勢力事，總統府祕書長王世杰提出三點辦法：第一、不必重視；第二、加強西南執行部去做打散工作；第三、在華盛頓運用，最少使其不反對台灣，並捧左舜生，但不說聯合。[26]王世杰特別點出左，顯見國民黨對左的重視，而主張吹捧左，係對左名士習性之了解。王何以認為左可以爭取，除緣於左過去與國民黨和蔣的淵源外，主要是左在之前寫了一封信給雷震，信上說到：「最近仍有美國人在此間正式接洽，有許多人頗起勁，看來也許真要搞出一點什麼東西，但一切內容我全不知曉，一到緊要關頭，我便必須保持我獨來獨往的精神，絕不願聽受任何人的支配。」[27]

其後，左再度致函雷說到：張、顧等之第三勢力，近日進行頗遲緩，擬約得百人，開往目的地始正式組織，曾轉託幼椿約弟再談，弟已婉辭謝之，以不甚感興趣也。[28]左於信中所言「一切內容我全不知曉」及「弟已婉辭謝之，以不甚感興趣也」等語，並非實言，對照先前許孝炎對雷所言，和王世杰所提之辦法，皆可證明左是當時在港第三勢力的要角之一。對左的不實之言，雷又頻頻請示，國府為此頗為不屑和不悅。王世杰告訴雷，《自由陣線》對台批評甚壞，而雷又代左申請入境證，是否可以中止，來台或與左有不利。雷答以入境證已寄去，可函告左請其對《自由陣線》加以約束，如不可能應該退出，以免為人負責，雷即以此意致函左。另外，雷在台曾見陳啟天，陳將左之信見示，內有對《自由陣線》不能負責之言，他個人擁護蔣與國府，蔣復職後，他有一文稱讚此事，唯該誌未予以登載，今後他不用該誌一文，不寫一字等語。其後，蔣偉之又告訴雷，該刊現捧何魯之為首腦，俾對外可以號召，與左已有了出入，

---

[25] 〈雷震日記〉（1951 年 2 月 28 日），傅正主編，《雷震全集》（33）（台北：桂冠版，1989 年 8 月初版），頁 55。

[26] 〈雷震日記〉（1951 年 5 月 29 日），傅正主編，《雷震全集》（33），同上註，頁 103。

[27] 〈左舜生致雷震〉（1951 年 5 月 8 日），傅正主編，《雷震秘藏書信選》（台北：桂冠版，1990 年 9 月初版），頁 133-134。

[28] 〈左舜生致雷震〉（1951 年 7 月 2 日），傅正主編，《雷震秘藏書信選》，同上註，頁 142。

該刊現為謝澄平、史澤之、周寶三等三人主持。[29]

由於左的兩面手法，既參加第三勢力運動，對台又矢口否認；致雷信中一再為《自由陣線》要求政府補助經費，後又說對《自由陣線》不加聞問。對左之反覆行徑，王特別寫信給雷說：「杰對左先生信，不擬表示任何意見。如兄打算覆信，似乎可以說：政府應該多聽逆耳之言，這是極忠實的忠告。同時，在香港的朋友也須了解此間的心情；住在香港罵政府，是不容易得到此間一般人的聽聞或同情的。左先生的行止，兄似不必再提意見，未審以為如何？」[30]換言之，國府是不再撥經費支持《自由陣線》了。當《自由陣線》面臨停刊之際，「及時雨」出現了，時美國巡迴大使傑塞普（Philip Jessup）正在香港，謝澄平透過管道與傑塞普見面時，知其曾任哥大教授，遂以曾留學哥倫比亞大學，執弟子之禮甚恭而獲傑氏好感，傑氏答應以亞洲基金會名義，給予每月兩萬美元的補助。關於此事經緯，當年亦參與第三勢力運動的張葆恩，於謝澄平逝世後的追悼文章，曾詳實的敘述其來龍去脈。

張說：「一日，澄平於過海輪中巧遇盧廣聲，盧告訴澄平傑賽普已到香港，可透過尤金見傑氏。澄平即將此事就商於何魯之，何氏贊成其積極採取行動。澄平隨即到美國駐香港領事館求見尤金，但出來接見的是 S 君，從 1950 年元月起，澄平與 S 君多次見面，最後敲定以《自由陣線》周刊和美方合作，先從文化方面做起，建立重點，由文化運動，發展到政治運動，再進而及於軍事的運動，形成第三勢力的整體架構，以達成反共復國的使命。」[31]就在左、謝的「自由陣線」集團開始欲以文化運動，大肆宣揚第三勢力理論之際，實際從事第三勢力運動的政治組織也隨之展開，此即許崇智所成立的「中國民主反共同盟」。[32]事緣於 39 年，前廣州嶺南大學校長香雅各（Dr.James McCure Henry）於解職過港赴美時，會晤了昔時廣東軍政領袖張發奎。晤談中，香雅各積極鼓勵張發奎出面領導反共游擊戰爭，並暗示倘張願意出面，美國將會予以支持。

---

[29] 〈雷震日記〉（1950 年 8 月 11 日），傅正主編，《雷震全集》（32），同註 16，頁 163-164。

[30] 〈王世杰致雷震〉（1951 年 8 月 21 日），傅正主編，《雷震秘藏書信選》，同註 27，頁 159。

[31] 張葆恩，〈大時代的悲劇人物（上）——悼念謝澄平老哥〉，《全民半月刊》14 卷 7 期（民國 81 年 10 月 25 日），頁 29-31。

[32] 關玲玲著，《許崇智與民國政局》（台北：大安出版社，1991 年 3 月 1 版），頁 176。

[33]張亦認為：「有主義、有聲望的人應該建立一個新的秘密團體，形成一種新的力量；為了未來的工作，應該訓練年輕人。」而關於此一團體成員，張提到可網羅顧孟餘、童冠賢、張國燾、李璜、李微塵、伍憲子，香雅各則提到張君勱和許崇智。香謂待其回到美國後，可能會接觸某些人，如事情有所進展，將會寫信給你們。[34]

民國 40 年初，果然有三位美國人帶香雅各的信至香港，其中二人，一人名為哈德曼（Hartmaun）；另一人為柯克（Cooke），他們聲明渠非代表美國政府，而是代表美國民眾前來協助中國發展第三勢力。[35]逢此難得機會，許崇智表現的極為積極，許逐一聯絡了童冠賢、彭昭賢、張國燾、宣鐵吾、上官雲相、胡宗澤、梁寒操、方覺慧、張任民、伍憲子、伍藻池、王厚生、金侯城、顧孟餘、王正廷、任援道、鄧錦章、趙立武及左等人，發起組織了「中國民主反共同盟」。[36]該盟曾煞有其事的發表了 12 條〈政治綱領〉，其重要內容如下：1.維護國家領土與主權的完整；2.實行自主的外交，絕對反對一面倒；3.擁護聯合國的人權法案；4.保障人民應有的一切自由；5.修定適合國情之基本大法；6.主張全民政治，反對所謂人民與國民的差別；7.各政黨地位平等，反對一黨專政；8.軍隊國家化，任何政黨不得憑藉武力為奪取政權的工具；9.土地改革力求公允，自耕農已分得的土地，予以保障，但確因勤儉起家的地主，所受之損失，應酌予補償；10.全國所有公地荒地與無人耕種之地，於戰後分給反共有功的士兵，並資助其墾殖；11.保障私人合法財產；12.本現代科學與民主精神，反對煽動階級仇恨之學說，發揚東方文化之仁亦傳統精義，以貢獻

[33] 金典戎，〈最初在香港搞第三勢力內幕〉，《春秋》（香港版）第 175 期（1964 年），頁 2-4。

[34] 楊天石，〈五○年代在香港和北美的第三種力量——讀張發奎檔案之一〉，楊天石，《抗戰與戰後中國》（北京：中國人民大學出版社，2007 年 7 月 1 版），頁 630-631。張發奎口述，鄭義翻譯/校註，《蔣介石與我——張發奎上將回憶錄》（香港：文化藝術出版社出版，2008 年 5 月 1 版），頁 479-483。

[35] 〈對顧張等醞釀第三勢力近況報告〉，（中國國民黨中央改造委員會第 150 次會議紀錄，附件，1951 年 6 月 7 日），黨史會藏。

[36] 〈許崇智領導「中國民主反共同盟」發展現況〉，《總裁批簽》，台（40）（改密室字第 0083 號，1951 年 2 月 23 日），黨史會藏。〈「民主反共同盟」集會情形〉，見《總裁批簽》，台（40）（改密室字第 0124 號，1951 年 3 月 23 日），黨史會藏。

世界人類，達到世界永久和平。[37]綜觀十二條〈政治綱領〉，洋洋灑灑，針對性強，裡頭除批評國、共兩黨外，值得一提的是，對土地改革議題也多有著墨，算是〈政治綱領〉中，較有特色的地方。

「中國民主反共同盟」成立後，開始對外招兵買馬，當時張發奎與顧孟餘的「中國自由民主戰鬥同盟」（以下簡稱「戰盟」）亦正在緊鑼密鼓的進行中，許為不便太明顯突出與其對抗之印象，給予外界鬧「雙胞」分裂的觀感，乃在謝澄平的建議下，將名稱改為「中國民主反共同盟促進會」，底下設主席 1 人，類似召集人性質，由許擔任，主席下設秘書長，以總其成，地位至關重要，初擬委任青年黨元老何魯之，何氏不肯，許又希望謝澄平出任，謝以不便正式露面婉辭，最後一度找上梁寒操，梁亦裹足不前，最後由留學英國的徐慶譽出線。上層職務安排後，接著是負責組織的重要人選，預計設有「聯絡組」，推年高德劭的方覺慧擔任，左舜生則掌「政治組」，後左力辭方改派伍憲子。「軍事組」擬由桂系的夏威充任，「僑務組」是關恕人負責，「宣傳組」委由謝澄平，許崇智尚兼任「財務組」。[38]

從上述名單安排看來，左在該盟中是有其重要分量的，無怪乎！雷震於五〇年代初訪港時，談到許崇智已組織「中國反共民主同盟」（全稱應為「中國民主反共同盟」），參加者有彭昭賢、梁寒操、方覺慧、上官雲相、宣鐵吾與左等人。[39]為求了解實際情況，雷隔天迅即訪問左，雙方晤談甚久，雷詢問有關「民主反共同盟」事，左坦承自己已參加，並透露民社黨的伍藻池與王厚生也參加。另外，左還批評張發奎，認為張有錢，怕事不敢參加。有意思的是，左居然認為許有革命性，台灣對許應該要有誠意，只來邀請似乎不夠，要有具體辦法。雷知道左是指「民主反共同盟」事，未加可否。[40]為慎重起見，2 月 2 日，雷也拜訪青年黨另一重要領袖李璜，李對左參加許崇智之組織甚表不

---

[37] 〈抄錄「民主反共同盟」組織章程及政治綱領〉，見《總裁批簽》，台（40）改密室字第 0113 號，1951 年 3 月 14 日，黨史會藏。

[38] 焦大耶（朱淵明）著，〈「第三勢力」全本演義，第三百六十一行買賣〉，陳正茂編著，《五○年代香港第三勢力運動史料蒐秘》，同註 13，頁 207。

[39] 〈雷震日記〉（1951 年 1 月 31 日），傅正主編，《雷震全集》（33），同註 25，頁 23。

[40] 〈雷震日記〉（1951 年 2 月 1 日），傅正主編，《雷震全集》（33），同上註，頁 24。

滿，李說許曾二次來訪，均為其所拒絕，並謂許之組織有三要角，即梁寒操、宣鐵吾與左。[41]因該盟成立未幾即自動解散，故筆者認為，許恐怕僅是假借左之名聲以對外號召，而左該是在對青年黨失望之餘，不甘寂寞參與許之組織以增加籌碼，雙方互為利用而已。

「中國民主反共同盟」成立後，美方原本對許之組織寄予厚望，並給以支持，但未幾即知許根本扶不起來，且其行徑荒唐不堪。《雷日記》即載：「許崇智在香港組織第三勢力時，曾組一俱樂部，以聯絡各方人士。但許之俱樂部『在妓女寓中，許請客一面大談政見，一面懷抱女人』，因此『大家都看不起其為人』。」[42]不久，張發奎也與許不合，另找顧孟餘合作，欲組新政團，美方雖介入協調，仍無結果。後美國亦知許並無多大號召力，所提計劃也不切實際，故棄許而支持張、顧。[43]而原擬參加「中國民主反共同盟」之人，也見風轉舵轉而追隨張、顧。許的「中國民主反共同盟」既然搞不起來，原本為許出謀獻計的謝澄平《自由陣線》集團遂有了機會，當時謝澄平以《自由陣線》為言論喉舌，對倡導第三勢力運動不遺餘力，嘗與張國燾、顧孟餘、何魯之、童冠賢及自己舉行五人茶話會，每星期四舉行一次，開會地點多在童冠賢家裡。後又加入黃宇人、程思遠、張國燾、董時進、伍藻池、黃如今、羅夢冊、史澤之等，舉行跨黨派九人定期座談會。後謝澄平認為可以將座談會擴大為組織，並命名為「民主中國運動」，主張從教育著手，培育下一代，奠定組織的社會基礎。[44]

（二）第三勢力大聯合——「戰盟」之成立

然就在謝準備籌組之際，又出現一位 H 先生，此公支持張發奎，因張主持廣州行營時與其有舊，H 先生是美國中情局的華南首腦；S 君則是華中的負責人。然張發奎以自己是軍人不懂政治，乃向 H 先生推薦顧孟餘，於是第三勢力形成所謂的「顧、張」局面，且欲組新政團。澄平為此事曾請詢 S 君，S

41 〈雷震日記〉（1951 年 2 月 2 日），傅正主編，《雷震全集》（33），同上註，頁 26。

42 〈雷震日記〉（1951 年 2 月 6 日、2 月 23 日），《雷震全集》（33），同上註，頁 31、48。

43 〈對顧張等醞釀第三勢力近況報告〉，同註 35。

44 黃宇人，《我的小故事》下冊（香港：吳興記書報社，1982 年），頁 128-130。

君建議澄平與渠合作，澄平最後見了 H 先生，也引薦顧孟餘見了 S 君，此為美國推動中國第三勢力雙頭馬車的局面。S 君支持謝澄平；H 先生力挺顧、張，為避免力量分散，澄平一派基於第三勢力大聯合的考量，遂放棄自組政團，轉而加入張、顧新政團的籌組工作，此即日後的「中國自由民主戰鬥同盟」組織（以下簡稱「戰盟」）。[45]「戰盟」成立後，在美國主導下，張發奎、顧孟餘等人決定整合擴大第三勢力組織，將第三勢力建立成一股容納各黨派，有效且有力的反共聯合陣線。其步驟先由彼時在港的各黨派推出代表若干人，再由張、顧邀請參加座談交換意見，最佳則成立籌備會，並推選出常務委員主持會務，和負責與美方簽署協定事宜。張、顧依此原則，於事先提出一組八人名單，計張發奎、顧孟餘、李璜、張君勱、伍憲子、童冠賢、張國燾、黃旭初等八人。嗣美方以人數過少，不足以反映各黨派力量，張、顧乃又提出 25 人名單，分別為張發奎、顧孟餘、童冠賢、許崇智、上官雲相、彭昭賢、宣鐵吾、張純明、張國燾、何義均、黃宇人、黃如今、甘家馨、黃旭初、徐啟明、周天賢（以上國民黨）；張君勱、伍憲子、伍藻池、王厚生、李微塵（以上民社黨）；李璜、謝澄平、何魯之與左舜生（以上青年黨）。[46]

25 人名單出爐後，張、顧於民國 40 年的 5 月 11 日邀大家見面，並宣示建立組織之必要。後因內部意見紛歧，未能取得共識，於是又有 6 月 2 日的聚會。除原則上決定凡係反共人士不屬於台灣者，一律邀其參加外，會中並推張發奎、顧孟餘、伍憲子三人為組織成立前對外折衝的代表。[47]值得注意的是，青年黨代表在兩次的聚會中均未與會，箇中原因為青年黨高層發生內鬨，在張、顧第一次所提名單中，原本有李璜、左舜生二人，但李璜以「左舜生多話，不能守秘密」，表示青年黨由他一人代表即可。[48]此舉遂引起青年黨其他領導

---

[45] 張葆恩，〈大時代的悲劇人物（中）——悼念謝澄平老哥〉，《全民半月刊》14 卷 8 期（民國 81 年 11 月 10 日），頁 18-19。

[46] 〈對顧張等醞釀第三勢力近況報告〉，同註 35。

[47] 〈港澳政治活動〉，見《總裁批簽》，台（40）（改秘室字第 0272 號，1951 年 6 月 27 日），黨史會藏。

[48] 李璜曾說：「我與舜生同黨至交，一切可以代表，目前不必通知他，因他為人心直口快，素難保守秘密，一通知他，恐怕又蹈老將覆轍。」左事後聽到大發脾氣說：「如果事前取得本人同意，任何朋友可以代表；如果未得本人同意，誰可以代表誰呀？況且事關個人出處，尤不能不萬分慎重，難

人何魯之、謝澄平與左等人之不滿，彼輩曾在《自由陣線》刊登啟事，指出「近有李xx者以黨派立場自稱領袖，……在外多方招搖」否認李的領袖地位。[49]其後，迨張、顧名單擴至25人後，左、何、謝三人均列入，左且任常務委員。然左、何等因與李璜不睦，且知李參加在先，故均婉拒參與。次外，青年黨內部問題複雜尚有二因：一則謝澄平有自己的美國管道，並接受美國津貼，深恐一旦加入，美援統一支配，對其未必有利。而李璜因左已被推為「戰盟」常委，自己反而落空，面子殊掛不住；兼以曾琦病逝美京後，台灣青年黨方面推其為代理主席，故亦左右為難，頗難抉擇，遂暫採觀望態度。[50]所謂25人代表，既各有考量，意見復不一致，最後張、顧欲籌建第三勢力聯合陣線之企圖，也不得不終歸沈寂。

「戰盟」時期的第三勢力運動，是以張發奎、顧孟餘為主角，青年黨的何魯之、李璜與左均不出席，所以並無較大影響力可言。平情言，左在第三勢力運動陣營的表現，以在「自由陣線」集團的時候較佳，對第三勢力運動的重要性與影響力，也較「戰盟」時期大的多，尤其在言論鼓吹方面更是如此。五〇年代香港第三勢力的先聲是「自由陣線」集團，左與謝澄平均是該集團之首腦人物。《自由陣線》週刊自38年12月3日創刊，迄於48年6月停刊，前後維持將近十年的時間，而較晚成立的「戰盟」，則早已結束多年，可見「自由陣線」集團對第三勢力運動的貢獻，遠在「戰盟」之上。[51]

三、恨鐵不成鋼——左對台灣當局的逆耳忠言

基本上，五〇年代香港的第三勢力運動中，青年黨是其中一股不可或缺的

道我左某可由人拿去任意出賣不成？」。見焦大耶（朱淵明）著，〈「第三勢力」全本演義，第三百六十一行買賣〉。陳正茂編著，《五○年代香港第三勢力運動史料蒐秘》，同註13，頁118。

[49] 〈自由陣線、自由出版社啟事〉，《自由陣線》第5卷第5期（1951年4月27日），頁20。

[50] 雷震於日記中曾提及此事，「青年黨之李璜原加入，因要統一美援，故謝澄平之自由陣線未加入，且謝在《工商日報》登廣告謂李××不能代表青年黨，因此李乃逡巡未決，而慕韓死去，青年黨議決由李代理，促其入台，李因此更莫知所從了。」，〈雷震日記〉（1951年5月22日），傅正主編，《雷震全集》（33），同註25，頁99。

[51] 陳正茂，〈五○年代香港第三勢力的主要團體——「中國自由民主戰鬥同盟」始末〉，見陳正茂編著，《五○年代香港第三勢力運動史料蒐秘》，同註13，頁50-51。

力量，當時青年黨參與第三勢力可分兩股勢力：一股是以左舜生、李璜為首，在香港從事所謂的「第三勢力」運動，其中左所辦的《自由陣線》、《聯合評論》，更是香港第三勢力份子的總論壇。[52]另一股是台灣島內青壯派如夏濤聲、朱文伯等人，結合青年黨台籍政治菁英，如李萬居、郭雨新等，以《公論報》、《民主潮》為本營，和《自由中國》相呼應，於是形成以《自由陣線》、《自由中國》、《民主潮》、《聯合評論》等刊物為軸心的「反共批蔣」聯合陣線。[53]

綜觀當年的批蔣言論，可分成幾大項，茲分別略敘如下：

（一）軍隊「黨化」之抨擊

對蔣介石「黨化」軍隊一事，左、李二人痛批蔣氏父子在軍中成立「國民黨支部」，是明顯違反憲法第138條規定的「全國陸海空軍，須超出個人、地域及黨派關係以外，效忠國家，愛護人民」的規定。此舉大大違背青年黨當年力主「軍隊國家化」的制憲基本訴求。[54]當年〈中華民國憲法〉能順利制定完成，正是蔣及國民黨同意了這一條，才得到青、民兩黨一致的支持，如今在台灣蔣違背此承諾，青年黨當然極為憤慨，左、李二人不客氣的說，蔣此種做法，同舊軍閥昔日在大陸的行徑無異，「獨裁壟斷而不思建設民主政治，這種家天下的政治，總有一天要失敗的」。[55]青年黨左、李二人反對國民黨違反憲法在軍隊設立國民黨分部一事，自然激怒當時掌控軍中政工系統的蔣經國，民國45年12月，國民黨迅即展開反擊，除將左、李二人視為「共產黨的同路人」外，也積極以金錢利誘、滲透分化青年黨，造成該黨內部派系林立，四分五裂

---

[52] 黃嘉樹，《第三隻眼看台灣》〈台北：大秦出版社，民國85年6月再版〉，頁267。

[53] 陳正茂，〈堅持民主憲政——青年黨與雷震〉，陳正茂著，《中國青年黨研究論集》（台北：秀威版，2008年5月1版），頁392。

[54] 青年黨35年，參加政治協商會議，針對國共爭議不休的「軍隊國家化」問題時，曾提出六項的解決辦法，其中一項即：實行軍黨分立，以免政爭變為兵爭。見〈中國青年黨代表曾琦等五人提停止軍事衝突實行軍隊國家化案〉，見立華編，《政治協商會議文獻》〈北平：中外出版社，民國35年4月初版〉，頁106-109。或〈曾琦對軍隊國家化提案之說明〉，陳正茂等編，《曾琦先生文集》〈上〉，（台北：中央研究院近代史研究所，民國82年11月出版），頁487-489。

[55] 雷震，《雷震回憶錄》〈香港：七十年代雜誌社出版，1978年11月初版〉，頁378-379。

之處境。[56]

（二）「反共救國會議」之質疑

五〇年代中期，國府一直對外宣稱，希望聯合海內外反共人士，如當年在大陸舉辦「廬山談話會」之模式，在台召開「反共救國會議」。對於此會議，左有不同的意見，左於《自由人》三日刊發表〈我對召集反共救國會議的意見〉一文中，質疑國府「所謂起碼的『決心』，這是說政府必於『憲政與黨治』之間，斷然有所選擇，不宜在一般國民的心目中，留下一種混淆不清的印象。在憲政下由多數黨執政，這一點無可置疑。即令在國家遭遇緊急危難的時候，由兩黨以上聯合執政的事實，也不乏先例。但只要多數黨確有信心，由其單獨執政即可使國家穩度難關，所謂聯合執政云云，也初非必要。憲政下的所謂多數黨，其法律上的地位，應與其他任何少數黨絕對平等。假如因執政之故，使多數黨的地位在事實上特別表現其優越，甚至使政黨政治永無實現之可能，這便與現行憲法的精神完全相反」。

左認為海外反共人士對國府確實有些「歧見」，他舉例說：「國民依據憲法，要求多有一點民主自由，此實由於卅年來所積累的一種心理背景，亦即此輩一種堅決反共的心理所由形成，大有不達目的誓不罷休之勢。政府於此不能有所善導，好像還認民主自由含有多少的毒素，不惜加以曲解。甚至認為過去之所以失敗，即由於民主自由太多，今後非根本加以收束不可。」[57]所以，政府與其空言召集反共救國會議，左認為不如劃出一定的時間，好好做點實際的工作。左文發表後不久，台灣的《自由中國》正出版「祝壽專號」，左讀了「祝壽專號」後，於香港的《民主評論》發表〈對國是與世局的看法〉，內中最精彩的一段話說：「例如『政治民主化』；『軍隊國家化』；司法獨立必須予以切實的保障，而不容有外來的任何干涉；憲政的運用，必須要有有力的反對黨；

---

[56] 〈政黨合作之道——社論〉，《民主潮》第4卷第1期〈民國43年3月16日〉，頁2。另李萬居曾在省議會質詢時也說到：「這兩個小黨〈按：指民、青兩黨〉……內部被一些不知來自何方的特工人員滲透進去，在裡面翻天攪地，搞得不成個樣子，如何達成『反對』的任務，如何能達到監督的目的。我們這個國家如果要做到名實相符的民主國家，應該准許人民自由組黨。」，《台灣省議會公報》2卷23期〈民國49年4月12日〉，頁961。

[57] 左舜生，〈我對召集反共救國會議的意見〉，《自由人半週刊》（1956年10月10日）。

教育必須超出於一切黨派關係以外，而使之趨於正常……這些道理，至少經大家以文字或語言鼓吹，已有二十年以上，幾乎成了一種常識，大家以為今天的黨政當局連這點常識也沒有具備嗎？天地間一種可怕的現象，絕不在不知而不肯去行，而是在知道了而依然不肯去做。」[58]換言之，在政治主張上，左以為只要政府遵守憲法，政治民主、司法獨立、政黨超出軍隊、教育以外，能如此作為，則國府自然得到海內外民心的支持，召不召開「反共救國會議」，也就不是那麼重要了。反之，若無作為，就算「反共救國會議」順利召開，但那又如何呢？

（三）堅持民主憲政遵守憲法

實行民主憲政為青年黨一貫之主張，遠在抗戰期間，參加國民參政會，即呼籲政府早日召開國民大會制定憲法，使國家步入民主憲政之坦途。民國 35 年與國民黨、民社黨及無黨無派的社會賢達，毅然參加制憲國大，制定〈中華民國憲法〉。會議期間，對人身自由的保障、國家基本政策的訂定，以及軍隊國家化，政治民主化，無記名投票法的確定，尤其對法官、教師、及地方級中央級民意代表，執行職務時，均應超出黨派以外等意見，均有明確的主張。[59]民國 42 年 3 月，蔣復行視事三週年，左特別撰文向蔣建議，今後政治趨向的總方針，宜實行民主政治。[60] 46 年元旦，青年黨所辦的刊物《民主潮》，以〈新年三願〉的社論為題，無意中掀起了一場持續兩年的關於「憲政體制」的論辯。在〈新年三願〉文中，青年黨提出「切實實行憲政體制」，青年黨認為在台灣現行的中華民國憲法是部「民主憲法」，其中如「有關中央政治體制，規定行政院為國家最高行政機關，須向立法院負責」；有關國家軍隊，「全國陸海空軍須超出個人、地域及黨派關係以外，效忠國家，愛護人民」；另外如司法獨立，也是要求法官須超出黨派以外，依據法律，獨立審判，不受任何干涉；至於黨派平等及組黨自由，亦規定「中華民國人民，無分男女、宗教、種

---

[58] 左舜生，〈對國是與世局的看法〉，《民主評論》第 7 卷第 23 期（1956 年 12 月 5 日）。

[59] 陳正茂，《在野的聲音——青年黨人的時代關懷及其政治參與》（台北：新文京開發出版有限公司出版，民國 93 年 12 月初版），頁 149-246。

[60] 左舜生，〈讀蔣總統「三一」文告書後〉，《自由人半週刊》第 210 期（1953 年 3 月 7 日）。

族、階級、黨派，在法律上一律平等，並且人民有集合結社之自由」。[61]

這些條文均有其深意與特點，如能澈底遵循，必能引導國家走上民主憲政的常軌，奠定國家長治久安之基礎。惜自行憲以來，國民黨始終沒有真心信守憲法，才使國家淪落至此。黨的黑手深入各階層，舉凡軍隊、法院、學校都不放過，至於組黨自由，那更是天方夜譚沒有的事。青年黨不客氣的說：「時至今日，學校教育，機關訓練，集會儀式，乃至標語口號，無不以奉行遺教為先，而很少提到憲法」。「這無異於自毀歷史，自壞長城，實為民國前途一大隱憂」。[62]青年黨對國民黨違憲的全面批判，不僅盡了反對黨的職責，其勇氣尤足嘉許，故曾引起島內一陣熱烈回響和輿論的廣泛注意。

為應和島內民主憲政之討論，在香港的左也於《自由陣線》發表〈嚴重的局勢必得打開〉以為響應，該文強調「軍事第一」固然重要，但「政治刷新」與「經濟建設」的重要性決不在軍事之下；而政治上的民主自由，更是國民黨革新之契機。在憲政問題上，左說：「以實際的情形來說，今天的憲政，早已名存實亡，其所以還保持若干在憲法上可以找出名稱的機構，這只是為了應付國際的一種方便，否則便連這種徒擁虛名的機構也早已一筆勾銷了」。[63]而為因應左對憲政的批判，《民主潮》也發表好幾篇社論聲援，例如批評道：「今天的立法院並沒有一個強有力的反對黨，絕對多數的立法委員都是國民黨員，從體系上說，除非國民黨內發生了無可調停的派系鬥爭，否則這班國民黨的立法委員無法不接受黨的領導」。又如「行政院長不僅是國民黨員，而且一般是中央委員，如今天的俞鴻鈞，所以，從黨的系統上講，行政院不可能對立法院負責」。而說到更高層「中華民國的總統，同時又是國民黨的總裁，在立法院與行政院發生衝突的時候，蔣先生如果覺得不便以總統身份干涉立法院，他卻可以國民黨總裁身份去制止國民黨的立法委員，如果他們不聽話，輕則可以遭受訓斥，重則開除黨籍或禁止其出席」。

由上述之連帶關係，《民主潮》不客氣的說：「今天的行政院只是對總統負責，也可以說是對國民黨負責，或對國民黨的總裁負責，決無所謂對立法院

---

[61] 沈雲龍，〈新年三願〉，《民主潮》第 7 卷第 1 期（民國 46 年 1 月 1 日），頁 6-8。

[62] 同上註。

[63] 左舜生，〈嚴重的局勢必得打開〉，《自由陣線週刊》第 30 卷第 11 期（1957 年 3 月 11 日）。

負責的這回事，這與憲法的原意是剛剛相反的」。[64]左的犀利言論，透過香港《自由人》三日刊的批評國民黨當局的違憲不守法，簡直是捅了國民黨的馬蜂窩，國民黨當局不但查禁《自由人》，不准其進口；還透過黨喉舌《中央日報》連發批駁文章，甚至指控左、李等人為「中共同路人」。[65]

（四）政黨政治的闡述與支持籌組反對黨

青年黨雖說是合法的在野黨，但由於青年黨自知身為反對黨的無力，因此一直希望台灣能有個強有力的反對黨，其中左更是賣力鼓吹的旗手，左屢屢在《自由人》發表文章，闡明大陸失敗非是軍事之敗，實係失敗於政治的不民主，才是癥結所在。因此他認為「中國必須澈底實行民主，始足以適合今後中國的需要」，而把此希望寄託於當今之政黨，顯然各黨條件均不夠，因此只有重新「毀黨造黨」，將國、民、青三黨及一切有志之士，揉成一團，由各黨派出代表，針對所有重要問題，全盤檢討。然後形成兩大黨，一在朝、一在野，互相監督制衡。[66]為此，左還特地撰〈申述政黨改造的我見〉與〈中國未來的政黨〉兩文，提出八項條件以為其理想的政黨要素。[67]

在〈中國未來的政黨〉文中，左云：民主國家之政黨，不必有主義，不必有固定之領袖，無需鐵的紀律。左文指出，自從共產黨出現後各黨「幾個相似之點」：「凡黨都必須標榜一種主義」，「凡黨都必須擁戴一個領袖」，「凡黨都必須有一種嚴格的紀律」，「關於黨的組織，似乎也是重重疊疊，層層節制」。但左先生認為：「單就上面所舉的這四點而論，這都是共產黨和法西斯黨的特質，現代先進民主國家的政黨，乃至日本過去和現在的政黨，其情況並不一定這樣。」[68]此文於《自由人》刊出後，王新衡報告說，蔣經國去找他，

---

[64] 這些社論如〈監察院行使彈劾權引起的憲法爭議問題〉、〈行政院院長在憲法及法律上的地位〉；王師曾的〈憲政與國運——行憲十週年紀念的一點感想〉等，俱發表於《民主潮》第8卷第1-3期（民國47年1月1日-2月1日）。

[65] 周淑真，《中國青年黨在大陸和台灣》，同註4，頁289。

[66] 左舜生，〈申述改造現有政黨的我見〉，見陳正茂主編，《左舜生先生晚期言論集》〈上〉〈台北：中央研究院近代史研究所發行，民國85年5月初版〉，頁84-86。

[67] 左舜生，〈申述改造現有政黨的我見〉，同上註。

[68] 左舜生，《反共・政治論集》（香港：自由出版社，1952年9月初版），頁68-75。

謂蕭自誠報告總裁，本黨要開代表會，正需加強組織，此文不合，今後軍隊不可推銷。左文導致該期《自由人》被查扣。[69]

左的強力主張兩黨政治，與《自由中國》強調的民主政治是今天普遍的要求，沒有健全的政黨政治就不會有健全的民主；沒有強大的反對黨也不會出現健全的政黨政治的看法是一致的。例如當時台灣在野人士有組織反對黨之傳聞，這本是憲法賦予人民之權利，但中國何以不曾有像樣的反對黨出現。左直言中國之所以不曾有強有力反對黨之出現，係因執政的當局都有所謂的「黨軍」，而更澈底的一點說，「黨軍」與民主制度是無可並存的。只要一個國家以內有了所謂「黨軍」存在，政權便只能隨武力為轉移；如果有兩個以上的黨一樣都擁有武力，其勢不造成相互或循環的所謂革命，便惟有招致國家的分裂。所以左對台灣熱心建黨的朋友，不無挖苦執政當局言：「假定你們不能促成『黨軍』制的廢止，即令你們建黨有成，其結果依然要歸於失敗；整個民主制度既決不會在中國實現，而一個有力的反共政治號召，也終於無法形成」。[70]

對於國民黨人習慣以「革命」來剿匪之錯誤觀念，左也苦心孤詣的提出逆耳忠言。左說：「中國能有一部民主的憲法，這是中國人經過半世紀奮鬥所得到的一個成果，今天要剿匪有效，惟有依照憲法去培養人民的民主習慣，使人民習於民主的生活，然後才能提高其反共的決心」。[71]此外，爭取言論自由和確立輿論權威，也是以《自由中國》為核心的包括青年黨多數成員在內追求的共同目標。左曾在《自由人》發表〈正本清源論〉、〈確立輿論權威〉、〈團結之道〉等文章，提到政府在台毫無作為，在今天「需要有力的輿論加以批評督促，比較過去的任何一個時期都來得格外的迫切」。[72]

---

[69] 〈雷震日記〉(1952年6月6日)，傅正主編，《雷震全集》(34)(台北：桂冠版，1989年10月初版)，頁79。

[70] 左舜生，〈中國何以不曾有像樣的反對黨出現？〉，《聯合評論週刊》第8號(1958年10月3日)。

[71] 左舜生，〈革命與剿匪〉，《自由人半週刊》第796期(1958年10月22日)。

[72] 左舜生，〈確立輿論權威〉，《左舜生選集——政論集》〈台北：大西洋圖書公司出版，民國57年元月初版〉，頁12-15。

四、再出發——「中國民主反共聯盟」

民國44年「戰盟」瓦解後，香港的第三勢力運動進入一段低潮期，期間，更有程思遠、李微塵、羅夢冊等回歸大陸的衝擊。[73]面對中共的和平統戰攻勢，第三勢力運動有重新整合之必要，方能有效予以反擊。黃宇人將此構想商之於張發奎，張亦認為可行，唯不能再以過去座談會方式為之，因為座談會天南地北的放言高論，易流於空談，於事無補，過去失敗教訓可以為鑑。張建議宜以團體為單位，且不拘於國、民、青三黨，只要是主張反共的一切團體，舉凡學校、書店、研究社、出版社、雜誌社、報社及座談會在內，只要有三人以上又堅持反共者，都可派代表參加，俟有相當成績後，再共同建立一個聯盟。[74]左與謝澄平、黃宇人等覺得張之建議有理，決定未來的聯盟方式以團體為單位組成之。

46年10月底，青年黨的夏濤聲由台赴港，向左表示，彼與雷震、李萬居等在台準備籌組新黨，正極力遊說胡適出面領導；雷希望香港的民主人士能有所組織，將來可以彼此聲援。左謂：「他們對新黨願做醞釀工作」，並引夏去見張發奎，亦獲得正面回應。[75]於是一個以張發奎、黃宇人、王同榮（國民黨）；左與李璜（青年黨）；冷靜齋、羅永揚、劉裕略（民社黨，張君勱指派）；謝澄平、丁廷標、劉子鵬（青年黨，代表「自由出版社」）；胡越、史誠之、蕭輝楷（代表「友聯出版社」）等14人為代表，召開了「大團結運動座談會」，決定於47年春，成立「中國民主反共聯盟」（以下簡稱「民聯」），以與台灣的新黨相呼應。[76]

---

[73] 程思遠，《政海秘辛》，同註16，頁325-330。冷靜齋，〈八年反共運動的檢討〉，《自由陣線》第34卷第1-2期（1957年12月5日），頁10-11。

[74] 黃宇人，《我的小故事》下冊，同註44，頁155-156。

[75] 黃宇人，《我的小故事》下冊，同上註，頁156-157。〈雷震日記〉（1957年11月26日），傅正主編，《雷震全集》（39）（台北：桂冠版，1990年7月初版），頁191。

[76] 黃宇人，《我的小故事》下冊，同註44，頁156-158。司法行政部調查統計局第六組編，《中國黨派資料輯要》中冊（台北：出版項不詳，1962年），頁258。〈聯戰工作檢討總結〉，《總裁批簽》，台（47）央秘字第0187號，1958年7月25日，黨史會藏。

此外，又決議發行《聯合評論》，作為機關刊物，由左任總編輯。[77]「民聯」後來並未正式對外宣布成立，亦未有所謂的政綱、政策，最初僅設一個由張發奎、黃宇人、謝澄平、胡越及左舜生的五人核心小組，以維持與各方之聯繫。後來又成立台灣、大陸、華僑、國際四個研究小組，其中台灣組以左舜生、黃宇人；大陸組以周鯨文、史誠之為召集人。[78]「民聯」成立時，香港的第三勢力運動其實已成強弩之末，考量到台灣將來的反對力量，及海外第三勢力已無另闢蹊徑獨自反共的實力，只有寄望台灣的國府當局，在遵守憲法的前提下，實施民主改革，以擔負起反共救國之使命。故「民聯」的政治立場，明顯有別於之前的第三勢力政治訴求，而務實的提出「政治反攻大陸，民主改造台灣」這樣的主張，希望藉由輿論的力量，逼台灣當局做某種程度的民主改革。[79]

（一）《聯合評論》之創刊與宗旨

《聯合評論》週刊，督印人為黃宇人；總編輯為左仲平（按：即左舜生），社址位於九龍金馬倫道38號三樓。該刊立論宗旨，左於〈發刊詞〉即談到：「台灣是今天中華民國所憑藉以反攻復國的惟一基地，環境安全，建設的基礎良好，擁有一千萬的人民，得著盟邦不斷的援助，這是中國歷史上任何一個力圖中興的時代所不能完全具有的。……我們以為國民黨有兩種為中共所絕對不能具有的特殊武器：其一為國民黨的原始精神，其一為一部中華民國憲法。……現行中華民國憲法……實無一字一句不表現民有民治民享的精神，……這是我五億人民的血淚所灌溉培育出來的花朵，只要我們真能本著崇法務實的態度予以尊重，本著擇善固執的精神付諸實行，中國共產黨還值得一打嗎？……本刊今後的言論宗旨，將不逾這部憲法的範圍，我們所追求的目標，第一是民主，

[77] 陳正茂編著，《左舜生年譜》，同註5，頁241。〈左舜生先生行狀〉，《左舜生先生紀念集》（台北：中國青年黨中央執行委員會編印，民國60年7月出版），頁4。

[78] 〈關於共匪及第三勢力在港活動與我方今後工作部署之建議〉，《總裁批簽》，台（48）央秘室字第093號，1959年5月5日，黨史會藏。

[79] 萬麗娟，〈一九五○年代的中國第三勢力運動〉（台北：國立政治大學歷史研究所博士論文，民國90年7月），頁56。

第二是民主，第三還是民主！」[80]

左之所以強調民主為該刊立論主軸，原因是「民聯」成立之際，國內外情勢已有極大的改變，尤其「韓戰」爆發後，冷戰格局已定，在西太平洋防線，美國極重視台灣的戰略地理位置。職係之故，雖然美國對蔣個人不喜歡，對國府亦有意見，但卻不得不支持台灣的國府當局。而蔣也了解其中微妙關係，故極力要求美國不要在暗中支持第三勢力運動，所以「韓戰」停火後，美國確實對第三勢力運動不若已往那麼積極支持。換言之，此期的「民聯」與過去第三勢力運動的做法已有很大的改變：一是放棄在台灣以外另尋反共途徑的想法；二為務實的了解到，短時間內國府要軍事反攻不易，所以只有先求台灣的民主化，再以民主化為訴求向大陸號召。然民主的基本前提是遵守憲法，所以「憲政與民主」即為《聯合評論》的兩大基調，苟能做到如此，方足以談到以民主反攻大陸的目標。

（二）憲政體制設計的逆耳諍言

民國 48 年 6 月 19 日，左在《聯合評論》發表〈搶救中華民國的時間已經不多了〉，將憲政體制的論辯推至最高潮。平地一聲雷，石破天驚，此文一出，迅即在港、台引起軒然大波，遭到國民黨當局的圍剿與批判。左在文章中，嚴辭抨擊「私」字誤中國六十年，並忠言逆耳的批評政府遷台後，未能深思熟慮的制定一長遠之「治台方案」，因循苟且依舊，常此而後，後果堪憂。左向政府及蔣獻策，提出治台的 16 條原則。其要點為：1.根除一黨壟斷；2.精減政府機構；3.加強地方自治；4.實行司法獨立；5.保障人民基本自由；6.發展科學教育；7.發展外資、僑資以及民營企業；8.裁減軍隊人數等等。

其中對台灣憲政體制影響最巨者為精減政府機構，為此，左特別提出組「臨時政府」主張，強調不需要有台灣省政府，只要有一留台「臨時政府」即可。「臨時政府」的機構視需要而增減，總之以無冗員、無廢事為主。另外，絕對廢止大陸時期的中央政府型態，由留台的國大代表、立法委員、監察委員和世界上凡有僑胞萬人以上而又有僑胞正式團體的地區推選出兩百人組成臨時最

[80] 左舜生，〈發刊詞〉，《聯合評論》創刊號（1958 年 8 月 15 日）第 1 版。

高民意機關。「臨時政府」對此最高民意機關負責，停止國大、立監委行使憲法上賦予之職權，解散由國大代表組成的「光復大陸設計委員會」等。[81]

依左之建議，簡直要國民黨放棄其所有的政治權力和壟斷地位，國民黨一黨獨裁的政治體制必須改變，國民黨政權成了「臨時政府」與「地方政府」，這當然嚴重觸犯國民黨當局「維護法統」之大忌，為國民黨所堅決反對與不許。此文被視為左反蔣、反台灣國民黨當局的代表作，披載之後，曾引起海內外軒然大波及一陣圍剿。但左仍力排眾議，堅持原則不為所動，時港、台各地謂之「左文事件」。[82]左文發表後，國民黨當局報紙如《中央日報》、《新生報》等迅即組一圍剿集團，連篇累牘的對左發動猛攻反擊，指斥左的建議根本是「危害國家利益的荒謬主張」，「想作中華民國的掘墓人」。[83]左雖遭黨內外一片撻伐，然以今日眼光視之，此文實為當時第一篇敢於正面探究台灣政權體制弊端的文章，左視野之遠，連當時的胡適、雷震亦不及之。[84]

（三）反蔣違憲連任第三屆總統

48 年下半年，圍繞於蔣連任三屆總統是否違憲問題，在島內爆發了「護憲和修憲」的大辯論。在這場論戰中，李璜、夏濤聲、朱文伯與左等，紛紛於《自由中國》撰文，表達反對之意，其中左在海外連連砲轟國民黨與蔣，言論之犀利，令國民黨十分頭痛與難堪。[85]是年 5 月 20 日，左直接說明，其何以不贊成蔣連任第三屆總統的原因，「我承認反攻復國依然少不了蔣先生的領導，可是蔣先生站在總統的地位來領導，所領導者只是一小部分顧及既得權位的人；離開總統的地位來領導，則所領導者為一切反共者的全體……這關係蔣先生個人的成敗還小，關係國家的命運者則甚大，故期待蔣先生毅然作下最後的決定」。針對當時台灣島內甚囂塵上的擁蔣連任第三任總統，左再度撰文指出：「中國的總統，依據現行憲法是六年一任，而且硬性規定，任何人擔任總

---

81 左舜生，〈搶救中華民國時間已經不多了！〉，《聯合評論週刊》第 44 號（1959 年 6 月 19 日）。

82 陳正茂編著，《左舜生年譜》，同註 5，頁 247。

83 〈社論〉，《中央日報》（民國 48 年 6 月 29 日）。

84 黃嘉樹，《第三隻眼看台灣》，同註 52，頁 382。

85 周淑真，《中國青年黨在大陸和台灣》，同註 4，頁 290。

統，最多只以兩任為限，換言之，即無論如何不能超過一十二年。過了十二年還要做下去，聽憑你變出何等花樣，不是毀法，便是違法」。[86]

為了維護憲法的尊嚴，對蔣執意三連任總統，破壞憲政體制，左在是年10月23日，再度為文〈對蔣總統連任問題一個最後的陳述〉言及：「我之所以不贊成蔣總統連任，決不是我否定蔣總統個人的威望確實高出今天台灣的任何個人之上，乃是希望蔣總統退居國民黨總裁的地位，趕快找出一個替人，加以提挈與扶持，使其人的威望也逐漸可以養成，凡此都是為了如何拖的一種打算。如果對內靠蔣總統一人的威望以資鎮撫，對外也靠蔣總統一人的威望以資維繫，一旦到了蔣總統終於不能不倦勤的一天，那個時候急切求一替人而不可得，台灣在內外形勢交逼之下，便難免不發生空前的危險，乃至無法可以渡過這一難關，這是我個人四五年來所抱的一種隱憂，到了今天，我不能不坦率的說出」。[87]

12月中，國民黨派胡健中至港，主要任務在勸此間國大代表能返台投票，為蔣連任勸說，左不為所動，並私下對胡健中表示：「如蔣先生完全不顧一切，後果實極嚴重，中華民國傾覆，大家同歸於盡」。[88]民國49年2月19日，左與李璜、張君勱、張發奎、黃宇人、勞思光、伍藻池、謝扶雅、許冠三、李金髮、王厚生、趙聰等數十人，於《聯合評論》上刊載〈我們對毀憲策動者的警告〉一文，堅決反對蔣毀憲競選第三任總統。文中提到：「我們在這裡警告國民黨當權派，及在台灣的國大代表：我們要認清，這一毀憲連任的事件，在歷史上將成為分別邪正和決定成敗的大關鍵；它考驗中國人的智慧，也考驗中國人的良心。我們切盼國民黨當權派能夠懸崖勒馬，也深望各位國大代表能夠自愛自重，不要做毀憲禍國的歷史罪人，不要讓敵人稱心快意而坐收其利」。[89]

即便在蔣就任第三任總統後，民國52年11月15日，國民黨第9次全國

---

[86] 左舜生，〈蔣總統連任問題〉，《自由人半週刊》第856期（1959年5月20日）、左舜生，〈再談蔣連任問題〉，《聯合評論週刊》第41號（1959年5月29日）。

[87] 左舜生，〈對蔣總統連任問題一個最後的陳述〉，《聯合評論週刊》第62號（1959年10月23日）。

[88] 〈王厚生致雷震〉，傅正主編，《雷震秘藏書信選》，同註27，頁419-420。

[89] 〈我們對毀憲策動者的警告〉，《聯合評論週刊》第78號（1960年2月19日）。

代表大會在台北召開，左對國民黨仍有所期待，以「忠言逆耳利於行，良藥苦口利於病」之心情提出建言，希望國民黨當局務必體察「反攻必須與清明良好的政治配合始得有效，也才能一勞永逸」。而清明良好之政治端視政府有無實現民主的誠意，左說：「以我這樣一個主張逐漸實現民主的人，決不反對一黨執政，但我確也無法贊成無所不專的一黨專政。因為果然做到了一黨專政而無所不專，則所謂在野黨，便決沒有生存的餘地。一個在事實上不容許在野黨存在的立憲國家而空談團結，這是一件不會使大家感到興趣的事」。[90]

（四）「雷案」後的嚴辭批蔣

49 年 9 月 9 日，台灣爆發震驚中外的《自由中國》半月刊發行人雷震被拘捕事件，史稱「雷案」。在「雷案」發生不到一週內，左旋即為文，認為「雷案」根本是國民黨當局一個預定的陰謀，其目的不僅在使《自由中國》不能繼續出版，同時也再使籌組中的「中國民主黨」無法成立。[91]左言：「這不一定是雷震等個人的不幸，實在是中華民國民主憲政前途，以及人民一切基本自由與人權保障一種空前的威脅！……這一民國政治史上空前的重大事件，將繼續發展，其給予海內外一般人心刺激的深刻，以及可能發生的惡果，目前尚難預測」。[92]因此，左希望政府，立即釋放雷震。同日，左和李璜與香港民主人士，在香港格蘭酒店召待記者聲援雷震，參加者有新亞書院教授及新聞文化界人士。左等認為雷震是愛國的、反共的，也是為民主政治運動的奮鬥者。台灣當局此舉，香港方面的民主人士，將依據聯合國「人權宣言」，向聯合國控訴，請求人權保障。[93]10 月 5 日，見國民黨當局毫無釋放雷的跡象，左與李璜、李達生、岑盛軒、梁友衡、徐亮之、許子由、許冠三、黃宇人、陳芝礎、孫寶剛、勞思光、劉子鵬、劉裕略、羅鴻等多人，聯名致函聯合國人權委員會，呼籲聯合國有關組織及時聲援雷震。電文中言：「國民黨當局以《自由中國》半月刊的言論『構成叛亂的罪證，其為斷章取義，故入人罪，已昭然若揭。中華民國

---

[90] 左舜生，〈寫在國民黨九全大會的開會期中〉，《聯合評論週刊》第 270 期（1963 年 11 月 15 日）。

[91] 陳正茂編著，《左舜生年譜》，同註 5，頁 251。

[92] 左舜生，〈主張立即釋放雷震〉，《聯合評論週刊》第 107 號（1960 年 9 月 9 日）。

[93] 傅正主編，《雷案震驚海內外》，同註 27，頁 112。

政府當局此等迫害言論出版自由及蹂躪人權的不法行為，實為對聯合國人權宣言第三、第九、第十一及第十九條款的公然蔑視。倘不及時予以制止，則人權宣言必將失去其存在的意義』」。[94]

10 月 14 日，「雷案」判決後，左更沈痛指出：「總而言之，統而言之，台北當局要消滅《自由中國》這本雜誌，要消滅雷震這個人，要消滅一個將要出現的新黨，這是他們早已確定的決心，無論上訴也罷，不上訴也罷，他們一定要蠻幹到底，其他一切的『手式』，一切的『表情』，一切的『穿插』，不過只是加重這一事件戲劇化的氣氛，大抵無關宏旨。所可惜的，他們編戲的技術過於拙劣，因之漏洞百出，讀者如果真要了解台灣這十年究竟是什麼人在幕後胡鬧，我便奉勸先看看我那篇〈由『吳案』『孫案』到『雷案』〉的長文，才比較的能得要領。我們繼此要說的話還很多，這件事決不會如此了結，這是可請大家放心的」。[95]12 月 2 日，左再度發表對「雷案」覆判後的感想，對於蔣之不能特赦雷震，嚴辭譴責其表現了一種軍人蠻幹到底的特質，不失為東方一個碩果僅存的標準獨裁者；同時也通明透亮表示了他對民主絲毫不能理解，絲毫不感興趣，不惜以走極端的態度，甘冒天下之大不韙，向國內外一切主持公道與正直的人士挑戰。[96]直到民國 53－54 年，蔣為團結反共力量，決定舉行「陽明山會談」和召開「反共建國聯盟會議」，廣邀在野黨領袖回台參加會議。但是左及李璜和民社黨領導人張君勱等表示，渠回台的條件是當局必須立即釋放雷震，在雷震尚屬「階下囚」時，他們無法來台作「座上客」。由於國民黨當局不肯接受其要求，最後他們拒絕赴台。[97]

綜觀《聯合評論》發行 6 年餘，從言論內容來看，「為民主而反共」與「為憲政而反蔣」，始終是該刊立論的主要核心理念。舉例而言，民國 49 年初，當蔣欲違憲連任第三屆總統時，《聯合評論》即對蔣的違憲之舉，連篇累牘的進行強烈嚴厲的批判。該刊曾發表〈我們對毀憲策動者的警告〉的聯合聲明，希望國民黨當權派和國大代表，不要做毀憲禍國的歷史罪人，不要做出「親痛

---

[94] 雷震，《雷震回憶錄》，同註 55，頁 180-181。

[95] 左舜生，〈雷案判決感言〉，《聯合評論週刊》第 112 號（1960 年 10 月 14 日）。

[96] 左舜生，〈雷案與團結〉，《聯合評論週刊》第 119 號（1960 年 12 月 2 日）。

[97] 周淑真，《中國青年黨在大陸和台灣》，同註 4，頁 292-293。

仇快」之事。同年9月，「雷案」爆發，《聯合評論》也出版「援雷專號」，撰述數十篇文章，對台灣國府當局大加撻伐，指出台灣當局濫用「戒嚴法」，迫害人民言論、出版、結社等自由，要求應無條件立即釋放雷震，否則將向聯合國提出控訴。總之，在「援雷」議題上，該刊言論之犀利，砲火之猛烈，在當時海內外刊物中，可說是空前絕後。

五、第三勢力運動的終歸沉寂

平實說來，五〇年代在香港的第三勢力運動，藉由刊物出版，進行文宣闡述理念，一直是他們表達訴求與推展運動的重要方式與管道，而在這部分，也是取得較成功的地方。無論是顛峰時期的《自由陣線》；或走向調整時期的《聯合評論》，都反映了第三勢力運動，在不同時空環境下，倡導者的理念與訴求。作為第三勢力運動言論喉舌的《自由陣線》與《聯合評論》，左舜生無疑都是當中最重要的主將。若從言論內容分析來看，兩個刊物大致呈現幾個面向：首先是第三勢力相關理念之闡述，《聯合評論》與早先的《自由陣線》，在第三勢力理論闡述上，仍有若干差異。《自由陣線》對第三勢力理論的探討，立論內容稍嫌於口號宣傳，深度與廣度都不夠；《聯合評論》則將第三勢力名詞，轉換成「自由民主運動」或「民主中國運動」，且在此理論上有較深入合理的論述。其次為對國內、外現況與大陸情勢的評論，《聯合評論》見解深刻，曾引起美國注意與參考。三則係有關台灣政治民主化訴求的探討，《聯合評論》對「自由中國事件」、「雷案」、「反對黨」和「違憲連任」等重大議題，都提出最嚴厲的批判。

誠如大陸學者黃嘉樹所言：「民社黨的黨魁張君勱和青年黨的黨魁左舜生、李璜都未隨蔣介石逃往台灣，他們在香港，美國等地搞所謂『新第三勢力活動』，即一方面反共，另一方面也批蔣。左舜生在香港創辦的《聯合評論》，是這些人設在台灣島外的總論壇」。據黃宇人回憶，《聯合評論》紐約航空版發行後，迅即成了美國華僑社會的輿論中心，台灣雖不准進口，不少人仍想盡辦法以求一睹為快；中共亦列為幹部的參考材料，承認該刊具有代表性，美國駐港總領事館也常翻譯該刊社論以供國務院參考，由此可見《聯合評論》影響力於一斑。[98]

然隨著國際局勢的丕變，「韓戰」後美國支持第三勢力運動的意向已不復往前熱衷；兼以第三勢力內部派系林立不能團結，這些因素都使得第三勢力毫無成功之希望。而國府也雙管齊下因應之，對外阻止美國支援，王景弘曾從美國檔案尋得資料談到：民國42年6月，雷德福準備卸下太平洋美軍總司令的職務，回華府出任參謀首長聯席會主席。6月2日至6日，他和雷德福夫人訪問台北，住在蔣官邸，與蔣有三次「國務院感興趣的會談」。雷德福與蔣關係不尋常，因此，他可以坦白的以逆耳之言，與蔣討論一些敏感的內政問題。蔣的興趣是韓戰停火後的美國政策動向、英國對美國政策的影響和他不滿美國支持「第三勢力」，給予第三勢力訓練、補助及其他鼓勵，實不合美國所稱要加強中華民國政府的意向。雷德福承諾盡他所能制止這類活動，並預期可以成功。[99]雷德福回美後，是否有替國府制止美國援助第三勢力運動，吾人不得而知，但最起碼美國對扶持中國第三勢力運動，是較以前冷淡的多了，經費援助亦大不如前，如此終於導致《自由陣線》之停刊。[100]

對第三勢力內部，則從事分化伎倆，當時國民黨流亡港、澳的高級幹部中，如許崇智、張發奎、顧孟餘等已與美國拉上關係，正在積極籌組所謂「第三勢力」，對這種人，國府認為只能慰問，來台則不歡迎；至於民、青兩黨的領袖人物，雖然反共批蔣，但實際上，是想在政治上分一杯羹，所以只能敷衍，不能對彼等有所承諾。[101]反倒是當年到港肩負疏通任務的雷震，近距離觀察較客觀，雷曾對唐縱言：「香港所說第三勢力，不必以惡意視之，若易地而思，可說是應該發生的；假如我們在香港，難道就束手待斃不成？當然要團結組織以抗共，不與台灣對立。惟今日之計，要台灣伸出手來與他們聯合，使他們站在

[98] 黃宇人，《我的小故事》下冊，同註44，頁177。

[99] 王景弘著，〈虛幻與務實：中美高層會談春秋〉，《採訪歷史——從華府檔案看台灣》（台北：遠流版，2000年1月20日初版），頁227。

[100] 陳正茂，〈第三勢力運動與《自由陣線》的初試啼聲——謝澄平〉，陳正茂著，《逝去的虹影——現代人物述評》，同註23，頁213。

[101] 馬之驌，《雷震與蔣介石》（台北：自立版，1993年11月1版），頁37。

我們一條線上共同反共。」[102]雷易地而處的同理心，為自己付出開除黨籍、備受打壓的慘痛教訓，《雷日記》言，其向蔣匯報香港之行的建議，有談到左願意到台灣來協助政府反共的事，但國民黨必須「廢除學校之三民主義課程及軍隊黨部二事」。左認為「三民主義是國民黨的主義」，不該列在學校的課程中，同時認為軍隊應屬國家所有，國民黨不該黨化軍隊，應即撤銷軍隊黨部。[103]蔣看過後大為震怒，懷疑雷震「已中黨外之毒，靠不住了」！後來，還因此事被蔣經國辱罵。[104]

然而，國府的分化利誘手段，最終還是奏效了，黃宇人在《我的小故事》回憶錄談到《聯合評論》停刊一事，提到民國51年秋，左應邀去美講學，為期四個月，左以備辦行裝和安家為名，託夏濤聲向蔣要求補助，獲蔣應允。台灣方面將此事向《新聞天地週刊》披露，引起《聯合評論》社同仁的不滿，紛紛指責被左出賣，欲將左開除，後來雖經張發奎緩頰，但內部人事已分崩離析。[105]民國53年10月23日，《聯合評論》仍因經費不濟而宣布停刊，一份五〇年代末期，香港最具代表性及影響力的《聯合評論》，終於劃下休止符。而隨著《聯合評論》的結束，左及其參與十餘年的第三勢力運動，如餘暉已盡的夕陽，終歸風流雲散矣！

殘酷的事實證明，在五〇年代香港的時空背景下，沒有經費要搞第三勢力運動是不可能成功的，成也是「錢」，敗也是「錢」。五〇年代初期，因有美國金錢奧援，所以第三勢力運動一度聲勢浩大，彷彿成為國、共外的一股不容小覷的力量；然一旦美國斷了金援，或台灣施展了金錢攻勢，第三勢力運動就難以為繼了。觀乎《自由陣線》和《聯合評論》的被迫停刊，就可以清楚「巧婦難為無米之炊」的道理，而左個人的阮囊羞澀，不得不接受台灣的金錢奧援

---

[102]〈雷震日記〉（1951年6月2日），傅正主編，《雷震全集》（33），同註25，頁104。

[103]馬之驌，《雷震與蔣介石》，同註101，頁51。

[104]蔣經國罵雷震：「你們有個提案，要撤消軍隊黨部是不是？……你們是受了共產黨的唆使，這是最反動的思想。……你們這批人，本黨不知吃了多少虧，今日你們仍不覺悟，想來危害本黨……」，〈雷震日記〉（1951年3月29日），傅正主編，《雷震全集》（33），同註25，頁70-71。

[105]黃宇人說：「左舜生自到香港後，一直與台灣方面保持良好的關係，每逢台方人士在香港舉行國慶紀念或其他文化活動，都推為領導人，他與香港時報社長許孝炎和香港大學教師劉伯閔等往來頗密，台灣方面每年對他都有餽贈，為數不少。」黃宇人，《我的小故事》下冊，同註44，頁154。

之事實，雖有其理想要堅持，也曾對台大加撻伐，但在金錢需求的前提下，能始終堅持者幾希！左晚年的脫離第三勢力運動陣營，回歸台灣與國府和蔣重修舊好，金錢的力量是十分具關鍵性的，如同青、民兩黨接受「反共抗俄宣傳費」之補助一樣，在「拿人手短，吃人口軟」的情況下，你可以批評對方一時，但不可能批評一世，左參與第三勢力運動的緣起緣滅，其真正無奈的悲劇即在於此。

第十二章　五〇年代香港第三勢力運動的主要團體：「中國自由民主戰鬥同盟」始末

一、曾經輝煌的香港第三勢力

民國38年，是中國政治史上驚天動地的一年，鏖戰多年的國、共內戰，終告塵埃落定，共產黨席捲大陸，國府則倉皇遷台。處此風雨飄搖之際，一部分對國、共兩黨均不滿的失意政治人物、知識份子，在美國和李宗仁的支持下，雲集香江一隅，首揭反國、共兩黨大旗，標榜反共、反蔣，堅持民主自由的第三勢力主張，此即五〇年代在香港曾盛極一時，喧騰不已的第三勢力運動。[1]基本上，五〇年代的第三勢力運動，是美蘇冷戰結構下的一環，它背後有美國援助；以及反蔣勢力李宗仁等之奧援，故有其錯綜複雜的國內外背景因素存在。當時第三勢力之要角有張發奎、顧孟餘、張君勱、左舜生、李璜、張國燾、許崇智、伍憲子、李微塵、童冠賢、邱昌渭、謝澄平、羅夢冊、董時進、許冠三、王厚生、司馬璐、孫寶剛、孫寶毅等，這些人分屬民、青兩黨，部分為國民黨及桂系政治人物。[2]

[1] 林博文言：「反蔣親共的『民主人士』於一九四八、四九年紛紛自港北上變為紅朝新貴，形成了第一波的政治運動。『民主人士』北歸後，一批反蔣反共的國民黨政客、將領、自由派、學者和文化人，組成了『第三勢力』，試圖在國共之間另起爐灶，以延續中國政治傳統中最脆弱的一環——反對力量。第二波的政治運動於焉在香港興起，而在五、六○年代蔚然成風。」見林博文，〈五○年代香港『第三勢力』運動興亡始末〉，《歷史的暗流——近代中美關係祕辛》（台北：元尊文化出版，1999年1月初版），頁107。

[2] 李璜將當時南下香港的流亡人士分為四類，即平民與學生、工商界熟手、文化界人士、軍政界人物。李璜，《學鈍室回憶錄》下卷（香港：明報月刊社出版，1982年元月初版），頁721-723。胡志偉則分的更細，胡將其分為七類：（1）失意政客：如張君勱、彭昭賢、王正廷、李璜、左舜生、謝

它們在美國金錢支助下，先後成立了「自由民主大同盟」、「中國民主反共同盟」、「中華自治同盟委員會」、「大中國建國會」、「中國民主大同盟」、「中國自由民主戰鬥同盟」等名稱大同小異的第三勢力團體，並透過報章雜誌宣傳其理念。曾辦過有《自由陣線》、《獨立論壇》、《祖國》、《大道》、《中國之聲》、《中聲日報》、《中聲晚報》、《主流月刊》、《再生》、《民主與自由》、《今日半月刊》、《聯合評論》等 10 餘種刊物。[3]高擎反共、反蔣旗幟，主張反國、共兩黨，揭櫫要走自由民主之路的第三勢力之政治主張。在這麼多眼花撩亂的第三勢力團體中，真正較具實力和代表性的，當屬民國 40 年由張發奎、張君勱、顧孟餘等成立的「中國自由民主戰鬥同盟」（以下簡稱「戰盟」）。本文即以「戰盟」為探討對象，談談當年在美國暗中支援下，香港第三勢力運動的經緯始末。

二、「戰盟」前的第三勢力組織

基本上，在大陸淪陷後，「韓戰」繼之而起的五〇年代初期，美國為對抗共產主義在亞洲的擴張，積極採取行動以謀因應。當時美國對付中共的策略，是雙管齊下進行的。「韓戰」爆發後，美國與蔣介石的國府重修舊好，除外交上承認中華民國，軍援、經援也源源而來，希望強化台灣對抗中共的實力。另方面，在中央情報局的佈陣下，美國也以香港為大本營，透過金錢援助，扶持既反共又反蔣的第三勢力團體。美國此舉，除反共因素外，顯然對台灣的蔣介石政權，仍存有戒心。[4]就在美國的「金錢」攻勢下，當時困居香江，經濟非

澄平等。（2）落魄軍人：如張發奎、許崇智、劉震寰、上官雲相、陳濟棠、金典戎等。（3）桂系要員：如黃旭初、童冠賢、張任民、韋贄唐等。（4）中共叛徒：如張國燾、龔楚等。（5）漢奸：陳中孚、招桂章、趙正平等。（6）知識份子：如顧孟餘、丁文淵、黃如今、張純明、李微塵、易君左、趙滋蕃等。（7）知識青年：如胡越、徐東濱、陳濯生、許冠三等。胡志偉：〈「自由中國抵抗運動」的開場與收場〉，《傳記文學》第 93 卷第 6 期（民國 97 年 12 月），頁 48-49。

[3] 陳正茂，〈簡述五○年代香港「第三勢力」運動〉，《傳記文學》第 71 卷第 5 期（民國 86 年 11 月），頁 66。

[4] 基本上，第三勢力及以後「戰盟」的經費，均係由美國中央情報局資助，代表哈德門由該局駐東京麥克阿瑟總部之分局支付。汪仲弘註釋，〈台北舊書攤上發現的「總統府秘書長箋函稿」（2）〉，《傳記文學》第 71 卷第 4 期（民國 86 年 10 月），頁 46。

常拮据的一些過去在中國略具知名度與影響力的政治人物，成為美國物色網羅的對象。而彼輩為得到美援，也積極配合希望得到美國的青睞。當時這些人的身份，約可分為四類：（1）國民黨軍政界人物：如張發奎、顧孟餘、許崇智等；（2）民、青在野黨領袖：如左舜生、李璜、何魯之、張君勱、伍憲子、李微塵等；（3）民意代表或失意政客：如童冠賢、黃宇人、王孟鄰、邵鏡人（CC 派人物）；張國燾、宣鐵吾等；（4）知識份子和桂系人物：如黃如今（前東北大學校長）、張純明（前清華大學教授）、王季高（前北平市教育局局長）；黃旭初、程思遠（後二者為「桂系」代表）等。[5]

為得到美援及打通美國這條國際路線，在「戰盟」之前，其實香港的第三勢力團體，已如雨後春筍般的成立。[6]其中較具知名度的，當推青年黨左舜生、謝澄平等創辦的《自由陣線》集團。民國 38 年夏，李宗仁在廣州時，曾以代總統名義發給青年黨、民社黨各兩萬銀元作為疏散經費。[7]青年黨即以這筆錢，在香港創辦《自由陣線》週刊，該刊由左舜生主持，然不久即面臨財務困難，曾向台灣的國民黨請求補助並獲得應允，後因該刊言論轉趨激烈，國民黨因此停止補助。[8]就在《自由陣線》面臨停刊命運之際，「及時雨」出現了，時美國巡迴大使傑塞普（Philip Jessup）正在香港，謝澄平透過管道與傑塞普見面時，知其曾任哥大教授，遂以曾留學哥倫比亞大學，執弟子之禮甚恭而獲傑氏好感，傑氏答應以亞洲基金會名義，給予每月兩萬美元的補助。關於此事經緯，當年亦參與第三勢力運動的張葆恩，於謝澄平逝世後的追悼文章，曾詳實的敘述其始末。

---

[5] 程思遠，《政海秘辛》（香港：南粵出版社出版，1988 年 1 月 1 版），頁 234-235。

[6] 焦大耶言：「當一九四九年冬季至一九五〇年春季之交，是這運動最蓬勃而又最混沌的時期。當時左一個座談會，右一個小組會，有十人八人一堆的，也有十幾二十人一起的，有的約期會談，並無固定形式，有的則商擬名稱，起草綱領，儼然要有正式組織，據一般估量，類似此種組合，達一百以上；傳說美國領事館曾有調查，則為七十餘個，當較可靠。」焦大耶，〈第三百六十一行買賣〉，《新聞天地》第 9 年第 40 號（總號 294 期）（民國 42 年 10 月 3 日），頁 8。

[7] 傅正主編，〈雷震日記〉（1950 年 3 月 17 日條），《雷震全集》（32）（台北：桂冠版，1989 年 5 月初版），頁 63。程思遠說李宗仁在廣州的時候，以代總統名義發給青年黨、民社黨各 3 萬元，見程思遠，《政海秘辛》，同註 5，頁 236。

[8] 傅正主編，〈雷震日記〉（1950 年 4 月 8 日、5 月 10 日、6 月 10 日、6 月 16 日、8 月 11 日條），《雷震全集》（32），同上註，頁 80、103、123、127、163。

張說：「一日，澄平於過海輪中巧遇盧廣聲，盧告訴澄平傑賽普已到香港，可透過尤金見傑氏。澄平即將此事就商於何魯之，何氏贊成其積極採取行動。澄平隨即到美國駐香港領事館求見尤金，但出來接見的是 S 君，從三十九年元月起，澄平與 S 君多次見面，最後敲定以《自由陣線》周刊和美方合作，先從文化方面做起，建立重點，由文化運動，發展到政治運動，再進而及於軍事的運動，形成第三勢力的整體架構，以達成反共復國的使命。」[9]《自由陣線》至此乃由謝澄平接手，並擴大規模辦了「自由出版社」及《中聲日報》、《中聲晚報》等刊物，形成所謂的《自由陣線》集團。該集團核心人物除謝澄平外，尚包括何魯之、丁廷標、劉子鵬、于平凡、史澤之、易重光、樓文毅、許子由、張葆恩、左幹忱等人。[10]當時謝澄平以《自由陣線》為言論喉舌，對倡導第三勢力運動非常積極，嘗與張國燾、顧孟餘、何魯之、童冠賢及自己舉行 5 人茶話會，每星期四舉行一次，開會地點多在童冠賢家裡。後又加入黃宇人、程思遠、張國燾、董時進、伍藻池、黃如今、羅夢冊、史澤之等，舉行跨黨派 9 人定期座談會。後謝澄平認為可以將座談會擴大為組織，並命名為「民主中國」，主張從教育著手，培育下一代，奠定組織的社會基礎。[11]但就在謝準備籌組之際，又出現一位 H 先生，此公支持張發奎，因張主持廣州行營時與其有接觸，H 先生是美國中情局的華南首腦；S 君則是華中的負責人。

然張發奎以自己是軍人不懂政治，乃向 H 先生推薦顧孟餘，於是第三勢力形成所謂的「顧、張」局面，且欲組新政團。澄平為此事曾請詢 S 君，S 君建議澄平與渠合作，澄平最後見了 H 先生，也引薦顧孟餘見了 S 君，此為美國推動中國第三勢力雙頭馬車的局面。S 君支持謝澄平；H 先生力挺顧、張，為避免力量分散，澄平一派基於第三勢力大聯合的考量，遂放棄自組政團，轉而加入張、顧新政團的籌組工作，此即日後的「戰盟」組織。[12]「戰盟」成立

---

[9] 張葆恩，〈大時代的悲劇人物（上）——悼念謝澄平老哥〉，《全民半月刊》14 卷 7 期（民國 81 年 10 月 25 日），頁 29-31。

[10] 〈關於共匪及第三勢力在港活動與我方今後工作部署之建議〉，《總裁批簽》，台（48）（央秘字第 093 號，1959 年 5 月 5 日），中國國民黨中央黨史委員會（以下簡稱黨史會）藏。

[11] 黃宇人，《我的小故事》下冊（香港：吳興記書報社，1982 年），頁 128-130。

[12] 張葆恩，〈大時代的悲劇人物（中）——悼念謝澄平老哥〉，《全民半月刊》14 卷 8 期（民國 81 年 11 月 10 日），頁 18-19。

後，謝澄平、何魯之等雖以青年黨代表列名其中，然《自由陣線》仍維持其獨立運作，在整個五〇年代第三勢力運動中，擁有相當實力。[13]

客觀說來，其實《自由陣線》集團，對第三勢力運動的重要性與影響力，較其後的「戰盟」大的多，尤其在言論鼓吹方面更是如此。自謝澄平接掌《自由陣線》後，該刊即致力於第三勢力理論的闡揚與宣傳活動，39年5月1日，該刊還特別出版「第三勢力運動專號」，表明其作為第三勢力旗手的決心。在〈我們的基本信念〉文中，《自由陣線》揭櫫「民主政治」、「公平經濟」、「自由文化」三大綱領，作為打倒中共專制，反對國民黨獨裁，建立獨立民主的新中國的理想目標。[14]此外，「自由出版社」亦出版大量反共書刊，對海外反共運動頗多貢獻。據謝澄平說，「自由出版社」自39年7月成立至43年底止，《自由叢書》共出刊256種，舉凡中國歷史文化、各國政治文化、蘇俄問題與經軍事專著等，約有六十餘種，而關於中共問題的書籍則有近百種之多。[15]唯自民國48年起，亞洲基金會改變方向，從資助宣傳轉為補助教育，對《自由陣線》經援也大幅削減，《自由陣線》至此維持日益艱困，最後終於走到停刊命運。《自由陣線》總計維持了十年，而較晚成立的「戰盟」，則早已結束多年，可見《自由陣線》集團對第三勢力運動的貢獻，遠在「戰盟」之上。

三、「中國自由民主戰鬥同盟」的成立

有關「戰盟」的成立經過，前戲還有一段插曲，此即許崇智先行成立的「中國民主反共同盟」與「中華自治同盟委員會」二組織事件。事情緣於民國39年，前廣州嶺南大學校長香雅各（Dr. James McCure Henry）於解職過港赴美時，會晤了昔時廣東軍政領袖張發奎。晤談中，香雅各積極鼓勵張發奎出面領導反共游擊戰爭，並暗示倘張願意出面，美國將會予以支持。[16]張發奎亦認為：

---

13 萬麗鵑，〈一九五〇年代的中國第三勢力運動〉（台北：國立政治大學歷史學系研究部博士論文，民國90年7月），頁29。

14 本社，〈我們的基本信念〉，《自由陣線》第3卷第3期（1950年10月10日），頁4-5。

15 謝澄平，〈三年來的自由陣線〉，《自由陣線》第12卷第5、6期（1952年12月5日），頁4。辛木，〈自由叢書發刊五年〉，《自由陣線》第21卷第1期（1954年12月6日），頁13。

16 金典戎，〈最初在香港搞第三勢力內幕〉，《春秋》（香港版）第175期（1964年），頁2-4。

「有主義、有聲望的人應該建立一個新的秘密團體，形成一種新的力量；為了未來的工作，應該訓練年輕人。」而關於此一團體成員，張提到可網羅顧孟餘、童冠賢、張國燾、李璜、李微塵、伍憲子，香雅各則提到張君勱和許崇智。香謂待其回到美國後，可能會接觸某些人，如事情有所進展，將會寫信給你們。[17]民國 40 年初，果然有三位美國人帶香雅各的信至香港，其中二人，一人名為哈德曼（Hartmaun）；另一人為柯克（Cooke），他們聲明渠非代表美國政府，而是代表美國民眾前來協助中國發展第三勢力。[18]逢此難得機會，許崇智表現的最積極，許逐一聯絡了童冠賢、彭昭賢、張國燾、宣鐵吾、上官雲相、胡宗澤、梁寒操、方覺慧、張任民、伍憲子、伍藻池、王厚生、金侯城、左舜生、顧孟餘、王正廷、任援道、鄧錦章、趙立武等人，發起組織了「中國民主反共同盟」。[19]

該盟曾煞有其事的發表 12 項〈政治綱領〉，並正式對外招兵買馬，而美方原本對此組織也寄予厚望給以支持，但未幾即知許根本扶不起來，且其行徑荒唐不堪。《雷震日記》即載：「許崇智在香港組織第三勢力時，曾組一俱樂部，以聯絡各方人士。但許之俱樂部『在妓女寓中，許請客一面大談政見，一面懷抱女人』，因此『大家都看不起其為人』。」[20]所以不久張發奎即與許崇智發生不合，張另找顧孟餘合作，欲另組新政團，美方雖介入協調，仍無結果。後美國亦知道許崇智並無多大號召力，且所提計劃也不切實際，故棄許而支持張、顧。[21]而原擬參加該盟之人，也見風轉舵轉而追隨張、顧。許為與之對抗，曾聯合汪偽時期失意政客如鮑文樾、汪嘯崖、任援道等組「中華自治同盟委員

---

[17] 楊天石，〈五○年代在香港和北美的第三種力量——讀張發奎檔案之一〉，楊天石，《抗戰與戰後中國》（北京：中國人民大學出版社，2007 年 7 月 1 版），頁 630-631。

[18] 〈對顧張等醞釀第三勢力近況報告〉，（中國國民黨中央改造委員會第 150 次會議紀錄，附件，1951 年 6 月 7 日），黨史會藏。

[19] 〈許崇智領導「中國民主反共同盟」發展現況〉，《總裁批簽》，台（40）（改密室字第 0083 號，1951 年 2 月 23 日），黨史會藏。〈「民主反共同盟」集會情形〉，見《總裁批簽》，台（40）（改密室字第 0124 號，1951 年 3 月 23 日），黨史會藏。

[20] 傅正主編，〈雷震日記〉（1951 年 2 月 6 日條、2 月 23 日條），《雷震全集》（33）（台北：桂冠版，1989 年 8 月初版），頁 31、48。

[21] 〈對顧張等醞釀第三勢力近況報告〉，同註 18

會」，許自任委員長，下設行政、軍事兩委員會，由許及任援道分別負責。該會標榜反共反台，曾與美國聯邦調查局駐日聯絡組合作，在香港召募幹部送往菲、日等地受訓。[22]許之組織因得不到第三勢力人士的支持，旋即解散，迨「戰盟」成立後，許、張前嫌冰釋，許才加入「戰盟」，擔任中央執行委員職務。

有鑒於香港第三勢力團體的各立山頭，力量分散，在美國強力主導下，張發奎、顧孟餘等決定整合擴大第三勢力組織，將第三勢力建立成一股容納各黨派，有效且有力的反共聯合陣線。其步驟先由彼時在港的各黨派推出代表若干人，再由張、顧邀請參加座談交換意見，最佳則成立籌備會，並推選出常務委員主持會務，和負責與美方簽署協定事宜。張、顧基此原則，於是先提出一組八人名單，計張發奎、顧孟餘、李璜、張君勱、伍憲子、童冠賢、張國燾、黃旭初等八人。嗣美方以人數過少，不足以反映各黨派力量，張、顧乃又提出 25 人名單，分別為張發奎、顧孟餘、童冠賢、許崇智、上官雲相、彭昭賢、宣鐵吾、張純明、張國燾、何義均、黃宇人、黃如今、甘家馨、黃旭初、徐啟明、周天賢（以上國民黨）；張君勱、伍憲子、伍藻池、王厚生、李微塵（以上民社黨）；李璜、左舜生、謝澄平、何魯之（以上青年黨）。[23]

25 人名單出爐後，張、顧旋於 40 年的 5 月 11 日邀大家見面，並宣示建立組織之必要。後因內部意見紛歧，未能取得共識，於是又有 6 月 2 日的聚會。除原則上決定凡係反共人士不屬於台灣者，一律邀其參加，會中並推張發奎、顧孟餘、伍憲子三人為組織成立前對外折衝的代表。[24]值得注意的是，青年黨代表在兩次的聚會中均未與會。箇中原因為青年黨高層發生內鬨，在張、顧第一次所提名單中，原本有李璜、左舜生二人，但李璜以「左舜生多話，不能守秘密」，表示青年黨由他一人代表即可，此舉遂引起青年黨其他領導人左舜生、何魯之、謝澄平等人的不滿，彼輩曾在《自由陣線》刊登啟事，指出「近有李

---

[22] 〈許崇智在港活動〉，見《總裁批簽》，台（40）（改密室字第 0614 號，1951 年 12 月 22 日），黨史會藏。

[23] 〈對顧張等醞釀第三勢力近況報告〉，同註 18。

[24] 〈港澳政治活動〉，見《總裁批簽》，台（40）（改秘室字第 0272 號，1951 年 6 月 27 日），黨史會藏。

××者以黨派立場自稱領袖，……在外多方招搖」否認李的領袖地位。[25]其後，迨張、顧將名單擴至25人時，將左、何、謝三人列入，並許左舜生為常務委員。然左、何等因與李璜不睦，且知李參加在先，故均婉拒參與。次外，青年黨內部問題複雜尚有二因：一則謝澄平有自己的美國管道，並接受美國津貼，深恐一旦加入，美援統一支配，對其未必有利。二為李璜因左舜生已被推舉為「戰盟」常委，自己反而落空，面子殊掛不住；兼以曾琦病逝美京後，台灣青年黨方面推其為代理主席，故亦左右為難，頗難抉擇，遂暫採觀望態度。[26]所謂25人代表，既各有考量，意見復不一致，最後張、顧欲籌建第三勢力聯合陣線之企圖，不得不終歸沈寂。

不過據黃宇人說，這個「第三勢力」的最高組織是由美國駐港總領事館政治部主任授意下成立，由顧孟餘、童冠賢、何魯之、謝澄平與政治部主任接頭，其後顧等四人與張國燾秘密組織了一個委員會，定名為 Steering Commitee，最初譯為「指導委員會」，後經顧孟餘改為「調度委員會」，其宗旨在於策動留港中國民主反共人士的聯合運動。[27]民國41年3月23日，民社黨主席張君勱應張發奎邀，由印度經澳洲抵香港，與張發奎、顧孟餘、李璜、張國燾、李微塵、童冠賢、金侯城、毛以亨、伍藻池等晤面，又掀起第三勢力另一波高潮，彼等決定成立「中國自由民主戰鬥同盟」（即「戰盟」），並委張君勱為該同盟駐美代表。是年10月10日，「戰盟」發表宣言，正式對外公開，且向美國司法部辦理登記。[28]該日，台灣的國民黨當局也正在台北召開「七全大會」，「戰盟」選擇同一天成立，顯然有和台灣互別苗頭、互相較勁的意味。至於「戰盟」的宗旨，民國42年元月，顧孟餘曾以〈中共現狀與其命運〉為題於《東

---

[25] 〈自由陣線、自由出版社啟事〉，《自由陣線》第5卷第5期（1951年4月27日），頁20。

[26] 雷震於日記中曾提及此事，「青年黨之李璜原加入，因要統一美援，故謝澄平之自由陣線未加入，且謝在《工商日報》登廣告謂李××不能代表青年黨，因此李乃逡巡未決，而慕韓死去，青年黨議決由李代理，促其入台，李因此更莫知所從了。」傅正主編，〈雷震日記〉（1951年5月22日條），《雷震全集》（33），同註20，頁99。

[27] 林博文，〈五○年代香港『第三勢力』運動興亡始末〉，《歷史的暗流——近代中美關係祕辛》，同註1，頁112-113。

[28] 〈張君勱抵港行動〉，見《總裁批簽》，台（41）（改秘室字第0178號，1952年4月15日），黨史會藏。又見鄭大華，《張君勱傳》（北京：中華書局，1997年），頁570。

京評論》發表，正式提及「戰盟」「反共反獨裁」的成立宗旨。[29]

而在是月15、6兩日，《東京新聞》也連續發表了顧孟餘同日本新聞界著名人士阿部真之助的談話。當阿部問到「戰盟」時，顧氏說：「我們發起中國自由民主戰鬥同盟已有三年，為要慎重，故未發表，直到最近，始出宣言。暫時以張君勱、張發奎兩先生及鄙人三人之名出面，宗旨則在反共反獨裁」意思是搞兩面作戰的第三勢力。[30]是年11月16日，「戰盟」於《再生》發表宣言，揭示該盟五大信念：（一）人類最主要的活動目的，是在於獲得自由，包括個人生活的自由和人格發展的自由。（二）人類思想之所以進步，文化之所以發皇，是得自於互異的、多方面的發展，統制文化，統制思想，只有凍結人類創造的活力，窒息人類發展的生機。（三）自美、法革命以來，民主精神和民主制度已成為人類政治發展的主潮，任何形態或假借任何名義的獨裁，任何主義下的極權制度，都違反這主潮和傾向，都沒有存在的價值。（四）私有財產是與人類文明同時俱來的，由於文明的演進，私有財產的範圍、來源和其性質雖有變遷，然迄於今日，私有財產制度在原則上還有其存在的理由，各個人保持有限度的私產與平均財富之政策，實可並行。（五）國家的職司，對內是在維繫社會間的關係，協調人民的利害，使之趨於大體上的和諧；對外則是協調國與國間的關係，並維護其人民全體利益，不受外力的侵凌。因此，國家施政機構（政府），對內不得有挑撥其社會間矛盾的行為，和施行任何迫害及榨取其人民的政策，對外更不以任何理由自行強制使其國家成為別國的附庸。[31]對「戰盟」成立的理念，進一步向外界闡明清楚。

除宣言外，「戰盟」還標舉12條原則為奮鬥目標，舉其要者如：推倒中共一黨專政與極權主義；爭取保障信仰、思想、言論、出版、集會、結社等之自由；軍隊屬於國家，任何政黨或個人，不得憑藉武力為奪取政權的工具；爭取國家獨立，民族平等，反對一邊倒政策，不承認中共政權所訂立的任何喪權辱國條約；保障自耕農，並推行合作經營制度；實行民主企業制；鼓勵對外貿

---

[29] 〈第三勢力活動情形〉，見《總裁批簽》，台（42）（改秘室字第0069號，1953年3月4日），黨史會藏。

[30] 周淑真，《1949飄搖港島》（北京：時事出版社出版，1996年1月1版），頁309。

[31] 〈中國自由民主戰鬥同盟宣言〉，《再生》第4卷第4期（1952年11月16日），頁14。

易之自由發展；推行社會福利制度和地方自治；實行教育機會均等，普及義務教育；推行公共衛生，促進民族健康等。[32]「戰盟」的主要成員是以知識份子為主體，不少人是教師，也有少數學生、工人和商人，其成員約有二、三百人，分佈於香港、北美、日本、澳洲、印度和中國大陸地區。其中較具知名度者有顧孟餘、張發奎、張國燾、張君勱、伍憲子、伍藻池、童冠賢、龔楚、蔡文治、彭昭賢、宣鐵吾、黃宇人、李微塵、黃旭初、程思遠、劉震寰、許崇智、尹述賢、甘家馨、周天賢、毛以亨、龔從民、謝澄平、羅永揚、劉裕略、梁永衡、任益年、陳芝楚、張六師、孫寶毅、徐慶譽、王同榮、謝扶雅、李大明等。[33]

它的基層組織是小組，以香港居多，約有十幾個小組。「戰盟」的主要活動是文化宣傳，它擁有四個刊物：分別是《獨立論壇》（黃宇人主持，甘家馨、涂公遂等主編）、《再生》（張君勱系統，王厚生主編）、《中國之聲》（社長張國燾；主編張六師，編輯陳濯生、孫寶毅、李微塵、徐亮之等）和《華僑通訊》（主編不詳）。此外，它還贊助、支持如《人言報》、《中聲日報》、《中聲晚報》等幾種報紙，並準備編輯叢書及開辦大學。另一項活動是聯繫華僑，「戰盟」曾派人分赴澳洲、印度等地，企圖擴大在僑界的力量。另外，「戰盟」也曾企圖聯絡亞洲的反共力量，並鎖定以越南為基地。民國 43 年 9 月 23 日，張發奎致函張君勱，內稱「如能得吳廷琰氏同意，誠為最好良機」、「吾兄與吳交厚，一言九鼎，倘能促成，不但可助越吳反共，而吾人亦可藉彼之助，奠反共復國之業」。張發奎還和韓國駐南越公使崔德新聯繫，支持他組織所謂「中韓越三國軍事同盟」，函稱「倘由此三國軍事同盟逐步演化而為自由亞洲同盟，以與自由世界配合呼應，則蘇俄侵略野心之戢止，中共政權之削弱，固易如反掌矣！」據說，「戰盟」還派人潛赴大陸進行地下活動。[34]

「戰盟」成立後，就屬張君勱活動最積極，張君勱在美曾力邀胡適參加，希望藉胡適之聲名，擴大第三勢力之影響力。然胡適以「與共產黨鬥爭，計算的是兵力，你究有幾師幾團呢？在目前共產與反共大鬥爭的激流中，不是共

---

[32] 〈中國自由民主戰鬥同盟宣言〉，同上註，頁 14-15。

[33] 汪仲弘註釋，〈台北舊書攤上發現的「總統府秘書長箋函稿」（2）〉，同註 4，頁 45-46。

[34] 楊天石，〈五○年代在香港和北美的第三種力量——讀張發奎檔案之一〉，同註 17，頁 632。

產，就應該是澈底的反共，中間決無餘地，可資徘徊猶豫。」[35]勸張不必作所謂第三勢力之想而婉拒之。另張也曾拜訪馬歇爾及司徒雷登，尋求彼輩支持，同樣均遭拒絕，顯見此時美國對第三勢力之態度，已不若往昔熱衷。但張君勱仍不氣餒，靠過去關係，張拉攏了民憲黨代主席李大明和洪門致公總堂會長譚護加入「戰盟」。民國 42 年元月 20 日，兩黨聯合發表宣言，提出倒共、復國、民主三大救國目標。[36]2 月 24 日，兩黨還致電蔣介石，勸其召開國是會議，改組現政府為聯合政府，調整現有軍事體制，政黨撤離軍隊，取消特務制度，釋放一切非共黨之政治犯，恢復憲法，使人民享有一切人權自由。[37]同時，為擴大第三勢力運動的影響，李大明還將所辦的舊金山《世界日報》和檀香山的《新中國日報》變成第三勢力在美的宣傳報紙。雖係如此，但因僑界對第三勢力並不支持，所以「戰盟」在美成果仍極有限。[38]

四、「戰盟」內部的紛擾

為具體凝聚第三勢力的團結，民國 42 年初，李宗仁、張君勱分別由美國致函給在港的「戰盟」領導人，呼籲團結港、澳各組織。[39]為此，「戰盟」成立伊始，張發奎即積極運作，擴大組織並擴充人事安排：中央委員會委員有張君勱、顧孟餘、張發奎、張國燾、許崇智、童冠賢、宣鐵吾、龔楚、蔡文治、謝澄平、劉震寰、黃旭初、程思遠、李微塵、李大明等 15 人。張君勱、顧孟餘、張發奎、張國燾、許崇智五人為常務委員；李微塵為秘書長。中央軍事委員會委員長為張發奎，副委員長蔡文治；中央政治委員會委員長顧孟餘；中央

[35] 胡適，〈談目前的世局〉，《中央日報》（1952 年 11 月 11 日）。另胡適曾接受記者訪問提到：「由於世界局勢的逐漸明朗，共產極權與民主自由兩大陣營的界限已經更分明了。在這種情形下，絕對不會有任何所謂第三勢力的出現或存在。」見胡頌平編著，《胡適之先生年譜長編初稿》第 6 冊（台北：聯經版，民國 79 年 11 月第 3 次印行）頁 2228。

[36] 〈民憲洪門聯合發表宣言〉，《世界日報》（1953 年 1 月 20 日）第 1 版。

[37] 〈民憲洪門電蔣建議四項〉，《世界日報》（1953 年 2 月 14 日）第 1 版。

[38] 萬麗鵑，〈一九五〇年代的中國第三勢力運動〉，同註 13，頁 46。

[39] 〈港第三方面醞釀結合〉見《總裁批簽》，台（42）（改秘室字第 0157 號，1953 年 5 月 2 日），黨史會藏。

文化宣傳委員會主席張國燾，副主席謝澄平；組織部部長顧孟餘兼，副部長龔楚；青年部部長黃宇人，副部長彭昭賢；對外聯絡部部長程思遠、副部長梁友衡。[40]這些人都是之前「自由民主大同盟」的人馬，但仍以顧孟餘和張發奎的人馬居多，且因青年黨及許崇智（許後來才勉強加入）並未參加，故嚴格言，還談不上是第三勢力的大聯合。

基本上，「戰盟」的擴大組織，其實只是高層名單增加若干人，本身並無多大意義，且未幾內部即發生分裂。首先是「戰盟」兩大實力份子蔡文治與謝澄平，在「戰盟」成立後反成了次要角色，於是蔡表示不滿，謝亦態度消極。本來美方情報人員，預備將「戰盟」遷往東京或沖繩，成立一個「政府」，並醞釀以許崇智為主席。在美方的催促下，張發奎已準備率領人員前往沖繩執行其所謂「中央軍事委員會委員長」職務，但因蔡文治反對而不果。而「戰盟」內部也以許崇智老邁無能，不接受其任主席。所以「戰盟」的領導層仍以張君勱、顧孟餘、張發奎為主，一時有「張、顧、張」之稱。[41]其次針對台灣收買伍憲子，企圖分化「戰盟」事深致不滿。伍憲子在國民黨重金引誘下，赴台參加民國 40 年雙十國慶，雙方並在事前相約嚴守祕密。豈料伍憲子到台後，國府當局卻故意介紹他同美國大使館的官員會面。隨後台灣當局再向美國提出抗議，說華盛頓正在支持台灣，另外又支持張、顧在香港搞第三勢力來破壞台灣。

茲因此事，美國當局不得不把哈德曼調回去，加以申斥。幾個月後，哈德曼又回到香港，對張發奎、顧孟餘發牢騷，說：「你們說沒有錢不好辦事，但有了錢又鬧糾紛」，言下不勝感慨。張、顧對台灣當局收買伍憲子事深惡痛絕。[42]李微塵還為此事在《中國之聲》為文罵「蔣介石是中國的毒瘤，這毒瘤已使民主政治在中國流產，又使台灣無法進行有效的反共鬥爭，如果不及時割治，可能陷中華民國的台灣和反共基地的台灣於淪亡。」[43]張發奎雖對台灣分化「戰

---

[40] 司法行政部調查統計局第六組編，《中國黨派資料輯要》中冊（台北：出版項不詳，1962 年），頁 256。另見〈民主戰鬥同盟活動〉、〈民主戰鬥同盟糾紛〉，見《總裁批簽》，台（42）（改秘室字第 0128 號，1952 年 4 月 11 日），黨史會藏。

[41] 汪仲弘註釋，〈台北舊書攤上發現的「總統府秘書長箋函稿」（2）〉，同註 4，頁 46。

[42] 周淑真，《1949 飄搖港島》，同註 30，頁 307。

[43] 〈我們對台灣的態度〉，《中國之聲》第 1 卷第 6 期（1951 年 11 月 15 日），頁 2-3。

盟」一事非常不滿，但其對蔣態度仍有所保留，他說：「我不反對政府，亦不反對蔣先生，但是我有意見，不能不提出。」[44]另一「戰盟」大將顧孟餘雖也反對蔣之獨裁，但亦無意把蔣或國民黨拉下台，他甚至表示：「台灣政治雖有許多不滿人意之處，但它此時在國際間尚是自由中國的象徵」，應該「支持並鼓勵台灣國民政府對共產黨之間的鬥爭。」[45]由此可見，顧、張等人對國民黨和蔣尚有所期待也。至於張君勱的看法則較激進，他認為國民黨與蔣均已腐朽不堪，欲建立一個民主憲政的新中國，只有端賴於中國的第三勢力運動，故對蔣及國府不應抱有任何幻想。「戰盟」高層既然對國府及蔣態度分歧，勢必影響彼此間的團結，後來引起磨擦也就不足為奇了。

而「戰盟」內部的內鬨，更是「戰盟」紛擾的主因，當時「戰盟」三巨頭，張君勱在美，顧孟餘赴日，真正掌控盟務的為張君勱系統的李微塵。李權力甚大，原《獨立論壇》的甘家馨、涂公遂等人，為與李合作，還不惜結束《獨立論壇》改投靠李。然在民國 42 年春，李卻藉故開除甘、涂等人。[46]不久，連張國燾亦遭到李的排擠，張本為「戰盟」領導層級人物，時為《中國之聲》社長，李微塵聯合童冠賢以財務困難，逼張交出《中國之聲》，張一怒之下宣佈退出「戰盟」。張一向與顧孟餘接近，張的離去，象徵「戰盟」內部顧消張（君勱）長的態勢。[47]而台灣方面不斷滲透「戰盟」，也是導致「戰盟」瓦解的另一因素，為此，顧孟餘曾一再致函張發奎、童冠賢，認為「戰盟以往表現不好，要求在組織內部肅清間諜、一切破壞份子、一切投機政客、個人出風頭、妄言妄動者。」懷疑「戰盟」內部有奸細、有破壞份子。民國 43 年 1 月 31 日，顧建議張發奎，要求「戰盟」暫時停止活動並且改組。顧認為「當時只宜由少數穩健可靠同志，相互作精神上之聯繫，而不可為形式上之組織；只宜作事實與

[44] 〈張發奎談話〉，見《總裁批簽》，台（42）（改秘室字第 0113 號，1953 年 4 月 4 日），黨史會藏。另 1951 年 2 月，雷震在港與張發奎見面，張也向雷表示：「對總裁批評則有之，並不反對，人若詢以反共否，彼曰『Yes』；人若詢以反蔣否，彼曰『No』。」見傅正主編，〈雷震日記〉（1951 年 2 月 5 日條），《雷震全集》（33），同註 20，頁 28。

[45] 楊天石，〈五○年代在香港和北美的第三種力量——讀張發奎檔案之一〉，同註 17，頁 633。

[46] 黃宇人，《我的小故事》下冊，同註 11，頁 144。

[47] 另有一說為張國燾的《中國之聲》社長一職，是被張發奎派其親信林伯雅所接收。見姚金果、蘇杭，《張國燾傳》（陝西：人民出版社出版，2007 年 3 月第 2 版），頁 427-428。

理論上之研究，而不可為公開之號召」。同年3月下旬，張發奎派童冠賢赴日與顧商量改組「戰盟」事，顧要求將「戰盟」改名為「中國自由民主同盟」，並提出改組意見 7 條，張君勱同意顧清除內奸之意見，但反對改名及停止活動。張謂「旗號一旦樹起，不應退縮。」[48]

最後，張發奎為顧全大局，同意了顧的改組意見，但對易名事持保留態度。是年8月18、27日，張發奎在香港兩度集會，決定澈底改組「戰盟」，成為聯合性的組織，但仍保留「戰盟」名稱。[49]張並且決定成立「改組籌備委員會」，負責改組事宜。9月8日，顧孟餘以改組無望，致函張發奎，認為「今茲決定，與當時所商根本不同，弟不得已只得退出公司，以後一切概不負責。」正式宣佈退出「戰盟」；未幾，張君勱亦在美國宣佈退出，並去美國司法部撤銷登記。顧、張相繼退出「戰盟」後，張發奎的態度亦轉趨消極，民國44年，分崩離析的「戰盟」終告結束，存在時間僅三年餘。[50]

五、「戰盟」失敗之因述評

「戰盟」之失敗瓦解，其因素是多方面的，約而言之，可歸納出以下五點：

（一）美國援助的斷絕

美國在五〇年代初期，積極支援香港的第三勢力運動，其實是有其國際客觀環境的需求。當年亦曾參與第三勢力運動的青年黨領袖李璜，於此背景即看的很清楚。李璜說：「韓戰」爆發後，中共出兵朝鮮「抗美援朝」，與美軍打得異常激烈，一時戰況粘著，美國人便想在中國南方有所活動，以便牽制共軍，因而看上了香港這類的自命風雲人物，而派人前來接頭。香港既是英國殖民地，美國自無法自己動手組織以至進軍，則只有利用在港這類人物，而以金錢助其組織情報機構，或俾其暗中號召尚在國內南方流離失所之舊部。於是反共

---

[48] 同註45。

[49] 〈中國自由民主同盟及李宗仁近況〉，見《總裁批簽》，台（43）（中秘室登字第 387 號，1954年10月29日），黨史會藏。

[50] 萬麗鵑，〈一九五○年代的中國第三勢力運動〉，同註13，頁50。

號召，三三兩兩，以組織誇稱者，一時不乏其人。也有的大吹大擂，接洽不得其法，並未得到美金；有的得到美金有限，粥少僧多，虛應故事；及至牀頭金盡，無以為繼，而壯士無顏色了。[51]而林博文也提出同樣見解：「香港『第三勢力』運動的興起與沒落，美國政府始終是幕後的主導者；易言之，『第三勢力』運動乃係當年美國對華政策的副產品，因此，『第三勢力』的命運即必須以華府的中國政策為依歸，以國務院和中情局主事者的意志為意志，這種『仰人鼻息』的政治運動，其結局當然是可以逆料的。」[52]

而美援之所以中止，除看清「戰盟」這批人物不足有為外；台灣國府的抗議，亦是另一原因。茲以美國華府檔案為例證明之，「民國四十二年六月，雷德福準備卸下太平洋美軍總司令的職務，回華府出任參謀首長聯席會主席。六月二日至六日，他和雷德福夫人訪問台北，住在蔣介石官邸，與蔣介石有三次「國務院感興趣的會談」。雷德福與蔣介石關係不尋常，因此，他可以坦白的以逆耳之言，與蔣介石討論一些敏感的內政問題。蔣介石的興趣是韓戰停火後的美國政策動向、英國對美國政策的影響和他不滿美國支持「第三勢力」，給予第三勢力訓練、補助及其他鼓勵，實不合美國所稱要加強中華民國政府的意向。雷德福承諾盡他所能制止這類活動，並預期可以成功。[53]

尤其「韓戰」結束後，彼輩第三勢力運動政治人物，因不中用而喪失利用價值，在美國無所求於彼的政治現實下，其被拋棄及中止美援，自在意料之中。難怪當年第三勢力要角之一的程思遠客觀評論道：「戰盟」的失敗，固有其內在原因，但主要還是由於美國改變政策，外因比內因重要。[54]所以雷嘯岑在《憂患餘生之自述》書中，甚為中肯的評論第三勢力之失敗，雷說：「『戰盟』創

---

[51] 李璜，《學鈍室回憶錄》下卷，同註 2，頁 722-723。

[52] 林博文，〈五○年代香港『第三勢力』運動興亡始末〉，《歷史的暗流——近代中美關係秘辛》，同註 1，頁 108。

[53] 王景弘：〈虛幻與務實：中美高層會談春秋〉，《採訪歷史——從華府檔案看台灣》（台北：遠流出版公司，2000 年 1 月 20 日初版），頁 227。而沈錡也提到：「民國四十二年十一月十三日，蔣公曾抽空接見了中央情報局駐遠東代表奧佛萊希，奧氏說，今後美國政府只支持台灣，不再妄想製造第三勢力，要求原在搞第三勢力的蔡文治等四百人及家屬五十人，能自沖繩島遷來台灣，望我政府予以收容，加以利用，蔣公答應不會虧待他們，可以原階敘用，但單位必須取消。」沈錡：〈我做總統侍從秘書〉（2），《傳記文學》第 75 卷第 6 期（民國 88 年 12 月），頁 76。

[54] 程思遠，《政海秘辛》，同註 5，頁 240。

立之初，聲勢浩大，經費亦有旅美的華僑解囊應濟（按：不確，主要為美國的金錢援助），宜若可以大展鴻圖，構成一種在政治上很有作用的第三勢力了。」然而由於後來美援的斷絕，經費陷入困境，「戰盟」欲再維持下去已難以為繼了。故雷氏深有所感謂：「第三勢力之所以成為『勢力』，是基於本國的文化傳統與社會結構，以及經濟發展諸條件而然。尤其是經濟條件最重要，中國社會上尚無中產階級的力量存在，搞民主運動十分困難，專靠外力支援，難以獲得本國群眾的同情響應，有如大海中的浮萍然，終歸要失散而無踪影可尋。」[55]

（二）內部之內鬨

中國人「勇於內鬥」，始終是擺脫不調的習氣，當初從事第三勢力運動的這批人也不例外，尤其在高層領導群中更是如此。例如顧孟餘排斥張君勱和張發奎，而張發奎與顧也貌合神離。[56]其後又有張國燾與李微塵的意見不合，憤而辭去《中國之聲》雜誌社長職務；繼而顧孟餘和李微塵亦因李文章內容太過武斷（李文原稿指國民黨人盡是貪污之輩），建議李修改，李不接受而交惡；後來導致顧孟餘、張國燾相繼宣佈退出「戰盟」。[57]故雷嘯岑在評論〈香港的第三勢力運動〉時，不無嘲諷的說：「據我的體驗所及，中國高級知識份子衹要有三個人在一道搞政治活動，內部必然發生爭奪領導權的醜劇，雖把團體弄垮，亦所弗惜。主要原因是大家皆基於『為貧而仕』的下意識，靠政治活動以求生存，所以必須爭取領導地位，纔可望在政治上獲致顯貴職位，博得豪華的生活享受。」[58]誠然如是，觀乎許崇智、李微塵、伍憲子等輩之行徑，雷氏之觀察可謂洞若觀火，深入透徹矣！所以說，「戰盟」內部的糾紛迭起，共信不立，互信缺乏，亦是失敗之另一主因。

---

[55] 雷嘯岑，〈香港的第三勢力運動〉，《憂患餘生之自述》（台北：傳記文學出版社出版，民國 71 年 10 月初版），頁 169-173。

[56] 例如張君勱在美國發表「戰盟」宣言，正式宣告「戰盟」成立，顧孟餘認為過於匆忙，「戰盟」成立為時尚早，此為 2 人矛盾的發端。楊天石，〈五○年代在香港和北美的第三種力量——讀張發奎檔案之一〉，同註 17，頁 632-633。

[57] 雷嘯岑，〈香港的第三勢力運動〉，《憂患餘生之自述》，同註 55，頁 171-172。

[58] 同上註，頁 172-173。

（三）缺乏群眾基礎

「有將無兵」坐而言，不能起而行，更是「戰盟」瓦解失敗最主要的致命傷。王厚生曾於《再生》發表〈第三勢力與憲政〉一文，內中強調「我們希望第三勢力興起來，強大起來不能單單寄期望於第三方面的幾個政團和少數人，應該寄期望於全國的廣大民眾，因為祇有廣大民眾的要求，第三勢力方才有興起之可能。」[59]而于平凡於《中國民主自由運動史話》書中也提及「中國第三勢力運動，當然是以廣大的人民為基礎的。」[60]問題是，知道是一回事，實際去做又是另一回事。李璜曾深刻提到這些從事第三勢力的人物群像，「雖不少曾經赫赫一時之顯達者流，然其中或已宦囊豐裕，志在安享，或已久經坐廢，無復當年革命豪情。即有一二尚具豪情，而思聚眾，有所圖謀；但形隔勢禁，舊部星散；……以言革命事業，則徒恃少數美金，當然只有聚議，必無行動可言。」[61]

李璜對第三勢力這些品類不齊的投機份子曾嗤之以鼻的說：「美國人竟派兩三浮薄少年前來，立談之頃，莫明其妙，便亂散美鈔，或三五萬，或十萬八萬，並無整個計劃，而姑以試試看的心情，令一些手中已無寸鐵之過時人物，為之入大陸覓情報，或打游擊；美鈔這樣花法，只有被騙而大鬧笑話。因是傳聞有劉震寰騙得六萬美元，聲言拿去廣東打游擊，而本人坐在九龍新界未動，於是有『在深圳打游擊』的笑話流傳。又有許崇智在石塘嘴開廳大宴群『雄』，酒酣耳熱，一面高談其反共大有辦法，一面命女招待為之撫腿……此外尚有妄人蔡文治，聞曾任國防部第四廳副廳長，大概係曾在美國學過軍事，乃得美國人信任，予以大量美金，在沖繩島美軍基地設立黨政軍機構，自稱海陸空軍總司令。」[62]而美方人員最終也認定這批人根本不中用，於是宣佈解散蔡文治之組織，另方面也停止對「戰盟」的支持，如此情況下，民國44年「戰盟」

---

59 王厚生，〈第三勢力與憲政〉，《再生》（香港版）第11期，總第262號（民國39年3月1日），頁4。

60 于平凡，《中國民主自由運動史話》（香港：自由出版社印行，民國39年7月初版），頁112。

61 李璜，《學鈍室回憶錄》下卷，同註2，頁726。

62 李璜，《學鈍室回憶錄》下卷，同上註，頁723。

不得不自行宣佈解散。[63]

（四）香港英國政府的取締

此舉更是壓垮「戰盟」的最後一根稻草，據雷嘯岑說，因為英國早已承認中共，因此港府原本嚴禁中國人在香港從事反共活動，稽查不遺餘力。然英國之所以特許「戰盟」公開活動，原因是張發奎於抗戰勝利後，奉命接收廣東與香港，迨英國派員前來接收香港時，張毫無刁難，無條件將香港交給英國。英國因此而感念張之友誼盛情，乃對張氏發起的「戰盟」另眼相看，網開一面。對張發奎英國可賣面子，但對「戰盟」另一要角顧孟餘，港府可沒有那麼禮遇了。某次，港府政治部託人帶口信給顧氏，請他來政治部一談，顧置之不理；繼以書面通知顧氏，指定時間約他到部談話，他依然置若罔聞；最後乃出傳票，派警察把顧氏傳來，有如對待犯人然，讓他站立著聽訓一番，並威脅警告顧氏言：「如果你在香港搞政治活動，我們就把你驅逐出境」。遭此羞辱，顧氏只好離港赴日定居，於東京遙領「戰盟」職務。[64]是以，在港府英方的取締下，「戰盟」高層四散各方，在群龍無首的情況下，「戰盟」之式微自在預料之中。

（五）國、共雙方之夾擊

基本上，因「戰盟」係標榜反國、共兩黨的一股政治勢力，故其從宣佈成立開始，即遭到台灣與大陸方面的極力反對與兩面夾擊。國民黨一直把另立機構領取美元從事反共活動的中國人視為「第三勢力」，認為此輩在港澳與海外同國民黨的「敵後工作」爭奪資源、爭奪人才，故對他們毫無好感。[65]因此透

---

[63] 汪仲弘註釋，〈台北舊書攤上發現的「總統府秘書長箋函稿」（2）〉，同註4，頁46。

[64] 雷嘯岑，〈香港的第三勢力運動〉，《憂患餘生之自述》，同註55，頁171-172。周淑真，《1949飄搖港島》，同註30，頁309。

[65] 胡志偉：〈「自由中國抵抗運動」的開場與收場〉，同註2，頁44。另外，陳復中亦提到「第三勢力是美國中央情報局在國共之外另行扶植的一股政治力量，參與者奉洋人之命，拿洋人的錢搞政、軍組織，其宗旨是反共反蘇，故中共視之為不共戴天之死敵；然而它在港澳與海外又同國民黨的敵後工作爭奪資源、爭奪人才，自然也遭到中華民國政府的抵制，結果是兩面出擊，腹背受敵。」陳復中，〈熱血男兒淚灑塞班島，反共志士魂斷長白山——「自由中國抵抗運動」的風流雲散〉，《歷史月刊》第181期（民國92年2月5日），頁55。

過內部的滲透，來瓦解「戰盟」，一直是國民黨的策略。程思遠不諱言說：「此時，台灣方面在港的工作人員已經滲入，選舉結果，當選者，不是台灣的特務，便是與他們有關的人。」[66]民國 43 年 7 月 5 日，張君勱致函友人，也提及此事：「一二年來，台灣專以毀戰盟為事。」而「日內瓦會議」後，中共國際地位提高，「戰盟」在僑界影響力也逐漸式微，張君勱於函中即坦承「經周氏日內瓦會議之後，即勱再去印度、印尼、馬來，欲求昔日之得華僑歡迎而亦不可得。」[67]此信可謂將「戰盟」當時艱困處境具體道出，所以說，台灣與大陸方面的夾擊，也是「戰盟」散檔的原因之一。

除上述五點外，當然第三勢力在先天上亦有其侷限性，以致於其能發揮的功能有限，第三勢力的侷限性有：（1）角色的模糊，第三勢力雖然標榜有別於國、共兩黨外的一股政治勢力，走的是不偏不倚的中間路線，其屬性是客觀中立的。但這只是主觀的認定及理想，一落實到政治面時，很難說能維持不變，因此從事第三勢力者，常被批評為一群投機的「騎牆派」。（2）結構的脆弱，五〇年代以「戰盟」為主體的第三勢力運動，其結構型態是以派系聯盟式的組織為主，這種聯盟式的組合方式，先天上有其脆弱性，因為容易造成分離主義及山頭主義。觀乎「戰盟」初始時，青年黨的分離與張發奎、張君勱、顧孟餘等高層領導間的各樹勢力，即為組織結構脆弱的具體寫照。

總之，五〇年代以「戰盟」為主的第三勢力運動，其中雖不乏具孤臣孽子的反共鬥士；亦有許多崇尚民主自由的理想主義者，然「形勢比人強」，在急遽變化的時代中，一旦外援斷絕、經費斷炊，內部分裂，他們祇能扮演花果飄零的角色。此種悲劇式的結局，代表著近代中國，民主自由政治，一直飽受風吹雨打的愁苦宿命。[68]而「戰盟」的解體，亦象徵五〇年代在香港盛極一時的第三勢力運動，終告風流雲散。

---

[66] 程思遠，《政海秘辛》，同註 5，頁 240。

[67] 楊天石，〈五○年代在香港和北美的第三種力量——讀張發奎檔案之一〉，同註 17，頁 633。

[68] 林博文，〈五○年代香港『第三勢力』運動興亡始末〉，《歷史的暗流——近代中美關係祕辛》，同註 1，頁 119。

第十三章　代理戰爭：美國與五〇年代中國的第三勢力運動

一、亡羊補牢——誰丟了中國

民國38年，不僅是中國現代史巨變的一年，也是美國在東亞慘敗的一年，民國34年8月14日，日本投降2戰結束，不過僅僅4年時間，國府從4強的國際地位，一夕間因戡亂剿共失利，而流亡困居海島台灣一隅；而美國如日中天的超強地位，也因「誰丟了中國」遭到蘇聯與中共的強力挑戰。39年6月，「韓戰」的爆發，中共解放軍「抗美援朝」的介入，以及杜魯門政府下令第7艦隊的協防台灣，使得驚惶未定風雨飄搖的國府，暫時轉危為安立穩腳跟。當然，美國的再度介入台海，不代表美國無條件的支持國府及蔣介石，相反的，美國對蔣的無能和國府的腐敗仍印象深刻，並未立即改觀。但是，基於圍堵共產主義擴張的「冷戰」局勢下；以及台灣在西太平洋重要戰略地理位置的考量，美國還是不得不支持台灣的國府和蔣。[1]但美國雙管齊下仍有備胎方案，那就是在海外，尤其是香港，積極支持中國的第三勢力運動，物色能夠取代蔣的政治人物，幻想中共政權被推翻後，此股力量能取代國、共兩黨於中國執政，美國的天真與如意算盤，乃是形成五〇年代香港第三勢力風起雲湧的主因。[2] 早在民國38年前後，美國為支持的第三勢力運動，在東亞建立了一個相當複雜的網絡，它是由美國情治單位、東京的「盟總」、自由亞洲委員會（The Committee for a Free Asia，43年改組為亞洲基金會【The Asia Foundation】）所負責，其

---

[1] 凱文・裴萊諾（Kevin Peraino）著、林添貴譯，《迅猛的力量——1949，毛澤東、杜魯門與現代中國的誕生》（新北：遠足文化出版，2019年9月初版），頁271。

[2] 林孝庭著・校訂、黃中憲譯，《意外的國度——蔣介石、美國、與近代台灣的形塑》（新北：遠足文化出版，2017年3月初版），頁266-268。

目的在支持於香港、日本、菲律賓等地建立反共的政治、軍事組織。[3]尤其在39 年秋天，中共派遣「志願軍」參加韓戰後，華府為設法削弱中共力量，更是積極籌劃支持由國民黨以外的新政治力量，來領導中國大陸的敵後游擊力量，甚至最終取中共而代之。[4]

朱淵明的《「第三勢力」全本演義：第三百六十一行買賣》是當年最深入了解第三勢力內幕的權威之作，該書即提到：「1949 年冬季至 1950 年春季之交，是香港第三勢力運動最蓬勃而又最混沌的時期。當時左一個座談會，右一個小組會，有十人八人一堆的，也有十幾二十人一起的，有的約期會談，並無固定形式，有的則商擬名稱，起草綱領，儼然要有正式組織，據一般估量，類似此種組合，達一百以上；傳說美國領事館曾有調查，則為七十餘個，當較可靠。」這麼多琳瑯滿目的第三勢力團體，何以如雨後春筍般紛紛成立，原因只有一個，即希望得到美國的青睞與援助，蓋美國巡迴大使吉塞普（Philip Jessup）於民國 39 年春來到香港時，於記者招待會中談及「美國希望中國出現第三勢力」，此言一出，給予那些反共又反蔣的人士，士氣大振希望無窮。[5]

因為吉塞普名義上雖是巡迴大使，但實際上是杜魯門政府遠東問題的決策人，其足以反映美國的政策，吉塞普到香港，根據他考察後的「情形」以及「美國的利益」，或許其心中已有成算，業經決定了今後要支持「第三勢力」，以擔當中國反共的大任。[6]另外，「代總統」李宗仁的角色也不容忽視，民國 40 年 1 月，李宗仁在其私人秘書甘介侯的陪同下，與美國國務院負責東亞事務官員見面。李宗仁告訴美方，他在香港的眾多粵、桂系舊部門生，對於美國支持發展中國第三勢力，皆表示高度期待，只待美方點頭支持，就可立即推動。李宗仁更進一步宣稱只有他有足夠的聲望與能耐，可以影響台灣以外的反共力量，統籌掌控中國大陸的龐大地下游擊組織；李還表示，只要他在華府登高一

---

3 《美國對外關係檔案》（FRUS）, 1950, Vol., Vl, p.537-538.

4 張淑雅，《韓戰救台灣？解讀美國對台政策》（台北：衛城出版，2011 年），頁 156-159。

5 焦大耶（朱淵明），〈「第三勢力」全本演義：第三百六十一行買賣〉，陳正茂編著，《五○年代香港第三勢力運動史料蒐秘》（台北：秀威版，2011 年 5 月初版），頁 103。

6 焦大耶（朱淵明），〈「第三勢力」全本演義：第三百六十一行買賣〉，陳正茂編著，《五○年代香港第三勢力運動史料蒐秘》，同上註，頁 104。

呼，香港的第三勢力即可在最短期內發展成一股新的政治力量。[7]

由上可知，基本上，整個五〇年代香港的第三勢力運動，是有其錯綜複雜的國內外因素存在的，它是美、蘇冷戰結構下的一環，在大陸淪陷後，「韓戰」繼之而起的五〇年代初期，美國為對抗共產主義在亞洲的擴張，積極採取行動以謀因應。[8]美國當時對付中共的雙管齊下策略是，一方面與蔣介石的國府重修舊好，除外交上承認中華民國，軍援、經援源源而來，希望強化台灣對抗中共的實力外；再方面，在中央情報局的佈陣下，以香港為大本營，透過金錢援助，扶持既反共又反蔣的第三勢力團體。美國此舉，除反共因素外，顯然對台灣的蔣介石政權，仍存有戒心。[9]所以，五〇年代的香港第三勢力運動，其背後既有美國援助，也有桂系李宗仁的支持，它們在美國金錢支助下，先後成立了「自由民主大同盟」、「中國民主反共同盟」、「中華自治同盟委員會」、「大中國建國會」、「中國民主大同盟」、「中國自由民主戰鬥同盟」等名稱大同小異的第三勢力團體，首揭反國、共兩黨大旗，標榜反共、反蔣，堅持民主自由的第三勢力主張，在香港曾盛極一時，喧騰不已。[10]因著「誰丟了中國」在美國的紛擾，杜魯門政府試圖亡羊補牢，積極不斷地鼓勵中國人搞第三勢力的政治活動，終於在香港掀起了五〇年代第三勢力的高潮。

二、第三勢力的三腳架——軍事、政治、文化三構面

五〇年代初的中國局勢是，國府戡亂失敗播遷來台，李宗仁棄職赴美，蔣尚未復職群龍無首，國家頓失安定中心人心惶惶，美國人亦手忙腳亂輿論大譁，大家要追究誰丟失中國大陸的責任。於是以艾奇遜（Dean Gooderham Acheson）為國務卿的美國國務院，不能不公佈《對華白皮書》，以洗脫自己

---

[7] 林孝庭，《台海．冷戰．蔣介石：解密檔案中消失的台灣史 1949-1988》（台北；聯經版，2015 年 7 月初版），頁 93。

[8] 陳正茂，〈五〇年代香港第三勢力的主要團體：「中國自由民主戰鬥同盟」始末（1952-1955）〉，《北台灣學報》第 34 期（民國 100 年 6 月），頁 443。

[9] 林孝庭，《台海．冷戰．蔣介石：解密檔案中消失的台灣史 1949-1988》，同註 7，頁 76。

[10] 陳正茂，〈五〇年代香港第三勢力的主要團體：「中國自由民主戰鬥同盟」始末（1952-1955）〉，同註 8。

的責任。[11]此為民國 38 年的中國大局和國際背景，而中國的第三勢力，便是在這樣的歷史環境中產生的。總之，當美國政府寄希望於所謂中國自由民主人士，產生第三勢力以拯救中國時，正是國民黨潰敗，共產黨氣焰萬丈的時候，美國政府儘管有此願望，但要真正的實現，實際執行的責任，便落在美國遠東最高政治幕後負責人吉塞普（化名 S 先生）身上了。[12]吉塞普的袖裡乾坤是，要建立一個軍事、文化、政治的三腳架，左文右武，而以政治居中領導，想將中國的有志之士，組成一個新的政治團體，效法戴高樂在 2 次大戰中，於法國淪陷後，流亡倫敦組織「戰鬥法國」一樣，負起反共復國的任務。[13]其時，美國所支持的第三勢力三腳架中之軍事基地首先成立，負責人是曾參加馬歇爾 3 人小組的蔡文治將軍，蔡當時已在沖繩島建立了第三勢力的軍事基地。蔡為湖北人，黃埔 9 期學生，陸軍大學將官班第 13 期畢業後，又到美國參謀大學深造，因其夫人是燕京大學學生，和司徒雷登有關係，因此美國選中了他。[14]

至於第三勢力的政治架構，美國亦在積極的物色適合人選，「代總統」李宗仁固是首選，以其在中國的聲望與號召力，及李本身擁有的桂系力量；再加上李自己也躍躍欲試，曾誇示在華南與兩廣仍有幾十萬的游擊武力追隨他，只要他登高一呼，勢必會群起響應，所以希望美國全力支持他。[15]除了李宗仁之外，美國其實全方位在網羅最適當的領袖人才，因此在五〇年代，張發奎、張君勱、張國燾、顧孟餘、許崇智、左舜生、李璜等過去在中國政壇上有一定知名度與影響力的人，都紛紛成為美國接洽與評估的人選。而這些人當中，又以「三張一顧」於 41 年 10 月 10 日所成立的「中國自由民主戰鬥同盟」（簡稱

[11] 凱文‧裴萊諾（Kevin Peraino）著、林添貴譯，《迅猛的力量-1949，毛澤東、杜魯門與現代中國的誕生》，同註 1，頁 200。

[12] 郭士，〈「自由出版社」滄桑史〉，陳正茂編著，《五○年代香港第三勢力運動史料蒐秘》，同註 5，頁 78。

[13] 郭士，〈「自由出版社」滄桑史〉，陳正茂編著，《五○年代香港第三勢力運動史料蒐秘》，同上註，頁 89。

[14] 兆立，〈蔡文治〉，王成斌、劉炳耀、葉萬忠、范傳新主編，《民國高級將領列傳》第四集（北京：解放軍出版社出版，1989 年 12 月 1 版），頁 550-559。

[15] Memorandum of Conversation, Subject：Political Thinking of General Li Tsung-jen, top secret, January26, 1951, inROCA, reel22.

「戰盟」）最具代表性，也成了美國在五〇年代推動第三勢力最主要的政治團體，後來的《聯合評論》也是這一脈絡的政治遺緒。[16]吉塞普在第三勢力的軍事基地和政治組織建立後，剩下來就是宣揚第三勢力理念的文化運動了。因此，在其與謝澄平接觸幾次後，了解到謝的意願與青年黨的全力配合，吉便以謝澄平為中心，建立了文化據點，在吉的心裏，以為只要將文化、軍事、政治的三腳架建好，第三勢力也就完成了，而反共復國的工作，也就有希望有寄託了。[17]而謝澄平在打通了美國路線，負擔了第三勢力的文化工作後，有了經濟來源，又有了真正的國際關係。而原本已山窮水盡的《自由陣線》週刊，在有了美援掖助後起死回生，其後改組為「自由出版社」，工作的業務範圍，也迅速增加展開。

在香港市面上，除了定期的《自由陣線》週刊外，一本一本的自由叢書、小冊子、文藝小說、漫畫集、專題研究、大學教本、名著翻譯……像後浪推前浪一樣，幾天一本，幾天一本，如潮湧上市，街上的報攤上，小販手中，也儘多的是自由出版社的出書，在香港這樣殖民地文化籠罩下，點燃了自由民主，反共復國的火把。其時，在香港市面上常看到的反共刊物，有丁文淵代表的《前途》（丁文淵已死，前途停刊）；顧孟餘、童冠賢代表的《大道》（已停刊）；張君勱代表的《再生》（已停刊）；孫寶剛、孫寶毅兄弟代表的《民主與自由》（已停刊）……等，但都不及自由出版社的聲勢浩大。[18]除了自由出版社之外，謝澄平又增加發展，創辦了許多的事業，計有：《英文雙週刊》、《中聲日報》、《中聲晚報》、田風印刷廠、平安書店、尚德英文書院、中共問題研究所、自由作家俱樂部、時代思潮出版社（由羅夢冊出面領導，實際由謝暗中支持）、《主流月刊》（由羅夢冊出面領導，謝澄平暗中支持）、「民主中國青年大同盟」的支持（即目前友聯出版社前身）、開展「民主獨立中國運動」（延攬了

---

[16] 陳正茂，〈書生從政的悲劇——顧孟餘政治活動之探討〉，《台北城市大學學報》第 37 期（民國 103 年 3 月），頁 249。

[17] 郭士，〈「自由出版社」滄桑史〉，陳正茂編著，《五○年代香港第三勢力運動史料蒐秘》，同註 5，頁 90。

[18] 郭士，〈「自由出版社」滄桑史〉，陳正茂編著，《五○年代香港第三勢力運動史料蒐秘》，同上註，頁 90-91。

張國燾、李微塵、羅夢冊、黃宇人、孫寶剛等……）。[19]總之，謝對吉塞普兌現了承諾，以香港為基地，把第三勢力的文化運動搞得有聲有色，論影響力其實不在軍事、政治運動之下。

三、第三勢力團體——多頭馬車互相競逐

基本上，美國當年對第三勢力的佈局，是多頭馬車進行的，除國務院與國防部外和中情局外，麥克阿瑟（Douglas MacArthur）在東京的「盟總」也扮演了重要角色。茲舉一例為證，當年亦參與第三勢力的程思遠即說到，他曾在張發奎寓所（香港藍塘道）參加一項座談，與會人士有李璜、顧孟餘、童冠賢和前廣西省主席黃旭初，李璜在會中報告說，他們青年黨的老朋友趙友松（疑誤，應該是趙毓松），已在東京與麥克阿瑟將軍取得聯繫，麥帥希望香港民主反共人士團結起來，在華南舉事，牽制中共，東京盟總可予支持。李璜又說，趙友松寫信給他，要他在香港策動，他認為機不可失，特向張發奎請教。張氏聽了即表示：「我在廣東沿海，還可號召若干軍人，但我們必須有一個政治組織，以為最高領導機構，否則我們就便成了盟總的屬下，一切聽美國人指揮，不足以號召他人；不過，此事必須絕對保密。」[20]

後來張發奎果真派了程思遠秘密走訪日本，然麥帥總部卻賞以閉門羹，但美國方面仍繼續和張氏接觸，由哈德曼其人負責聯絡，並稱第三勢力可在菲律賓的一個小島作基地，島上有營房和基地設備，可容數千人，要張氏先派 3 百人去進行籌備工作，但沒有下文。[21]對此，五〇年代於香港與第三勢力人物頗有來往的雷嘯岑即言：「從 1949 年秋冬之間起，由於美國民主黨政府不斷地鼓勵中國人搞『第三勢力』的政治活動，海隅華人社會中，常聞『第三勢力』之聲，一般知識份子對此多感興趣。其實何止是知識份子，更多的是失意政客

---

[19] 郭士，〈「自由出版社」滄桑史〉，陳正茂編著，《五〇年代香港第三勢力運動史料蒐秘》，同上註，頁 91。

[20] 林博文，《歷史的暗流——近代中美關係秘辛》（台北：元尊文化，1999 年 1 月初版），頁 113。

[21] 1950 年 12 月，張聽李璜之說，日本欲撥出一軍港作自由港，鼓勵香港工商界前去投資，亦可從事政治活動。張甚有興趣，遂遣黃旭初、青年黨趙毓松及程思遠去看看，後以無此事而不了了之。林博文，《關鍵民國——聆聽民國史的馬蹄聲》（台北：大塊文化，2013 年 6 月初版），頁 67。

與軍事將領參與其中，而最具代表性者即為張發奎與蔡文治二人。」[22] 誠然如是。茲將當年在香港或海外從事第三勢力運動的幾位重要領袖，敘述渠與第三勢力關係的經緯始末，從中亦可窺見美國在此運動中之無可取代的重要角色。

（一）老驥伏櫪的許崇智

當五〇年代第三勢力彌漫香江之際，許崇智雖脫離實際軍政已久，但在華南仍有一定的號召力，而許也興緻勃勃躍躍欲試，那時華南兩廣方面許多舊雨新知，均群集許之門下，如方覺慧、溫應星、張導民、關素人、劉震寰、丁文淵、上官雲相、彭昭賢、宣鐵吾、李微塵，張六師、毛以亨、金典戎、徐慶譽等；其中尤以宣鐵吾，彭昭賢，上官雲相等為其中堅份子，彼輩為許奔走策劃不遺餘力，而許亦勤於招待百般拉攏，因之其所接觸日漸擴展，寖寖然有匯合的趨勢。[23]有關許崇智組織第三勢力團體事，當年奉蔣之命赴港調查安撫的雷震，在其日記為我們留下彌足珍貴的第一手記錄，現按雷震日記的日期，了解許崇智與第三勢力及其周遭人物的活動。民國 40 年 1 月 31 日，〈雷震日記〉載：「訪朱新民，渠謂許崇智已組織中國反共民主同盟，參加者有彭昭賢、梁寒操、左舜生、方覺慧、上官雲相及宣鐵吾等人。」[24] 2 月 1 日：「訪舜生，晤談甚久，順便詢反共民主同盟之真相，渠謂業已參加，民社黨有伍藻池與王厚生，張發奎因有錢，怕事不敢參加。左認為許有革命性，認為台灣只來邀請似不夠，應該有具體辦法，予知其對反共民主同盟而言，但未加可否。」[25] 隔天 2 月 2 日：「再訪李幼椿，對舜生參加許汝為之組織甚不滿意，渠說許要二次來訪，均予拒絕。李謂許之組織有三個要角，即梁寒操、左舜生與宣鐵吾是也。」[26] 2 月 4 日：「訪彭昭賢，渠已參加許崇智之組織，認為這與台灣無礙，

---

[22] 馬五先生（雷嘯岑）著，《我的生活史》（台北：自由太平洋文化事業公司出版，民國 54 年 3 月初版），頁 164。

[23] 焦大耶（朱淵明），〈「第三勢力」全本演義：第三百六十一行買賣〉，陳正茂編著，《五○年代香港第三勢力運動史料蒐秘》，同註 5，頁 108-109。

[24] 傅正主編，《雷震全集》（33）（台北：桂冠版，1989 年 8 月初版），頁 23。

[25] 傅正主編，《雷震全集》（33），同上註，頁 24。

[26] 傅正主編，《雷震全集》（33），同上註，頁 26。

殊途而同歸，彼謂現候張君勱來港及美國人答復後即開成立大會。觀渠之談話，渠對此組織前途之光明深有信心，態度至為堅決。」[27] 2 月 5 日，雷震親訪許崇智，於日記談到：「下午訪許汝為，渠云大家鑒於局勢之必要，而有此組織，不反對台灣，台灣不應有誤解。」[28] 2 月 25 日：「訪任援道，任謂香港第三勢力這般人，心地不夠單純，故自己會衝突。許於本月七日會賀爾德，渠於八日見到，知道美國對許並不好，美方希望台灣以外有一黨的組織，但不必自己有武力，美人勸其組織。」[29]

任援道是汪偽時期「漢（奸）」字輩人物，其對雷震所言，有自抬身價之嫌，但他提到的許會見美國人賀爾德倒確有其事，只是名字有誤，應是哈德曼，而這也成了許首先成立第三勢力團體的關鍵。與許輩份不相上下的劉震寰，晚年於香港《春秋》雜誌曾披露若干秘辛，劉震寰說是五位美國專家，下榻旭龢道 15 號「外國記者俱樂部」，由許崇智（劉以退隱老帥稱之）出面邀集中國方面朋友，在俱樂部裡召開了一次會議。會議由許任主席，五位美國朋友提出他們幾點意見：

1.美國站在同情中國的立場，願使用美國外交的影響力，在海外替中國尋找一處基地（暗示在菲律賓），俾中國第三勢力人士作訓練及活動之用。所有第三方面人士到基地去的應辦手續——如外交交涉、私人護照等，美國均願加以協助。至於第三方面人士前往該基地的交通工具，及到達該島後的生活費用等，美國亦願全部負責。2.對於曾經接受美國遠東總部援助，已在沖繩島進行訓練的蔡文治將軍，在第三方面人士執行任務後，美國亦願盡最大努力，使其合併在第三方面的組織以內。3.對於旅居美國紐約的李宗仁先生，是否應該加入這一組織，美國方面沒有意見，一切聽候香港同仁方面自作決定。不過，站在美國朋友的立場，他們非常希望這一組織，能夠盡最大可能，容納各方面的反共救國人士。4.對於工作的開展，美國願意暫盡綿薄，先以 50 萬美元做開辦費用。以後的經費，他們希望港方同仁提供預算。劉說：美國這五位專家，有政治部門的，有經濟部門的，有軍事部門的，有文化部門的，有生產部門的，

---

[27] 傅正主編，《雷震全集》（33），同上註，頁 27。

[28] 傅正主編，《雷震全集》（33），同上註，頁 29。

[29] 傅正主編，《雷震全集》（33），同上註，頁 50。

包括的範圍非常廣泛。受到香雅各（Dr.JamesMcCure Henry）的指示。[30]

逢此難得機會，許當然表現的非常積極，許逐一聯絡了童冠賢、彭昭賢、張國燾、宣鐵吾、上官雲相、胡宗澤、梁寒操、方覺慧、張任民、伍憲子、伍藻池、王厚生、金侯城、左舜生、顧孟餘、王正廷、任援道、鄧錦章、趙立武等人，發起組織了「中國民主反共同盟」。[31]有關該盟之情況，國民黨內部的蒐集檔案最能反映出，據雷震與洪蘭友二氏於民國 40 年呈給蔣介石的報告言：「關於所謂第三勢力問題，實際上僅有許崇智、謝澄平、孫寶剛等少數分子，其中以許之集團聲勢比較浩大。一面聯絡各黨派首領網羅本黨失意分子，一面與美國接觸，對兩廣游擊隊保持聯繫（與大陸六個電台通報，英方並利用以竊取情報）。」[32]在「中國自由民主戰鬥同盟」（以下簡稱「戰盟」）未成立前，該盟算是香港較大的第三勢力團體，參加的人也很多，如彭昭賢、張國燾、宣鐵吾、上觀雲相、胡宗鐸、梁寒操、方覺慧、張任民、伍憲子、伍藻池、王厚生、金侯城、左舜生、顧孟餘、王正廷、任援道、鄧錦章、趙立武和謝澄平等人。」[33]

許的「中國民主反共同盟」之成立與香港的美國領事館有接洽，許揚言內有各黨派參加，外有美國援助，美國領事館亦信其有各黨派參加。[34]許曾告訴

---

[30] 金典戎，〈西南老將劉震寰傳記之十：最初在香港搞第三勢力內幕〉，《春秋》175 期（香港：1964 年），頁 3-4。

[31] 〈許崇智領導「中國民主反共同盟」發展現況〉，《總裁批簽》，台（40）（改密室字第 0083 號，1951 年 2 月 23 日），黨史會藏。〈「民主反共同盟」集會情形〉，《總裁批簽》，台（40）（改密室字第 0124 號，1951 年 3 月 23 日），黨史會藏。

[32] 〈分呈總統蔣中正、行政院長陳誠第三次報告〉（總報告：40 年 3 月 5 日），《雷震全集——給蔣氏父子與軍監牢頭的抗議信》（27），頁 34-35。1951 年 1 月 31 日，「雷震與洪蘭友前往香港，此行最重要的目的是調查『第三勢力』的情況，這是當時國民黨最為關切的事，其重點在『第三勢力』的經費是否來自於美國？有哪些人參加？國民黨原高級幹部中又是哪些人？」范泓，《民主的銅像——雷震先生傳》（台北：秀威版，2008 年 4 月 1 版），頁 158。

[33] 〈許崇智領導「中國民主反共同盟」發展現況〉，《總裁批簽》，台（40）（改密室字第 0083 號，1951 年 2 月 23 日），黨史會藏。〈「民主反共同盟」集會情形〉，《總裁批簽》，台（40）（改密室字第 0124 號，1951 年 3 月 23 日），黨史會藏。

[34] 雷震，〈給蔣中正與陳誠等的第二次赴港報告、建議〉（民國 40 年 2 月 10 日），傅正主編，《給蔣氏父子的建議與抗議》，《雷震全集》（27）（台北：桂冠版，1990 年 9 月初版），頁 24-25。

李登同，「美國方面將幫助彼反攻大陸，而助台只不過為防守台灣。」[35]「中國民主反共同盟」事實上並未有重要的政治活動，只是許和其身邊一些人的一個小團體。不久，張發奎與許不合，另找顧孟餘合作，欲組新政團，美方雖介入協調，仍無結果。後美國亦知許並無多大號召力，所提計劃也不切實際，故棄許而支持張、顧。而原擬參加「中國民主反共同盟」之人，也見風轉舵轉而追隨張、顧。[36]許為與之對抗，曾聯合汪偽時期失意政客如鮑文樾、汪嘯崖、任援道等組「中華自治同盟委員會」，許自任委員長，下設行政、軍事兩委員會，由許及任援道分別負責。該會標榜反共反台，曾與美國聯邦調查局駐日聯絡組合作，在香港召募幹部送往菲、日等地受訓。許之組織因得不到第三勢力人士的支持，旋即解散。[37]

（二）妄想做中國戴高樂的蔡文治

民國 38 年 4 月南京失守後，國防部作戰廳廳長蔡文治以所提計畫不為長官湯恩伯所納而負氣離職，原欲南下組織游擊隊，擬用海上補給，再利用香港作為補給走廊，以長期抵抗解放軍南下，此計畫得到馬歇爾的得力助手、駐華領事館參贊蕭泰（Fred Scholtus）的支持，蕭泰呈交司徒雷登大使上報美國國務院，順利獲得美國國會批准。詎料計畫還來不及實施，共軍已席捲華南，游擊隊被迫轉入地下，部分則到了香港。[38]司徒雷登（John Leighton Stuart）返美後，名為參贊的中情局遠東情報負責人蕭泰移駐香港。39 年 6 月「韓戰」爆發後，美國陸軍戰略情報部擬設立一個臨時性質的「敵後工作委員會」，配合中情局組建中國大陸情報網，急需物色一名既反共又反蔣且精通英語的中國

[35] 雷震，〈給蔣中正與陳誠等的第二次赴港報告、建議〉（民國 40 年 2 月 10 日），傅正主編，《給蔣氏父子的建議與抗議》，《雷震全集》（27），同上註。

[36] 「當時許要求美方供給 8 師槍械，組織軍隊。美方曾笑問許，此批槍械在何處交貨，知其不足成事，故決定放棄許崇智，專一支持張、顧 2 人，由張主持軍事，顧主持政治。」陳三井，〈蔣介石眼中的海外自由民主運動〉，《「蔣介石與現代中國再評價」國際學術研討會》論文集（下冊）（台北：中央研究院近代史研究所主辦，2011 年 6 月 27-29 日），頁 594。

[37] 〈許崇智在港活動〉，《總裁批簽》，台（40）（改密室字第 0614 號，1951 年 12 月 22 日），黨史會藏。

[38] 兆立，〈蔡文治〉，王成斌、劉炳耀、葉萬忠、范傳新主編，《民國高級將領列傳》第四集（北京：解放軍出版社出版，1989 年 12 月 1 版），頁 550-559。

將領，來協助美國訓練一支部隊滲入大陸，展開反共游擊戰爭與蒐集軍事情報。蔡文治即在符合美國的基本條件下雀屏中選，蔡向蕭泰吹噓其在大陸有百萬之眾的游擊戰士，唯一欠缺的是金錢與武器，蔡要求美方提供海外基地，俾便從事訓練補給的工作。[39]蕭雖對蔡說詞有所保留，但雙方仍一拍即合，蕭將呈文遞交國務卿艾奇遜（Dean Gooderham Acheson）批准，所需經費由美國陸軍戰略情報部臨時費用項目下支應，雙方用「敵後工作委員會」名義簽署。這一臨時性秘密機構，被美國國務院與國防部稱為「亞洲抵抗運動」，其後，蔡將其改名為「自由中國運動」，模仿戴高樂於二戰期間在英國所成立的「自由法國」行動，而蔡亦幻想其能成為中國的戴高樂。[40]

然基本上，蔡其實只是美軍華籍顧問，但滿腦子領袖慾望的蔡，儼然將自己視為美援下，反共又反蔣的第三勢力領袖人物自居，而其所領導的自由中國運動，這股標榜於國、共之外的第三勢力，讓蔡飄飄欲仙的想像在五〇年代，其是與蔣、毛鼎足而三的重要領袖。[41]民國 38 年之後，美國所支持的第三勢力在東亞建立了一個複雜的網絡，由美國情治單位、東京的「盟總」、自由亞洲委員會（The Committee for a Free Asia，43 年改組為亞洲基金會【The Asia Foundation】）負責，支持在香港、日本、菲律賓等地建立反共的政治、軍事組織。[42]而在五〇年代初期，美國已暗中援助由蔡文治所領導的「自由中國運動」，為具體落實美方政策，民國 40 年，蕭泰代表美方還與蔡文治簽訂了《敵後作戰合約》。[43]

[39] 蔡因與美方長期接洽的良好背景，因此當他們以組訓游擊隊做為政治資本爭取美援時，很快便得到美方的重視與信任。民國 40 年初，美國國務院正式批准了這一個組織的成立，由援助非共中國一般地區的專款中，撥出固定經費，在香港美國領事館直接支付，對國務院負責，與國防部合作。〈自由中國之情報〉，《總裁批簽》，台（40）改密室字第 0351 號（1951 年 8 月 15 日），黨史會藏。〈「自由中國運動」有關情報簡述〉，見中國國民黨中央改造委員會第 231 次會議紀錄—附件（1951 年 10 月 29 日），黨史會藏。

[40] 胡志偉，〈「自由中國抵抗運動」的開場與收場〉《傳記文學》第 93 卷第 6 期（民國 97 年 12 月），頁 46。

[41] 胡志偉，〈「自由中國抵抗運動」的開場與收場〉，同上註，頁 56。

[42] 黃克武，〈顧孟餘與香港第三勢力的興衰（1949-1953）〉，《二十一世紀雙月刊》總第 162 期（2017 年 8 月號），頁 48。

[43] 胡志偉，〈「自由中國抵抗運動」的開場與收場〉，同註 40，頁 46。

合約簽完後的當務之急，就是立即展開招兵買馬的行動，蔡向美方吹牛其有多少人脈，擁有多少大陸游擊武力，這些都需要用事實來證明。蔡的觀念「重賞之下必有勇夫」，所以在金錢掛帥的前提下，蔡積極的在香港延攬人才。據青年黨領袖李璜的《學鈍室回憶錄》述及蔡文治時說：「蔡得美國人信任，予以大量美金，在沖繩島美軍基地設立黨政軍機構，自稱海陸空軍總司令，並設有軍事訓練班，又政治部及什麼黨之類，一時開府建制，儼然獨立一軍國也。但此光棍總司令連幹部都沒有，於是用美金來香港招收逃難之大陸軍人，凡曾在國軍任過軍職者，以官階大小而分別致送每月美金三百至六百元不等，因之若干正在走投無路的落難軍官乃忽然得到天外飛來之橫財，他也來信聘我為高等顧問，寫明月致車馬費美金若干。」[44]李璜所言的情況，應該就是蔡文治得到美援後，在香港到處撒錢物色人才的真實寫照。

民國 40 年，美國中央情報局透過「盟總」第二處，撥出東京神奈川茅崎鎮上一座兵營的幾幢木屋充作「自由中國運動」的總部，總部第一處主管人事與訓練者，是由蔡的陸大同學張雪中擔任處長，張黃埔一期，官拜中將。而作戰學校校長為林湛，化名文鼎貴，曾為 63 軍軍長，國防部中將部員，是蔡的老同事，也是張發奎的親信之一。另外，美方也派一名少校及幾名助手協助蔡籌辦來自香港的受訓人員之接待工作。與蔡熟識的劉永昆自香港來歸，出任總部通訊學校校長，蔡夫人吳佩琪出任通訊學校英文教官。蔡則化名吳定，自稱長官，按照美方規劃，自由中國總部設在東京，倉庫後勤設在沖繩，軍政幹部學校設在塞班島上。[45]蔡的自由中國運動，最值得一提的是「自由中國運動軍政幹部學校」，「韓戰」爆發後，中共打著「抗美援朝」旗幟，跨過鴨綠江悍然出兵入韓，此舉使得美方始料未及大為震撼，也直接促使美國中情局與駐日東京「盟總」，積極尋求在中國大陸重建情報網組織，於是便有組建亞洲的敵後抵抗運動之舉，美國選擇了太平洋上的塞班島，設立亞洲抵抗運動學校，「自由中國運動軍政幹部學校」就是在美國的支持贊助下，於民國 40 年成立於塞班島。該校位於島的南端一處平原上，原本是美軍營房，設備完善齊全，連醫

---

[44] 李璜，《學鈍室回憶錄》下卷（香港：明報月刊社出版，1982 年元月初版），頁 723。

[45] 胡志偉，〈「自由中國抵抗運動」的開場與收場〉，同註 40，頁 50-51。

院、戲院都有。[46]

在美國人的壓力下，蔡與張發奎曾有短暫的合作，張在其《回憶錄》曾說：「美國人正在幫我們搞組織，為什麼他們又突然扶植蔡文治？黃秉衡出任蔡文治駐港代表，正準備在大陸開展遊擊戰爭。蔡本人在沖繩，吩咐黃與我們建立聯繫。美國人很希望我們同蔡文治合作，蔡既反共又反蔣；我們則既反共又不支持蔣。杜魯門政府的政策是支持反蔣又反共的人士，也支持反共而至少不支持蔣的人士。我們同蔡文治合作，顧孟餘派了胡越去沖繩擔任他的秘書，他是友聯的成員。」[47]張說：「他向美國人建議，派遣優秀的青年軍人與知識份子去沖繩受訓，美國人接受我的建議，同意提供政治訓練，在訓練期間，每位成員可以支領月薪一百美元以上，美國人規定受訓者必須是未婚人士。」[48]張又說，「彼時童冠賢負責考核年輕知識份子，廖秉凡負責對青年軍人的考核，考核以對方思想確信不是共產黨滲入的特務為最重要的標準，我們大概送了 80 名青年去沖繩，這些年輕人來自全國各地都有。雖然名義上由蔡文治負責整個沖繩訓練項目，但實際上財政、訓練等一切都由美國人主宰。美國人要在香港尋找一批東北籍青年，以便訓練後空投東北從事情報工作。蔡文治叫黃秉衡在香港招聘志願者，許多青年被優厚待遇所吸引，冒充是東北籍人士同意受訓後空降回鄉。」黃秉衡告訴張，「在大陸潛伏的游擊隊將響應他們的登錄行動，黃還向張出示大陸游擊單位的組織圖表及首領名單，涂思宗負責廣東省的游擊作戰，劉震寰負責廣西。他們予美國人一種印象，地下工作已經在廣東全省布建，既然確有其事，他們將派遣空降部隊與無線電裝備去獲取情報。美國人太天真了，我知道蔡文治所聲言的一切都是虛假的。涂思宗口中的游擊隊都是不存在的單位，劉震寰在廣西根本沒有一兵一卒。涂思宗欺騙蔡文治，蔡又欺騙美國人。」[49]

---

[46] 陳復中，〈熱血男兒淚灑塞班島，反共志士魂斷長白山——「自由中國抵抗運動」的風流雲散〉，《歷史月刊》第 181 期（民國 92 年 2 月 5 日），頁 56-57。

[47] 張發奎口述，鄭義翻譯/校註，《蔣介石與我——張發奎上將回憶錄》（香港：文化藝術出版社出版，2008 年 5 月第 1 版），頁 495。

[48] 張發奎口述，鄭義翻譯/校註，《蔣介石與我——張發奎上將回憶錄》，同上註。

[49] 張發奎口述，鄭義翻譯/校註，《蔣介石與我——張發奎上將回憶錄》，同上註，頁 496。

民國 41 年春，當時同時接受美國情報系統暗助的「自由中國運動」與「戰盟」兩股力量，在美方居間撮合下，曾一度嘗試攜手合作，由張發奎在港、澳一帶負責招募來自華南地區的流亡青年，送往沖繩島接受蔡文治領導的「自由中國運動」所屬各學校進行密集訓練，作為日後籌組游擊部隊的生力軍。儘管如此，在張的指示下，或者說是在美方的壓力下，「戰盟」的幾位重要成員幹部仍於是年秋天前往沖繩，參與並協助「自由中國運動」訓練游擊人員的計畫。有了「戰盟」人士參與，名義上由蔡文治領導的敵後游擊工作，開始展開具體對大陸的空投與突擊。[50]41 至 42 年間，在美方軍事情報系統支持下，「戰盟」與「自由中國運動」曾經自香港與日本發動幾次對中國大陸極為失敗的游擊與敵後空投任務。民國 41 年初夏，「戰盟」的軍事部長鄧龍光召集訓練了 70 餘名前粵籍軍人，在美方協助下，取得兩艘機動船，由鄧龍光的舊部陳深率領，從香港最南端的蒲台島向廣東西南地區出發，然因碰到暴雨又因美方運送武器船隻沒如期出現，只好無功折返。[51]41 年秋，蔡持續不斷的向美方吹噓，他仍牢固的掌握中國大陸各地的敵後人員，一旦自由中國運動發動敵後行動，將可與大陸內部的敵後人員裡應外合。美方對此深信不疑，因此在美方技術與經費支持下，一批批在沖繩與塞班島結訓的學員回到日本後，於該年底起的半年內，先後被安排空投到中國大陸湖南、安徽、江西、湖北、廣東、海南島與東北長白山區，這些敵後人員最後不是下落不明，就是遭到中共當局逮捕處決，美方期待這些空投任務能夠引燃中國大陸的反抗浪潮，建立廣大根據地，並擴大反共游擊武裝力量，終究是一場不切實際的幻想。[52]

（三）首擊《自由陣線》的謝澄平

有關《自由陣線》集團的興起，可追溯到民國 38 年李宗仁「代總統」期間，時國府大勢已去，李宗仁於離國前夕，紛紛對有關的政治人物和政治團體，大放交情極力拉攏，青年黨亦透過總統府秘書長邱昌渭（邱早年為青年黨員），

[50] 林孝庭，《台海・冷戰・蔣介石：解密檔案中消失的台灣史 1949-1988》，同註 7，頁 91-92。

[51] 張發奎口述，鄭義翻譯/校註，《蔣介石與我——張發奎上將回憶錄》，同註 47，頁 497。

[52] 陳復中，〈熱血男兒淚灑塞班島，反共志士魂斷長白山——「自由中國抵抗運動」的風流雲散〉，同註 46，頁 58-60。

分到兩萬銀元（一說三萬元）。這筆錢即由謝澄平以團體名義領到，謝即以這筆錢籌辦了《自由陣線》週刊，首擎自由、民主、反共的火炬。[53]當年謝辦《自由陣線》最困窘的是經濟情況，為籌措財源《自由陣線》亦曾向台灣的國民黨當局請求補助，獲得應允，後因該刊言論轉趨激烈，國民黨因此停止補助，這可說是《自由陣線》最慘淡艱困的時期。[54]然就在雜誌社舉債度日，「山窮水盡」之時，謝卻忽然戲劇性的搭上美國路線，使得《自由陣線》有如枯木逢春般，「柳暗花明又一村」了。就在《自由陣線》面臨停刊命運之際，「及時雨」出現了，時美國巡迴大使吉塞普正在香港，謝透過管道與其見面時，知其曾任哥大教授，遂以曾留學哥倫比亞大學，執弟子之禮甚恭而獲吉氏好感，吉氏答應以「亞洲基金會」名義，給予每月兩萬美元的補助。[55]

關於此事經緯，郭士在〈自由出版社滄桑史〉提到：「事情緣於一日，謝從外面回來對何魯之說：其在輪渡上巧遇民社黨的一位友人盧廣聲，盧告知美國遠東區最高政治幕後負責人尤金正在香港。此公頻繁來往於東京、香港、馬尼拉之間，積極物色自由民主人士，想在國、共之外，培養一個中間的力量。澄平聽後速將此事就商於何魯之，何贊成其積極採取行動。未幾，澄平隨即到花園道美國駐香港領事館求見尤金，出來接見者為 S 君，S 君告知尤金已去東京，有何事與其接洽是一樣的。而此代號為 S 君者，不是別人，即為美國巡迴大使吉塞普是也。因此從 1950 年元月起，澄平即頻繁與吉塞普晤面，一談之下，方知謝於哥倫比亞大學留學時，吉塞普正在哥大任教，有此淵源，雙方遂互有好感。原來謝欲找的尤金，不過是吉塞普的副手，真正美國在東南亞政治最高的幕後負責人，正是吉塞普。由此澄平對吉塞普執弟子之禮甚恭，而獲

---

[53] 陳正茂，〈第三勢力運動史料述評：以《自由陣線》週刊為例〉，見陳正茂編著，《五0年代香港第三勢力運動史料蒐秘》，同註 5，頁 19-20。

[54] 國民黨給錢之記載，見〈雷震日記〉（1950 年 4 月 8 日、5 月 10 日、6 月 10 日、6 月 16 日、8 月 11 日），收入傅正主編，《雷震全集》（32）（台北：桂冠版，1989 年 5 月初版），頁 80、103、123、127、163。

[55] 雷嘯岑曾說到：「有青年黨人謝君，原係留學美國哥倫比亞大學出身的，亦曾晉謁吉氏，自告奮勇，願意搞第三勢力運動。談次即是說他在『哥大』教過書，謝君即執弟子禮如儀，旋以鄭板橋所繪梅花真蹟一幅，致送吉氏作贄敬。於是，吉氏乃拒與張國燾、丁文淵二人接洽，而以全力支持謝君的第三勢力運動，歷時十年以上，花錢不在少數。」雷嘯岑，《憂患餘生之自述》（台北：傳記文學出版社，民國 71 年 10 月初版），頁 170。

吉氏好感，吉氏答應以亞洲基金會名義，給予每月兩萬美元的補助。」[56]

至於謝與吉氏接洽的詳情，當年亦參與第三勢力運動的張葆恩，於謝澄平逝世後的追悼文章中，曾披露其內容。張說：「謝與 S 君多次會談後，雖然對彼此的企圖心照不宣，但也不得其門，交換問題雖然廣泛，但具體問題仍無著落。於此同時，S 君也積極接觸其他民主自由人士，如李微塵、孫寶毅、張國燾、黃宇人等。其時，蔡文治透過司徒雷登關係已在沖繩建立軍事基地，所謂第三勢力的軍事重點已經建立了，而文化重點與政治重點尚未完成，S 君心情著急，謝澄平更心急如焚。」[57]不得已，謝只有請何魯之出馬，在中環與 S 君晤面，S 君多次詢問何魯之對國、共兩黨領袖之看法及美蘇世界局勢之意見，何均能坦誠以告，由是漸獲 S 君賞識。就在第三次會談後，S 君決定金援青年黨的《自由陣線》，支持青年黨在文化思想上的反攻。最後敲定以《自由陣線》週刊和美方合作，先從文化方面做起，建立重點，由文化運動，發展到政治運動，再進而及於軍事的運動，形成第三勢力的整體架構，以達成反共復國的使命。」[58]《自由陣線》至此乃由謝澄平接手，並擴大規模辦了「自由出版社」及《中聲日報》、《中聲晚報》等刊物，形成所謂的《自由陣線》集團。該集團核心人物除謝澄平外，尚包括何魯之、丁廷標、劉子鵬、于平凡、史澤之、易重光、樓文毅、許子由、張葆恩、左幹忱等人。[59]

謝在以《自由陣線》集團初試啼聲獲得美國信任後，更有了籌組政治組織的野心，然就在謝準備籌組團體之際，又出現一位 H 先生（可能是哈德門），此公支持張發奎，因張主持廣州行營時與其有接觸，H 先生是美國中情局的華南首腦；S 君則是華中的負責人。H 先生積極鼓動張發奎「出山」，但張發奎以自己是軍人不懂政治，乃向 H 先生推薦顧孟餘。顧為北大老教授，抗戰時曾任中央大學校長，早年任過鐵道部長，曾經與陳公博號稱汪精衛的左右手，

---

[56] 郭士，〈「自由出版社」滄桑史〉，見陳正茂編著，《五0年代香港第三勢力運動史料蒐秘》，同註 5，頁 76-78。

[57] 張葆恩，〈大時代的悲劇人物——悼念謝澄平老哥〉（中），《全民半月刊》第 14 卷 8 期（民國 81 年 11 月 10 日），頁 16-19。

[58] 張葆恩，〈大時代的悲劇人物——悼念謝澄平老哥〉（中），同上註。

[59] 〈關於共匪及第三勢力在港活動與我方今後工作部署之建議〉，《總裁批簽》，台（48）央秘字第 093 號（1959 年 5 月 5 日），黨史會藏。

是「改組派」的大將。而張發奎過去在國民黨內的派系關係，一向比較親近汪精衛的。顧、張二人戰時均未隨汪落水，保留一身清白，此刻香港重逢，一文一武，擔負起第三勢力的政治領導責任，於是第三勢力終於形成所謂的「顧、張」聯合領導的局面，且欲組織新政團。[60]澄平為此事曾請詢S君，S君建議澄平與渠合作，澄平最後見了H先生，也引薦顧孟餘見了S君，此為美國推動中國第三勢力雙頭馬車的局面。S君支持謝澄平；H先生力挺顧、張，為避免力量分散，澄平一派基於第三勢力大聯合的考量，遂放棄自組政團，轉而加入張、顧新政團的籌組工作，此即日後的「中國自由民主戰鬥同盟」組織（以下簡稱「戰盟」）。[61]「戰盟」成立後，謝澄平、何魯之等雖以青年黨代表列名其中，然《自由陣線》仍維持其獨立運作，在整個五〇年代第三勢力運動中，仍擁有相當實力。[62]

（四）「二張雙人組合」——張發奎與張君勱

五〇年代香港第三勢力的領頭羊，在香港實際的領袖為張發奎，代表第三勢力在美國的為張君勱。張對組織「第三勢力」異常熱心，據張《回憶錄》記載，其與第三勢力運動的因緣際會，美國的力量乃是主要的因素。張說：「1950年，有一天，尤金•王告訴我，廣州嶺南大學原校長香雅各（Dr. James McClure Henry）想見我，我認識這個美國人已久，算是老友了。張告訴香雅各，他想創建一個新的秘密政治組織及一支新軍。為了開拓未來，必須組訓青年群眾。我們在香港必須凝聚一批人作為重新振足的核心力量。張提到顧孟餘、童冠賢、張國燾、李璜、李微塵和伍憲子等重要人物。香雅各則談起張君勱、許崇智。張說他拒絕香雅各的組織游擊戰之議，但作為一個軍人，他仍然堅持要組建新生力量，此後外界稱之謂「第三勢力」。張認為，美國人挑中了他，是因為他身份地位超過一般的流亡人士，港英當局對他相當禮遇。」香雅各聽後對

---

60 張葆恩，〈大時代的悲劇人物——悼念謝澄平老哥〉（中），同註57，頁18-19。

61 陳正茂，〈50年代香港第三勢力的主要團體：「中國自由民主戰鬥同盟」始末（1952--1955〉，同註8，頁445。

62 萬麗鵑，〈一九五○年代的中國第三勢力〉，（台北：國立政治大學歷史學系研究部博士論文，民國90年7月），頁29。

張表示，其回美後會轉達張的意思，美國人甚願有機會幫忙他。[63]

果不其然，民國40年1月，香雅各介紹的哈德曼已到香港與張見面，哈氏表示：美國人民同情居留海外各地之中國人士，一方面反共抗俄，一方面主張民主自由，切願以極大助力支持此等人士，使形成一有組織力量，在中國政治上發生推動作用。[64]美方既明確表態，張也覺得該有一組織以為因應，為將第三勢力發展成一個正式組織，張不斷催促顧孟餘、童冠賢、張國燾、黃宇人、上官雲相、彭昭賢和李微塵等人起草組織法。[65]而張自己也網羅一批成員如顧孟餘、童冠賢、周天賢、黃如今、任國榮（國民黨）；張君勱、李微塵、王厚生、羅永揚、劉裕略、伍藻池（民社黨）；李璜、劉子鵬、謝澄平、翁照垣（青年黨）；張國燾、龔楚（有中共背景者）；丘學訓、李琳（第三黨，又稱農工黨）；伍憲子（民憲黨）及程思遠、張威遐、林茂、李新俊（桂系）等人。[66]

在籌備階段，張先行設立一個「執行委員會」，由張發奎、張君勱、顧孟餘、童冠賢、周天賢、黃如今、任國榮、李微塵、伍藻池、張國燾、伍憲子所組成。其中由張與伍憲子、顧孟餘三人組成常務委員會。[67]另外，也設立以下部門：組織部：部長任國榮。財政部：部長鄒安眾。政治部：部長周天賢。軍事部：部長鄧龍光。華僑事務部：部長韓漢藩。宣傳部：部長黃如今。秘書長李微塵。[68] 由於美方催的緊，張、顧等於聆取美方代表意見後，旋即表示願接受美方援助積極展開工作，首先決定第三勢力為一反共抗俄各黨派之聯合陣線，其步驟先由彼時在港的各黨派推出代表若干人，再由張、顧邀請參加座談交換意見，最好則成立籌備會，並推選出常務委員主持會務，和負責與美方簽署協定事宜。

基此原則，張等先提出一組八人名單，計張發奎、顧孟餘、李璜、張君勱、伍憲子、童冠賢、張國燾、黃旭初等八人。嗣美方以人數過少，不足以反映各

---

[63] 張發奎口述，鄭義翻譯/校註，《蔣介石與我——張發奎上將回憶錄》，同註47，頁480。

[64] 張發奎口述，鄭義翻譯/校註，《蔣介石與我——張發奎上將回憶錄》，同上註，頁483。

[65] 張發奎口述，鄭義翻譯/校註，《蔣介石與我——張發奎上將回憶錄》，同上註，頁487。

[66] 張發奎口述，鄭義翻譯/校註，《蔣介石與我——張發奎上將回憶錄》，同上註，頁485-487。

[67] 張發奎口述，鄭義翻譯/校註，《蔣介石與我——張發奎上將回憶錄》，同上註，頁489。

[68] 張發奎口述，鄭義翻譯/校註，《蔣介石與我——張發奎上將回憶錄》，同上註，頁490。

黨派力量，張、顧乃又提出 25 人名單，分別為張發奎、顧孟餘、童冠賢、許崇智、上官雲相、彭昭賢、宣鐵吾、張純明、張國燾、何義均、黃宇人、黃如今、甘家馨、黃旭初、徐啟明、周天賢（以上國民黨）；張君勱、伍憲子、伍藻池、王厚生、李微塵（以上民社黨）；李璜、左舜生、謝澄平、何魯之（以上青年黨）。[69]25 人名單出爐後，張旋於民國 40 年 5 月 11 日邀請大家見面，並宣示建立組織之必要。後因內部意見紛歧，未能取得共識，於是又有 6 月 2 日的聚會。[70] 除原則上決定凡係反共人士不屬於台灣者，一律邀其參加，會中並推張發奎、顧孟餘、伍憲子三人為組織成立前對外折衝的代表。[71]所謂 25 人代表，初期因成員都各有考量，意見復不一致，最後張、顧欲籌建第三勢力聯合陣線之企圖，不得不終歸沈寂。[72]民國 41 年 3 月 23 日，民社黨主席張君勱應張發奎邀，由印度經澳洲抵香港，在與張發奎、顧孟餘、李璜、張國燾、李微塵、童冠賢、金侯城、毛以亨、伍藻池等晤面後，沈寂一時的第三勢力運動又掀起一波高潮，彼等決定成立一具體組織，此即其後的「戰盟」是也。[73]

「戰盟」在民國 41 年 10 月 10 日正式宣布成立，同日，台灣國民黨正召開「七全大會」，選擇這一天成立，頗有與台灣唱對台戲的意味。[74]「戰盟」以張發奎、顧孟餘、張君勱、童冠賢、張國燾、李微塵、宣鐵吾等七人為中央委員；以甘家馨為秘書組長、周天賢為組織組長、涂公遂為宣傳組長、黃如今、何正卓、邵鏡人、王孟鄰等也分配在各組工作。[75]為具體凝聚第三勢力的團結，

---

[69] 〈對顧張等醞釀第三勢力近況報告〉，（中國國民黨中央改造委員會第 150 次會議紀錄，附件，1951 年 6 月 7 日），黨史會藏。

[70] 萬麗鵑，〈一九五○年代的中國第三勢力〉，同註 62，頁 41。

[71] 〈港澳政治活動〉，見《總裁批簽》，台（40）（改秘室字第 0272 號，1951 年 6 月 27 日），黨史會藏。

[72] 陳正茂，〈五○年代香港第三勢力的主要團體：「中國自由民主戰鬥同盟」始末（1952--1955）〉，同註 8，頁 448。

[73] 陳正茂，〈五○年代香港第三勢力的主要團體：「中國自由民主戰鬥同盟」始末（1952--1955）〉，同上註。

[74] 周淑真，《1949 飄搖港島》（北京：時事出版社出版，1996 年 1 月 1 版），頁 307。

[75] 〈民主戰鬥同盟活動〉，見《總裁批簽》，台（42）（改秘室字第 0128 號，1953 年 4 月 11 日），黨史會藏。〈民主戰鬥同盟糾紛〉，見《總裁批簽》，台（42）（改秘室字第 0128 號，1953 年 4 月 11 日），黨史會藏。

42 年初，李宗仁、張君勱分別由美國致函給在港的「戰盟」領導人，呼籲團結港、澳各組織。[76] 為此，張發奎又做了擴大組織並擴充人事的安排：中央委員會委員有張君勱、顧孟餘、張發奎、張國燾、許崇智、童冠賢、宣鐵吾、龔楚、蔡文治、謝澄平、劉震寰、黃旭初、程思遠、李微塵、李大明等 15 人。張君勱、顧孟餘、張發奎、張國燾、許崇智五人為常務委員；李微塵為秘書長。中央軍事委員會委員長為張發奎，副委員長蔡文治；中央政治委員會委員長顧孟餘；中央文化宣傳委員會主席張國燾，副主席謝澄平；組織部部長顧孟餘兼，副部長龔楚；青年部部長黃宇人，副部長彭昭賢；對外聯絡部部長程思遠、副部長梁友衡。[77]這些人都是之前「自由民主大同盟」的人馬，但仍以顧孟餘和張發奎的人馬居多，且因青年黨及許崇智（許後來才勉強加入）並未參加，故嚴格言，還談不上是第三勢力的大聯合。[78]

「戰盟」對外宣布成立後，即由該盟駐美代表張君勱向美國司法部登記，並委請張氏在美尋求外援。[79]張氏之所以有此條件，乃因其與司徒雷登有舊，和馬歇爾的友誼，尤其是杜魯門對他頗為敬重，於是第三勢力中的人們，日夕盼張赴美爭取美援。[80]張赴美後，美國那時政治氣氛異常，與張在南洋及香港一帶所想像的大不相同，為加強活動力量與便於摸索門徑，張由紐約赴華府時，特請溫應星為嚮導，溫為美國西點軍校出身的軍人，與馬歇爾、布萊德雷等均有舊，兩人抵達華盛頓後，先行拜訪駐華大使司徒雷登，並由司徒代向馬歇爾約期訪晤。馬歇爾接見張氏，賓主之情極為誠摯；但馬歇爾對中國政治，始終避而不談。張提出請教，馬歇爾謂此事在美國大選揭曉之前，無可奉談，

---

[76] 〈港第三方面醞釀結合〉，見《總裁批簽》，台（42）（改秘室字第 0157 號，1953 年 5 月 2 日），黨史會藏。

[77] 司法行政部調查統計局第六組編，《中國黨派資料輯要》中冊（台北：出版項不詳，1962 年），頁 256。另見〈民主戰鬥同盟活動〉、〈民主戰鬥同盟糾紛〉，見《總裁批簽》，台（42）（改秘室字第 0128 號，1952 年 4 月 11 日），黨史會藏。

[78] 陳正茂，〈五○年代香港第三勢力的主要團體：「中國自由民主戰鬥同盟」始末（1952-1955）〉，同註 8，頁 451。

[79] 〈張君勱抵港行動〉，見《總裁批簽》，台（41）（改秘室字第 0178 號，1952 年 4 月 15 日），黨史會藏。又見鄭大華，《張君勱傳》（北京：中華書局，1997 年 8 月 1 版），頁 570。

[80] 陳正茂編著，《五○年代香港第三勢力運動史料蒐秘》，同註 5，頁 149。

並囑張與司徒雷登詳商。其後，張再度與司徒雷登長談，司徒雷登對張有一番極簡潔明瞭的談話，大要如下：1.美國對中國以往主張聯合政府，係應當時需要，是非功罪且不計，但美國固無任何私意。2.現在局勢，反共力量需要團結，中國除以台灣為中心，聯合一切反共力量，別無辦法。美國對華政策，亦不外此。3.中國人士現在談某勢力，其辦法已非其時。4.希望張氏多多闡揚反共理論，在團結反共原則下多多努力。5.希望張氏勿走錯路。司徒所談，亦即馬帥之意，張氏當然知道。[81]張氏赴美所恃為奧援的，即馬歇爾與司徒兩人；在訪馬、司之後，所得結果如此，張氏亦明瞭美國目前情勢，不許可他有所活動；勉強去做，反而可能招致意外結果。 顯示美國對香港第三勢力之支持，已不若先前之積極。[82]

除了馬歇爾、司徒雷登這條線外，張也開拓其他管道，據楊永乾《張君勱傳》記載：「張君勱此番去美之用心，在尋求美國政府對第三勢力能有更實際與進一步之擴大援助。他曾與共和黨大老塔虎托及民主黨提名之總統候選人史蒂文生晤面接洽，尋求援助與支持，終因艾森豪當選而無結果。」[83]此外，運用學界有影響力的人物，也是張的方法之一，他曾透過當時在美國學界、政界甚有影響力的政治理論家伯恩漢（James Burnham），代為發揚其有關中國第三勢力政治運動的著作與論述，並希望藉助伯恩漢等美國重量級學者的影響力，前往美國各地活動，唯最後效果仍欠佳。[84]張氏赴美，主要是以「第三勢力」立場，進行遊說的工作，希望能得到美國的援助，然詭譎多變的國際情勢，讓張瞭解到推動「第三勢力」運動之不易。於是，他除了堅持中國「第三勢力」是中國未來民主建國的希望所寄外，在現實政治上，也表明支持在台灣的自由

---

[81] 陳正茂編著，《五○年代香港第三勢力運動史料蒐秘》，同上註，頁 164-166。

[82] 張君勱亦分別拜訪馬歇爾（George Marshall）和司徒雷登（John Leighton Stuart），尋求美方的支持。馬歇爾避談中國的政治問題，僅委婉表示：「目前美國人民對於與美國大選無關之事項，均不甚關切。」司徒雷登則明白指出：「在目前局勢下，中國人民反共行為，應與台灣中國政府取得聯繫，如欲美國支持某一政黨反共反台，為時已成過去。」〈張君勱在美活動〉，《總裁批簽》，台（41）（改秘室字第 0420 號，1952 年 10 月 2 日），黨史會藏。

[83] 楊永乾，《中華民國憲法之父——張君勱傳》（台北：唐山出版社出版，1993 年 9 月出版），頁 175-177。

[84] 林孝庭，《台海・冷戰・蔣介石：解密檔案中消失的台灣史 1949-1988》，同註 7，頁 90-91。

中國維持現狀，免於被共產中國所併吞，來保全中國人民重獲獨立自由的希望。[85]基於此考量，張君勱於民國41年在美國出版其《中國第三勢力》（*The Third Force in China*）一書，正式提出他和其盟友們奮鬥的終極目標，是要「建立一個基於民主憲政的新中國」，並以此來解決中國的問題。[86]

然而因為第三勢力運動的不濟事，「戰盟」內部各重要成員，彼此間離心離德，無法真誠合作，也都讓華府對第三勢力運動能否成功，慢慢失去信心。民國41年初，當張君勱準備動身前往美國擔任「戰盟」駐美代表，而向美國申請入境簽證時，國務院官員甚至開始私下抱怨美國境內已經充斥著太多的第三勢力分子，這些人物持臨時簽證進入美國，想在美國境內重新打造一個他們心目中理想的新中國，根本不切實際。[87]針對香港第三勢力運動的紛擾不合，張君勱深感痛心，曾不時去函鼓勵它們必須團結一致，有組織才能有所作為，若再一盤散沙下去，殊無前途可言。[88]張的憂心，最後果真如此，美國最後決定停止金援，誠如當年亦參與第三勢力運動的程思遠所言，「戰盟」的失敗，固有其內在原因，但主要還是由於美國改變政策，外因比內因重要。[89]

四、代理戰爭的失敗——枉拋心力盡成空

基本上，五〇年代美國扶植海外第三勢力，緣自於中共的介入「韓戰」。所以，美國究竟將採何種方式援助第三勢力，或支持到何種程度，常隨其對中共的戰略變化而轉移。[90]民國39年12月，中共與北韓發動大規模的攻擊，聯合國軍隊節節敗退，未幾，南韓首都漢城再告淪陷。面對此一險惡戰局，美國

[85] 薛化元、孫善豪，〈張君勱先生的思想：一個架構的分析〉，收入中國民主社會黨中央總部編印，《張君勱先生百齡冥誕紀念文集》（台北：民國75年），頁277-278。

[86] 陳正茂，〈最後一擊：張君勱與五○年代香港的第三勢力運動〉，《台北城市科技大學通識學報》第9期（民國109年3月），頁170。

[87] 林孝庭，《台海・冷戰・蔣介石：解密檔案中消失的台灣史1949-1988》，同註7，頁100。

[88] 林博文，《關鍵民國——聆聽民國史的馬蹄聲》，同註21，頁62、68。

[89] 程思遠，《政海秘辛》（香港：南粵出版社出版，1988年1月1版），頁240。又見程思遠，《我的回憶》（北京：華藝出版社出版，1994年12月1版），頁234。

[90] 萬麗鵑，〈一九五○年代的中國第三勢力〉，同註62，頁151。

優先考量的是如何擊潰共軍並逼其停火。美國國防部曾擬定幾個方案，包括動用台灣國府軍隊、以海軍封鎖大陸沿岸、空襲大陸癱瘓其交通系統、經濟封鎖，宣布對中共禁止貿易等。其中，以在大陸發動游擊戰，與第三勢力的發展最為息息相關，也是美國認為在技術上較為可行的方案。故透過各種情報管道，獲取大量在大陸地區反共游擊隊的資料，美方評估這些游擊隊若能獲得軍火武器的補給、後勤支援及組織指導，將可以大幅提高戰力，雖不足以推翻中共政權，卻可以削弱中共武力，降低其對外作戰的動能。[91]

據美方估計，大陸游擊隊的數目約在 60 萬左右，主要分布在東南沿海及西南各省；又這當中約有 30 萬非為國民黨所能掌控，且對國民黨抱持極大的疑慮，難以為國民黨所動員。而在香港的粵籍及桂系將領，如許崇智、張發奎、黃旭初諸人，則與這些游擊隊淵源頗深，這或許是美方最初對香港第三勢力寄予厚望的原因。[92]問題是，美國若真正想在大陸發動大規模的游擊戰，則第三勢力在這方面或多或少還有著力之處，但若美國評估其成功可能性不大時，就美國本身的利益言，支持海外中國第三勢力的意義就不大了。

事實上，美國在與第三勢力人士接觸時，態度即頗為謹慎。如 39 年 11 月，駐香港總領事威金森（James R. Wilkinson）在給國務院的報告中，附有一篇吳嘉棠論第三勢力的文章，該文的結論是第三勢力在缺乏資金、統一政治理念及具有號召力領導人的情況下，成功的機會渺茫。[93]威金森認為該文分析中肯，故提供國務院決策官員參考。其後，美方持續蒐集第三勢力人士相關背景資料，對張發奎等人是否有能力遂行美國的目的，逐漸感到懷疑。40 年 6 月，國務院官員查爾斯·馬歇爾（Charles Burton Marshall）在親自造訪香港後，即露骨指出，第三勢力至今仍為數不多，而且大多數都是無足輕重器量狹小的政客，並表示華府當局近期將召開會議，重新釐清與第三勢力的關係。[94]

---

[91] Ibid., 1951, Vol., Vll, pp. 1513-1514, 1517.

[92] 萬麗鵑，〈一九五○年代的中國第三勢力〉，同註 62，頁 152。

[93] "Article by Wu Chia-tang Entitled：Third Force Movement in China Only Vague Hope；Influence Small"（November6, 1950）in Michael Davis（ed.）, Confidential U.S. State Department Central Files. Formosa, Republic of China, 1950-1954：Internal Affairs, No.793.00/11-650. 該文原刊載於英文《香港虎報》（Hong Kong Standard）, November 3, 1950.

[94] 《美國對外關係檔案》（FRUS）, 1951, Vol., Vll, p.1698.

換言之，美國在五〇年代初期，積極支援香港的第三勢力運動，其實是有其國際客觀環境的需求。當年亦曾參與第三勢力運動的青年黨領袖李璜，於此背景即看的很清楚。李璜說：「韓戰」爆發後，中共出兵朝鮮「抗美援朝」，與美軍打得異常激烈，一時戰況粘著，美國人便想在中國南方有所活動，以便牽制共軍，因而看上了香港這類的自命風雲人物，而派人前來接頭。香港既是英國殖民地，美國自無法自己動手組織以至進軍，則只有利用在港這類人物，而以金錢助其組織情報機構，或俾其暗中號召尚在國內南方流離失所之舊部。於是反共號召，三三兩兩，以組織誇稱者，一時不乏其人。也有的大吹大擂，接洽不得其法，並未得到美金；有的得到美金有限，粥少僧多，虛應故事；及至牀頭金盡，無以為繼，而壯士無顏色了。[95]

林博文也提出同樣見解：「香港『第三勢力』運動的興起與沒落，美國政府始終是幕後的主導者；易言之，『第三勢力』運動乃係當年美國對華政策的副產品，因此，『第三勢力』的命運即必須以華府的中國政策為依歸，以國務院和中情局主事者的意志為意志，這種『仰人鼻息』的政治運動，其結局當然是可以逆料的。」[96]而對第三勢力運動，美援之所以中止，除看清「戰盟」這批人物不足有為外；台灣國府的抗議，亦是另一原因。玆以美國華府檔案為例證明之，「民國四十二年六月，雷德福準備卸下太平洋美軍總司令的職務，回華府出任參謀首長聯席會主席。六月二日至六日，他和雷德福夫人訪問台北，住在蔣介石官邸，與蔣介石有三次「國務院感興趣的會談」。雷德福與蔣介石關係不尋常，因此，他可以坦白的以逆耳之言，與蔣介石討論一些敏感的內政問題。蔣介石的興趣是韓戰停火後的美國政策動向、英國對美國政策的影響和他不滿美國支持「第三勢力」，給予第三勢力訓練、補助及其他鼓勵，實不合美國所稱要加強中華民國政府的意向。雷德福承諾盡他所能制止這類活動，並預期可以成功。[97]尤其「韓戰」結束後，彼輩第三勢力運動政治人物，因不中用而喪失利用價值，在美國無所求於彼的政治現實下，其被拋棄及中止美援，

---

[95] 李璜，《學鈍室回憶錄》下卷，同註 44，頁 722-723。

[96] 林博文，《歷史的暗流——近代中美關係秘辛》同註 20，頁 108。

[97] 王景弘，〈虛幻與務實：中美高層會談春秋〉，《採訪歷史——從華府檔案看台灣》（台北：遠流出版公司，2000 年 1 月初版），頁 227。

自在意料之中。

而沈錡也提到：「民國四十二年十一月十三日，蔣公曾抽空接見了中央情報局駐遠東代表奧佛萊希，奧氏說，今後美國政府只支持台灣，不再妄想製造第三勢力，要求原在搞第三勢力的蔡文治等四百人及家屬五十人，能自沖繩島遷來台灣，望我政府予以收容，加以利用，蔣公答應不會虧待他們，可以原階敘用，但單位必須取消。」[98]難怪當年亦熱衷於第三勢力的程思遠客觀評論道：「戰盟」的失敗，固有其內在原因，但主要還是由於美國改變政策，外因比內因重要。雷嘯岑在《憂患餘生之自述》書中，甚為中肯的評論第三勢力之失敗，「第三勢力之所以成為『勢力』，是基於本國的文化傳統與社會結構，以及經濟發展諸條件而然。尤其是經濟條件最重要，中國社會上尚無中產階級的力量存在，搞民主運動十分困難，專靠外力支援，難以獲得本國群眾的同情響應，有如大海中的浮萍然，終歸要失散而無踪影可尋。」[99]因著美援的斷絕，經費陷入困境，第三勢力運動欲再維持下去已難以為繼了。

李璜對第三勢力這些品類不齊的投機份子曾嗤之以鼻的說：「美國人竟派兩三浮薄少年前來，立談之頃，莫明其妙，便亂散美鈔，或三五萬，或十萬八萬，並無整個計劃，而姑以試試看的心情，令一些手中已無寸鐵之過時人物，為之入大陸覓情報，或打游擊；美鈔這樣花法，只有被騙而大鬧笑話。因是傳聞有劉震寰騙得六萬美元，聲言拿去廣東打游擊，而本人坐在九龍新界未動，於是有『在深圳打游擊』的笑話流傳。又有許崇智在石塘嘴開廳大宴群『雄』，酒酣耳熱，一面高談其反共大有辦法，一面命女招待為之撫腿……此外尚有妄人蔡文治，聞曾任國防部第四廳副廳長，大概係曾在美國學過軍事，乃得美國人信任，予以大量美金，在沖繩島美軍基地設立黨政軍機構，自稱海陸空軍總司令。」[100]而美方人員最終也認定這批人根本不中用，於是宣佈解散蔡文治之組織，另方面也停止對「戰盟」的支持，如此情況下，「戰盟」不得不自行宣佈解散。另外，陳復中亦提到「第三勢力是美國中央情報局在國共之外另行扶植的一股政治力量，參與者奉洋人之命，拿洋人的錢搞政、軍組織，其宗旨是

---

98 沈錡，〈我做總統侍從秘書〉(2)，《傳記文學》第75卷第6期（民國88年12月），頁76。

99 雷嘯岑，〈香港的第三勢力運動〉，《憂患餘生之自述》，同註55，頁169-173。

100 李璜，《學鈍室回憶錄》下卷，同註44，頁723。

反共反蘇，故中共視之為不共戴天之死敵；然而它在港澳與海外又同國民黨的敵後工作爭奪資源、爭奪人才，自然也遭到中華民國政府的抵制，結果是兩面出擊，腹背受敵。」[101]

總之，隨著「韓戰」的爆發，國際局勢丕變，使國府當局所在的台灣，成為美國在西太平洋圍堵共產主義不可或缺的一環。由於台灣是美國在東亞的重要戰略要地，使得美國不得不改善與台灣國府的關係，蔣介石政權重獲美國的支持，而先前美國暗中支持的第三勢力運動，也因美台關係的轉好而趨黯淡，兼以第三勢力內部派系林立不能團結，這些因素都使得第三勢力毫無成功之希望。[102]民國 42 年美國共和黨政府上台後，對台灣轉為積極支持，台灣要求美國停止支持第三勢力，美國對第三勢力的態度因而逐漸冷落。[103]當然，美國對第三勢力的熱心轉為消極，但這並不表示美國與第三勢力完全脫鉤，畢竟美國仍想利用第三勢力來牽制蔣介石。此舉，蔣亦了然於心，曾在日記中不斷提及「美國現政府對華政策，仍在積極培養第三勢力，以牽致我政府，並準備乘機替代，其方法之拙劣極矣。但其此種幼稚行動，只有付之一笑。」[104] 事實上，蔡文治的「自由中國運動」組織和張發奎、顧孟餘的「戰盟」，都有美國中情局及東京「盟總」的背景在。[105]但重點是，當華府公開支持第三勢力，與美國和台北國民黨政府維持外交關係的政策相違背，而負責處理遠東事務的官員也開始認為，海內外的第三勢力分子應當在體制內積極參與台灣的國民黨政府，而非在體制外另起爐灶。時任國務院中國司司長的柏金斯（Troy L. Perkins）更明白指出，華府若已決定重新接納台北的蔣介石，則不能夠再對第三勢力給予強有力的支持。[106]

---

[101] 陳復中，〈熱血男兒淚灑塞班島，反共志士魂斷長白山——「自由中國抵抗運動」的風流雲散〉，同註 46，頁 55。

[102] 黃克武，〈顧孟餘與香港第三勢力的興衰（1949-1953）〉，同註 42，頁 56。

[103] 程思遠，〈我在香港從事「第三勢力」活動的前前後後（下）〉，《縱橫》第 7 期（1997 年），頁 20。

[104] 《蔣介石日記》(1953 年 4 月 20 日)，轉引自黃克武，〈顧孟餘與香港第三勢力的興衰(1949-1953)〉，同註 42，頁 63。

[105] 張發奎口述，鄭義翻譯/校註，《蔣介石與我——張發奎上將回憶錄》，同註 47，頁 484。

[106] Troy L. Perkins（CA）to Everett F. Drumright（Counselor of U.S. Embassy in India）, January23, 1951,

民國42年初，對蔣介石與國府採同情立場的共和黨新總統艾森豪（Dwight D. Eisenhower）上任後，華府對遠東地區的外交政策出現新的轉變，這也預示著亞洲冷戰初期美國扶持第三勢力與其推動之大陸敵後游擊工作，終將步入歷史。[107]是年7月，「韓戰」停火協議簽訂。9月，美國駐台軍事代表團團長蔡斯（William C. Chase）飛抵沖繩，洽辦在沖繩的韓戰戰俘遣台事，並宣布自由中國運動結束，全體人員歸併到台灣。[108]美國人曾經大力扶持的第三勢力運動，枉拋心力終於劃下休止符而風流雲散矣！

附帶一提的是，二戰後，美國支持從鐵幕內逃出之人民，組織抵抗運動是一義舉，但美國往往花了許多錢反被受援者怨恨，蓋因美國人抹殺了受援者的政治理想，降低其民族意識，而以抵抗運動之名，站在美國人的立場，將抵抗運動貶低為美國的第五縱隊，這般只有軀殼而沒有靈魂的實體，當然發揮不了抵抗運動本應起到的作用。這也是美國在古巴、越南、寮國、柬埔寨等國搞抵抗運動失敗的主因。[109]基本上，五〇年代香港及海外第三勢力運動的失敗及收場，與美國人這種心態和觀念有很大的關係。

---

in ROCA, reel27.

[107] 林孝庭，《台海・冷戰・蔣介石：解密檔案中消失的台灣史1949-1988》，同註7，頁100。

[108] 胡志偉，〈「自由中國抵抗運動」的開場與收場〉，同註40，頁54。

[109] 胡志偉，〈「自由中國抵抗運動」的開場與收場〉，同上註，頁56-57。

第十四章　結論：由第三勢力失敗之因檢討知識分子的政治參與

民國38年的國、共內戰，在蔣介石下野及「三大會戰」結束後，勝敗終歸塵埃落定，共產黨席捲大陸，於當年10月1日，宣布「中國人民站起來了」成立的中華人民共和國。相反的，中華民國政府則倉皇辭京播遷來台，39年3月1日，蔣復行視事，以「反共抗俄」決心，與中共隔海對峙反共到底。在這石破天驚巨變的一年，尚有一部分對國府不滿失去信心，對中共政權疑慮恐懼的人，選擇流亡海外和香港，高舉反共反國、反毛反蔣，主張民主自由的政治訴求，他們在美國的金錢奧援下，於香港掀起一股運動，此即五〇年代喧騰不已的第三勢力運動。

五〇年代在香港的第三勢力運動，稍微有所成者有兩項，一為透過報章雜誌的鼓吹及出版相關圖書資料；二為成立政團組織，積極從事第三勢力的發展與活動。當年的李宗仁、張發奎、張君勱、張國燾、左舜生、顧孟餘、許崇智諸氏，即為參與這兩項的要角，此亦本書敘述的主要內容和兩大面向。基本上，五〇年代的第三勢力運動，是美、蘇冷戰結構下的一環，它背後有美國援助、反蔣勢力代總統李宗仁等之奧援，故有其錯綜複雜的國內外背景因素存在。[1]它們在美國金錢支助下，先後成立了「自由民主大同盟」、「自由民主戰鬥同盟」等組織，並透過報章雜誌宣傳其理念。在第三勢力運動活躍於香港的十餘年間，辦雜誌是其最主要，也是最有成效的工作。它們曾辦過《自由陣線》、《獨立論壇》、《祖國》、《大道》、《中國之聲》、《中聲日報》、《中聲晚報》、《主流月刊》、《再生》、《民主與自由》、《今日半月刊》、《聯合評論》

---

[1] 陳正茂，〈五〇年代香港第三勢力的主要團體——「中國自由民主戰鬥同盟」始末〉，收錄於陳正茂編著，《五〇年代香港第三勢力運動史料蒐秘》（台北：秀威版，2011年5月1版），頁45。

等十餘種刊物。[2]揭櫫反共、反蔣旗幟，主張反國、共兩黨，要走自由民主之路的第三勢力之政治主張。

在上述諸多刊物中，又以首尾創辦的兩份刊物最具代表性，此即由謝澄平主導的《自由陣線》週刊，和左舜生發行的《聯合評論》週刊。這兩份刊物有三點特色值得一談：1.《自由陣線》週刊創刊於 38 年 12 月 3 日，迄於 48 年 6 月停刊，時間將屆十年；《聯合評論》週刊則始於 47 年 8 月 15 日，結束於 53 年 10 月 23 日，刊行時間亦超過六年。此二刊物可說是所有第三勢力刊物中，發行時間較長、影響力最大的兩份刊物，所以有其代表性。2.該二刊物幾乎網羅所有健筆能文之士，將第三勢力之理論、內容、主張、政策，透過此二刊物園地，作淋漓盡致的發揮。故欲研究第三勢力運動者，此二刊物為絕對必備參考資料。3.第三勢力運動之內涵，其實可分為兩個階段：38 年至 47 年為主張「自由中國運動」，謝澄平的《自由陣線》即為此主張之重要喉舌。[3]48 年到 53 年則以「反共、護憲、批蔣」為主軸，左舜生之《聯合評論》可謂為此主軸之急先鋒。[4]論者黃嘉樹即言：「民社黨的黨魁張君勱和青年黨的黨魁左舜生、李璜都未隨蔣介石逃往台灣，他們在香港，美國等地搞所謂『新第三勢力活動』，即一方面反共，另一方面也批蔣。左舜生在香港創辦的《聯合評論》，是這些人設在台灣島外的總論壇。」[5]尤其《聯合評論》在批判蔣欲違憲連任第三任總統及「自由中國事件」和「雷案」等重大議題上，更是嚴辭譴責，其言論之犀利、砲火之猛烈，在當時海內外刊物上，可謂一時無雙。[6]

《自由陣線》創刊於民國 38 年 12 月 3 日，結束於民國 48 年 6 月，總計發行了 40 卷 6 期，時間將屆滿十年。該刊負責人先是左舜生，後為謝澄平，

---

[2] 陳正茂，〈簡述五○年代香港「第三勢力」運動〉，《傳記文學》第 71 卷第 5 期（民國 86 年 11 月），頁 66。

[3] 陳正茂，〈初試啼聲：謝澄平與《自由陣線》集團的緣起緣滅〉，收錄於陳正茂著，《文化資產、第三勢力及政治人物——陳正茂教授杏壇筆耕集》（台北：秀威版，2019 年 1 月 1 版），頁 194。

[4] 陳正茂，〈最後的訴求與迴聲——以五○年代香港第三勢力運動《聯合評論》為場域之分析〉，收錄於陳正茂著，《文化資產、第三勢力及政治人物——陳正茂教授杏壇筆耕集》，同上註，頁 154-155。

[5] 黃嘉樹，《國民黨在台灣》（台北：大秦出版社，民國 85 年 6 月再版），頁 419。

[6] 陳正茂，〈最後的訴求與迴聲——以五○年代香港第三勢力運動《聯合評論》為場域之分析〉，收錄於陳正茂著，《文化資產、第三勢力及政治人物——陳正茂教授杏壇筆耕集》，同註 4，頁 179。

胡越（司馬長風）、許冠三、陳濯生擔任編輯。該刊始為週刊，中間一度改為半月刊，後又恢復週刊形式。該刊是所有第三勢力刊物中辦的最久、高舉第三勢力大旗，旗幟最鮮明之週刊，在所有第三勢力刊物中，可說是一枝獨秀且絕無僅有的。

刊物取名為《自由陣線》，由其封面的「沒有自由絕無生路；聯合起來才有力量」的標語可知，它是含有深沉的時代意義。[7]一般人常批評第三勢力最弱的一環為缺乏理論體系之建立，其實在《自由陣線》週刊上，針對第三勢力之定義、源起、組織、領導、目標與任務，該刊都連篇累牘的加以勾勒出第三勢力的理論架構。是故，其為第三勢力初期最具重要性的代表刊物，為探討第三勢力運動必備的原始資料。[8]

《聯合評論》創刊於民國47年8月15日，至民國53年10月23日停刊，共發行六年兩個月餘，合計316號。該刊督印人為黃宇人，總編輯為左仲平（即左舜生）。立論宗旨強調遵守憲法與民主至上，但剖析其發行六年餘之言論內容，不外乎反共和批蔣兩大基調，故為第三勢力後期之主要代表刊物，欲論述五〇年代香港第三勢力之政治主張，《聯合評論》可說是最重要之基本素材。[9]據黃宇人回憶，《聯合評論》紐約航空版發行後，迅即成了美國華僑社會的輿論中心，台灣雖不准進口，不少人仍想盡辦法以求一睹為快；中共亦列為幹部的參考材料，承認該刊具有代表性，美國駐港總領事館也常翻譯該刊社論以供國務院參考，由此可見《聯合評論》影響力於一斑。[10]

是以，真正代表第三勢力運動，夠得上份量的刊物，僅有《自由陣線》與《聯合評論》此二刊物。尤其在闡明第三勢力理論與批蔣這個區塊，這兩份刊物都是當時海外最具代表性的刊物。除此之外，該二刊物之重點，還是著重其立論與內容的探討，一般人對第三勢力之看法，只是認為它的政治立場是反共

---

[7] 盛超，〈自由陣線在爭鬥中〉，《傳記文學》第3卷第6期（民國39年12月1日），頁24。陳正茂，〈第三勢力運動史料述評：以《自由陣線》週刊為例〉，收錄於陳正茂編著，《五〇年代香港第三勢力運動史料蒐秘》，同註1，頁20。

[8] 余英時，《余英時回憶錄》（台北：允晨版，2018年11月初版），頁133。

[9] 陳正茂，〈第三勢力壓卷刊物——《聯合評論》週刊介紹：兼敘中國第三勢力運動簡史〉，《全國新書資訊月刊》第129期（民國98年9月號），頁　。

[10] 黃宇人，《我的小故事》（下冊）（香港：吳興記書報社經銷，1982年2月出版），頁177。

兼反蔣，政治主張為民主與自由，其實這僅是表象，其始終訴求的「自由中國運動」、「民主中國運動」之底蘊，才是最值得論述的地方。基本上，第三勢力是個爭取自由與民主的運動，它代表著一個孕育中的自由傳統，不僅反對國、共兩黨的專制政治，更代表著中國自由主義知識份子的一種政治文化，此股勢力試圖在政治上保持獨立，思想上希冀提供中國政治另一條路向——即民主自由的政治選擇，這是本書特別探討史料篇之精華所在。

就組織與政治人物而言，五〇年代即有許崇智的「中國民主反共同盟」，更早時更有顧孟餘在李宗仁授權下成立的「自由民主大同盟」，該盟算是第三勢力的先聲，其後謝澄平的《自由陣線》集團，時間也差不多與許的組織同時。唯當年這些名稱大同小異的政治團體，後面金主都是美國人，參加的人也互相重疊，雖各自號召，但畢竟三五成群，難成氣候。因此，為了整合第三勢力，在美國強力主導下，才有民國 41 年 10 月 10 日，以張發奎、張君勱、張國燾、顧孟餘為領袖，所謂「三張一顧」所成立的「中國自由民主戰鬥同盟」（以下簡稱「戰盟」），此同盟也象徵第三勢力的大團結。[11]然自「戰盟」對外宣布成立那刻始，內部即風波不斷，先是內部領導人間的內鬨，再則缺乏群眾基礎；兼亦受到國、共兩黨的滲透分化夾擊，最後美國也了解到「戰盟」這批人的不足有為而中止其援助，民國 44 年，存在僅三年餘的「戰盟」終告結束。[12]

「戰盟」的瓦解，也代表第一階段的第三勢力運動以失敗告終，第三勢力運動也一時陷入低潮期。其間，李宗仁曾結合一些團體組「中國政盟」，因得不到香港方面的聲援亦無疾而終。[13]一直到民國 47 年初，為回擊中共的統戰攻勢，及與台灣雷震等人的組黨運動相呼應，部分在港第三勢力人士乃重整旗鼓，組織「中國民主反共聯盟」，簡稱「民聯」，以《聯合評論》為喉舌，掀起了後期（第二階段）第三勢力運動的新高潮。唯此時之第三勢力運動與前期已有很大的不同。「民聯」成立前後，國內外情勢已有很大的改變，尤其「韓

---

[11] 陳正茂，〈五○年代香港第三勢力的主要團體——「中國自由民主戰鬥同盟」始末〉，收錄於陳正茂編著，《五○年代香港第三勢力運動史料蒐秘》，同註 1，頁 60。

[12] 萬麗鵑，〈一九五○年代的中國第三勢力運動〉（台北：國立政治大學歷史學系研究部博士論文，民國 90 年 7 月），頁 50。

[13] 〈李宗仁等在美活動〉，《總裁批簽》，台（44）中秘室字第 102 號，1955 年 4 月 14 日，黨史會藏。

戰」發生後，冷戰格局已定，在西太平洋防線，美國極重視台灣的戰略地理位置。職係之故，雖然美國對蔣介石個人仍不喜歡，對國府亦有意見，但卻不得不支持台灣的國府當局。[14]

而蔣也了解其中微妙關係，故極力要求美國不要在暗中支持第三勢力運動，所以「韓戰」停火後，兼以第三勢力自己不爭氣，美國確實對第三勢力運動不若往前積極奧援。在失掉美國強有力支援後，香港第三勢力人士也體察自己無力擔負反共復國重任；另闢蹊徑的做法是寄望於台灣的民主化，且考量到與台灣方興未艾的籌組反對黨運動相呼應。因此，「民聯」採取比較務實的政策，提出「政治反攻大陸，民主改造台灣」口號，擬發揮輿論監督壓力，促使台灣能朝民主化之路大步邁出，俾得匯集海內外一切反共力量及早反攻大陸。此即《聯合評論》創刊號一再強調「民主、民主、民主」為其創刊宗旨之由來。

換言之，「民聯」的改變有二：一是放棄在台灣以外另尋反共途徑的想法，這與其過去獨樹一幟的作法大異其趣；二為務實的了解到，短時間軍事反攻的不易，只有先求台灣的民主化，但民主的基本前提是遵守憲法，所以「憲政與民主」即為《聯合評論》的兩大基調。苟能做到如此，方足以談到以民主反攻大陸的手段。左舜生於《聯合評論》發刊詞即提到：「台灣是今天中華民國所憑藉以反攻復國的惟一基地，環境安全，建設的基礎良好，擁有一千萬的人民，得著盟邦不斷的援助，這是中國歷史上任何一個力圖中興的時代所不能完全具有的。……我們以為國民黨有兩種為中共所絕對不能具有的特殊武器：其一為國民黨的原始精神，其一為一部中華民國憲法。……現行中華民國憲法……實無一字一句不表現民有民治民享的精神，……這是我五億人民的血淚所灌溉培育出來的花朵，只要我們真能本著崇法務實的態度予以尊重，本著擇善固執的精神付諸實行，中國共產黨還值得一打嗎？……本刊今後的言論宗旨，將不逾這部憲法的範圍，我們所追求的目標，第一是民主，第二是民主，第三還是民主！」[15]

雖然寄望台灣當局能民主改革，但「民聯」及《聯合評論》集團對台灣的

---

[14] 凱文・裴萊諾（Kevin Peraino）著、林添貴譯，《迅猛的力量——1949，毛澤東、杜魯門與現代中國的誕生》（新北：遠足文化出版，2019年9月初版），頁271。

[15] 〈發刊詞〉，《聯合評論》創刊號（民國47年8月15日）。

批判炮火仍是相當猛烈的，也因此讓國府始終認為其與島內雷震的《自由中國》集團隔海唱和，目的不單純，且其言論亦對國府統治的合法性，帶來質疑與威脅。因此，國府以發動雷震的《自由中國》事件當作反擊，對抗意味十分明顯。而隨著蔣的蠻幹，繼續連任第三屆總統，及其後「雷案」的爆發與《自由中國》雜誌的被迫停刊。這些紛至沓來的事件，在在顯示，欲求輿論監督政府，改變現況，時機實在尚未成熟。故上述事件發生時，《聯合評論》雖連篇累牘的對國府提出嚴厲批判，然而已是最後一抹殘陽，迴光返照而已。伴隨著國民黨的統戰分化，如國民黨八屆三中全會，通過「促進海內外反共復國人士團結合作案」，並以此為基礎，於民國 50 年 7、8 月間，連續舉辦了兩階段的「陽明山會談」。過程中，國府百般拉攏海外第三勢力人士參與，如王厚生、周黥文等人的回台參加，雖然國民黨因事先未與民、青兩黨達成共識，導致張君勱、左舜生、李璜的聯合抵制，但國民黨的收編仍有若干效果，反倒是海外第三勢力更無力再牽制國民黨。[16]民國 53 年 10 月 23 日《聯合評論》的停刊，象徵曾經風光一時引領風騷的第三勢力運動終於收場，也結束五〇年代十餘年來在香港的第三勢力運動歷史。

五〇年代香港第三勢力的失敗，雖有其內外緣的主客觀因素存在，但著者更有興趣探討的是，以知識份子為主體的屬性分析與第三勢力作為一股政治勢力，其先天之侷限性和最終失敗之必然性。第三勢力，英文譯名爲(The third Force)，意指政治運動中的第三股勢力，既有第三股勢力，其前提則必有第一股勢力和第二股勢力，且其兩股勢力均占較大的政治優勢，壟斷較多之政治資源。但在一個政治多元化的國家中，任何政治上的主流或非主流力量，也不盡然為大家所接受，故在兩股勢力的空隙間，即出現了所謂的「灰色地帶」，又言中間地帶，此中間地帶乃為第三勢力活動滋長的空間。一般而言，既使是英美兩黨制的國家，在政治上仍有其他小黨派的結盟與活動，只是這些小黨雖能合法存在，但因缺乏群眾基礎，不能影響到選舉及政治決策。[17]這些小黨派，我們常將其泛稱為第三勢力。

---

[16] 萬麗鵑，〈一九五〇年代的中國第三勢力運動〉，同註 12，頁 167-168。

[17] 彭懷恩，《台灣政黨體系的分析》(台北：洞察出版社，民國 78 年 3 月初版)，頁 5。

基本上，第三勢力並不是一個政黨，也不是一個界定清楚的名詞。因為所謂的政黨，係指一群具有共同利益或政治理想者所組成的固定性團體，其目標與功能在匯集黨的利益與意見，透過一定的程序，制定黨綱、提出政策、表達政黨的政治主張、反映黨員的利益，藉以獲得大眾認同，並配合組織動員，在選舉中爭取選民支持，以獲致執政機會，進而組織政府，行使政治權力，來推動政策，落實政見，實現政黨的政治理想，增進參與者的共同利益。[18]若以如此嚴謹的定義來看第三勢力，第三勢力充其量只是一個派系聯盟型的組織，派系聯盟型的組織結構是公開接受或默認派系之存在，並建立各派系活動之運作規範，透過派系間的討論、諮商與妥協而形成整體的決策。[19]

五〇年代於香港的第三勢力，實際言之，連上述最起碼的條件均尚未具備，稱其為第三勢力，恐怕只是在政治現實中一籠統中性的泛稱名詞。因為當時在國、共之外，所謂的第三勢力，實構不成一股政治上的力量。當然如果我們為第三勢力作消極的定義：凡是對共產黨不滿而又不能認同國民黨之人士，均屬於第三勢力的話，則其人數不少，問題是第三勢力能掌握他們，甚且得到他們的支持嗎？若以積極定義視之，可以由兩個面向來探討，其一是國、共兩黨以外，得到一定程度的群眾認同而足以與前二黨抗衡，且有運作能力的政治團體；另一定義是：對當前政局有清晰明確、且有別於國、共兩黨的主張，並能提供具體可行政策方針的一群政治人物。無論使用那一個積極定義來衡量，五〇年代香港的第三勢力運動，其實只是一個徘徊在政治核心的邊緣力量而已。[20]

當然，邊緣力量並不是指毫無力量可言，假如我們將第三勢力的範圍含蓋面擴大，舉凡在野黨派、民間團體、政治菁英、社會秀異份子也算是第三勢力的話，則這股力量就不可小覷，甚至可視為政治上的第三股影響力(The Third Influence)，此影響力最基本的作用，至少可以為民眾提供了另一種政治選擇。作為一重要角色的第三勢力，當年在美國的極力扶持及國、共兩黨的不得民心

---

[18] 張瑞猛等著，〈政黨決策過程〉，載《政黨政治與台灣民主化》(台北：財團法人民主文教基金會，民國 80 年 11 月出版)，頁 95。

[19] 同上註，頁 109。

[20] 謝學賢，〈我們須要怎樣的第三勢力〉，《中國先驅》第 2 號(民國 76 年 8 月)，頁 6。

下，曾經似乎找到了自己的發展空間，並一度發揮若干作用，惜最終卻仍以失敗收場。何以如此，本文試圖從幾個面向及角度，分析第三勢力的屬性，並總結第三勢力角色的侷限性，而此侷限性又與知識份子有關，故亦兼論以知識份子為主體的第三勢力，在現實政治的悲劇命運。

第三勢力作為一個政治主體，人們常將其定位為中間角色，代表中間路線的一股政治勢力。但弔詭的是，一般人又常以政治上之失勢者看第三勢力。問題是，政治是會改變的，環境是會改觀的，任何一股政治力量，絕對不可能只甘於居第三勢力，而不企求成為第一或第二勢力，第三勢力要角的張君勱，一直以來始終認為，解決未來中國的問題，端視第三勢力能否成功，故其撰《第三勢力在中國》一書以明志。平情而論，第三勢力對國、共雙方在中國是不滿意的，國、共兩黨的威權專制統治，給中國人民帶來無盡的傷痛與苦難，然而重點是，以空洞的民主、自由口號，是否真能為中國人民帶來幸福，口號誰都會喊，民主、自由不也曾在國、共兩黨口中喊的滿天價響，然一旦執政後呢？專制獨裁的本質立馬就表露無遺出來。整合與反映民意，或者得到民意的支持，才是第三勢力可以著力的一個角色，可以生存的依附，但是誠如楊永乾在《張君勱傳》所提到的，第三勢力之所以失敗，是因為它沒有所屬的地盤，如共產黨之佔據大陸國民黨之擁有台灣，在英國殖民統治下的香港，雖有美國的資助，有眾多華僑港民的認同，但畢竟仍是空中樓閣無法長久生存的。第三勢力因無法有效去驗證自我的政治理念，這種以知識份子為群體的組織，就算得到群眾的認同，也僅限在極少數的上層菁英，無法建立在基層的支持之上，更別說透過民意的整合，提供給國、共兩黨一個參考或選項。

中國的第三勢力，從大陸時期始，一直希望可以拋開國、共既有的意識形態及歷史包袱，在整合與反應民意上，有較自由寬敞的發揮空間與超然客觀的立場。也因此，其能較國、共兩黨更確切的掌握民間的期望與要求，甚至進而凝聚民意促使雙方調整其政策。只可惜第三勢力所要求的民主、自由之政治訴求，在「槍桿子出政權」的畸形現代中國政壇上，是沒有機會去實現其理想的，這當中除了缺乏武力這個關鍵因素外，第三勢力在先天上也有其侷限性，以致於其能發揮的影響力終究有限，第三勢力的侷限性有四：

第一、角色的模糊及未具主導權：第三勢力雖然標榜有別於國，共兩黨的一般政治勢力，走的是不偏不倚的中間路線，其屬性是客觀中立的，但這只是主觀的認定及理想，一落實到政治面時，很難說能維持不變，因此有人批評第三勢力是一群投機的騎牆派，攀緣附勢或被視為只是失意政客的政治秀。同樣的道理，五〇年代香港的第三勢力運動，因缺乏主導權及充分的自主權，此從蔡文治「自由中國運動」遭解散的命運可見一斑。所以說，當年的第三勢力運動，充其量，只是美國在冷戰初期為掣肘國、共兩黨的利用工具。

第二、政治資源缺乏：因第三勢力所擁有的政治資源有限，且其本身不是政治主流力量，在政治層面上的影響力終究有限，尤其當美國斷絕金援後，第三勢力就陷入慘境難以為繼了。換言之，五〇年代香港的第三勢力運動，「成也蕭何，敗也蕭何」，完全建立在美國的奧援上，一旦國際形勢丕變，美國政策改弦易轍，對本身幾乎毫無政治資源的第三勢力而言，如同雪上加霜，其風流雲散的結局當屬必然的結果。

第三、結構的脆弱：第三勢力的結構型態是以派系聯盟式的組織為主，這種聯盟式的組合方式，先天上有其脆弱性，因為容易造成分離主義及山頭主義，另觀乎當年第三勢力諸領導人之間的內鬨即為明證。基此而言，第三勢力的結構型態，應採單一式的組織，而不是混合式的組織，也就是說，每一第三勢力的成員，均以個人的身分，參加組織、從事組織。不是以任何黨派、任何團體的全部或一部來參加的。但當年香港的第三勢力就非如此，以最大最具代表性的「戰盟」為例，裡頭即有國民黨、青年黨、民社黨、桂系、「自由陣線」集團、粵系、舊研究系等種種政治勢力參與其間，要談整合已屬不易了，更何況要大團結更是難上加難。當年第三勢力的結構實質，雖有訂出大家共同遵行的基本信念和主張，以作為行動的標的。

但因第三勢力是多重黨派的組合，內部統合不易，凝聚共識困難，對於其特定的內容與所代表的事實則尚未範型，所以其角色較模糊不清，這種模糊不清的角色，使第三勢力在拓展社會基礎上遭遇很大的困難，因為它缺乏公共政策，目標不明確，缺乏決定政策之一貫性及統一性。美國密西根大學政治系教授 Samuel T. Eldersveld 說：「政黨最重要的功能是決定政策，隨著民主化的發展，民意的塑造對政黨選舉時獲得選票有著密切的關係。政黨政治即是民意政治的意涵，而表現在民意政治上最具代表的指標即為公共政策的制定。」[21]以此而言，第三勢力顯然尚未符合政黨的條件，也因如此，第三勢力要由一個菁英式的結盟，轉化成草根性的政黨，在社會基礎上似嫌薄弱。其結果亦肇下第三勢力在參與政治和社會事務上影響力的不足，而這種不足，有一大部份的原因，即第三勢力在先天上組織結構的脆弱性有關，此亦第三勢力侷限性之所在。

第四、屬性的限制：基本上，五〇年代香港的第三勢力運動，從參加人員的學經歷背景分析，仍以知識份子為主體居多，知識份子在中國常扮演一個「關心他個人身處的社會及時代的批評者與代言人」的角色。[22]此角色尤以表現在政治的批評上最明顯。如果知識份子在社會上有立足之資，他就有較大的批判自由；如果在政治之外，尚有抗衡政治的憑藉，則其批判的自由將更大。此種政治批判自由的權力，外緣因素來自於社會對知識份子超然性、客觀性、中立性之角色期許；內緣因素則來自當一群知識份子所秉持的思想觀念遙遙領先社會的發展進度時，他們即很容易成為傳統文化和社會現象乃至於政治現實的批判者，甚至革命者。[23]

職是之故，就政治立場言，知識份子在傳統政治中常以「第三勢力」或「中間勢力」的角色出現。但在中國現代政治舞台上，知識份子卻常遭到「同化」的命運，何故？那是因為知識份子在政治上雖然獲得了參與的機會，在政治與社會事務上扮演某種角色，但是，並不意味政治權力的分配，或者，雖然獲得政治權力的分配，也不意味參與理想的實現。在這種情況上，知識份子的參與成了分沾一些政治權力而遷就於現實。這有兩種形態，一是成了政治現實結構的一份子；一是成了對政治現實的妥協。這兩種形態，都是知識份子參與的被政治現實同化。

當然，這種同化並不是毫無積極意義的，可慮的是，知識份子在被同化的過程中嚐到了權力、權利與名譽的滋味，而放棄了對於參與理想的追求，當知

---

[21] See Crane Brinton, *The Anatomy of Revolution.* N.Y. Vintage Book, Revised & Expanded. 1965. P.42.

[22] 金耀基，《中國現代化與知識分子》（台北：時報文化出版事業有限公司出版，民國 70 年 11 月出版)，頁 62。

[23] 陳國祥，《青年呼聲》(台北：四季出版公司出版，民國 68 年 9 月 1 版)，頁 172。

識份子在現實政治社會中，因此而享受到權力、分配到權利，進入統治階層或成為現實政治與社會的知名人物時，知識份子便會察覺到，這些收穫，事實上是一種妥協的代價，是一種交易；有所得必有所付出，有所妥協。否則，這些獲得的便會立即喪失。因而，所謂「權力常使人腐化」的現象與後果產生了。知識份子不只耽於權力、權利與名望而放棄了參與理想，甚至為了保持所獲得的，進一步擴大與升高所獲得的，而成了「新階級」，既寄附於現實政治權力，復成為辯護與維護者。其實，中國的知識份子一直强調某種參與而保持獨立人格與理想的信念。但是，除非排斥的反應特別强烈而無可妥協，否則，知識份子被同化倒成了常態。[24]由過去「民盟」的悲劇，便可應驗此一特點，而五〇年代香港的第三勢力運動，似乎情況也是如此。

[24] 楊選堂，〈知識份子的政治參與〉，《中國論壇》第15卷第1期(民國71年10月10日)，頁4。

國家圖書館出版品預行編目(CIP) 資料

大陸邊緣的徒然掙扎：冷戰時代滯港及流亡海外的第三勢力滄桑錄/陳正茂著. -- 初版. -- 臺北市：元華文創股份有限公司, 2021.12

面； 公分

ISBN 978-957-711-234-7 (平裝)

1.政治運動 2.社會運動史 3.香港特別行政區

541.45 110018553

大陸邊緣的徒然掙扎：冷戰時代滯港及流亡海外的第三勢力滄桑錄

陳正茂 著

發 行 人：賴洋助
出 版 者：元華文創股份有限公司
聯絡地址：100 臺北市中正區重慶南路二段 51 號 5 樓
公司地址：新竹縣竹北市台元一街 8 號 5 樓之 7
電 話：(02) 2351-1607 傳 真：(02) 2351-1549
網 址：www.eculture.com.tw
E-mail：service@eculture.com.tw
主 編：李欣芳
責任編輯：立欣
行銷業務：林宜葶
出版年月：2021 年 12 月 初版
定 價：新臺幣 480 元

ISBN：978-957-711-234-7 (平裝)

總經銷：聯合發行股份有限公司
地 址：231 新北市新店區寶橋路 235 巷 6 弄 6 號 4F
電 話：(02)2917-8022 傳 真：(02)2915-6275